कृषि भूगोल

कृषि भूगोल

सत्येन्द्र अग्रवाल

इशिका पब्लिशिंग हाउस
जयपुर दिल्ली

इशिका पब्लिशिंग हाउस

ए -25, "गणेश सदन", गली न. 4, आदर्श बस्ती,
बी.एल. हाउस के पास, टोंक फाटक,
जयपुर-302018 (राजस्थान) भारत
फोन : 0141-2761280, Mob. 9887532741
Email: ishikapublishinghouse@yahoo.in

दिल्ली कार्यालय : 102, प्रथम मंजिल, 'सत्यम हाउस'
4324/3, अंसारी रोड़, दरियागंज, नई दिल्ली - 110 002
फोन : 011-45652440

ISBN: 9788189471620

टाइपसेटिंग : बी.एस. कम्प्यूटर्स, जयपुर

मुद्रक : थॉमसन प्रेस, नई दिल्ली

प्रस्तावना

भारत एक कृषि प्रधान देश है। सभ्यता-विकास के प्रथम चरण से ही इस कार्य को करने के प्रयास मिलते हैं। विश्व की विभिन्न सभ्यताओं में एक निश्चित कालखंड से इसके प्रमाण मिलते हैं। कृषि का उल्लेख भारतीय मनीषियों ने ही नहीं बल्कि यूनान तथा रोम के लेखकों ने भी किया है। परन्तु, इन्हें व्यवस्थित एवं वैज्ञानिक अध्ययन कहना उचित नहीं होगा। 18वीं शताब्दी के उत्तरार्द्ध में कृषि भूगोल का विधिवत् अध्ययन आरंभ हुआ। भूगोल के समान ही कृषि भूगोल का विकास भी हुआ है। परिकल्पना के माध्यम से विषय के विकास को दिशा-निर्देश मिलता है और साथ ही ये अध्ययन की विषयवस्तु की अभिवृद्धि में भी सहायक होते हैं। संकल्पनाएँ विषयवस्तु को स्पष्ट करती हुई परस्पर अन्तर्सम्बन्धित होती हैं जिनके आधार पर विषयवस्तु का ज्ञान होता है। समय-समय पर कृषि भूगोल की प्राकल्पनाओं का विकास होता रहा है।

कृषि की प्रमुख प्रक्रियाओं में नैसर्गिक और आर्थिक परिस्थितियों के अलावा सामाजिक एवं वैयक्तिक गुणों को भी सम्मिलित किया जाता है। इसके अन्तर्गत सम्मिलित किये जाने वाले सम्पूर्ण तत्त्वों के लिए सिद्धान्त का निर्माण नहीं किया जा सकता है। किसी भी विषय के सिद्धान्त, संकल्पना एवं विषयवस्तु परस्पर सम्बन्धित होते हैं। किसी भी विषयवस्तु का केन्द्रबिन्दु संकल्पना होती है। संकल्पना की रूपरेखा सिद्धान्तों के माध्यम से निश्चित की जाती है। इस तरह स्पष्ट है कि किसी भी विषय के सिद्धान्तों पर ही संकल्पना आधारित होती है।

आज के दौर में कृषि भूगोल, भूगोल की एक महत्त्वपूर्ण शाखा है। वैज्ञानिक तथा प्राविधिक कारणों से कृषि भूगोल के विषय क्षेत्र में व्यापक परिवर्तन आया है।

आज यह किसी क्षेत्र के सर्वांगीण विकास हेतु अपरिहार्य है। कृषि भूगोल की परिधि में आने वाले प्रमुख विषय फसलोत्पादन एवं पशुपालन हैं जिनके सम्यक् अध्ययन के प्रमुख उद्देश्य भूमि उपयोग का स्थानीयकरण, विभिन्न कृषि पद्धतियों का निर्धारण, कृषि पद्धतियों में स्थानिक एवं कालिक अन्तर एवं पर्यावरण से उनके पारस्परिक क्रियाओं का विवेचन है। सही मायने में कृषि पद्धति पारिस्थितिक तन्त्र का संशोधित रूप होता है जो अभीष्ट उपज पाने के लक्ष्य से सम्पादित होता है। कृषि पद्धति का सही रूप प्रमुख तीन कारकों पर निर्भर करता है

सत्येन्द्र अग्रवाल

अनुक्रमणिका

1

कृषि भूगोल

भारत एक कृषि प्रधान देश है। सभ्यता-विकास के प्रथम चरण से भी इस कार्य को करने के प्रयास मिलते हैं। विश्व की विभिन्न सभ्यताओं में एक निश्चित कालखंड से इसके प्रमाण मिलते है। कृषि का उल्लेख भारतीय मनीषी ही नहीं बल्कि यूनान तथा रोम के लेखकों ने भी किया है। परन्तु, इन्हें व्यवस्थित एवं वैज्ञानिक अध्ययन कहना उचित नहीं होगा। 18वीं शताब्दी के उत्तरार्द्ध में कृषि भूगोल का विधिवत् अध्ययन आरंभ हुआ।

इंग्लैण्ड के अथर्यांग (1770) तथा जर्मनी के जे. एन. सीबेन्ज (1816) को कृषि भूगोल के विधिवत् अध्ययन का श्रेय जाता है। ये उस वक्त के स्थलाकृति विशेषज्ञ माने जाते हैं। फ्रेडरिक (1907) एवं हेटनर (1905) ने कृषि भूगोल के लक्ष्य एवं विषयवस्तु की विवेचनाएँ कीं। क्रिजमोवास्की (1911) ने भूगोल का वैज्ञानिक अध्ययन किया जबकि बेवल ने कृषि समस्याओं का अध्ययन प्रस्तुत करने पर जोर दिया।

19वीं सदी से हमारे सन्मुख प्रादेशिक पद्धति के तहत कृषि की जटिलताओं एवं समस्याओं का उल्लेख हुआ है। हम्बोल्ट (1807) की पुस्तक एवं वानथ्यूनेन के अवस्थिति सिद्धान्त आदि कार्य इस दिशा में महत्त्वपूर्ण योगदान थे। कृषि भूगोल के प्रारंभिक अध्ययन आर्थिक भूगोल की पत्रिकाओं में प्रकाशित होते रहे। जिनमें **जोनासन** (1925-26), **बेकर** (1926-33), **जोम्स** (1928-30), **टेलर** (1930) एवं **वाल्केनवर्ग** (1931-36) आदि के कार्य महत्त्वपूर्ण हैं। वर्तमान शताब्दी में कृषि भूगोल का वास्तविक विकास हुआ। 1926 में बेकर ने उत्तरी अमेरिका के कृषि प्रदेशों

का निर्धारण किया। इन अध्ययनों में कृषि प्रदेशों के विशद विवरणात्मक विश्लेषण हैं जिनमें उन कारकों की विवेचना की गई है जो कृषि पर प्रभाव डालते हैं। इन अध्ययनों में किसी एक प्रदेश की एक अथवा विभिन्न फसलों को दृष्टिगत रख कर प्राकृतिक वातावरग एवं कृषि के सम्बन्धों की विवेचना की गई है। ये अध्ययन वातावरण–निश्चयवाद से प्रभावित रहे हैं। इस समय के भूगोलवेत्ता कृषि प्रवृत्ति की विभिन्नता का कारण प्राकृतिक कारकों को ही बताते रहे। हार्टशोर्न (1935) एवं हिट्लेसी (1936) ने कृषि प्रादेशीकरण के अध्ययनों में आर्थिक कारकों पर बल दिया जबकि स्टैम्प (1931) का भूमि उपयोग सर्वेक्षण विषयक कार्य व्यावहारिक दृष्टि से महत्त्वपूर्ण है।

रीड़स के विचार में वर्तमान शताब्दी के मध्य तक कृषि भूगोल का अध्ययन परम्परागत रहा है जिसमें प्रदेशों के वर्णनात्मक अध्ययन पर बल दिया गया। इस अवधि में सेम्पुल (1912), एकरमैन (1938), बेवर (1943), रीड्स (1946), वीर्यड (1948) आदि के अध्ययन महत्त्वपूर्ण रहे। हमारे देश में भी इस अवधि में कृषि भूगोल से सम्बन्धित क्षेत्रीय अध्ययन प्रकाशित हुए जिसमें रामाकृष्णन (1930), गोपालन (1937), मुखर्जी (1942), देशपाण्डे (1942), दयाल (1950) आदि के अध्ययन प्रमुख हैं। कृषि भूगोल का वैज्ञानिक अध्ययन सन् 1950 के बाद शुरू किया गया जिसके अन्तर्गत सैद्धान्तीकरण और सामान्य नियम प्रतिपादन से कृषि भूगोल की विषय सामग्री, अध्ययन विधि तथा उपागम में परिवर्तन आया। 1950-60 की अवधि में सामान्य विषय वस्तुगत अध्ययन की ओर ध्यान आकृष्ट हुआ। इस काल में सांख्यिकीय उपागम का भी उपयोग भूगोल की अन्य शाखाओं की भाँति कृषि भूगोल में हुआ। बीवर (1956) एवं हेलवर्न (1957) के नाम इस क्षेत्र में उल्लेखनीय हैं। इस काल के कई लेखकों ने ऐतिहासिक परिप्रेक्ष्य में आलोचनात्मक विवरण दिये।

ब्लांट का अनुक्षेत्रीय प्रतिदर्शी अध्ययन इस काल में एक नूतन उपागम था। (1959), मेकार्टी (1954), बुकानन(1959) तथा रीड्स (1964) ने कृषि भूगोल के ऐतिहासिक विकास का समालोचनात्मक व्याख्या प्रस्तुत किया।

1960 के कृषि भूगोल के विषय क्षेत्र का सही विकास सन् 1960 के बाद से ही शुरू हुआ। इस अवधि के दौरान विश्व के विभिन्न राष्ट्रों में भौगोलिक एवं आर्थिक तत्वों का अध्ययन कृषि के स्थानीय वितरण और विषमता के सम्बन्ध में किया गया। कृषि उत्पादन और खाद्य पूर्ति एवं कृषि आयोजन के सन्दर्भ में हुए अध्ययनों की श्रृंखला पर्याप्त और बहुत लम्बी है। बर्टन (1963) एवं बुंजे (1992) के सैद्धान्तिक उपागम सम्बन्धी अध्ययनों से कृषि भूगोल की अवधारणा में परिवर्तन

हुआ। हार्व (1966) ने कृषि भूमि उपयोग सम्बन्धी अवधारणा का निर्माण किया जिसमें मानवीय पक्षों को शामिल करने का प्रयत्न भी किया। बर्च (1960) स्थानीयकरण एवं **कोस्ट्रोविकी** (1964-1969, 1980) ने कृषि प्रकारिकी के अध्ययन के साथ कृषि नियोजन सम्बन्धी अध्ययन किये। प्रसिद्ध भूगोल वेत्ता हेन्सन ने इस अवधि के दौरान हुए बदलाव के सन्दर्भ में स्पष्ट रूप से उल्लेख किया है कि–

(1) अन्तर्विषयक उपागम।

(2) भौगोलिक वितरण एवं प्रादेशिक अद्वितीयता की अपेक्षा सैद्धान्तिक एवं विषय वस्तुगत उपागम का आर्थिक उपयोग।

(3) तथ्यों की व्याख्या में निश्चयवादी दृष्टिकोण से हटकर सम्भववादी एवं व्यावहारिक दृष्टिकोणों की ओर मुड़ना।

(4) अनुक्षेत्रीय तथा प्रतिदर्शी अध्ययन उपागम का तुलनात्मक रूप से ज्यादा महत्त्व।

(5) सांख्यिकीय विधियों के बढ़ते उपयोग से अन्वेषण के क्षेत्रों में विस्तार।

इस अवधि के दौरान भारत में कृषि भूगोल के क्षेत्र में कुछ विशेष तथ्यों से जुड़े अध्ययन किये गये जैसे जनसंख्या तथा खाद्य समस्या, फसल–कृषि गहनता, फसल संयोजन, फसल संकेन्द्रण, फसल विविधता, कृषि क्षमता, कृषि वर्गीकरण, कृषि प्रादेशीकरण तथा कृषि प्रकारिकी आदि। इन अध्ययनों के फलस्वरूप कृषि भूगोल की विषयवस्तु, उपागम और प्रविधि तन्त्र में बदलाव हुए। भारतीय कृषि भूगोल के कुछ प्रमुख विद्वानों ने विशिष्ट भूमिका निभायी जैसे मो. शफी (1960), सिन्हा (1968), सिंह (1962), भाटिया (1967), चटर्जी (1952), कुरियन (1965), आर० पी० मिश्र (1969), जसवीर सिंह (1972) आदि का योगदान महत्त्वपूर्ण है। इन अध्ययनों के अतिरिक्त भारत के विभिन्न भागों में क्षेत्रीय स्तर पर अनेक अध्ययन प्रस्तुत किए गए जिनमें भारद्वाज, सत्पथी, झा, दास, कुलकर्णी, दुग्गल, भट्ट, सरन त्रिपाठी, सिंह, दास, धोरी, चौहान, मिश्रा, बनर्जी, अग्रवाल, पाण्डेय, मण्डल, लाहिड़ी, अमीन, एलफेन्स, भल्ला, पाण्डा, अय्यर, त्यागी, दयाल, सिद्दीकी, राय, शर्मा, हुसैन, सक्सेना, द्विवेदी, बनर्जी, मुखर्जी, तिवारी, शुक्ला, अमानी, अहमद, रजा, श्रीवास्तव, गांगुली, राव, कायस्थ, रैना, करीमी, पाण्डेय, सिंह तथा सिंह कुमार आदि के अध्ययन महत्त्वपूर्ण हैं जिनसे विषयवस्तु के साथ ही साथ कृषि भूगोल के संकाल्पनिक दृष्टिकोण का भी विकास हुआ। कृषि अध्ययन का मुख्य विषय कृषि एवं पर्यावरण का सहसम्बन्ध भी रहा है। कृषि सामग्री के विकास के साथ इसके अध्ययन के उद्देश्य भी बदलते रहे हैं।

कुछ भूगोलवेत्ता कृषि भूगोल के प्रमुख उद्देश्य को प्रादेशीकरण के विरुद्ध मानते हैं। उनके अनुसार क्षेत्रीय अन्तर को स्पष्ट करने हेतु आर्थिक कार्यों के स्थानीयकरण सम्बन्धी नियम विकसित करना ज्यादा उचित होगा। सैद्धान्तीकरण के विरोधियों ने आशंका व्यक्त की है कि मानवीय क्रियाकलापों में सभी जगह समानता न होने से उनको संचालित करने वाले सार्वभौमिक नियम नहीं बनाये जा सकते हैं।

कृषि भूगोल की आधुनिक प्रकृति

आज के दौर में कृषि भूगोल, भूगोल की एक महत्त्वपूर्ण शाखा है। वैज्ञानिक तथा प्राविधिक कारणों से कृषि भूगोल के विषय क्षेत्र में व्यापक परिवर्तन आया है। आज यह किसी क्षेत्र के सर्वांगीण विकास हेतु अपरिहार्य है। कृषि भूगोल की परिधि में आने वाले प्रमुख विषय फसलोत्पादन एवं पशुपालन हैं जिनके सम्यक् अध्ययन के प्रमुख उद्देश्य भूमि उपयोग का स्थानीयकरण, विभिन्न कृषि पद्धतियों का निर्धारण, कृषि पद्धतियों में स्थानिक एवं कालिक अन्तर एवं पर्यावरण से उनके पारस्परिक क्रियाओं का विवेचन है। सही मायने में कृषि पद्धति पारिस्थितिक तन्त्र का संशोधित रूप होता है जो अभीष्ट उपज पाने के लक्ष्य से सम्पादित होता है। कृषि पद्धति का सही रूप प्रमुख तीन कारकों पर निर्भर करता है, जैसे—

(1) कृषक की वैयक्तिक, सामाजिक, आर्थिक तथा राजनीतिक विशेषताएँ।
(2) कृषि फार्म की सापेक्षिक स्थिति।
(3) कृषि क्षेत्र की पारिस्थितिक तन्त्र जिसे कृषि भूमि या खेत की स्थानीय विशेषताएँ कहा जाता है।

इस तरह कृषि पद्धतियों के निर्माण में नैसर्गिक तथा मानव जन्य परिवेश को सम्मिलित किया गया है।

नैसर्गिक तत्त्व कृषि की सीमाएँ निश्चित करती है, भूमि स्वरूप, वायुमण्डल व जलवायु तथा मिट्टी भौगोलिक तत्त्वों में प्रमुख स्थान रखते हैं। फसलों के प्रादेशिक वितरण एवं उत्पादन की सभी प्रक्रियाओं पर जलवायु पर अहम् प्रभाव है। इसी प्रकार कृषि पर धरातल का स्वरूप, ढाल प्रवणता, उच्चावच आदि का स्पष्ट रूप से प्रभाव पड़ता है। अपवाह तन्त्र भी धरातल से प्रभावित होता है। सामान्य ढाल के समतल मैदान संसार के प्रमुख कृषि क्षेत्र हैं। अनुकूल जलवायु के क्षेत्रों में धरातल का स्वरूप कृषि सम्भावनाओं को तय करता है। कृषि उत्पादन में मृदा एक अन्य प्रमुख कारक है जो धरातल तथा जलवायु के साथ वानस्पतिक दशाओं से प्रभावित होती है। मृदा, अपनी भौतिक, रासायनिक तथा जैवीय विशेषताओं के आधार पर कृषि पर अनेक रूपों में प्रभाव

डालती है। कृषि भूगोल के अध्ययन में कृषि की स्थानीय संरचना एवं प्रादेशिक विविधता को उत्पन्न करने वाले इन कारकों का अध्ययन करना अत्यन्त आवश्यक है।

कृषि भूगोल के मानवीय परिस्थितियों का अध्ययन करना एक विशिष्ट अवयव माना जाता है क्योंकि आज के दौर में नैसर्गिक तत्त्वों की अपेक्षा कृषि के स्वरूप को निर्धारित करने में आर्थिक एवं सामाजिक तत्त्व का अहम् योगदान है जिसके अन्तर्गत भू-स्वामित्व, खेती का आकार, कृषि उपकरण, सिंचन सुविधा, परिवहन के साधन, बाजार की स्थिति, क्षेत्रफल, वितरण, श्रमिकों का निवेश, रासायनिक उर्वरक, कीटाणुनाशक दवाओं का प्रयोग, उन्नत बीज, यन्त्रीकरण आदि कृषि के स्वरूप एवं प्राकृतिक वितरण पर प्रभाव डालते हैं। कृषि भूगोल के अन्तर्गत इसका अध्ययन किया जाता है।

नैसर्गिक एवं मानवीय परिस्थितियों में भिन्नता के परिणामस्वरूप विश्व के अनेक राष्ट्रों में कृषि के आकार एवं स्वरूप में भिन्नता का होना स्वाभाविक है। अतएव भूमि उपयोग, शस्य वितरण एवं कृषि पद्धतियों के प्रादेशिक अन्तर के आधार पर कृषि प्रदेशों को निर्धारण तथा उनका विवेचन कृषि भूगोल का महत्त्वपूर्ण विषय है। कृषि अध्ययन का उद्देश्य कृषि तथा तथ्यों का भूतल पर क्षेत्रीय सन्दर्भ में विवेचन, वर्णन, विश्लेषण तथा संश्लेषण करना है। कृषि की समस्याएँ एवं कृषि नियोजन कृषि भूगोल के विषय क्षेत्र में आता है। अनेक विषयों के सामूहिक प्रयास से कृषि नियोजन सम्भव होता है। कृषि भूगोलवेत्ता भूमि उपयोग, सर्वेक्षण, भूमि के वर्गीकरण तथा मानचित्रण, भूमि क्षमता सर्वेक्षण आदि के आधार पर कृषि समस्याओं का निरूपण तथा उसके नियोजन से संबंधित कार्य को देखता है जो इसके विषय क्षेत्र में शामिल है। क्षेत्रीय कृषि विकास नियोजन के आधार के रूप में गत्यात्मक एवं गतिहीन प्रदेशों का परिसीमन किया जा सकता है जिसके आधार पर क्षेत्रीय कृषि विकास के दूरगामी नियोजन हेतु प्रादेशिक सर्वेक्षण और पूर्वानुमान के आधार पर क्षेत्रीय कृषि नियोजन का निर्धारण एवं कार्यान्वयन सम्भव होता है। ये सभी कृषि भूगोल के विषय क्षेत्र में आते हैं। कृषि भूगोलवेत्ताओं के अतिरिक्त कृषि भूगोल के अध्ययन में अन्य विशेषज्ञों तथा नियोजकों की सहायता प्राप्त होती है जिसमें कृषि विशेषज्ञ, कृषि खाद्य अर्थशास्त्री, सिंचाई अभियन्ता, प्रादेशिक नियोजक, ग्रामीण विकास नियोजक आदि सम्मिलित हैं।

कृषि भूगोल का अन्तर्विषयी सम्बन्ध

कृषि भूगोल का अन्य विषयों से भी अत्यधिक साहचर्य पाया जाता है। क्योंकि

भूगोल का अर्थशास्त्र एवं कृषि विज्ञानों में भी कृषि एवं उसके विविध पक्षों का अध्ययन सम्मिलित किया जाता है। प्रारम्भिक अध्ययनों में कृषि भूगोल में प्रादेशिक विभिन्नता का विवरण दिया जाता था। बर्नहार्ड (1915) ने कृषि भूगोल को कृषि विज्ञान तथा भूगोल दोनों माना है। उनके अनुसार इसके अध्ययन का विषय कृषि विज्ञान का है और अध्ययन का उपागम भूगोल का है। बर्नहार्ड ने कृषि भूगोल को आर्थिक भूगोल से स्वतन्त्र रुप में कृषि विज्ञानों के ज्यादा निकट माना है।

बर्नहार्ड ने कृषि के अध्ययन का एक व्यावहारिक दृष्टिकोण प्रस्तुत करते हुए कृषि प्राविधिकी क्षेत्र में पौधों का उत्पादन, पशु उत्पादन एवं कृषि प्राविधिकी से सम्बन्धित अध्ययन के साथ कृषि अर्थशास्त्र के ऐतिहासिक दृष्टिकोण, जिसके अन्तर्गत कृषि का इतिहास, तदन्तर भौगोलिक दृष्टिकोण का अध्ययन किया। इस प्रकार कृषि भूगोल, कृषि विज्ञान के अध्ययन की अन्तिम कड़ी है और इसके बिना कृषि विज्ञान का अध्ययन पूर्ण नहीं है।

कृषि विज्ञान की प्रमुख शाखाओं में वनस्पति संरक्षण विज्ञान मृदा विज्ञान, फसल विज्ञान, उद्यान पौध विज्ञान, पशु विज्ञान एवं कृषि इन्जीनियरिंग आदि को सम्मिलित किया जाता है। इनके अध्ययन से कृषि उत्पादन में वृद्धि होती है। इन सभी के अध्ययनों के अन्तर्गत कृषि भूगोल की विषय सामग्री शामिल है, जिनसे प्राप्त आँकड़ों के आधार पर कृषि समस्याओं को समझने, उत्पादन में वृद्धि करने एवं कृषि नियोजन की रूपरेखा तैयार करने में मदद मिलती है । कृषि भूगोल के अन्तर्गत कृषि अध्ययन से प्राप्त उपयोगी विश्लेषण प्रस्तुत किया जाता है जो कृषि उत्पादन की वृद्धि में सहायक होने के साथ-साथ कृषि क्षेत्र के सर्वांगीण विकास में सहायक होते हैं।

कृषि भूदृश्य का विवरण प्रस्तुत कर कृषि भूगोलवेत्ता कृषि विज्ञान से संबंधित सभी विश्लेषणों को दर्शाते हैं। कृषि भूगोलवेत्ता कृषि की अवस्थिति (कहाँ), प्रक्रिया (कैसे), प्रतिरूप (क्या) एवं कारकों (क्यों) आदि का विश्लेषण कर उन्हें तय करते हुए मानचित्र द्वारा दर्शाता है। कृषि भूगोलवेत्ता कृषि संबंधी महत्वपूर्ण पारिस्थितिक कारकों का विश्लेषण करता हुआ आर्थिक विकास की गति निश्चित करने में महत्त्वपूर्ण भूमिका निभाता है। इस अध्ययन प्रक्रिया में कृषि सम्बन्धित भिन्न-भिन्न आँकड़ों को संग्रह कर उन्हें विश्लेषित करते हुए नियोजन की रूपरेखा चित्रित करता है। इस प्रक्रिया में क्षेत्रीय विवेचन तथा सामयिक विवेचन से सम्बन्धित मूल कृषि आँकड़ों से संबंधित ब्यौरा प्रस्तुत किया जाता है।

ओडम्बा (1964) के अनुसार कृषि भूगोल व अर्थशास्त्र में उतना ही घनिष्ठ संबंध है जितना कि कृषि भूगोल व भूगोल की अन्य शाखाओं में है। इन विषयों की

स्पष्ट सीमा निश्चित करना उचित नहीं है। कृषि भूगोल अन्य उपविषयों के मध्यस्थ की भूमिका निभाता है। इस प्रकार यह एक सहसम्बन्धीय विज्ञान है।

वहीं दूसरी ओर, कोपाक (1968) के मतानुसार कृषि एक आर्थिक प्रक्रिया है जिसका अध्ययन अर्थशास्त्र के सिद्धान्तों तथा संकल्पनाओं के आधार पर किया जाता है। इस प्रकार कृषि भूगोल, आर्थिक भूगोल का एक महत्त्वपूर्ण अंग है।

कृषि विज्ञान व आर्थिक भूगोल से अलग एक स्वतन्त्र शाखा के रूप में कृषि भूगोल की स्थापना कुछ प्रमुख विद्वानों ने की है। इन विद्वानों के आधार पर कृषि वैज्ञानिकों एवं भूगोलवेत्ता के अध्ययन के लक्ष्य भिन्न-भिन्न हैं। कृषि भूगोल के अध्ययन का मुख्य विषय कृषि उत्पादों की प्रवृत्ति एवं उनको प्राप्त करने की अनुकूल परिस्थितियाँ हैं। इसलिए फाचर (11949) ने इसे "एग्रेरियन ज्योग्राफी" का नाम दिया है, प्रसिद्ध भूगोलवेत्ता बेबेल ने प्रादेशिक विषमताओं तथा गुणवत्ता को कृषि भूगोल से संबंधित तीन प्रमुख भागों में बांटा है जो इस प्रकार हैं–

(1) आकृति सम्बन्धी कृषि भूगोल

(2) सांख्यिकीय कृषि भूगोल

(3) पारिस्थितिकीय कृषि भूगोल।

यह कहा जा सकता है कि कृषि भूगोल का साहचर्य अन्य विषयों से अत्यधिक नजदीक का है। क्योंकि ये विषय कृषि भूगोल के अध्ययन की विषय सामग्री उपलब्ध कराते हैं। आधुनिक काल में कृषि उत्पादों की बढ़ती माँग के कारण, कृषि भूगोल का अध्ययन अपरिहार्य होता जा रहा है।

कृषि अर्थशास्त्र पर सामाजिक और आर्थिक पर्यावरण का ज्यादा प्रभाव पड़ता है जबकि कृषि भूगोल प्राकृतिक तथा सामाजिक व आर्थिक दोनों ही कारकों से प्रभावित होता है। दोनों ही विषय कृषि समस्याओं का समाधान प्रस्तुत करते हैं। इस समानता के उपरांत भी दोनों की अलग-अलग स्वतन्त्र विषयवस्तु है। वर्तमान काल में कोई भी प्रयुक्त विज्ञान अपनी सीमा में सिमट कर नहीं रह सकता। उसे सम्बन्धित विषयों पर आश्रित रहना पड़ता है तथा उसकी विषय सामग्री का उपयोग सम्बन्धित विषय करते हैं।

कृषि की वास्तविकता को स्पष्ट करते हुए बर्नहार्ड ने विशिष्ट तौर पर प्रमुख तीन अवधारणाओं–ऐतिहासिक अवधारणा, भौगोलिक अवधारणा, तथा क्रमबद्ध अवधारणा को प्रस्तुत किया है।

इस तरह बर्नहार्ड की अवधारणा के अनुसार कृषि भूगोल का अध्ययन सर्वप्रथम ऐतिहासिक अवधारणा से शुरू करना चाहिए जिसके अन्तर्गत कृषि के

उद्भव, विकास एवं कृषि की ऐतिहासिक प्रक्रियाओं तथा अवस्थाओं का अध्ययन शामिल है। इसके पश्चात् भौगोलिक अध्ययन विभिन्न प्राकृतिक, आर्थिक एवं सांस्कृतिक पर्यावरण की विवेचना करते हुए किया जाना चाहिए। इस अध्ययन की अन्तिम कड़ी क्रमबद्ध दृष्टिकोण होना चाहिए जिसके अन्तर्गत कृषि प्राविधिकी के रूप में कृषि उत्पादन प्रक्रियाओं का अध्ययन किया जाना चाहिए।

कृषि भूगोल के अध्ययन माध्यम

कृषि भूगोल के अध्ययन के मुख्य तीन उपागम हैं जिनका संक्षिप्त उल्लेख निम्नलिखित शीर्षकों के अन्तर्गत किया जा सकता है—

(1) क्रमबद्ध उपागम—इसके अन्तर्गत कृषि से सम्बन्धित सामान्य विशेषताओं का अध्ययन किया जाता है। सामान्य रूप से सम्पूर्ण संसार इस प्रकार के अध्ययनों का क्षेत्र होता है जिसमें कृषि उत्पादों के प्रतिरूप कृषि की विशेषताओं एवं स्थानीयकरण पर प्रभाव डालने वाले कारकों का अध्ययन शामिल है। कृषि से सम्बन्धित सभी पहलुओं का अध्ययन एवं विश्लेषण इसके अन्तर्गत किया जाता है।

(2) प्रादेशिक उपागम—इस उपागम के अन्तर्गत अध्ययन की विषयवस्तु सामान्य विषयवस्तु उपागम के जैसी होती है लेकिन इसका अध्ययन प्रदेशों के आधार पर किया जाता है। ये प्रदेश कुछ महत्वपूर्ण विशेषता वाले हो सकते हैं अथवा अनेक विशेषताओं वाले। इन प्रदेशों का निर्धारण किसी प्रदेश की प्राकृतिक विशेषताओं, कृषि की समस्त विशेषताओं एवं माँग और आपूर्ति के बीच स्थापित सन्तुलन के आधार पर किया जाता है।

(3) सैद्धान्तिक उपागम—इसके अन्तर्गत कृषि के स्थानीयकरण, वर्गीकरण एवं वितरण आदि कृषि सम्बन्धी विशेषताओं की व्याख्या हेतु नियम एवं सिद्धान्तों पर जोर दिया जाता है। कृषि के स्थानीयकरण सम्बन्धी अध्ययन, एकरूपता एवं विविधता आदि सैद्धान्तिक अध्ययन इसके अन्तर्गत आते हैं।

कृषि भूगोल के अध्ययन की विधियां

कृषि भूगोल के अध्ययन के अन्तर्गत आगमन विधि एवं निगमन विधि दोनों ही विधियां शामिल हैं। प्रत्यक्ष अन्वेषण से प्राप्त आनुभविक ज्ञान पर आधारित आगमन विधि है जो आगमन तर्क पर आधारित है। कुछ मान्यताओं को लेकर तर्क के आधार पर उन परिस्थितियों में सम्भावित दशाएँ परिकल्पित की जाती हैं जिसे

निगमन विधि की संज्ञा दी जाती है। कृषि भूगोल में आगमन विधि की अपेक्षा निगमन विधि का प्रयोग अत्यधिक कम किया जाता है। सैद्धान्तिक रूप से निगमन विधि का बहुत महत्त्व है। कृषि भूगोल में यह एक नवीन विधि है जिसका उपयोग वितरण अध्ययन में कम होता है। इसके लिए पूर्वानुमान किया जाता है जिसके आधार पर सिद्धान्तों का प्रतिपादन होता है। इसका उपयोग अनुकूलतम निर्धारण में कृषि वैज्ञानिकों के माध्यम से किया गया है। अनेक कृषि अर्थशास्त्रियों के माध्यम से उत्पादन प्रतिरूप के स्थान पर अनुकूलतम स्थिति को निर्धारित करना ज्यादा उपयुक्त समझा गया है और इसके लिए लीनियर प्रोग्रामिंग विधि का उपयोग किया गया है। सैद्धान्तिक रूप से महत्वपूर्ण इस विधि का व्यावहारिक उपयोग कम है। सन्तोषजनक प्रतिमान भी वर्तमान प्रतिरूपों की पूरी व्याख्या करने में असमर्थ होते हैं। इस कमी को पूरा करने लिए सांख्यिकीय विधियों का इस्तेमाल बढ़ता जा रहा है जिसमें केन्डाल एवं हेन्साल की कारक विश्लेषण विधि अधिक महत्त्वपूर्ण है।

आम तौर पर यह कहा जा सकता है कि निगमन विधि की अपेक्षा आगमन विधि का उपयोग विशद रूप से किया जाता है। और यह कृषि विशेषताओं को समझने हेतु आवश्यक है। निगमन विधि का उपयोग नव परिवर्तन, विस्तरण तथा प्रतिमानो हेतु किया जाता है। ये प्रतिमान आर्थिक भूगोल तथा कृषि अर्थशास्त्र में व्यापक रूप से इस्तेमाल में आते हैं। प्रतिमानों को विभिन्न दृष्टिकोण से बांटा गया है। उपागम के आधार पर इन्हें आदर्श प्रतिमान तथा वर्णनात्मक प्रतिमान दो वर्गों में विभक्त किया जाता है जबकि पद्धति के आधार पर प्रतिमानों को (1) एक पद्धति प्रतिमान (2) सम्पूर्ण पद्धति प्रतिमान तथा (3) उप पद्धति प्रतिमान में विभक्त किया जाता है।

इस विषय के अध्ययन में विभिन्न विद्वानों ने अलग-अलग परिस्थितियों, कार्यों तथा विशेषताओं के अनुसार विभिन्न प्रतिमानों का उपयोग किया है। इनमें वातावरण सम्बन्धी प्रतिमान, निर्णयन प्रतिमान, संकाल्पनिक प्रतिमान, ऐतिहासिक प्रतिमान, प्रायोगिक प्रतिमान, भूमि सम्भाव्य प्रतिमान तथा कृषि कार्य अवस्थिति प्रतिमान आदि मुख्य हैं। ये प्रतिमान सांख्यिकीय विधियों पर आधारित हैं। इन प्रतिमानों के उपयोग से कृषि भूगोल के सैद्धान्तिक पृष्ठभूमि का विकास हुआ है तथा यह विषय एक वैज्ञानिक स्वरूप धारण कर सका है।

कृषि भूगोल के सिद्धान्त

कृषि की प्रमुख प्रक्रियाओं में नैसर्गिक और आर्थिक परिस्थितियों के अलावा

सामाजिक एवं वैयक्तिक गुणों को भी सम्मिलित किया जाता है। इसके अन्तर्गत सम्मिलित किये जाने वाले सम्पूर्ण तत्त्वों के लिए सिद्धान्त का निर्माण नहीं किया जा सकता है। किसी भी विषय के सिद्धान्त, संकल्पना एवं विषयवस्तु परस्पर सम्बन्धित होते हैं। किसी भी विषयवस्तु का केन्द्रबिन्दु संकल्पना होती है। संकल्पना की रूपरेखा सिद्धान्तों के माध्यम से निश्चित की जाती है। इस तरह स्पष्ट है कि किसी भी विषय के सिद्धान्तों पर ही संकल्पना आधारित होती है।

मॉर्गेन एवं मुण्टन (1971) ने अर्थशास्त्र के समान ही कृषि भूगोल के मौलिक सिद्धान्तों तथा प्राकल्पनाओं को प्रमुख चार समूहों में बांटा गया है जो इस प्रकार हैं–

(1) वस्तु विनिमय सम्बन्धी सिद्धान्त

(2) संसाधन का अनुकूलतम उपयोग का सिद्धान्त

(3) संसाधनों के उपयोग सम्बन्धी सिद्धान्त

(4) विकल्पों को नियन्त्रित करने वाले तुलनात्मक फायदा सिद्धान्त।

कृषि भूगोल के अन्तर्गत अर्थशास्त्र की सभी शाखाओं में उपभोग, उत्पादन, विनिमय एवं वितरण के नियमों का प्रयोग किया जाता है। पूर्ति एवं मूल्य के नियम, सापेक्षिक फायदा के सिद्धान्त, ह्रासमान प्रतिफल का नियम आदि का उपयोग भी कृषि भूगोल में बड़े पैमाने पर किया जाता है। विभिन्न कृषिगत वस्तुओं की प्रत्यास्थता भिन्न-भिन्न क्षेत्रों में विविध प्रकार की होती है जबकि विकासशील देशों में मूल खाद्य और माँस की माँग की प्रत्यास्थता तुलनात्मक रूप से ज्यादा होती है। स्थानीयकरण में सापेक्षिक फायदा का नियम भी महत्त्वपूर्ण होता है। ह्रासमान प्रतिफल का नियम भी कृषि के स्थानीयकरण में लागू होता है। ह्रासमान प्रतिफल क्रमशः बढ़ती हुई लागत एवं घटती हुई उपज दर का प्रतिफल होता है। स्थानीयकरण के अनेक सिद्धान्तों में सीमान्त तथा ह्रासमान प्रतिफल का उपयोग किया जाता है।

कृषि भूगोल के विविध पक्षों के वर्णन के लिए इसके प्रमुख सिद्धान्तों को प्रमुख तीन समूहों में बांटा जा सकता है जिनका उल्लेख इस प्रकार हैं–

(1) कार्यिक सम्बन्ध का सिद्धान्त,

(2) पारिस्थितिकी समंजन का सिद्धान्त

(3) क्षेत्रीय भिन्नता तथा संगठन के सिद्धान्त

(4) कृषि अवस्थिति।

कृषि भूदृश्य, प्रतिरूप तथा उस पर प्रभाव डालने वाले विभिन्न कारकों एवं इसके गत्यात्मक पक्षों को समझने में ये सिद्धान्त महत्त्वपूर्ण हैं।

कृषि भूगोल की संकल्पनाएं

भूगोल के समान ही कृषि भूगोल का विकास भी हुआ है। परिकल्पना के माध्यम से विषय के विकास को दिशा-निर्देश मिलता है और साथ ही ये अध्ययन की विषयवस्तु की अभिवृद्धि में भी सहायक होते हैं। संकल्पनाएँ विषयवस्तु को स्पष्ट करती हुई परस्पर अन्तर्सम्बन्धित होती हैं जिनके आधार पर विषयवस्तु का ज्ञान होता है। समय-समय पर कृषि भूगोल की प्राकल्पनाओं का विकास होता रहा है। निम्न शीर्षकों के अन्तर्गत इनके स्वरूपों का उल्लेख किया जा सकता है–

कृषि प्रदेश की अवधारणा

कृषि प्रदेश मुख्यतः समरूपता के सिद्धान्त के आधार पर निश्चित किए जाते हैं। ऐसा क्षेत्र जहाँ समान परिस्थितियों के कारण समान कृषि का विकास हो, कृषि प्रदेश कहा जा सकता है। भिन्न-भिन्न क्षेत्रों में प्रादेशीकरण हेतु विभिन्न निर्धारक तत्त्व अपनाए गए हैं। परिणामतः इनका निश्चयन एक जटिल कार्य है। विभिन्न प्राकृतिक तथा सांस्कृतिक प्रक्रियाओं के परिणामस्वरूप कृषि भूदृश्यों में विभिन्नता मिलती है। विभिन्न क्षेत्रों में इन विशेषताओं के आधार पर कृषि प्रदेशों का निर्धारण विभिन्न निर्धारक कारकों के आधार पर तय किया जाता है। कृषि प्रदेश निर्धारण की संकल्पना गतिशील है, इसके निर्धारक कारकों में समयानुसार संशोधन होता रहा है। वर्तमान समय में प्रति व्यक्ति संसाधन एवं कृषि के प्राविधिक स्तर को कृषि प्रदेश के विभाजन में वरीयता दी जाने लगी है। क्षेत्रीय विभिन्नता के साथ ही कृषि क्षेत्र में अन्तर्निहित विभिन्न तत्त्वों की विवेचना भी अपरिहार्य है।

कार्यात्मक अन्योन्यक्रिया की अवधारणा

आज के दौर में अनेक कृषि क्षेत्रों में परस्पर प्रक्रियात्मक आन्तरिक साहचर्य पाया जाता है। कोई भी कृषि क्षेत्र बचा नहीं है जो किसी न किसी स्तर पर एक दूसरे से जुड़ा न हो। किसी क्षेत्र विशेष का कृषि विशेषीकरण ज्यादातर अन्य क्षेत्रों को भी प्रभावित करता है। प्रत्येक क्षेत्र पर वहाँ की आर्थिक, सामाजिक एवं राजनीतिक दशाएँ भी प्रभाव डालती हैं। किसी क्षेत्र विशेष के उत्पादित पदार्थों का इस्तेमाल अन्य क्षेत्रों में किया जाता है। कार्यात्मक अन्योन्यक्रिया के परिणामस्वरूप क्षेत्रीय और अन्तर्क्षेत्रीय सन्तुलित की जाती है इनके आधार पर अन्तर्क्षेत्रीय समानता एवं विषमता की व्याख्या के आधार पर ही उनकी विशेषताओं से अवगत होकर निर्धारक कारकों का विश्लेषण किया जाता है। अपेक्षात्मक फायदा सिद्धान्त इस कार्य में प्रयुक्त किया जा सकता है, जिसे आय-लागत विश्लेषण और क्षेत्रीय विश्लेषण सन्तुलन के आधार

पर निश्चित किया जाता है। किसी क्षेत्र में कृषि उत्पादन की अभिवृद्धि और सन्तुलन विभिन्न प्रदेशों के परिवर्तनशील प्राविधिकी के आधार पर तय की जा सकती है।

विकास की अवधारणा

इस बहुपक्षीय संकल्पना के अन्तर्गत उत्पादकता की वृद्धि का समान सामाजिक वितरण एवं पारिस्थितिक सन्तुलन बनाए रखने हेतु जरूरी व्याख्या प्रस्तुत की जाता है। स्पष्ट है कि ऐसे विकास में उत्पादकता वृद्धि के साथ ही साथ ऐसा प्रयास किया जाती है कि जिससे पर्यावरणीय विसंगति भी पैदा न हो। इसके लिए अधिकतम उत्पादन को उसी सीमा तक महत्व देना होता है जहाँ तक कृषि संसाधनों का अनुकूलतम एवं अधिकतम उपयोग हो। कृषि भूगोल का मूल उद्देश्य विभिन्न क्षेत्रों हेतु कृषि विकास स्तर को सुनिश्चित करना भी है जिसके लिए विभिन्न सांस्कृतिक एवं प्राविधिक स्तर को दृष्टिगत रखते हुए संसाधनों के अनुकूलतम उपयोग पर दृष्टि रखना अनिबार्य है।

प्राकल्पना : भूदृश्य

कृषि भूदृश्य की प्राकल्पना कृषि भूगोल की एक महत्वपूर्ण प्राकल्पना है। कृषि प्रक्रिया में यह विशेष रूप से शामिल होती है जिसे भूदृश्य कहा जाता है। इसमें फसलों की विविधता तथा पशुपालन के अलावा खेतों के प्रकार, अधिवास तथा स्थानीय परिवहन तन्त्र आदि भी शामिल होते हैं। विश्व के अलग-अलग भागों में भिन्न-भिन्न तरह की फसलों की प्रधानता पाई जाती है जिनका स्वरूप अवलोकन मात्र से ही स्पष्ट हो जाता है तथा उनके विशिष्ट भूदृश्य वृहद्‌ स्तर अथवा लघु स्तर पर स्पष्ट रूप से परिलक्षित होते हैं। विभिन्न कृषि पद्धतियों, कृषि निवेश आदि में भिन्नता के कारण विभिन्न क्षेत्रों में अलग-अलग प्रकार के भूदृश्यों का उदय होता है।

प्राकल्पना : कृषि कार्य अवस्थिति

कृषि कार्य सभी प्रकार की भूमि पर संभव नहीं, एक विशिष्ट क्षेत्र पर ही यह कार्य संभव होता है। कृषि भूगोलवेत्ताओं के लिए इसकी विशेषताओं का अध्ययन अत्यन्त महत्वपूर्ण है। कृषि कार्यों की अवस्थिति में कृषि कार्यों की व्यवस्थाएँ जैसे स्थिति, वितरण प्रारूप आदि की व्याख्या की जाती है। कृषि भूदृश्य के विश्लेषण के लिए कृषि कार्यों की अवस्थिति का विवेचन आवश्यक है जिसमें बाजार की स्थिति, परिवहन के साधन, ग्रामीण एवं नगरीय अधिवास से दूरी एवं भूमि उपयोग पर प्रभाव डालने वाले अन्य कारकों का विश्लेषण शामिल होता है। इसकी सहायता से कृषि

के प्राचीन एवं नवीन परिवर्तनों की स्थिति का अंदाजा लगाया जा सकता है।

परिवर्तनशील कृषि भूदृश्य अवधारणा

कृषि प्रक्रियाओं में प्रायः बदलाव होते रहते हैं। इन्हीं बदलावों के फलस्वरूप कृषि भू आकृति में बदलाव होता है। जो उसके विकास स्तर का सूचक है। किसी भी कृषि भूदृश्य पर अतीत काल के कार्यों का स्पष्ट प्रभाव पड़ता है और साथ ही मनुष्य के सांस्कृतिक क्षेत्र दोनों ही रूपों में होता है। परिवर्तन की मात्रा सांस्कृतिक, आर्थिक तथा प्राविधिक विकास के अनुसार ही प्रभावित होती है।

कृषि भूदृश्य आन्तरिक साहचर्य अवधारणा

कृषि भूदृश्य अपनी परिवर्तनशील आयु में संसाधन एवं उसकी उपयोगी प्रक्रिया का परिणाम होता है जिसे हम संसाधन, संरचना, प्रक्रिया एवं अवस्था का परिणाम भी मान सकते हैं। संसाधनों के अन्तर्गत प्राकृतिक तथा सांस्कृतिक दोनों को सम्मिलित किया जाता है। कृषि कार्य के ऐतिहासिक विकास क्रम के माध्यम से प्रक्रिया निश्चित होती है जिसमें एक ओर परम्परागत प्रविधि है तो दूसरी ओर अत्यधिक उन्नतशील प्रविधि। अनेक ऐसे भी क्षेत्र हैं जहाँ पर कृषि के विभिन्न प्राविधिक स्तर मिलते हैं। संसाधन उपयोग की प्रक्रिया की विभिन्न अवस्थाएँ मिलती हैं। जिन क्षेत्रों में मानव संस्कृति का सर्वप्रथम विकास हुआ वहाँ इस समय कृषि अपनी अन्तिम अवस्था में है। ऐतिहासिक अवधारणा के आधार पर कृषि प्रक्रिया को प्रमुख तीन अवस्थाओं में विभाजित किया जा सकता है जो इस प्रकार हैं—

(1) तरुणावस्था, (2) प्रौढ़ावस्था, (3) वृद्धावस्था।

तरुणावस्था के अन्तर्गत वे क्षेत्र सम्मिलित हैं जिनका उपयोग अभी थोड़े ही समय पूर्व आरंभ हुआ है। उदाहरण के तौर पर ब्राजील की कृषि व्यवस्थ। प्रौढ़ावस्था के अन्तर्गत नवीनतम प्राविधिक विधियों के उपयोग करने वाले नई दुनिया के विकसित कृषि प्रदेश आते हैं यथा—अमेरिका, आस्ट्रेलिया, न्यूजीलैण्ड। कृषि की वृद्धावस्था के अन्तर्गत वे क्षेत्र आते हैं जहाँ कृषि कार्य प्रागैतिहासिक काल से हो रहा है। इस समय में इनकी प्रगति मन्द है और ये निर्वाहक कृषि व्यवस्था के रूप में देखे जाते हैं। एशियाई देश एवं मध्य-पूर्वी यूरोपीय देश में कृषि कार्य वृद्धावस्था को प्राप्त है। जिस प्रकार भौगोलिक चक्र में पुनर्जीवन की संकल्पना है। उसी प्रकार कृषि कार्य में भी सांस्कृतिक, आर्थिक एवं प्राविधिक उन्नति के परिणामस्वरूप परिवर्तन आता रहता है।

2

कृषि भूमि का समुचित उपयोग

कृषि भूमि का समुचित इस्तेमाल भौगोलिक अध्ययन का एक महत्वपूर्ण पहलू है। इसका संबंध मुख्यतया भौगोलिक कृषि से है। अनुपयुक्त विज्ञानों में भूमि उपयोग सर्वेक्षण भूगोल की वृद्धि का एक अग्रगण्य अंग हो गया है। भूमि उपयोग के मानचित्र प्रादेशिक आयोजना तथा विकास के जरूरी उपकरण माने जाने लगे हैं। विधितंत्र व अनुप्रयोग पर विचार करने के पहले एक बार दुबारा अपनी संकल्पनाओं को स्पष्ट कर लेना चाहिए। भूमि उपयोग शब्द वास्तव में स्वतः ही स्पष्ट है। किन्तु उपयोग व उनके विकल्प योजन के अर्थों की व्याख्या में अनेक गुत्थियाँ उठ खड़ी हुई हैं। कुछ लेखक शुरुआत से ही तथ्य पर जोर देते रहे हैं कि वह इस बात के समर्थन में नहीं हैं कि इन शब्दों का अर्थ भिन्न लगाया जाए। हालांकि शब्दकोष की परिभाषाओं में इन शब्दों के अर्थों में मामूली अंतर हो सका है, परन्तु आंग्ल भाषा में इन शब्दों का इस्तेमाल पारस्परिक आदान-प्रदान करने योग्य है। उपयोग शब्द छोटा होने के कारण उसे अत्यधिक श्रेष्ठ माना गया है। यहां इस बात का स्पष्टीकरण आवश्यक है, क्योंकि यह प्रयोग अन्य लेखकों से भिन्न है–

भूमि के स्वाभाविक अभिलक्षणों के अनुसार, भूमि उपयोग भू-धरातल का वास्तविक एवं विशिष्ट उपयोग है। भूमि उपयोग का अध्ययन मुख्यतः वनस्पति आच्छादन अथवा उसकी कमी से जुड़ा है। भूगोल के क्षेत्र में यह एक औपचारिक संकल्पना है।

भू-योजन–भूमि उपयोग के दोहन की प्रक्रिया है अर्थात् भूमि विशिष्ट ध्येय के लिए अनुप्रयुक्त होती है। मनुष्य के द्वारा अविकसित क्षेत्र भू-योजना के दृष्टिकोण

से ऋणात्मक होते हैं। इस प्रकार सांस्कृतिक भूगोल के क्षेत्र में यह एक क्रियात्मक संकल्पना है। ये दोनों संकल्पनाएं अधिकतर भूमि उपयोग सर्वेक्षणों में शामिल होती हैं। उपयोग के दृष्टिकोण से वनस्पति आवरण द्वारा किये गये कार्यों को समन्वित किये बगैर ही उसका परीक्षण करना एक निस्सार व महत्त्वहीन अभ्यास माना गया है। चाहे वानस्पतिक आवरण हो अथवा निर्मित संरचना शब्दों का अपना महत्त्व होता है। वे आवरण में और अधिक विभिन्नता को बंद रखते हैं। इस ध्येय हेतु आवरण शब्द रचना ही ध्वनित होती है। इस शब्द को आस्ट्रेलिया में अंटर वेली रिसर्च फाउण्डेशन ने भू-योजन के साथ निम्नांकित प्रकार से उपयोग किया—

भूमि आवरण—पृष्ठभूमि जिसमें उपयोग पर नियोजन क्रिया होती है। उदाहरणस्वरूप वनस्पति तथा कृत्रिम निर्माण (यदि कोई हो) भू-धरातल को ढके रखता है (जो पूर्णतः शिला दृश्यांश और मृदाओं से बना होता है।)

भूमि उपयोग—यह एक क्रिया है। अर्थात् भूमि आवरण के माध्यम से भू-धरातल का उपयोग करना। इस ग्रंथ में 'भूमि आवरण' शब्द का उपयोग 'धरातलीय आवरण' के तत्त्वों के लिए किया गया है, चाहे वे प्राकृतिक हों या मनुष्य द्वारा निर्मित किये गये हों। भूमि उपयोग (भू-योजन) का विशद अर्थ होता है। इसमें भूमि आवरण समाविष्ट रहता है। भूमि उपयोग के व्यापक अध्ययन में उपयोग के समस्त रूपों को शामिल करना उचित होगा। चाहे वे औद्योगिक या कृषि वृक्षों की खेती नगरी क्यों न हों। अनेक अध्ययनों का सिर्फ एक रूप अथवा दूसरे रूप से सम्बन्ध होता है।

यहाँ हमारा सम्बन्ध सिर्फ कृषि भूमि उपयोग से है जो पृथ्वी के अधिकतर प्रदेशों में फैला हुआ है। प्रदेशवार विस्तार की दृष्टि से इसका सबसे अधिक इस्तेमाल होता है। कुछ क्षेत्रों में वन्य उपयोग इससे अधिक बढ़ गये हैं तथा नगरीय उपयोग भी स्थानिक रूप से इससे अधिक बढ़ गये हैं। खेती के क्षेत्रीय उपयोगों में इसकी प्रधानता होने के कारण अनेक भूमि उपयोग सर्वेक्षण कृषि उपयोग से पूर्णरूपेण जुड़े हुए हैं तथापि इसका उल्लेख नहीं किया गया है। भूमि उपयोग सर्वेक्षण के परिणामस्वरूप क्षेत्रों को प्रदेशों के समूहों में वर्गीकृत किया गया है। यह कृषि प्रदेशों के सम्बन्ध में दी गई विवेचना के अनुसार किया गया है। इसके लिए एक अलग मापदण्ड का उपयोग किया जाता है जैसे कि भूमि उपयोग विभिन्न वर्गों के भिन्न-भिन्न अनुपात इत्यादि। इसमें वन, परिवहन, प्रतिष्ठान, नगरीय क्षेत्र, उद्योग तथा अनुपयुक्त भूमि समाहित होती है। वास्तव में ये क्षेत्र कृषि क्षेत्रों से बहुत कुछ मिलते-जुलते हो सकते हैं। किन्तु उनकी परिभाषा तथा परिसीमांकन के मापदण्ड अलग

हो सकते हैं। वे भूमि उपयोग मानदंड होते हैं। व्यावहारिक कार्यों हेतु भूमि के उपयोगी क्षेत्रों को मिलाना आवश्यक है। विशेष तौर पर यह विभिन्न प्राविधिक पृष्ठभूमि तथा भिन्न-भिन्न अभिरुचि वाले पाठकों के लिए किया जाता है। ऐसी मुश्किल पुनरावृत्ति तथा अनावश्यक पांडित्य प्रदर्शन का टालने हेतु किया जाता है। उत्तरी आयरलैंड के भू-योजन सर्वेक्षण की रिपोर्ट में जानबूझ कर ऐसा किया गया है।

लोघ नेघ निम्न भूमियाँ (Lough Neagh Lowlands) एक ऐसा लघु मिश्रित फार्म प्रक्षेत्र है (इसका इस ग्रन्थ के पाँचवें अध्याय में वर्णन है)। भूमि उपयोग प्रदेशों के वृहद् वर्णन से लिया गया है। इस प्रकार वन तत्वों की प्रधानता वाले भूमि उपयोग प्रदेश में से वन विज्ञान से जुड़ी सूचनाएँ प्राप्त की जा सकती हैं। भूमि उपयोग सर्वेक्षणों को हमेशा ही विशेषज्ञों से लेकर अविज्ञजनों तक की जरूरतों को ध्यान में रखना चाहिए क्योंकि भूमि उपयोग सर्वेक्षण एक महँगा उपक्रम है व आजकल भूमि उपयोग हर व्यक्ति से किसी-न-किसी रूप से अवश्य जुड़ा होता है। 1930 में ग्रेट ब्रिटेन ने अपने प्रथम आधुनिक भूमि उपयोग सर्वेक्षण में इस विशेषता को प्राप्त कर लिया था। युद्ध के दौरान कृषि के विकास एवं युद्ध के बाद पुनर्निर्माण के आयोजन में इसकी विस्तृत विवेचन का महत्व कई बार स्पष्ट किया जा चुका है।

भूमि उपयोग सर्वेक्षण का विकास

विभिन्न प्रयोगों के तहत भूमि को उपयोग में लाए जाने की परंपरा उतनी ही प्राचीन है, जितना कि कृषि से मानव का संबंध रहा है। भूमि उपयोग से जुड़ी ज्ञान की क्रमबद्धता उस समय से पाई जाती है जिस समय से भूमि उपयोग के अनुसार करों का अनुप्रयोग होना आरम्भ हुआ। एक ऐसा पुरातन उद्धरण इंग्लैण्ड का नारमन डोम्सडे सर्वेक्षण (Norman Domesday Survey of England) है। इसके अनेक शताब्दियों बाद कृषि क्रांति के कारण सर्वेक्षण आरम्भ किये गये। इन सर्वेक्षणों में कृषि प्रविधियों व भूमि उपयोग के सामान्य पहलुओं का काउन्टीवार परीक्षण किया गया। नये देशों में उपनिवेश के कारण भूमि संसाधनों के प्राक्कलन में दिलचस्पी ली गई। 1919 में भूमि उपयोग को सबसे पहले व्यवस्थित रूप से अभिव्यक्त करने वाले मानचित्रों पर विचार किया गया। इसके एक सदी बाद ही राष्ट्रीय आधार पर ऐसा मानचित्रण आरम्भ किया गया।

1930 में सम्पूर्ण ग्रेट ब्रिटेन के लिए एक आयोजना को सूत्रबद्ध करने हेतु कदम उठाये गये व 1931 में क्षेत्रकार्य आरम्भ किया गया। इस अग्रणी आयोजन को कम से कम परिव्ययों में ही पूरा करना था। इसे इतना आसान और ज्ञानबद्ध बनाना

था कि कम प्रशिक्षण द्वारा ही स्वयंसेवक इसे ग्रहण कर सकें। पूरे देश में भूमि आवरण में विभिन्नता का स्पष्ट चित्रण करना संभव हो सका। क्षेत्रीय मानचित्रण सैन्य सर्वेक्षण मानचित्रों पर किया गया। इनका मापक छह इंच बराबर एक मील था (1 : 10,560)। बाद में इनको एक इंच बराबर एक मील (1:63, 360) मापक पर घटाया गया। एक इंच वाले अधिकतर पत्रकों को मुद्रित तथा प्रकाशित किया गया। इसका एकमात्र अपवाद स्काटलैण्ड की उच्च भूमियों के पत्रक हैं, क्योंकि वहाँ भूमि का उपयोग ऊबड़-खाबड़ चराई व हरिण वनों के रूप में पाया जाता है। इसमें प्रयुक्त वर्गीकरण, क्षेत्रीय, पत्रकों पर प्रयुक्त अक्षर व प्रकाशित मानचित्रों में प्रयुक्त रंग निम्नांकित था–

1.	वन और वनस्थली	F (एफ)	गहरा हरा।
2.	शाद्वल भूमि तथा स्थायी घास	M (एम)	हल्का हरा।
3.	कृषि अथवा कृषित भूमि, पलिहर घासों का हेरफेर तथा सब्जी खेती	(L) (ए)	भूरा।
	(विपणि उद्यान, जहां ऐसा स्पष्ट हो)	(ए)	मंध्यम हरा
4.	अजोत-भूमि झाबर भूमि, पंचायती भूमि व ऊबड़-खाबड़ पहाड़ी चरागाह	(एच)	पीला।
5.	उद्यान, फलोद्यान, आवंटन, रोपणियाँ इत्यादि।	G (जी)	बैंगनी।
6.	कृषि की दृष्टि से अनुत्पादक भूमि उदा., अहाते वाली खानें, बाड़े, कब्रिस्तान आदि।	W(डब्लू)	लाल।
7.	सरोवर, झीलें, खाइयाँ, जलाशय बाँध, नाले तथा किसी भी प्रकार की आकृति जिसमें पानी समाहित होता हो।	P (पी)	नीला।

गुल्म वनों, उच्च वनों तथा गुल्मों के रूप में वनों का उप-विभाजन किया गया है। इसमें ऐसे वन शामिल हैं जिनमें कोई भी कटन पूर्वरोपित न होती हो, चाहे वे शंकुवृक्षी हों, पर्णपाती हों या मिश्रित वन ही क्यों न हों। भूमि प्रबन्ध के दृष्टिकोण से हेरफेर वाले चरागाहों का वर्गीकरण खेती की भूमि के रूप में करना उचित है, परन्तु इससे व्याख्या में कुछ समस्याएं उत्पन्न हो गई हैं। 1938-39 में उत्तरी आयरलैण्ड

में किये गये बाद के सर्वेक्षण में सभी घासस्थली को एक ही वर्ग में रखा गया है, चाहे उसमें हेरफेर होता हो या उत्तम प्रकार की चरागाह पाई जाती हो। पर्याप्त विस्तार के कारण निम्न भूमि बाग के लिये एक श्रेणी आरंभ की गई।

ग्रेट ब्रिटेन में बाग का विस्तार हालांकि महत्त्वपूर्ण नहीं है। ब्रिटेन की हर काउन्टी के भूमि उपयोग का वर्णन करने के लिए अनेक प्रतिवेदन लिखे गये। सन् 1936 से 1946 के मध्य भागों में प्रकाशित भी किया गया। इस प्रकार क्षेत्रीय कार्य के आरम्भ तथा प्रतिवेदन के पूर्ण होने के मध्य का समय अधिक दिखाई देता है।

इसका कारण यह था कि युद्धकालीन और युद्धोतर समस्याओं को पार करना आवश्यक था। इसका ऐतिहासिक विवरण पढ़ने हेतु एक सारांश ग्रंथ 'दी लैंड आफ ब्रिटेन, इट्स यूज एण्ड मिसयूज' तैयार किया गया। इंग्लैंड व वेल्स के नये भूमि उपयोग की पुराने भूमि उपयोग से तुलना की गई है जो कि बड़ी शिक्षाप्रद है। मृदा तथा उच्चावचन मानचित्रों को सम्मिलित करके एक प्रतिदर्श-क्षेत्र की तुलना की गई है। नये भूमि उपयोग का मानचित्र में अत्यधिक विवरण है। इसे उसी मापक 1/3, 000 पर प्रकाशित कर व्यावहारिक बनाया गया है। इसके लिए 13 प्रमुख वर्गों का उपयोग किया गया है तथा हर वर्ग का एक खास रंगीन क्रमांक दिया गया है। भ्रम को दूर रखने के लिए ऐसा किया गया।

1. अधिवास (निवास तथा व्यावसायिक)	भूरा
2. उद्योग	लाल
3. परिवहन	नारंगी
4. परित्यक्त भूमि	
5. खुले स्थान	नींबू की तरह हरा
6. घास	हल्का हरा
7. कृषि	हल्का भूरा
8. विपणि उद्यान	बैंगनी
9. फलोद्यान	बैंगनी पट्टियाँ
10. वनस्थली	गहरा हरा
11. अजोत भूमि तथा ऊबड़-खाबड़ भूमि	पीला
12. जल एवं दलदल	हल्का नीला
13. वनस्पतिहीन भूमि	श्वेत

तीसरी, चौथी, पाँचवीं तथा तेरहवीं श्रेणियों को छोड़कर शेष सभी को

उपविभाजित किया गया है। किसान वर्ग को निम्न उपविभागों में विभक्त किया है–1. ले फल्लियाँ (Ley legumes) 2. खाद्यान्न 3. मूल वर्गीय घास, 4. हरि घास, 5. औद्योगिक फसलें, इन पाँचों को दुबारा एक फसलों में बाँटा गया है और उन्हें अक्षरों के चिन्ह दिये गये हैं, तथा 6. पलिहर। विपणि उद्यान को निम्नांकित प्रकारों में वितरित गया है–(अ) सामान्य प्रकार–इसे मिश्रित समस्याओं के अंतर्गत मानचित्रित किया गया है, जैसे ब्रैसिका फसलें (brassica crops) इत्यादि, (ब) रोपणियाँ, (स) आवंटन उद्यान, (ड) पुष्प, (इ) कोमलफल तथा (फ) हाप्स। उद्यानों को चरागाह तथा वृक्ष फसलों को साथ-साथ लिखा गया है। घास के मैदानों में प्रबंध की समस्याओं के कारण सभी तरह के चारे को एक ही श्रेणी में सम्मिलित किया गया है। गुल्म घास स्थल अथवा रश पौधे युक्त घास भूमियों के लिए कुछ सुधार किया गया है। उपविभागों का चित्रण मुख्य रंग की अवस्था में बदलाव करके किया गया है। उन्हें अन्य मानचित्रण तरीकों द्वारा भी दिखायी जाती है। उपविभागों की पहचान मानचित्रों के सामान्य अनुवीक्षण द्वारा भी दिखाया जाता है। उपविभागों की पहचान मानचित्रों के सामान्य अनुवीक्षण द्वारा की जाती है, इनसे प्रमुख तेरह वर्गों की सुस्पष्टता में अवरोध नहीं पड़ता है। ये प्रमुख वर्ग मुख्य सर्वेक्षण के वर्गों से अधिकतर मिलते-जुलते हैं किन्तु ये सूक्ष्म रूप में थोड़े अलग हैं। आधार मानचित्रों की भांति अधिवास के लिए भूरे रंग का उपयोग किया गया है। पुराने विश्वविभाजन के विश्व भूमि उपयोग सर्वेक्षण के लिए सुझाई गई योजना में (3) (4) (5) तथा (13) श्रेणियां और जोड़ी गई हैं।

वैश्विक भूमि हेतु सर्वेक्षण उपयोग

वैश्विक भूमि उपयोग सर्वेक्षण अन्तर्राष्ट्रीय भौगोलिक संघ द्वारा तैयार की गई एक आयोजना है। इसका उद्देश्य सम्पूर्ण विश्व के लिए भूमि उपयोग प्रतिवेदन तथा अपेक्षात्मक तथा मानचित्र तैयार करना है। लिस्बन में 1949 में अ. भौ. सं. (I.G.U.) ने अपने अधिवेशन में एक आयोग नियुक्त किया, जिसका उद्देश्य विश्व भर के लिए भूमि उपयोग सर्वेक्षण की संभावनाओं का पता लगाना था। इसके तीन वर्ष बाद ही इस आयोग ने एक प्रतिवेदन भी प्रकाशित किया। इसमें विभिन्न देशों से प्राप्त प्रतिवेदनों के भूमि उपयोग मानचित्रण की अवस्थाओं के सारांश व संबंधित सुझाव भी दिये गये थे। बाद के प्रतिवेदन समय-समय पर अ. भौ. सं. के संवादपत्र में प्रकाशित होते हैं।

विश्व भूमि उपयोग का एक ध्येय यह है कि 1 : 1,000,000 मापक पर विश्व भूमि उपयोग के मानचित्रण को प्रोत्साहित किया जाए। इस योजना में प्रस्तावित मूलभूत श्रेणियों की सीमित संख्या का ध्येय सर्वेक्षण में तुलनात्मकता की आवश्यक श्रेणी को प्राप्त करना तथा स्थानीय विवरणों के लिए कुछ वांछित उपविभागों की व्यवस्था करना था। यद्यपि नौ श्रेणियों का मुख्य वर्गीकरण मानचित्रों के पुनर्निर्माण हेतु सर्वेक्षणों के साधारणीकरण में अनेक समस्याएं भी प्रस्तुत करता है। ब्रिटेन के मुख्य भूमि उपयोग मानचित्रों को 1 : 625,000 मापक पर घटाकर इनसे सामान्य निष्कर्ष निकाला गया।

कम से कम 100 एकड़ का क्षेत्रफल इस मापक पर दिखाया जा सकता था। इस वजह से इसके निकटवर्ती खेतों के टुकड़े लिए गये और उनका अनुपात यथावत् रखा गया। 1 : 1,000,000 मापक पर सामान्य निष्कर्षों को निकालने हेतु कम से कम 200 एकड़ या 100 हेक्टेयर क्षेत्रफल होना आवश्यक था। अब तक कई देश विभिन्न मापकों पर भूमि उपयोग मानचित्र तैयार कर चुके हैं। कतिपय राष्ट्रों में इन पर वर्तमान में काम भी चल रहा है। इनमें से कुछ सीधे विश्व भूमि सर्वेक्षण की प्रमुख श्रेणियों पर आधारित हैं।

एकैक राष्ट्रीय सर्वेक्षणों में कई अधिकारियों के संलग्न हो जाने तथा अलग-अलग उद्देश्य और विधियाँ अपनाई जाने के कारण प्रामाणिकता का अभाव हो जाता है। शासन राष्ट्रीय योजना कार्यों के कुछ सर्वेक्षण निजी कम्पनियों को ठेकों पर दे देता है। इन सर्वेक्षणों का ध्येय प्रकाशन नहीं होता। सर्वेक्षण की विधियों पर यहाँ विस्तार से विचार करना असंभव है किन्तु यहाँ यह बात ध्यान देने योग्य है कि समस्याओं के विस्तृत मानचित्रण तथा भूमि के बहुल-उपयोगों के मानचित्र के लिए भूमि पर खेती-बाड़ी विस्तृत सर्वेक्षण की पर्याप्त गुंजाइश है।

वर्तमान परिप्रेक्ष्य में विस्तृत क्षेत्रों का वायु फोटोग्राफी के द्वारा सर्वेक्षण किया जा सकता है। जो भूमि-सर्वेक्षण की पर्याप्त गुंजाइश है जो भूमि-सर्वेक्षण परिव्ययों का बहुत ही कम भाग होगा। व्यावहारिक कार्यों के लिए भूमि सर्वेक्षण के महत्त्व पर अब कोई भी उंगली नहीं उठाता है। भौतिक नियोजन में इसके अनुप्रयोग के कई उदाहरण हैं। आंग्ल-पोलिश भौगोलिक अध्ययन गोष्ठी (Anglo-Polish Geographical Seminar) के कार्यविवरण से एक रोचक ग्रंथ तैयार हुआ है। इसमें एक नियोजित अर्थव्यवस्था में भूमि उपयोग मानचित्रण के विकास व उद्देश्यों को ब्रिटिश सर्वेक्षण से संभावित अपेक्षा की गई है। पोलिश उपगमन का सार निम्नांकित उद्धरण में प्रस्तुत किया गया है—

भूमि उपयोग से जुड़ी अन्वेषण के वैज्ञानिक व व्यावहारिक उद्देश्य हो सकते हैं। इसका अति सामान्य वैज्ञानिक उद्देश्य उन विधियों का अध्ययन करना है जिनके द्वारा मानवीय व्यवस्था प्राकृतिक पर्यावरण का प्रयोग करती है। अनिवार्यतः यह एक भौगोलिक अध्ययन है जिसे भूमि उपयोग सर्वेक्षण द्वारा ही पूरा किया जा सकता है। यह सर्वेक्षण भौगोलिक परिवेश का अधिक विवेकशील प्रयोग करने के लिए आधार प्रस्तुत करता है। इससे महत्त्वपूर्ण निष्कर्ष निकाले जाते हैं। यह इसका एक महान् व्यावहारिक महत्त्व है। अगर सही तरीकों का उपयोग किया जाये तो कृषि के जीववर्गों के भौगोलिक वितरण के (geographical typology of agriculture) अन्वेषण के लिए उत्तम आधार प्रस्तुत करते हैं। कृषि भूगोल अभी भी विकास की अवस्था में है। इसमें कुछ वर्ष पूर्व वनस्पति विज्ञान अथवा वस्तुतः पादप-समाज विज्ञान (Phytosociology) भी शामिल थे। असाधारण घटनाओं के वैज्ञानिक वर्गीकरण के युग में एक रूप आधार पर स्पंशीज अथवा साहचर्य को उच्चता के क्रम में सही इकाइयों में वर्गीकरण किया गया था। इसके पूर्व इनका केवल वर्णन होता था। यह इस प्रकार से पोलिश कृषि के जीव-वर्गों के वितरण विज्ञान (typology of Polish Agriculture) की सूक्ष्म व्याख्या है जो पोलिश भूमि उपयोग के अन्वेषण का एक प्रमुख ध्येय है–

पोलैंड के मानचित्रों की रचना इन चार पहलुओं को प्रदर्शित करने हेतु की गई है–

1. श्रेणीबद्ध रंगों द्वारा मुख्य रूपों में भूमि उपयोग की दिशाएँ (directions) अथवा अभिविन्यास उत्पादन के लक्ष्य, जैसे पशुओं की प्रबलता वाली चारा-फसलों का अभिविन्यास, को दिखाना।
2. भूमि उपयोग के प्रकार यथा सस्यावर्तन की विधियां, उर्वरकों का उपयोग व कृषि के लिए यांत्रिक मदद आदि को काले चिह्नों द्वारा प्रदर्शित किया गया है।
3. भूमि उपयोग के लिए उदाहरण के तौर पर, फार्म जोतें सम्पत्ति सीमाओं द्वारा दिखाई गई हैं।
4. जहाँ तक सम्भव हो विश्व भूमि उपयोग का अनुगमन करके भूमि उपयोग के रूप व भूमि के यथार्थ का पता लगाना।

इस प्रकार पोलिश सर्वेक्षण भूमि उपयोग सर्वेक्षण के उद्देश्य व क्षेत्र को प्रमुखता से देखता है। वह भूमि आवरण तथा भूमि उपयोग शब्दों का (जिन अर्थों में यहाँ उपयोग किया गया है) अर्थ स्पष्ट करता है। वह पृष्ठभूमि के आंकड़े यथानुसार फार्मों

की आकृतियों को भी स्पष्ट करता है। साधारणतया इस प्रकार के आंकड़े भिन्न मानचित्रों द्वारा प्रस्तुत किये जाते हैं। इनका शीशे के आवरणों की भांति होना आवश्यक है। अंतर्सम्बन्धों को सुविधापूर्वक समझाने के लिए भौतिक दशाओं, परिवहन क्षमता व परिव्यय के ऐसे ही अंकनों के साथ इनका प्रयोग किया जाना चाहिए।

आधारभूत भूमि उपयोग मानचित्रों पर ऐसे विवरणों का प्रस्तुत किया जाना पोलैण्ड के मानचित्रों का पूर्वनिर्धारित प्रयोजन रहा है, जिससे कि व्यावहारिक नियोजन में सहायता हो सके। भमि उपयोग मानचित्रों में प्रस्तुत की गई वस्तु का वास्तविक चित्रण से जोड़ने पर बल देना आवश्यक है। अर्थात् ये मानचित्र तथ्यों का आलेखन करें तथा सर्वेक्षणकर्ताओं और मानचित्र निर्माताओं के कार्य का मात्र अति अल्प व्याख्या करना रहे। यह गुण पोलैण्ड के विस्तृत मानचित्रों में पाया जाता है। चूंकि भूमि उपयोग मानचित्र किसी समय के भूमि उपयोग का लेखा करते हैं वस्तुतः वे भू-दृश्यों का सामान्य चित्र खींचने के अलावा और कुछ नहीं कर सकते हैं। चूंकि एक खेत में एक वर्ष घास उगाई जाती है तो दूसरे वर्ष उसमें खाद्यान्न फसलें उगाई जा सकती हैं, इसलिए प्रकाशित होने के पहले ही वह मानचित्र असामयिक हो जाता है। इस प्रकार के मानचित्रों को न समझने के कारण ही भूमि उपयोग की यह असफलता सामने आती है।

इस तकनीक की इस आधार पर आलोचना की जाती है कि विस्तृत प्रदेशों में जैसे कि एक फार्म इकाई या एक मील फैले विशिष्ट क्षेत्रफल में प्रतिरूपों की स्थिरता का लेखा रखने में वह असफल हो जाती है। किसी एक कृषि में फसलों का हेर-फेर होना सस्यावर्तन को अभिव्यक्त करता है तथा अन्य खेतों में तदनुसार होने वाले बदलावों के कारण यह हेरफेर इस अभाव को पूरा कर देता है। ग्रेट ब्रिटेन सरीखे तेज प्राविधिक परिवर्तन वाले देशों में प्रतिरूपों की स्थिरता को भिन्न-भिन्न तिथियों के मानचित्रों की तुलना द्वारा स्पष्ट किया जा सकता है। इस प्रकार एक भूमि उपयोग मानचित्र को अनेक वर्षों तक एक प्रामाणिक दस्तावेज माना जा सकता है। इसकी प्रामाणिकता का समय प्रकृति तथा परिवर्तन की दर पर निर्भर होता है।

प्रतिबंधित प्रदेशों में भू प्रयोग के प्रतिदर्श सर्वेक्षण और जनगणना के आंकड़ों को स्पष्ट करना चाहिए। ताकि यह पता चल सके कि नवीन सर्वेक्षणों की आवश्यकता कब है। नगरीय विकास वाले अंचलों में बहुत सर्वेक्षणों की दोबारा आवश्यकता हो सकती है, स्थिर कृषि प्रदेशों में ऐसे सर्वेक्षण लम्बे काल में ही होना चाहिए। वस्तुगत अभिलेखन खूबी का यह आशय है कि भूमि उपयोग मानचित्र पर

ऐसा कोई संकेत नहीं होता है जो यह सिद्ध करे कि भूमि का उपयोग उसकी उत्तमता के अनुकूल है अथवा नहीं। कुछ विशिष्ट प्रकरण इसके अपवाद हो सकते हैं, जैसे कि उच्चावचन सम्बन्ध।

स्काटलैण्ड की उच्च भूमियों में पर्वतों पर अजोतभूमि व ऊबड़-खाबड़ चरागाह को दिखाने हेतु पीले रंग का उपयोग करना इस बात को व्यक्त करता है कि 3000 फुट की ऊँचाई पर संतोषप्रद भूमि का उपयोग पाया जाता है। किन्तु यह प्रश्न उठ सकता है कि पर्वतों के बीच में स्थित वाटियों में खेती के समान अनुकूल दशाएं न हों। पुनश्च, भूमि उपयोग मानचित्र पर ऐसी कोई बात दिखाई नहीं देती जो यह प्रदर्शित करे कि घास का क्षेत्र अधिक उपजाऊ है अथवा कम, जब तक कि वह इतना कम उपजाऊ न हो कि इसे ऊबड़-खाबड़ चरागाह के वर्ग में बांटा जा सके और न ऐसा कोई संकेत मिलता है कि प्राकृतिक दशाएँ ऐसी हैं जो यह बताएँ कि वहाँ भूमि में कुछ सुधार किया जा सकता।

भूमि सम्भाव्यता मानचित्र

यह सामान्य जानकारी की बात है कि एक ही प्रयोग के तहत कुछ भूमि अन्य भूमि की तुलना में उत्तम है। तकरीबन निर्धारित जमीन की लगभग निश्चित पूर्ति व बढ़ते हुए जनसंख्या भार के कारण यह जरूरी हो गया है कि भूमि के प्रकारों का अध्ययन व उनका मानचित्रण किया जाए। यह अंशतः मृदा सर्वेक्षक का विशेषाधिकार है। केवल मृदा सर्वेक्षण के द्वारा ही भूमि की पूर्ण खोज संभव है। किन्तु मृदा सर्वेक्षक उत्पादक उद्देश्यों की तुलना मृदा रचनात्मक लक्ष्यों की ओर अधिक प्रवृत्त होता है। योजना निर्माताओं की आवश्यकताओं की पूर्ति के लिए इसकी पुनर्व्यवस्था करना जरूरी है। मृदा की उत्पादकता में मृदा एकमात्र भौतिक घटक नहीं है। भूमि के साधनों का अनुमान लगाने के लिए भूमि संभाव्यता के वर्गीकरण की अनेक योजनाएँ विकसित हुई हैं। भूमि संभाव्यता को वर्गीकृत करने का उद्देश्य यह है कि परीक्षित भूमि के हर भू-भाग को उत्पादकता या उत्पादकता की संभाव्यता को प्रस्थापित किया जाए। इन प्रश्नों के उत्तर ढूंढ़ने की जिम्मेदारी सर्वेक्षक की है।

(1) यह भूमि किस उपयोग के लिए ज्यादा उपयुक्त है?

(2) अन्य भूमि खंडों की तुलना में इस भूमि खंड की उत्पादकता की क्या संभावनाएं हैं?

कोई भी वर्गीकरण दो प्रकार सामान्य प्रकृति तथा विशिष्ट प्रकृति का हो

सकता है। एक सामान्य वर्गीकरण के जरिये से आधारभूत सूचनाएँ मिलती हैं साथ ही साथ विभिन्न प्रकार की योजनाओं में मदद मिलती है। उदाहरणार्थ भूमि उपयोग के प्रश्न जिनमें एक उपयोग और दूसरे उपयोग के मध्य में जब चुनाव का प्रश्न उठता है तो उन्हें हल करने में इन आधारभूत सूचनाओं से मदद मिलती है। इस प्रकार वर्गीकरण का उपयोग एक ओर यह निश्चित करने के लिए हो सकता है कि उस विशिष्ट भू-भाग को जो कम सघन चरागाह के लिए उपयोग में लाया गया है उसका उपयोग पुनर्वनरोपण योजनाओं में हो अथवा सुधरी हुई खेती में हुई हो, अथवा उसे बिना किसी विकास के ही छोड़ दिया जाए।

दूसरी ओर दिशानिर्देशक के तौर पर वह यह भी स्पष्ट कर सकता है कि उसी भू-भाग को क्या वर्तमान उपयोग के लिए संरक्षित कर दिया जाए अथवा वहां भवन निर्माण की अनुमति प्रदान कर दी जाए। इस तरह के विभाजन का प्रयोग एक तरफ यह निर्धारित करने के लिए हो सकता है कि उस विशिष्ट भू-भाग को जो कम सघन चरागाह के लिए उपयोग में लाया गया है उसका उपयोग पुनर्वनरोपण योजनाओं में हो अथवा सुधरी हुई खेती में या फिर उसे अविकसित ही छोड़ दिया जाए। दूसरी ओर पथ-प्रदर्शक के रूप में वह यह स्पष्ट कर सकता है कि उसी भू-भाग को क्या वर्तमान उपयोग के लिए संरक्षित कर दिया जाए अथवा वहाँ भवन निर्माण की अनुमति प्रदान कर दी जाए। इस प्रकार के वर्गीकरण का यह सार है कि वह न सिर्फ विचारणीय भू-भाग बल्कि अन्य क्षेत्र जो वैकल्पिक स्थिति प्रदत्त कर सकते हैं उनमें अन्तर्निहित भौतिक गुणों का सारांश प्रस्तुत करता है। ऐसे वर्गीकरण का यह फायदा होता है कि उसके पूर्ण होने पर वे कई योजनाओं की समस्याओं का निराकरण कर सकते हैं।

विश्व के किसी भी राष्ट्र को वास्तविक रूप में तब तक पूर्णरूपेण मानचित्रित नहीं माना जा सकता है जब तक कि संबंधित राष्ट्र में इस तरह के भूमि प्रयोग मानचित्र वृहद् स्तर पर उपलब्ध न हों। ऐसे वर्गीकरण कुछ हद तक संदिग्ध व अस्पष्ट होते हैं क्योंकि उनमें अनेक ऐसे घटक शामिल होते हैं जिनके लिए अन्य वर्गीकरण की जरूरत होती है।

वर्ग (ब) वर्गीकरण विशिष्ट ध्येय से तैयार किया जाता है, जैसे उपयुक्तता के क्रम में भूमि का वर्गीकरण करना। यह पुनर्वनरोपण कृषि विकास अथवा वृक्ष या सस्य की एक जाति हेतु तैयार किया जाता है। इस प्रकार के वर्गीकरण सामान्य वर्गीकरण की अपेक्षा आसान होते हैं। इन्हें पहले तैयार किया जाता है। किन्तु एक साधारण वर्गीकरण के लिए एक अतिरिक्त उद्देश्य माना जाना चाहिए। इस प्रकार, पशुओं की

चराई हेतु भू-भाग इस उद्देश्य के लिए उपयुक्त है अथवा नहीं। उसके उपरान्त यदि एक साधारण वर्गीकरण वाला मानचित्र उपलब्ध हो तो वह यह बताएगा कि अन्य क्षेत्रों की अपेक्षा सामान्य उर्वरता ऊंची अथवा नीची कूती गई है।

कृषि समस्याओं की उपयोगिता के कारण पशु चराने के अनुपयुक्त भू-भाग को प्रथम श्रेणी का भू-भाग माना जा सकता है। इस प्रकार के एकल-विषय वस्तु संभाव्यता मानचित्र (Single subject potential map) का यहाँ पृथक् से वर्णन नहीं किया गया है। इसके द्वारा सामने रखी जाने वाली विशेष प्रकार की समस्याएं सीमित रूप में सामान्य मानचित्र की भांति होती हैं। यद्यपि यहाँ यह बात ध्यान देने योग्य है कि अनेक वर्गीकरण पूर्णरूपेण एकमात्र इन दोनों श्रेणियों में नहीं बैठते हैं। संयुक्त राज्य मृदा संरक्षण सेवा द्वारा प्रस्तुत भूमि सम्भाव्यता वर्गीकरण का उदाहरण है जो मुख्य रूप से अपरदन संकटों पर आधारित है। यह भूमि संभाव्यता के आश्रित पहलुओं को भी प्रस्तावित करता है। इसका ध्येय कृषि तथा विभाजक संरक्षण उद्देश्यों के लिए भूमि का गुणात्मक प्राक्कलन करना है। इसने इसके अन्तर्गत आठ श्रेणियों को स्वीकार किया गया है। इसका प्राथमिक वर्गीकरण 'खेती के उपयुक्त भूमि' या 'अनुपयुक्त भूमि' है। इसे यहाँ सारांश रूप में प्रस्तुत किया गया है।

कृषि के लिए उपयुक्त भूमि

प्रथम श्रेणी—अति उत्तम भूमि, जिसे अक्षत् रूप में साधारण कृषि तरीकों द्वारा जोता जाता है।

द्वितीय श्रेणी—ऐसी भूमि जिसे अक्षत् रूप में सीमित पूर्वावधान के साथ जोता जा सकता है।

तृतीय श्रेणी—तृतीय भूमि के अन्तर्गत जिसके उपयोग में विशेष सीमा बंधन होते हैं, किन्तु अपरदन संकटों के प्रति चौकसी बरतने पर उसे नियमित रूप से जोता जा सकता है। इसके प्रमुख लक्षण सीमित अपरदन की उच्च प्रवृत्ति, खड़े ढाल, कठोर अधःस्तर (hard pan), या मृत्तिका कठोर तल (clay pan) और बहुत अधिक अपारगम्य अथवा बलुई मृदाएं हैं।

चतुर्थ श्रेणी—ऐसी भूमि जिसका उपयोग बेहद कठोर सीमाबन्धन तरीके से किया जाता है। बहुत अधिक निगरानी रखकर खेतों को प्रासंगिक फसलों तक ही सीमित रखा जा सकता है। इसके पाँच अथवा छह वर्ष में सस्यावर्तन जरूरी है। इसके पश्चात् अनाज की फसल अथवा रिजका (ucerne) बोना बहुधा व्यावहारिक होता है।

कृषि के लिए अनुपयुक्त भूमि

पंचम श्रेणी—पंचम श्रेणी के अन्तर्गत ऐसी भूमि शामिल है जो लगभग समतल हो किन्तु गीलेपन, पथरीलेपन अथवा अन्य कारकों के कारण उस पर कृषि करना असंभव हो। ऐसी भूमि में कुछ सीमाबंधनों के साथ वन व्यवस्था व चराई करना शामिल है।

षष्टम श्रेणी—यह अधिक उपयुक्त है। इस श्रेणी के अन्तर्गत ऐसी भूमि जो खड़े ढाल वाली, शुष्क, ऊबड़-खाबड़, शुष्क, तर या इसी प्रकार की हो वह खेती के लिए अनुपयुक्त होती है। इस प्रकार की भूमि को चरागाह स्थापित करने के लिए ज्यादातर यथेष्ठ रूप से जोता जा सकता है। कुछ भूमि में वृक्ष फसलें बोई जा सकती हैं। चराई के लिए रखे जाने वाले मांसल पशुओं की संख्या सीमित होनी चाहिए व उन्हें यथेष्ठ अवधि तक ही रखा जाना चाहिए। इसके लिए अवनलिका नियंत्रण (gully control), समोच्च कूंड़ (Contour furrows), कटक (ridges) तथा जल पक्षान्तर (water diversions) व अन्य संरक्षण उपायों की आवश्यकता हो सकती है।

सप्तम श्रेणी—कठोर सीमाओं या कठोर अपरदन संकट के अन्तर्गत चराई अथवा वन व्यवस्था इस भूमि उपयोग का लक्षण है। इसमें चतुर्थ श्रेणी की तुलना में आवरण अपक्षय से अधिक तेज गति से अपरदन होता है। खड़े ढाल, उथली मृदाएं या अन्य प्रतिकूल घटकों के कारण इसमें सम्मोच्च कूंड़ व कटक सदृश्य रचनाओं का उपयोग नहीं किया जा सकता है। इसमें संरक्षण उद्देश्यों हेतु चराई की तुलना में वन व्यवस्था को पसंद किया जाता है।

अष्टम श्रेणी—यह भूमि वन-व्यवस्था चराई व खेती के लिए अनुपयुक्त मानी जाती है। इसमें दलदल, बेहड़ भूमि, मरुस्थल तथा उच्च पर्वत शामिल होते हैं। अगर उचित जलविभाजन संरक्षण उपायों को किया जाए तो यह भूमि केवल वन्य प्राणियों, मनोरंजन परिरक्षण तथा जलप्रवाह के उपयुक्त होती है। इस वर्गीकरण का महत्त्व ऐसे स्थलों पर मालूम होता है जहाँ मृदा अपरदन अथवा अन्य संकट खेती को सीमित करते हैं। किन्तु अन्य स्थलों अथवा ऐसे स्थलों में जहाँ उत्पादकता का प्राक्कलन किसी भी रूप में करना होता है, वहाँ ये श्रणियाँ कम प्रासंगिक होती हैं।

भूमि प्रयोग के व्यापक नियोजन हेतु यह आवश्यक है कि पर्यावरण के प्रमुख कारकों से निकाले एक विभक्तिकरण का इस्तेमाल किया जाए। एक भूमि वर्गीकरण योजना साधारणतः जमीन में निहित प्राकृतिक गुणों को अभिव्यक्त करने का प्रयत्न

करती है। यद्यपि, यह वर्गीकरण उसी समय कार्यान्वित होता है जब भूतकालीन कृषि के प्रभावों से मृदा की नैसर्गिक उर्वरता में सुधार हुआ हो व ये सुधार जमीन के निहित गुणों में सम्मिलित हो गये हों। भूमि की अपेक्षात्मक उत्तमता का प्राक्कलन प्राकृतिक स्थिति में चालू स्तर पर होना चाहिए। प्रमुख भूमि उद्धार योजनाओं सरीखे असामान्य विनियोग द्वारा ही इसे उच्च क्रम में रखा जा सकता है। भूमि के प्राक्कलन में जिन प्राथमिक या भौतिक घटकों का लेखा रखा जाना चाहिए उनका सारांश नीचे दिया गया है :

	1-स्थिति
(अ) धरातलीय आंकड़े	(1) ऊँचाई (2) ढलान का कोण (3) अभिमुखता, सूर्याभिताप की दृष्टि से (4) जल निकासी (5) लघु उच्चावचन (6) अपरदन के प्रति बाध्यता
(ब) जलवायु-सम्बन्धी आंकड़े	(1) वर्षण (2) तापमान (3) अनावरण (4) पाला रहित अवधि, इत्यादि
	2-मृदा
(अ) भौतिक लक्षण	(1) गहराई (2) संरचना (3) आश्मिकता (4) गठन (5) जैव पदार्थ (6) संगति (7) जल निकासी
(ब) रासायनिक लक्षण	(1) कम या अधिक स्थायी कारक-कार्बोनेट (2) अस्थायी घटक फास्फेट तथा पोटाश प्रास्थिति

मृदा के बारे में यह अनुमान लगाया जा सकता है कि भूमि की संभाव्यता मूल्य को निर्धारित करने में मृदा के रासायनिक तत्वों की अपेक्षा भौतिक तत्व अधिक सहायक होते हैं। मृदा की पोषक प्रास्थिति पूर्णतः कृत्रिम हो सकती है अर्थात् वह प्रबंध की प्रणाली तथा उर्वरकों के प्रयोग पर निर्भर होती है। यदि गहराई, जल, गठन, निकासी आदि के अधिक स्थायी लक्षण संतोषप्रद हों तो ऐसी मृदा की पोषक स्थिति का निर्माण किया जा सकता है जो जन्मजात ही घटिया हो।

ब्रिटेन में भूमि का वर्गीकरण

इंग्लैण्ड में भू-संचालन का पहला मानचित्र युद्ध के समय की तत्कालीन आवश्यकताओं की पूर्ति के लिए बनाया गया। इसके निर्माण में भूमि उपयोग सर्वेक्षण ने प्रमुख हाथ बंटाया। इसके लिए 1943 में अनेक सम्मेलन आयोजित किये गये। इस विषय पर कई विज्ञानों के विशेषज्ञों जैसे भूगोलवेत्ताओं, कृषि विशेषज्ञों तथा मृदा वैज्ञानिकों ने विचार-विमर्श किया। मृदा सर्वेक्षण प्रतिनिधियों ने यह अनुमान लगाया कि सम्पूर्ण देश के सम्पूर्ण देश के मृदा सर्वेक्षण को पूरा करने में पचास से साठ वर्ष लगेंगे। उस समय की तत्काल मांग यह थी कि भूमि का एक ऐसा सहज वर्गीकरण तैयार किया जाए जिसे राष्ट्रीय योजना के लिए आधार बनाया जा सके। इसका ध्येय यह था कि जहाँ तक संभव हो सके उत्तम कृषि भूमि-खंडों में भवन निर्माण के कार्य को टाला जाय। मृदा सर्वेक्षण की उत्तम, मध्यम तथा घटिया प्रकार की भूमि तदनुसार प्रमुख श्रेणियों—प्रथम (I) द्वितीय (II) तथा तृतीय (III) को समस्त लोगों ने स्वीकार कर लिया। इन तीन मुख्य वर्गों की मूलभूत व्याख्याएं निम्नलिखित थीं—

प्रथम मुख्य संवर्ग—उत्तम गुणता वाली भूमि

उत्तम प्रबंध के तहत उच्च उत्पादक भूमि। इस संवर्ग में भूमि के निम्नांकित लक्षण होते हैं—

स्थिति (site) (1) अति उत्थित न हो
(2) समतल, मंद बालू या तरंगित
(3) अनुकूल अभिमुखता

मृदा (1) गहरी
(2) अनुकूल जल दशाएं

(3) अधिकतर दोमट, गठन, किन्तु इसमें कुछ पीट, रेतीली, नल (सिल्ट) तथा मृत्तिका सम्मिलित हैं।

द्वितीय मुख्य संवर्ग—मध्यम गुणता वाली भूमि

उत्तम प्रबंध के अंतर्गत होते हुए भी मध्यम गुणता वाली भूमि के एक अथवा अधिक कारकों, जैसे स्थिति अथवा मृदा के लक्षणों के प्रतिकूल प्रभावों के कारण उत्पादकता सीमित होती है। अर्थात्—

स्थिति
(1) उच्च उत्थापन (High elevation)
(2) ढालुवांपन (Steepness)
(3) प्रतिकूल अभिमुखता

मृदा
(1) उथलापन
(2) दोषयुक्त जल दशाएँ

तृतीय मुख्य संवर्ग—घटिया गुणवत्ता वाली भूमि

विशेष परिस्थिति व मृदा के एक अथवा अधिक कारकों के काफी विपरीत प्रभाव के कारण भूमि की उत्पादकता कम होती होती है। भूमि उपयोग सर्वेक्षण ने इंग्लैण्ड के कार्यनिर्वाहक मानचित्र तैयार करने के लिए भूमि के दस वर्गों को स्वीकार किया। उसने मृदा वैज्ञानिकों द्वारा स्वीकृत परिभाषाएँ बनाईं। इन दस वर्गों को तीन प्रमुख संवर्गों में दर्गीकृत किया गया। इन मानचित्रों को 1/625,000 मापक पर प्रकाशित किया गया।

वर्गों में विभाजित करने हेतु भूमि उपयोग के कुछ वर्ग भूमि उपयोग लक्षणों पर आधारित थे। ये वर्ग अन्य वर्गों की अपेक्षा एक दूसरे से भिन्न थे फिर भी वे एक दूसरे से अति उत्तम अथवा निकृष्ट नहीं थे। इस प्रकार उत्तम घासस्थली जो किसान की खेती के लिए समान रूप से उपयुक्त नहीं होती उसे सर्वोत्तम कृषि भूमि से अलग किया जा सकता है। संपूर्ण सर्वोत्तम कृषि योग्य भूमि भी आवश्यक रूप से उच्च उत्पादकता वाली नहीं होती है। ब्रिटेन के भिन्न-भिन्न भागों के लिए विशाल पैमाने पर प्रादेशिक वर्गीकरण तैयार किये गये। विभक्तिकरण की यह प्रणाली सामान्य रूप से तीन मुख्य वर्गों पर आधारित थी।

उत्तरी आयरलैण्ड के भूमि उपयोग सर्वेक्षण ने आयरलैण्ड में तीन प्रमुख संवर्गों की अपेक्षा चार संवर्गों को साधारण तौर पर माना। उसने एक योजना विकसित की जो स्काटलैण्ड के कृषि विभाग द्वारा उपयोग में लाई गई योजना की भांति थी। यह

योजना स्वतंत्र रूप से विकसित हुई थी। स्काटलैण्ड और अल्सटर में भौतिक दशाओं की समानता के कारण उसमें भी समानता थी जो आश्चर्यजनक नहीं है। दोनों क्षेत्रों में मध्यम गुणवत्ता वाली जमीन अधिक है जिसे ब्रिटिश वर्गों के अंतर्गत उपविभाजित नहीं किया जा सकता था। वहां घटिया पहाड़ी भूमि व बहुत ही घटिया पर्वतीय भूमि में विभेद करना जरूरी था। अल्सटर में प्रथम श्रेणी की कुछ भूमि के वर्गीकरण में मुख्य अंतर देखा गया। इस प्रकार की भूमि को स्काटलैण्ड में इस प्रकार वर्गीकृत नहीं किया जा सकता था। उत्तरी आयरलैण्ड में उत्तम क्षेत्रों को विभेद करने हेतु मानक को नहीं बढ़ाया गया, भले ही ऐसे क्षेत्रों की स्काटलैण्ड के क्षेत्रों से समानता न रह पाई हो। यहां यह बताना आवश्यक है कि स्काटलैंड की निम्न भूमि में इस विभक्तिकरण का खेतवार अनुसरण किया गया, वर्गीकरण का खेतवार अनुसरण किया गया, किन्तु उत्तरी आयरलैण्ड में ऐसा करना व्यावहारिक नहीं था। छोटे से क्षेत्र में विशाल संख्या में खेत होने व अल्सटर में प्रबंध में बदलाव होने के कारण यह जरूरी हो गया कि सामान्य लक्षणों की व्याख्या की जाए तथा प्रमुख वर्गों के अनुसार मानचित्रित किया जाए। यहाँ मानचित्रण 1/63,360. (एक इंच) मापक पर किया गया। कुछ प्रतिदर्श सर्वेक्षण विशाल मापक पर किये गये। प्रकाशित करने के लिए उन्हें 1/500,000 मापक पर घटाया गया।

उत्तरी आयरलैण्ड प्रणाली	स्काटलैण्ड प्रणाली
संवर्ग अ-उच्च गुणता वाली भूमि	अ (A)
संवर्ग ब-मध्यम गुणता वाली भूमि	ब (B)
वर्ग ब-मध्यम गुणता, हल्की	ब + (B +)
वर्ग ब-2 मध्यम गुणता किन्तु अपेक्षाकृत भारी अथवा जलस्तर के साथ	ब/ब + (B/B +)
वर्ग ब 3-मध्यम परन्तु ढाल के प्रतिकूल कारकों सहित उथली मृदा आदि और गुणता का असमतापन	ब-/ब + (B-/B +)
वर्ग ब 4-मध्यम, ब 3 की तुलना में अधिक प्रतिकूल कारकों सहित तथा 1 अथवा गुणता का असमतापन अधिक स्पष्ट	ब-/स + (B-/B +)
संवर्ग स-घटिया गुणता वाली भूमि	स (C)
वर्ग स 1 घटिया-सीमान्त पहाड़ी भूमि, चट्टानी या खड़े ढाल वाली निम्न भूमियां	स (C)

वर्ग स 2-घटिया-पीटमय तथा कुंजी निकासवाली निम्न भूमि	स (C)
संवर्ग ड-बहुत ही घटिया गुणता वाली भूमि	ड (D)
वर्ग ड 1-अति घटिया, पर्वतीय	ड (D)
वर्ग ड 2-अति घटिया, निम्न भूमि बॉग, दलदल तथा बलुई-टिब्बा इत्यादि,	ड (D)

ऊष्णकटिबंधीय प्रदेशों में भूमि का वर्गीकरण

प्रयोग हेतु भूमि वर्गीकरण प्रणाली का निर्धारण करते समय ऊष्ण कटिबंधीय प्रदेशों में इस बात पर ध्यान रखना चाहिए कि वहां शीतोष्ण कटिबंध की तुलना में बिल्कुल विपरीत दशाएं पाई जाती हैं। शीतोष्ण कटिबंध में भूमि का वर्गीकरण अब बहुत अधिक विकसित हो चुका है। शीतोष्ण भूमियों में उपयोग में लाई जाने वाली प्रणालियां ऊष्णकटिबंधीय भूमि में सर्वेक्षकों को साधारण सिद्धान्तों के रूप में मार्गदर्शन कर सकती हैं। कुछ कारकों का वहां बिलकुल अलग प्रभाव होता है। उदाहरणस्वरूप शीतोष्ण प्रदेशों में ऊँचाई में वृद्धि का साधारणतः हानिप्रद प्रभाव होता है। जबकि ऊष्ण कटिबंध में इसका लाभदायक प्रभाव होता है। इस प्रकार ऊँचाई के प्रभावों को एक बार सुनिश्चित कर लेना एक उत्तम शुभारम्भ होगी।

निश्चित रूप से वनस्पति जलवायु तथा मृदा का एक महत्त्वपूर्ण सूचक के रूप में प्रचलित है। यदि वनस्पति जातियों के आवास कारकों व संलग्न साहचर्य का ज्ञान हो तो आसान विधि के रूप में इसका इस्तेमाल किया जा सकता है। शीतोष्ण कटिबंध में मृदा की उत्पादक क्षमता के प्राक्कलन में रासायनिक स्थिति की तुलना में भौतिक लक्षण ज्यादा महत्त्वपूर्ण होते हैं। वाणिज्य फसलों में वहां नाइट्रोजन, फॉस्फेट, पोटाश व चूना नियमित रूप से विशाल मात्रा में दिया जा सकता है। वहाँ आर्थिक दृष्टिकोण से ऐसा करना सम्भव है क्योंकि वहां वाणिज्यिक खेती के लिए लाभदायक पण्य क्षेत्र उपस्थित है।

सावधानीपूर्वक परीक्षण के बाद ही इस परिकल्पना का ऊष्ण कटिबंधीय दशाओं में लागू किया जाना चाहिए। इसकी वजह यह है कि उपज कटिबंध में निक्षालन की दर अधिक ऊंची होती है तथा फलस्वरूप उपज कटिबंधी अर्थव्यवस्थाओं में उर्वरकों का इस्तेमाल अतिसीमित रूप में व्यावहारिक होता है। अनेक स्रोतों से ज्ञात हुआ है कि कृषि के अंतर्गत आने वाली ऊष्णकटिबंधीय मृदाओं की उर्वरकता में तीव्रता से ह्रास हुआ है। आर्द्र वन क्षेत्रों में ह्रास विशेष रूप से तीव्र होता है।

घाना में 8 वर्षों तक मक्का व कसावा का नियमित द्विवर्षीय सस्यावर्तन किया गया। यह उर्वरकों के प्रभावों की अनुपस्थिति में किया गया। दोनों सस्यों की पैदावार चौथे चक्र के बाद प्रौढ़ गौण वनों को साफ किया गया। यह अनुमान लगाया गया है कि मलाया में क्रमागत वर्षों में चावल की भूमि 1500-200, 1200 तथा 820 पौण्ड धान पैदा करती है। यहां खेतों में प्रयुक्त खाद का लाभ सिर्फ कुछ महीनों तक ही मिलता है जबकि शीतोष्ण प्रदेशों में इसका लाभ तीन वर्षों तक मिलता रहता है। इसलिए ऊष्ण कटिबंधीय भूमियों के व्यावहारिक वर्गीकरण में भूमि के वर्गों में अंतर होना चाहिए। इन वर्गों में स्थानान्तरी कृषि अथवा भूमि के हेरफेर में अंतर करना भौतिक कारणों से जरूरी है। संभवतः मृदा गठन के महत्त्व को अभी तक उचित प्रकार से मूल्यांकित नहीं किया गया है।

गोरू ने लिखा है कि यदि मृदाओं का गठन उपयुक्त हो तो ऊष्ण कटिबंधीय कृषि अपनी घटिया मृदाओं से ही जरूरतों की पूर्ति कर सकती है। उनके कहने का आशय यह है कि वहाँ मृदाओं का गठन पर्याप्त रूप से सुचूर्ण्य होता है। यह एक ऐसा सामान्य निष्कर्ष है जो समस्त ऊष्ण कटिबंधीय पौधों पर समान रूप से लागू नहीं हो सकता है किन्तु इसे वर्गीकरण का मानदण्ड मानना चाहिए। पुनश्च, मृदा में कृत्रिम रूप से लम्बे काल तक परिवर्तन लाना मुश्किल होता है। किन्तु उनका आयु और मृदाओं की प्रौढ़ता से सम्बन्ध होता है। इनसे वर्गीकरण में मदद मिल सकती है।

गौरू ने उद्धृत किया है कि अति-विशिष्ट उच्च श्रेणी मृदाएँ विशिष्ट नदीय जलोढ़क हैं। ये बहुत ही नवीन जमाव हैं। ये उन क्षेत्रों से बहकर आती हैं जहां ऊष्ण कटिबंधीय मौसमी क्षरण नहीं होता है। उदाहरणार्थ टॉकिन में रेड नदी के नये जमाव ऐसे ही बने हैं। इसके विपरीत ऊष्ण कटिबंधी भूमियों में आरम्भिक क्वार्टनरी युग की नदीय जलोढ़क मृदाएँ साधारणतः अनुत्पादक होती हैं। शीतोष्ण प्रदेशों की भांति इन प्रदेशों में भी निम्न-उर्वरकता वाली भूमि के प्रकारों के लिए वर्गों का बनाना मुश्किल नहीं होना चाहिए।

सुधार योग्य जमीन को ऐसी जमीन से अलग रखना चाहिए जिसमें सुधार की कोई भी संभावना न हो। लैटराइट और ऐसी मृदाएं जिनमें लैटराइट के प्रक्रम ज्यादा विकसित हों उन्हें सबसे निकृष्ट मानना चाहिए। गोरू ऐसे अनेक क्षेत्र उद्धृत करते हैं, जहाँ लैटराइट मिट्टियां लगभग अनुपयोगी हैं। वे सूचित करते हैं कि मेडागास्कर में जहां सापेक्षतः सुचूर्ण्य लैटराइट प्राप्त होती है उन्हें सिंचाई द्वारा संहत लोष्ठवती मृत्तिकाओं (Compact puddled clays) में परिवर्तित कर दिया गया है।

पानी की उपलब्धता के कारण तटीय पट्टी की बंध्य बालुका राशि में फसलों की पैदावार होने लगी है। इन परिस्थितियों में मानचित्र की जरूरत होती है। इसे व्यावहारिक योजना कार्यों के लिए तैयार किया जा सकता है। इस मानचित्र से यह ज्ञात होता है कि कौनसा भू-भाग किस उपयोग के लिए अधिक उपयुक्त है। अनुसंधान की स्थिति में इसमें किसी भी प्रकार का अपेक्षात्मक लेबिल नहीं होता है। ब्रिटिश हांडुरस के लिए इस प्रकार का एक वर्गीकरण तैयार किया गया। इसमें भूमि संभाव्यता मानचित्र के साथ मृदा मानचित्र को दर्शाया जाता है। इसे एक विस्तृत प्रतिवेदन के साथ छापा गया है। निम्नलिखित संवर्गों के अन्तर्गत इस समस्या का उपगमन किया गया है।

वन उपयोग हेतु भूमि लगाना

संरक्षण वन, महोगनी वन, पाइन वन।

कृषि प्रयोग हेतु भूमि लगाना

फलोद्यान फसलें, चराई का दीर्घ हेरफेर, लघु हेरफेर व लघु फसलें, दलदली चावल, सब्जी की खेती, केले, गन्ना।

समस्यामूलक मृदा—पानी निकासी अथवा विलवणीकरण तीव्रता से पूरा होने पर ही उपयोगी मृदा।

विशिष्ट समस्याओं अथवा अनुशंसित सस्य संयोजन के अनुसार उप-विभाजन किया जाता है।

इस बात को समझना आसान नहीं है कि दोनों प्रकार के भूमि विभक्तिकरण उत्पादन की तत्काल प्रगति हेतु लाभकारी हो सकते हैं। इसके लिए व्यावहारिक सीमाबंधनों यथाः—संस्थागत भू-धारिता, तत्त्व, सामाजिक आदतों, पण्यक्षेत्रीय अवसरों का ध्यान रखा जाना आवश्यक है। किसी भी वर्गीकरण को बहुप्रयोजनीय होना चाहिए। उदाहरणस्वरूप किसी क्षेत्र का दीर्घकालीन उद्देश्य अनुकूलतम व अधिक प्रत्यक्ष होना चाहिए। ब्रिटिश हांडुरस में भूमि उपयोग सर्वेक्षण दल के प्रतिवेदन में इसे उचित प्रकार से प्रस्तुत किया गया है। सर्वेक्षण का यह निष्कर्ष था कि वन-व्यवस्था को प्रोत्साहन देकर प्रति एकड़ उच्चतम उत्पादन मूल्य प्राप्त किये जा सकते हैं। इसके पश्चात् चतुत कृषि (grass farming) को प्रोत्साहन देकर उत्तम उपज प्राप्त की जा सकती है। जब उन्हें ऐसे क्षेत्रों पर प्रयुक्त किया जाता है और जहाँ वार्षिक वर्षा 170 इंच व औसत तापमान ऊँचे होते हैं। उस समय के निष्कर्ष बड़े ही रोचक होते हैं। परन्तु यह स्वीकार किया गया है कि वन संसाधनों तथा चारा

कृषि का विकास करने में समय लगेगा। इस समयावधि में उत्पादन के अन्य रूपों को विकसित किया जाना चाहिए। आर्थिक स्थिति की आवश्यकता को स्मरण में रखकर ऐसा करना आवश्यक है। यह सलाह दी गयी है कि एक अथवा अधिक दशकों के लिए चावल, नींबू वंशीय फल, फलियाँ और कोको उत्पादन करने के लिए विशिष्ट प्रयत्न किया जाना चाहिए। इन्हें निर्यात पण्य क्षेत्रों में बेचकर लम्बे समय के विकास के लिए वित्तीय मदद प्राप्त होगी। इन समस्याओं के लिए आदर्श मृदाओं का इतना विस्तार नहीं पाया जाता कि उनसे उत्पादन की पर्याप्त मात्रा प्राप्त हो सके।

कतिपय समय हेतु जानबूझकर जमीन का कुप्रयोग किया जाए। इन समस्याओं के लिए प्रयुक्त मृदाएँ व्यवस्थित चारे के अंतर्गत ज्यादा उत्पादक होंगी। इस प्रकार की समस्या का एक उद्धरण दक्षिणी भाग में स्थित पुन्टा गोर्डा उप-प्रदेश है। इस क्षेत्र के विकास के लिए यह सुझाव दिया गया है कि यहाँ के लम्बे समय नियोजन के लिए पशुधन पालन पर ध्यान केन्द्रित किया जाए। यद्यपि जब किसान चारा बोयेंगे उस समय उन्हें चारा बुआई सम्बन्धी निर्देशों की जरूरत होगी। इसके लिए यहाँ पण्य व्यवस्थाएँ भी आवश्यक होंगी तभी इस उद्योग के भविष्य के सम्बंध में किसानों में आत्मबल जागृत हो सकेगा। किन्तु यहाँ की तात्कालिक जरूरत एक विश्वसनीय नगदी सस्य की है जिसे इस प्रदेश की अर्थव्यवस्था में निर्वाहक सस्य के अलावा अधिक महत्त्व न दिया जाए। इस लक्ष्य की पूर्ति के लिए इस प्रदेश में उच्च स्थलीय चावल बोने की अनुशंसा की गई है।

दक्षिणी भाग में एक ऐसा क्षेत्र है जहाँ केला व अनन्नास के उत्पादन से पहले लाभ प्राप्त हुए हैं, किन्तु उन्हें नियमित पण्यक्षेत्र प्राप्त नहीं हो सका। वरानको के निकट तटीय गर्त से दलदली चावल उगाया जाता है। इस क्षेत्र में भी पशुपालन के लिए चरागाह बनाने की संभावनाओं पर ध्यान दिया जाना चाहिए। जहाजों के लिए घाट के निर्माण से नट, पशुधन व चावल के निर्यात में सुविधा होगी। ऐसी फसलों के उत्पादन पर ध्यान दिया जाना चाहिए जिनके लाने व ले जाने में कम-से-कम नुकसान होता हो। वहाँ संभावित चावल भूमि अधिक उत्पादक हो सकती है। इसके लिए पोल्डरों और सिंचाई व इंजीनियरिंग सुझाव की जरूरत पर बल दिया गया।

एकांक क्षेत्र भूमि विभक्तिकरण

भूमि वर्गीकरण की योजनाएँ पर्यवेक्षण से विशद क्षेत्रीय सर्वेक्षणों तक परिवर्तित होती रहती हैं। पर्यवेक्षण में प्रयोगात्मकता के सम्बन्ध में कुछ सन्देह रह

जाता है व विशद क्षेत्रीय सर्वेक्षणों में समय तथा लागत सम्बन्धी समस्याएँ होती हैं। इस कमी को प्रभावोत्पादक रूप से दूर करने हेतु भूमि उपयोग की एकांक क्षेत्र विधि का विकास किया गया। इसे टेनेसी घाटी अभिकरण के लिए विकसित किया गया था। इस विधि में भौतिक व मानवीय पर्यावरण से जुड़े कारकों को क्रमबद्ध किया जाता है। भूमि के प्रति इकाई क्षेत्र की संख्या को सांकेतिक विधि द्वारा स्पष्ट किया जाता है। प्रत्येक में शून्य होता है जो भौतिक दशाओं को स्पष्ट करता है तथा अंश में मानवीय आंकड़ों का प्रदर्शन किया जाता है। उपरोक्त एक या दो मदों में जहाँ परिवर्तन आता है वहीं एक नई इकाई के क्षेत्र को परिसीमित किया जाता है।

भूमि की प्रति इकाई के लिए संपूर्ण संकेत को तीन वर्गों में विभाजित किया जाता है। पहला, रोमन संख्यांक, दूसरा लघु भिन्न, तीसरा दीर्घ भिन्न।

उदाहरण के लिए–III 3/4 = $\frac{2 \text{ ब } 233}{4122234}$

निम्नलिखित वर्णित तथ्यों से यह स्पष्ट होता है कि– रोमन संख्यांक क्षेत्र में समस्याओं की तीव्रता अथवा अनुपस्थिति को दर्शाते हैं। इन्हें 5 वर्गों में बाँटा जाता है–(1) नगण्य समस्याएँ (2) काष्ठहीन समस्याएँ (problems not critical) (3) मध्यम काष्ठा (moderately critical), (4) अति काष्ठा, (5) इतनी अधिक काष्ठी (moderately critically), (4) अति काष्ठा, (5) इतनी अधिक काष्ठा की भूमि उपयोग में कुछ परिवर्तन वांछनीय दिखाई देता है।

अंश (प्रदेशों के वर्गीभास का आधार)

अति उत्तम वर्ग 1–मध्यम से लेकर विशाल क्षेत्र, अनुद्योग भूमि कम अथवा बिल्कुल नहीं, भूमि के लिए विशेष प्रकार के योग्य व प्रचलित तरीके के अंतर्गत भूमि का पूर्णतया कृषि उपयोग।

उत्तम वर्ग 2–मध्यम से विशाल क्षेत्र, अनुद्योग भूमि अल्प या बिल्कुल नहीं, भूमि के लिए उचित विधि के अंतर्गत सक्षम कृषि का उपयोग।

मध्यम वर्ग 3–लघु से मध्यम खेत, अनुद्योग भूमि सीमित, भमि के माध्यम रूप से योग्य प्रचलित विधि के अंतर्गत मध्यम रूप के सक्षम कृषि उपयोग।

घटिया वर्ग 4–लघु से मध्यम खेत, विभक्त अवस्था विनाशक में कई खेत, निम्न क्षेणी, अक्षम अथवा अनुद्योग भूमि पर्याप्त, कुयोग्य प्रचालित विधि के अंतर्गत कृषि उपयोग।

अति घटिया वर्ग 5—अति लघु, विभक्त खेत, अनुयोग भूमि, अत्यधिक, अति निम्न श्रेणी, अक्षम या पूर्णतः कुयोग्य प्रचलित विधि के अंतर्गत विघटनात्मक कृषि उपयोग।

हर

कृष्य खेती हेतु भूमि की गुणवत्ता के आधार पर क्षेत्रों का वर्गीकरण—

अति उत्तम वर्ग 1—सघन कृषि खेती के लिए असाधारण रूप से अनुकूल भूमियाँ

उत्तम वर्ग 2—कृष्य खेती के लिए बहुत ही अनुकूल भूमि व उचित भूमि प्रबंध के अंतर्गत कृष्य खेती के सघन रूपों के लिए मध्यम प्रकार की अनुकूल भूमियाँ।

मध्यम वर्ग 3—सही भूमि प्रबंध के अंतर्गत कृष्य खेती के कम सघन रूपों के योग्य भूमि या सामान्य कृषि भूमि।

घटिया वर्ग 4—उचित भूमि प्रबंध के अंतर्गत भी अधिकतर इस प्रकार की भूमि कृष्य खेती में समस्त रूपों के लिए घटिया होती है।

अति घटिया वर्ग 5—कृष्य खेती अथवा चराई के लिए इस प्रकार की भूमि अनुकूल नहीं। अधिकतर भूमि मनोरंजन, वनोपज आदि के लिए अधिक अनुकूल, कुछ भूमियाँ आकृष्य।

तालिका

एकांक क्षेत्रीय भूमि वर्गीकरण समरूप

भूमि उपयोग मानदण्ड

प्रथम अंक प्रमुख भूमि उपयोग—	*द्वितीय अंक कृषि पर जोर*	*तृतीय अंक खेतों के आकार*	*चतुर्थ अंक अनुद्यम भूमि की मात्रा*	*पंचम अंक उपकरण*
1—साधारण कृषि	ए—मक्का	1—विशाल	1—अल्प	1—अति उत्तम
2—पशु उद्योग	जी—अनाज (लघु)	2—मध्यम	2—सीमित	2—उत्तम
3—नगद सस्य कृषि	बी—गोमांस पशु	3—विचारणीय	3—विचारणीय	3—मध्यम
	डी—डेरी उद्योग			
4—अंशकालिक कृषि	एस—भेड़	4—अतिलघु	4—अत्यधिक	4—घटिया
	एच—खस्सी सूअर			

5–निर्वाहक कृषि	एम–खच्चर तथा/ अथवा घोड़े।	5–अतिघटिया
6–वन भूमि	पी–कुक्कुट पालन	
7–मनोरंजन क्षेत्र	टी–तम्बाकू	
	सी–कपास	
	डबल्यू–ट्रक	
8–ग्रामीण ग्राम्य क्षेत्र	ओ–फलोद्यान	
9–नगरीय क्षेत्र	एन–कोई दबाव नहीं	
10–वस्तु निर्माण	खनन क्षेत्र।	

यह विधि विस्तृत क्षेत्रीय कार्य के लिए प्राप्त सुविधाओं, जैसे वायव फोटो, विस्तृत आधार मानचित्र तथा पर्याप्त कर्मचारियों पर आधारित व उपयुक्त होती है। अंकों में कुछ जरूरी सुधार करके न्यूजीलैन्ड के कुछ क्षेत्रों में इसे सफलतापूर्वक प्रयुक्त किया गया। वर्तमान उत्पादकता से संभाव्यता का भेद करने के लिए यह वर्गीकरण अधिक अनुकूल नहीं है, व विभिन्न उपयोगों हेतु विभिन्न आवश्यकताएँ पर्याप्त रूप से निर्धारित नहीं की गई।

परिमाणात्मक विभक्तिकरण

अब तक भूमि विभक्तिकरण हेतु विवेचित उदाहरणों में एक वर्ग का अन्य वर्ग से परिमाणात्मक संबंध कायम करने का प्रयास किया गया है। किन्तु भूमि वर्गीकरण के वस्तुगत व मात्रात्मक रूपों को आविष्कृत करने के कई प्रयास किए गए हैं। जैक्स का कथन है कि उपयोग में लाई गई विधियों को साधारणतः आगमनिक (inductive) विधि के रूप में वर्गीकृत किया जा सकता है, (उदाहरण के लिए उत्पादकता) को प्रभावित करने वाले भूमि अथवा मृदा के विशिष्ट लक्षणों को प्रदत्त अंकों से जोड़ना अथवा संपूर्ण करना अथवा निगमनात्मक (deductive) उदाहरण के लिए पैदावार आँकड़ों से निगमन करना, किन्तु वास्तव में उपयोग में आने वाले अनेक तरीकों में दोनों प्रकार का संयोग है। उपगमन की श्रेणियों की स्पष्ट करने वाली अनेक विधियों को जैक्स ने कम्बलैन्ड (1944) व जैक्स (1946) ने संक्षेप में वर्णन किया है। सं. रा. मृदा सर्वेक्षण का उत्पादकता वर्ग क्रम वर्गीकरण के निगमनात्मक प्रकार को स्पष्ट करता है। इसका एक उदाहरण नीचे दिया गया है।

प्रमुख भौतिक दशाओं को वीर्ष भिन्न द्वारा प्रदर्शन

प्रथम अंक	*द्वितीय अंक*	*तृतीय अंक*	*चतुर्थ अंक*
पाँचवाँ अंक	*षष्टम अंक*	*सप्तम अंक*	
ढाल	*जल निकास*	*अपरदन*	*पथरीलापन*
चट्टानी अनावरण	*मृदा गहराई*	*मृदा उत्पादकता*	
1—सापेक्षतः समतल	1—पूर्ण	1—अल्प या पर्यवेक्षण	1—पत्थरों से
1—अल्प या चट्टानी	1—गहरी (6	1—अत्यधिक उर्वरक	
अनावरण बिलकुल	फुट या	में अपरदन नहीं	उन्मुक्त
नहीं।	अधिक)		
2—सापेक्षतः समतल	2—पर्याप्त	2—अपरदन के	2—मध्यम रूप से
2—सोमित चट्टानी	2—मध्यम	2—उर्वरक	से तरंगित
	द्वारा	पथरीली	अनावरण
	गहरी (3 से 6 फुट)		
3—तरंगित ने मध्यम	3—घटिया	3—पृष्ठ अपरदन तथा	3—पथरीला
3—पर्याप्त चट्टानी	3—उथली	3—मध्यम रूप से	
पहाड़ी		अल्पकालिक अवतलिका	
अनावरण	(1 से 3 फुट)	उर्वरक	
4—पहाड़ी	4—अतिघटिया	4—अत्यधिक पृष्ठ	4—अति पथरीला
4—अत्यधिक चट्टानी	4—अति उथली	4—कम उर्वरता	
		अपरदन तथा नालियों	
अनावरण	(1 फुट से कम)	का निर्माण	
5—खड़ा	5—अत्यधिक	5—अत्यधिक अवनलिका	
5—चट्टानी आवरण की		5—अति कम घटिया अपरदन	
		प्रधानता उर्वरकता।	

स्रोत—जैक्स (1946) के पश्चात् सारांश, अधिक विवरण के लिए नेशनल रिसोर्सेज, प्लानिंग बोर्ड (1941), 121।

मृदा के प्रकार मियामी दोमट

मक्का		*गेहूँ*		*राई*		*एल्फाल्फा*		*चुकन्दर*		*उत्पादकता वर्ग*	
अ	ब	अ	ब	अ	ब	अ	ब	अ	ब	अ	ब
70	90	70	100	80	100	70	90	60	70	3	1

संक्षिप्त रूप में 'अ' पंक्ति क्षेत्र के प्रबंध की सामान्य रीतियों के साथ समस्याओं की पैदावार को बतलाती है तथा 'ब' पंक्ति क्षेत्र के प्रबंध की साधारण रीतियों को प्रामाणिक पैदावार के प्रतिशत के रूप में बतलाती है। संयुक्त राज्य के सुदूरवर्ती व सुविकसित मृदा क्षेत्रों में जहाँ सस्यें ही प्रधान पैदावार होती हैं वहाँ प्रामाणिक पैदावार औसत उपज को स्पष्ट करती है। इस प्रकार मक्के का मानक 50 बुशल प्रति एकड़ है। दिये गये उदाहरण में औसत प्रबंध के अंतर्गत औसत पैदावार 35 बुशल है व उत्तम प्रबंध के अंतर्गत यही पैदावार 45 बुशल हो जाती है।

हर सस्य के स्थानीय महत्त्व के अनुसार उत्पादकता वर्ग सस्य वर्गक्रम के सामान्य भारित प्रतिशत (Simple percentage weighting) द्वारा निकाले जाते हैं। ऐसी मृदाएं जिनका भारित औसत 100 तथा 90 के बीच में है उसे 1 वर्ग में रखा जाता है तथा 90 और 80 के मध्य में 2 तथा यथाक्रम से। स्टोरी सूचनांक (the Storie Index) एक आगमनिक विधि है। इस विधि का उपयोग संयुक्त राज्य व अन्य देशों में किया गया है। यह विधि मृदा परिच्छेदिका पर अवलंबित है। परिच्छेदिका के प्रमुख लक्षण तीन कारकों में स्पष्ट होते हैं। उनमें से एक कारक धरातलीय गठन है। हर किसी को उस पौधे की उन्नति की अनुकूलतम दशाओं के अनुमानित प्रतिशत के रूप में उद्धरित किया जाता है। इसके बाद संभाव्य गुणांक प्रतिशत को हासिल करने के हेतु कारकों का गुणा किया जाता है। अंकों के अभिलक्षणों का जोड़ के बजाय गुणा किया जाता है। वह कोई भी हानिप्रद तत्त्वों को इस योग्य बनाता है कि मृदा के लिए सूचनांक पूर्ण रूप से नीचे आ सके। उदाहरणार्थ 100 . 100 . 10 = अनुपात 10, अर्थात (100,000/1,000,000) अतएव, 100 + 100 + 10 = अनुपात 10 अर्थात् (210/300) जोड़ द्वारा। यह स्पष्ट है कि परिमाणात्मक होते हुए भी ऐसी योजनाएँ अंकों के निर्धारण में ज्यादा विषयकता को नहीं टाल सकी है या वे सामान्य प्रबंध और अनुकूलतम दशाओं आदि को सुनिश्चित करने में समर्थ नहीं रही है। पूर्व वर्णित वर्गीकरण के प्रकारों की तुलना में तुलनात्मकता की उच्च मात्रा को प्राप्त करना संभव है। इसके लिए अतिरिक्त सावधानी बरतना जरूरी है क्योंकि सांख्यिकीय मूल्यांकन की विद्यमानता हमें उसकी प्रामाणिकता की अप्रतिरोधात्मक स्वीकृति की ओर ले जाती है।

भूमि प्रयोग का रूसी तरीका

सोवियत संघ में अब ऐसा माना जाने लगा है कि राज्य व सामूहिक फार्मों से अत्यधिक उत्पादन के लिए भूमि के विविध वर्गों की पैदावारों व परिव्ययों पर ध्यान देने की जरूरत होती है। भूमि के विभिन्न क्षेत्रों की क्षमता का मौद्रिक शब्दावली में

मूल्यांकन करने के लिए के. व्ही. ज्योरकिन (K.V. Zvorkin) ने आवश्यक उपायों की रूपरेखा तैयार की है। भूमि के भौतिक गुणों व वर्तमान खेतीबाड़ी की गुणता के अनुसार भूमि का मानचित्रण करना पड़ता है। इसे कार्य की प्रथम अवस्था माना गया है। प्रस्तावित संकेतांक इस प्रकार हैं–

1. मृदा विभेद (आधार शैल के चिन्ह तथा अपरदन की मात्रा)।
2. उच्चावचन तथा ढाल।
3. वनस्पति (जहाँ कृष्य फसलें संगत हों)।
4. भूमि उपयोग के प्रकार।
5. जल-स्तर की गहराई।
6. भूमि की जोत दशाएँ (विशेषकर सस्य भूमि में अपतृण की उपस्थिति)।

पिछले कुछ वर्षों की कार्यप्रणाली के अनुसार प्रस्थापित जमीन के उपयोग को मानचित्रित किया जाता है। इसमें अभिलेखन अंग, सस्यों को बोने के प्रकार, विगत पाँच से दस वर्षों का वार्षिक सस्यावर्तन व सिंचाई, जलनिकास व वेदिका-निर्माण इत्यादि का उपयोग होता है। तीसरे चरण में फसलों की उपज के आंकड़ों को जमा करना और उन्हें संसाधित करना होता है।

समान प्राकृतिक लक्षणों वाली विविध प्रकार की जमीन पर फसलों को उगाने के लिए आवश्यक श्रम तथा परिव्यय के आँकड़ों का भी संग्रह करना व उनको संसाधित करना। इससे विशेष प्रकार की भूमि को अधिक आर्थिक उपयोग की विधियों में मदद मिलती है। चतुर्थ अवस्था में अन्वेषण तथा भूमि के लक्षणों का वर्णन होता है। इससे उर्वरकता व कार्य की योग्यता के अन्तर स्पष्ट होते हैं।

जलवायु, मृदाजल तथा मृदा के रासायनिक लक्षण इस अवस्था के कुछ विशिष्ट विषय हैं। वसंत में किन तिथियों में भूमि कृषि कार्य के लिए तैयार होती हैं, ऐसी समयावधि जिसमें कृषि कार्य आसानी से किया जा सकता है बाढ़ के संकट व कार्य करने की अन्य मुश्किलों पर भी इस अवस्था में विचार किया जाता है। पाँचवीं अवस्था में वास्तविक भूमि उपयोग का हिसाब लगाया जा सकता है। प्रथम चरण में प्राप्त सभी भूमि की इकाइयों या संशोधनों को सूचनाओं के आधार पर कार्य के उपरान्त वाली अवस्थाओं से उच्चकोटि वर्गीकरण इकाइयों में मिलाया जाता है। समान पर्यवेक्षित लक्षणों तथा उर्वरकता (पैदावार तथा उत्पादन परिव्यय 5 प्रतिशत के भीतर) के परिष्करणों को भूमि श्रेणी में शामिल किया जाता है। भूमि के विभिन्न वर्गों की अनुकूलता, किन्तु उर्वरकता और कार्य की योग्यता में विभेद के आधार पर उन्हें विविध भूमि प्रकारों में एक साथ वर्गीकृत किया जाता है। विभिन्न सस्य संयोजनों के अनुकूल भूमि श्रेणियों

को भूमि प्रकारों में इस प्रकार बांटा जाता है। किसी फार्म के अन्दर यदि नाना 'प्रकार' तथा 'वर्गों' वाली भूमि मिलती है तो वहाँ इस प्रकार के 'भूमि के वर्गीकरण' के अध्ययन में कठिनाइयाँ पैदा होती हैं।

ऐसे प्रकरणों में विशुद्ध वर्गों वाली योजनाओं को 'संग्रथित वर्गों व उपवर्गों द्वारा स्थानापन्न कर दिया जाता है। इन्हें कृषि-उत्पादन भूमि-वर्ग कहा जाता है। इन सभी भूमि संवर्गों का प्रधान लक्षण यह है कि वे दिये गये भूमि उपयोग व विविध सस्यों अथवा सस्यों के वर्गों के उत्पादन के अनुकूल होते हैं चाहे वे 'प्रकार' या 'वर्ग' या 'कृषि-उत्पादन-वर्ग' ही क्यों न हों। इस प्रकार यह ब्रिटिश हांडुरस सर्वेक्षण मृदा प्रतिमानों की व्याख्या पर अधिकांशतः विश्वास करता है। जिन कार्य दशाओं में सर्वेक्षण चल रहा था, उसमें यह संभवतः आवश्यक था, किन्तु ज्वोरियकिन का विचार है कि मृदा के प्रकारों पर बेकार का जोर देने से भूमि के वर्गीकरण व भूमि के मूल्यांकन की समस्याओं को हल करने में बाधा पड़ गयी है। उदाहरणार्थ वे तीन मृदा प्रकारों का उद्धरण देते हैं। मृदा विज्ञान के दृष्टिकोण से पॉडसोलिकृत चरनोजेम (podsolised chernozem) मृदाएँ एक ही वर्ग में आती है; किन्तु गहरी भूरी भिन्न वर्ग के अन्तर्गत आती है। उनका मत है कि गहरी भूरी मृदा तथा पॉडमोलीकृत मृदा न सिर्फ एक प्रकार की ही मृदाएँ हैं, बल्कि वे एक ही भूमि वर्ग के अन्तर्गत आती हैं।

इस प्रकार वे न सिर्फ समान कृषि उत्पादन वर्ग अपितु समान उप-वर्ग में भी आती हैं। हीन विक्षालित चरनोजेम उपरोक्त प्रकार के कृषि उत्पादन वर्ग की मृदाएँ होने के साथ-साथ वे दूसरे वर्ग अथवा उप-समूह की मृदाएँ भी हैं। मिट्टी का सर्वेक्षण होने पर विवरण में समस्या उत्पन्न हो सकती है जो भूमि संभाव्यता के दृष्टिकोण से अनावश्यक और सम्भवतया भ्रामक हो सकती है। किन्तु यदि मृदा वर्गीकरण की हर इकाई के साथ विश्वसनीय मान जोड़ दिये जाएँ तो निश्चय ही भूमि वर्गीकरण के लिए मृदा मानचित्र अत्यधिक मददगार हो सकता है। इसी प्रकार उच्चावचन तथा भू-रूप आँकड़ों के साथ कुछ व्यावहारिक आँकड़ों, जैसे आनुवंशिक व्याख्या की तुलना, ढाल व लघु उच्चावचन लक्षणों की ज़रूरत होती है। अनेक कार्यकर्ताओं ने (स्थानीय तथा प्रादेशिक परीक्षणों) ज्वोरिकिन द्वारा प्रस्तावित तालिका का सविस्तार अनुगमन किया है। समस्त दृष्टिकोणों से वर्णित भूमि संभाव्यता वर्गीकरण के 'रूप' तथा विषयसूची को अपनाने से मदद मिल सकती है। इसके साथ ही ज्वोरिकिन की योजना का अध्ययन करना भी सहायक सिद्ध होगा। ब्रिटिश वर्गीकरण के साथ भूमि के भौतिक वर्गीकरण के कारकों के संदर्भ में भी इसकी व्याख्या की गई है। इसके अन्तर्गत भूमि वर्गीकरण के क्षेत्र का विस्तृत विवेचन प्रस्तुत किया जाता है।

3

कृषि पद्धतियाँ एवं भूमि उपयोग प्रतिमान

कृषि पर भौगोलिक तत्वों का अत्यधिक प्रभाव पड़ता है। भिन्न-भिन्न जलवायु प्रदेशों में ये भौगोलिक दशायें भिन्न-भिन्न होती हैं जिससे कृषि के स्वरूप में भी विविधता पायी जाती है। अति शीत प्रदेशों में कृषि नहीं हो सकती, क्योंकि इन भागों में वर्षा तथा तापमान बहुत कम मिल पाता है। आर्द्र प्रदेशों में उच्च तापमान एवं अच्छी वर्षा होने के कारण कृषि कार्य संतोषजनक रूप से होता है। इसी तरह से शीतोष्ण प्रदेशों में सिंचाई सुविधाएँ विस्तृत करके अच्छी तरह कृषि की जा सकती है। आर्द्र प्रदेशों में चाय, धान, रबर, कहवा तथा शीतोष्ण प्रदेशों में धान, गेहूँ, कपास, मक्का, गन्ना, ज्वार-बाजरा आदि फसलें पैदा होती हैं। कृषि के स्वरूप को निर्धारित करने में जलवायविक दशाओं की भूमि का महत्त्वपूर्ण है। इस कृषि पद्धति की संसार में प्रमुख कृषि पद्धतियाँ निम्नलिखित हैं।

कृषि विधियाँ

प्रमुख कृषि पद्धतियों का वर्णन इस प्रकार है–

1. कृषि योग्य भूमि आपूर्ति के आधार पर कृषि पद्धतियाँ दो प्रकार की हैं–
   गहन कृषि के आधार पर विस्तृत कृषि।
2. शस्य गहनता व कृषि पद्धतियाँ तीन प्रकार की हैं–
   एक फसली, दो फसली, और बहुफसली।

3. जलवायु के दृष्टिकोण से कृषि पद्धतियाँ तीन प्रकार की हैं– आर्द्र कृषि, शुष्क कृषि एवं सिंचित कृषि।

कृषि विधियों का जलवायविक आधार से वर्गीकरण

पद्धति के आधार पर वैश्विक कृषि का वर्गीकरण–

(i) आर्द्र कृषि–200 सेमी. या इससे अधिक वर्षा वाले क्षेत्रों में आर्द्र कृषि का प्रचलन है। अधिक वर्षा वाले क्षेत्र आर्द्र कृषि के लिये उपयुक्त माने जाते हैं। इस प्रकार की कृषि के लिए अधिक वर्षा के साथ-साथ तापमान का भी लगभग 20° से 25° तक होना आवश्यक है। धान इस पद्धति की प्रधान फसल है। इसके साथ-साथ चाय, जूट, गन्ना, तिलहन, रबर, आदि की भी कृषि होती है। विश्व में अमेरिका एशिया, एवं यूरोप तथा आस्ट्रेलिया के कुछ भाग इस पद्धति से सम्बद्ध है। ऐसे क्षेत्रों में वर्ष में दो या तीन बार फसलें उगाई जाती हैं।

(ii) शुष्क कृषि–50 सेमी. से कम वर्षा वाले संसार के ऐसे क्षेत्र जहां कम वर्षा होती है तथा तापमान ऊँचा होता है, शुष्क कृषि की जाती है। इस कृषि पद्धति का प्रचलन संयुक्त राज्य अमेरिका के विशाल घाटी क्षेत्र, कोलम्बिया बेसिन और स्नेक नदी बेसिन में अधिक हैं। यह क्षेत्र अधिकांश अर्द्ध शुष्क प्रदेश है। ये क्षेत्र विश्व में 25° से 55° उत्तरी व दक्षिणी अक्षांशों के बीच पाये जाते हैं। यूरोप तथा अफ्रीका महाद्वीपों को छोड़कर विश्व के अन्य भागों में इस प्रकार की कृषि होती है। रूस में कैस्पियन सागर के उत्तर में विस्तृत शुष्क भागों पर तथा ईरान, इराक, तुर्की में भी इस प्रकार की कृषि का भी प्रचलन है।

इस कृषि पद्धति के अन्तर्गत खेतों को कई बार जोतने की प्रक्रिया शामिल है जिससे प्राप्त होने वाली वर्षा मिट्टी में सान्द्रित हो सके और वाष्पीकरण न हो सके। भूमि में खाद का भी प्रयोग किया जाता है जिससे मृदा की ऊपरी सतह रंध्रयुक्त रहे। वर्ष में केवल एक ही फसल उगायी जाती है क्योंकि खेतों को परती छोड़कर दो-तीन बार जुताई की जाती है। कभी-कभी दो फसलें भी ली जाती हैं। ज्वार, मक्का, बाजरा, जौ, गेहूँ आदि इस पद्धति से उगायी जाने वाली प्रमुख फसलें हैं।

(iii) सिंचित कृषि–जहाँ औसतन 50-100 सेमी. वर्षा होती है, वहाँ कृषि कार्य सिंचाई द्वारा किया जाता है। इस कृषि पद्धति में वर्षा की कमी की आपूर्ति सिंचाई द्वारा पूरी की जाती है। ज्यादातर ऐसे क्षेत्रों में वर्षा निश्चित ऋतु में होती है, इस तरह की कृषि पद्धति के दर्शन मानसूनी प्रदेश में होते हैं। अविश्वसनीय तथा

अनिश्चित वर्षा यहाँ इस प्रदेश की प्रमुख विशेषता है। इसलिए इन प्रदेशों में कृषि में सिंचाई का महत्त्वपूर्ण स्थान है।

मिस्र, तुर्की, संयुक्त राज्य अमेरिका, रूस, भारत, पाकिस्तान, तथा भूमध्यसागरीय प्रदेशों में यह पद्धति प्रचलित है। जिन भागों में संसार की सघनतम जनसंख्या निवास करती है। वहाँ यह पद्धति बहुत ही महत्वपूर्ण है। क्योंकि ऐसे क्षेत्रों में खाद्यान्नों का अन्य कृषि वस्तुओं के साथ उत्पादन आवश्यक हो जाता है। इस पद्धति के तहत विविध फसलें उत्पन्न की जाती हैं। प्रमुख फसलों में गेहूँ, धान, जौ, बाजरा, ज्वार, मक्का, दालें तथा मूगंफली आदि हैं। सिंचाई नदियों, कुओं, नलकूपों, तालाबों एवं नहरों से की जाती है। यहाँ सिंचाई की अच्छी सुविधायें उपलब्ध हैं। यहाँ कपास, जूट तथा गन्ना आदि व्यापारिक फसलें उत्पन्न की जाती हैं।

कृषि पद्धतियों का कृषि योग्य भूमि आपूर्ति के आधार पर वर्गीकरण

इस आधार पर कृषि पद्धतियों को दो भागों में विभक्त किया जा सकता है। वे निम्न हैं—

1. गहन कृषि—इस पद्धति के अन्तर्गत छोटे क्षेत्र में खेती कुछ ऐसे की जाती है कि कृषि उत्पादन अधिकतम हो। इसे गहन कृषि कहते हैं। इस तरह की पद्धति कम कृषि भूमि तथा अधिक जनसंख्या भार वाले भागों में आरंभ हुई। गहन कृषि प्रदेशों में उत्तम बीज, गहरी जुताई, उर्वरक, सिंचाई तथा आधुनिकतम कृषि यन्त्रों का सहयोग लिया जाता है जिससे कम भूमि में अधिक उत्पादन हो। कृषि फसल चक्र, कीट संरक्षण आदि को अपनाया जाता है। विश्व में यह पद्धति दक्षिणी-पूर्वी एशिया, चीन, भारत, जापान, इण्डोनेशिया, थाईलैण्ड, मलेशिया, म्यांमार, पाकिस्तान, उत्तरी-पश्चिमी यूरोप, आदि देशों में प्रचलित है। इन देशों में जनसंख्या का घनत्व कृषि भूमि पर संसार के अन्य क्षेत्रों की अपेक्षा अधिक मिलता है। यहाँ पर सस्ते मजदूर आसानी से मिल जाते हैं। फलस्वरूप कृषकों ने गहन कृषि को अपनाया। गहन कृषि की फसलों के अन्तर्गत धान का प्रमुख स्थान है। जिसकी खेती दो या तीन बार होती है।

2. विस्तृत कृषि—विस्तृत कृषि पद्धति के अंतर्गत विस्तृत भूमि पर खेती की जाती है और गहन कृषि की तरह अधिकतम उत्पादन प्राप्त करना लक्ष्य नहीं रहता है। इस तरह की पद्धति रूस में स्टेपी क्षेत्र, संयुक्त राज्य अमेरिका के दक्षिणी तथा मध्य क्षेत्र, प्रेयरी क्षेत्र, पम्पास तथा डाउन्स क्षेत्र में विकसित है। यहाँ पर कृषि

कार्य अत्याधुनिक फार्मों में किया जाता है। श्रम की कमी की पूर्ति मशीनों द्वारा की जाती है। विस्तृत कृषि के अन्तर्गत गेहूँ की खेती प्रमुख रूप से होती है। जिसे शीतकाल एवं बसंत में बोया जाता है।

शस्य गहनता के आधार पर कृषि पद्धति का वर्गीकरण

इस आधार पर कृषि पद्धतियों को तीन समूहों में विभक्त किया जा सकता है–

1. एक फसली कृषि–इस पद्धति के अन्तर्गत वर्ष में एक ही फसल का उत्पादन किया जाता है। यह कृषि विशिष्टता पर आधारित होती है जिसमें एक ही फसल की प्रधानता होती है। कृषि कार्य बागानों पर सम्पन्न किया जाता है। हालांकि यहाँ अन्य फसलों की कृषि भी की जा सकती है परन्तु प्रबन्ध, मजदूरी एवं बाजारों आदि की दृष्टि से केवल एक ही तरह के बागान पाये जाते हैं। जैसे–क्यूबा में गन्ना, ब्राजील में कहवा, मलाया और इण्डोनेशिया में रबड़ के बागान तथा भारत के असम एवं दार्जिलिंग के चाय के बागान एक फसली कृषि पद्धति के अन्तर्गत आते हैं।

2. दो फसली कृषि–दो फसली कृषि पद्धति के अन्तर्गत वर्ष में दो बार फसलों का उत्पादन किया जाता है। सघनतम जनसंख्या वाले भागों में जहाँ अनुकूल भौगोलिक दशायें विद्यमान हों वहाँ वर्ष में दो बार फसलें उगाई जाती हैं। इसका उदाहरण दक्षिणी-पूर्वी एशिया की कृषि व्यवस्था है।

3. बहुफसली कृषि–बहुफसली कृषि पद्धति के अन्तर्गत किसी भूभाग में वर्ष में दो अथवा दो से अधिक फसलें पैदा की जाती हैं। इस पद्धति का प्रचलन अनुकूल भौगोलिक दशाओं वाले भागों में अत्यधिक है। इस प्रकार की कृषि अत्यधिक उपजाऊ भूमि में सम्भव है। इस पद्धति को सफल बनाने के लिये उत्तम किस्मों के बीज, उर्वरक, सिंचाई की सुदृढ़ व्यवस्था तथा तकनीकी दृष्टिकोण की जरूरत पड़ती है। यहाँ के कृषकों का जीवनस्तर ऊँचा होता है। इस कृषि पद्धति का प्रचलन एशिया, यूरोप तथा संयुक्त राज्य अमेरिका के अनेक हिस्सों में है।

अन्य कृषि विधियाँ

कृषि पद्धतियों के निर्धारण तथा नियंत्रण में धरातल, मृदा, जलवायु, उच्चावच, जोत के आकार तथा भूमि व्यवस्था से जुड़ी बातें महत्त्वपूर्ण हैं। इन सभी तथ्यों का सम्मिलित विश्लेषण एवं संश्लेषण बहुत ही जटिल है। कृषि पद्धतियों की जानकारी

इनके प्रभाव तत्वों के संश्लेषण एवं विश्लेषण की प्रक्रिया द्वारा सम्भव होती है। कृषक अपने उत्पादन तथा परिश्रम को इन कारकों के विश्लेषण तथा संश्लेषण के उपरांत ही तय करता है। इस तरह कृषक एक ही क्षेत्र में कई कृषि स्वरूप तथा उद्यमों को जन्म देता है। कृषि पद्धति के अन्तर्गत विभिन्न कोटि के शास्त्रों एवं शस्य क्षेत्र पर आधारित धन्धों का समावेश है।

किसी एक समान कृषि पद्धति में कई रूपों में कृषि का प्रसार दिखाई देता है। प्रायः वृहद् कृषि प्रदेश में कई कृषि रूप एक साथ अस्तित्व में प्रचलित होते हैं। इनके समान विशेषताओं वाले प्रकारों को शामिल कर देने पर कृषि प्रदेशों का निर्माण हो जाता है। **डी. स्विट्लसी** ने कृषि पद्धतियों एवं प्रकारों का विश्लेषण एवं विवेचन प्रस्तुत किया है।

चलवासी पशुचारण कृषि—इसे खानाबदोश कृषि पद्धति भी कहा जाता है। जहाँ पर फसल उत्पादन के लिए प्राकृतिक दशायें अनुकूल नहीं हैं, परन्तु ऐसे क्षेत्रों में पशुओं के लिये चारा मिल जाता है, वहाँ यह पद्धति अपनायी जाती है। अधिकांशतः इस तरह की पद्धति शुष्क प्रदेशों में देखने को मिलती है। मवेशी, भेड़, बकरियाँ, ऊँट आदि इन क्षेत्रों के प्रमुख पालतू पशु हैं। पशुओं को लेकर एक स्थान से दूसरे स्थान की ओर पलायन तथा पानी की खोज इस कला की प्रमुख क्रिया है। इस पद्धति में कबीले, कज्जाक, खिरगीज, लौप तथा मंगोल आदि जनजातियाँ क्रियाशील हैं। स्थान विशेष पर पड़ाव डालने की अवधि चारे एवं पानी द्वारा तय की जाती है। चरवाहे अपने साथ तम्बू तथा कपड़े अथवा चमड़े से अस्थायी झोपड़ियाँ बनाकर उन स्थानों पर रहते हैं। जब तक कि उनके अनुकूल तमाम दशायें वहाँ से खत्म न हो जायें तब तक वे अपना स्थान परिवर्तित नहीं करते। इस तरह के जीवनयापन की क्रियाएँ स्थायी एवं विकसित चारागाह बनने से अथवा कुछ स्थायी जीवन-यापन करने से कम हो रही हैं। इस ओर सरकारों का ध्यान आकर्षित हुआ जिससे स्थायित्व आ रहा है। चलवासी पशुचारण पद्धति में पश्चिम में अफ्रीका और मध्य-एशियाई देश, तिब्बत तथा मंगोलिया के कुछ क्षेत्र सम्मिलित हैं। अमेरिकी देशों तथा आस्ट्रेलिया के कुछ भागों में चलवासी पशुचारण कृषि वाले प्रदेशों में भी व्यापारिक पशुपालन का विकास हो गया है।

चलवासी पशुचारण क्षेत्र एवं जनसंख्या पिछले कुछ सालों में निरंतर कमी होती जा रही है। आस्ट्रेलिया, अमेरिका, तथा दक्षिण अफ्रीका की चलवासी पशुचारण पद्धति व्यावसायिकता का रूप ले रही है। चलवासी पशुचारण वाले कुछ प्रदेशों में भी खेती आरम्भ हो गई है। फलस्वरूप जनजीवन काफी हद तक स्थायी हो गया है।

पशुपालन कृषि—कृषि की यह पद्धति भी चलवासी पशुचारण से मेल खाती है। जहाँ पर प्राकृतिक दशाएँ पशुपालन के लिये विशेष उपयुक्त हैं वहाँ पर व्यापारिक दृष्टि से पशुपालन किया जाता है। यूरोपीय अप्रवासियों ने इस पद्धति की शुरुआत भी की। आस्ट्रेलिया, अमेरिका, न्यूजीलैंड, दक्षिणी अफ्रीका आदि क्षेत्रों में पशुपालन की शुरुआत तब हुई, जब चरागाह क्षेत्रों को इस कार्य के लिये विकसित किया जाने लगा। धीरे-धीरे इन देशों में व्यापारिक पशुपालन पद्धति का विकास होने लगा। प्राकृतिक दृष्टि से व्यापारिक पशुपालन प्रदेशों को दो भागों में बांटा किया जा सकता है—

(i) समशीतोष्ण घास प्रदेश

(ii) विस्तृत उष्ण सवाना प्रदेश।

स्थानान्तरणशील कृषि—इस कृषि के अंतर्गत उर्वता की दृष्टि से कमजोर मिट्टी वाले क्षेत्र की कृषि शामिल है। यह कृषि उष्ण प्रदेशों के वर्षा वनों एवं अर्द्ध मरुस्थलीय क्षेत्रों में प्रचलित रही है, जिसमें दक्षिणी अमेरिका का अमेजन बेसिन, अफ्रीका का कांगो बेसिन, दक्षिणी-पूर्वी एशिया तथा पूर्वी समूह के ऊँचे भागों में विशेष रूप से प्रचलित है। भारत में भूमि इस कृषि में शामिल है। इस पद्धति को अमेरिका तथा अफ्रीका में मिल्पा, मलेशिया एवं हिन्देशिया में लदांग, फिलीपीन्स में कैनजीन, सूडान में न्गास, श्री लंका में चेना के नाम से जाना जाता है।

इस खेती का प्रचलन कटिबन्धीय प्रदेशों में है। जहाँ वर्ष भर अधिक वर्षा तथा उच्च तापमान पाया जाता है। ऐसे भागों में गहनतम जंगल पाये जाते हैं। इस क्षेत्र में शुरुआत में हाथ से बने औजारों से तथा आग से जंगलों को जलाकर साफ किया जाता है। कृषि मानवीय श्रम पर आधारित होती है। खेत बिखरे और जंगल से घिरे होते हैं तथा खेत बदलते रहते हैं। खाद एवं कृषि में उपयोग पशुओं का अभाव रहता है। यहाँ के कृषकों में व्यक्तिगत भूमि स्वामित्व की भावना नहीं पायी जाती है। यहाँ कृषि परम्परागत तरीके से सम्पन्न की जाती है जिससे उत्पादन श्रमानुपात में प्राप्त नहीं होता है। स्थानीय खाद्यान्न फसलों का उत्पादन किया जाता है, यथा ज्वार-बाजरा मक्का, तथा धान आदि। ऊँचे भागों में सेम कसावा, तथा केला आदि फसलों की कृषि की जाती है। मुर्गी यहाँ की प्रमुख पशु है। कृषि के अलावा मत्स्य आखेट, शिकार करना, जंगल से उच्च बूटी औषधियाँ एवं अन्य वनोपज संग्रह करना यहाँ का प्रमुख उद्यम है। यहाँ वर्षभर वर्षा तथा असहनीय तापमान के कारण सघन सदाबहार वन मिलते हैं।

यहाँ की भूमि को कृषि के लिए उपयोगी बनाना दुष्कर कार्य है। यहाँ पर पशुओं का अभाव है जिसके कारण कृषि कार्य शारीरिक शक्ति पर निर्भर करता है। प्रतिकूल जीवनोपयोगी दशाओं के कारण जनसंख्या बहुत विरल है। कृषि यहाँ के अर्थतंग के केन्द्र में है। यहाँ की कृषि पद्धति परंपरागत है और उसमें पिछड़े तौर-तरीकों का समावेश है।

पारंपरिक स्थायी कृषि—कृषि की पद्धति का स्वरूप भी स्थानान्तरण शीत कृषि पद्धति के कुछ अनुरूप है। यह कृषि से साम्य रखती है तथा इसकी कार्यप्रणाली भी उससे मेल खाती है। परन्तु जहाँ प्राकृतिक एवं मानवीय तत्व अधिक अनुकूल हैं, वहाँ स्थानान्तरणशील कृषि स्थायित्व में परिवर्तित हो गयी है। संसार में इस प्रकार की पद्धति का प्रचलन मध्य अमेरिका के पठारी एवं पहाड़ी भागों में, पश्चिमी द्वीपसमूह के कुछ भागों में एण्डीज पर्वतमाला के उष्णकटिबन्धीय भागों में, नाईजीरिया, घाना, पूर्वी अफ्रीका के पठारी भागों तथा केन्या, पूर्वी द्वीप समूह के बिखरे द्वीपीय भागों एवं हिन्दचीन आदि भागों में मौजूद है। यहाँ की अधिकांश जनसंख्या जनजातीय है। पहले इन क्षेत्रों में रासायनिक खाद तथा कम्पोस्ट खाद आदि के अभाव में फसलें साधारण हुआ करती थीं। सिंचाई सुविधाओं का भी अभाव था। परन्तु घनी आबादी तथा उपयोगी कृषि भूमि को स्थायित्व प्रदान करने में इस प्रकार की कृषि सहायक सिद्ध हुई। उष्णकटिबन्धीय पठारी भागों में रबर, खजूर, कोको आदि फसलों की बागाती कृषि की जाती है। स्थानीय कृषकों के कृषि पद्धति में भी परिवर्तन एवं विकास हुआ है। यहाँ पर मिर्च-मसाले तथा अन्न आदि का भी उत्पादन होता है। यह व्यवस्था स्थानांतरी कृषि की तुलना में अधिक गहन होती है। यहां के प्रमुख पालतू पशुओं में घोड़ा, गधा, बकरी, भेड़ तथा गाय आदि हैं।

धान प्रधान सघन निवाही कृषि—संसार के ऐसे क्षेत्र जहाँ वर्षा 200 सेमी वार्षिक अथवा उससे अधिक होती है वहाँ इस तरह की कृषि पद्धति प्रचलित है। इस प्रकार की कृषि ज्यादातर मानसूनी जलवायु के तहत आने वाले देशों में अधिक की जाती है। इस प्रकार की कृषि पद्धति को सावाह कहा जाता है। संसार के 90 प्रतिशत धान का उत्पादन केवल एशियाई देश करते हैं जिसमें चीन 30 प्रतिशत, भारत 22 प्रतिशत, पाकिस्तान 10 प्रतिशत, जापान 8 प्रतिशत, वियतनाम 8 प्रतिशत, थाइलैण्ड एवं म्यांमार 4.4 प्रतिशत तथा अन्य 9 प्रतिशत उत्पादन करते हैं। इन सभी देशों में धान की खेती बाढ़ के मैदानों, डेल्टाई भागों, सीढ़ीनुमा तथा निचले भागों में की जाती है। लाओस में सकल कृषि भूमि के 95 प्रतिशत,

थाईलैण्ड में 66 प्रतिशत, म्यांमार में 50 प्रतिशत, जापान में 40 प्रतिशत तथा भारत एवं चीन में 25,25 प्रतिशत भू-भाग पर धान की खेती की जाती है। एशिया महाद्वीप के देशों में विशाल जनसंख्या के कारण धान का स्थानीय उपयोग हो जाता है। लेकिन कुछ देशों जैसे कि—थाईलैण्ड, म्यांमार, द. वियतनाम, ताईवान एवं कम्बोडिया धान का निर्यात करते हैं। सघन जनघनत्व एवं धान उत्पादन प्रदेशों—क्षेत्र में अन्तर्सम्बन्ध पाया जाता है। दुनिया में प्रमुख धान उत्पादक क्षेत्रों में भारत के ब्रह्मपुत्र, गंगा नदी घाटी और दूसरे देशों की मीकांग, मेनम, सिक्यांग, यांग्टीसिक्यांग के निचले मैदानी एवं डेल्टाई भाग प्रमुख हैं।

धान विहीन सघन निर्वाही कृषि—यह कृषि पद्धति 100 सेमी. से कम औसत वार्षिक बारिश वाले इलाके में प्रचलित है। मानसून प्रदेशों में धान के सघन क्षेत्रों को छोड़कर शेष भागों में जहाँ पर्यावरणीय दशायें अनुकूल होती हैं, वहाँ पर मक्का, गेहूँ, ज्वार-बाजरा, सोयाबीन, दालें, सरसों, कपास, आदि फसलों का उत्पादन किया जाता है। विशेष रूप से दक्षिण-पूर्वी एशिया विश्व का 61 प्रतिशत पीनट, 41 प्रतिशत सोयाबीन, 17 प्रतिशत जौ, 19 प्रतिशत गेहूँ, 5 प्रतिशत ज्वार-बाजरा तथा सौरघम उपजाता है। इस तरह की पद्धति तीन वर्गों ग्रीष्म या वर्षाकालीन फसलें, शीतकालीन या शुष्क मौसमी फसलें तथा अत्यधिक शीत या अत्यधिक शुष्क मौसमी फसलों में वर्गीकृत है।

जनसंख्या का उच्च धनत्व इस कृषि पद्धति वाले क्षेत्र की विशेषता है। वर्ष भर में दो-तीन फसलें ली जाती हैं। वर्षाकाल में ज्वार-बाजरा, मक्का, गन्ना, शीतकाल में धान, शुष्क मौसमी फसलें, जैसे जौ, गेहूँ, चना, मटर, तथा अत्यधिक ठण्ड अथवा शुष्क मौसम में भी शीतकालीन फसलें ली जाती हैं। अत्यधिक ठण्डे तथा शुष्क भागों में आज भी गेहूँ की प्रमुखता मिलती है। पंजाब तथा ऊपरी भाग का मैदानी भाग हमारे देश का मुख्य गेहूँ उत्पादक क्षेत्र है। गेहूँ की आधी खेती सिंचाई के द्वारा सम्पन्न होती है। दक्षिणी-पूर्वी एशिया में केवल पंजाब ही व्यापारिक गेहूँ उत्पादक प्रदेश माना जा सकता है। जो कुछ एशियाई देशों में एक महत्त्वपूर्ण मानसूनी फसल है। इसकी खेती शीतकाल में होती है।

व्यापारिक फसलों की पौधरोपण अथवा बागाती कृषि—यह एक प्रकार की विशिष्ट कृषि पद्धति है जिसका इतिहास मात्र दो शताब्दी पुराना है। इस पद्धति का प्रादुर्भाव अमेरिका में ब्रिटिश जनजातियों के साथ हुआ। इसके बाद पश्चिमी द्वीप समूह, दक्षिणी-पूर्वी एशिया के उपनिवेशों में मैनेजरों की देखभाल में स्थानीय श्रमिकों के द्वारा यह कृषि सम्पन्न कराया जाता था। इस कृषि पद्धति के

विकास में अमेरिका तथा यूरोप ने पूंजी निवेश किया। कहवा, चाय, केला, नारियल, रबर, मसाले तथा कोको की गिनती व्यावसायिक फसलों में की जाती है तथा इनकी खेती व्यावसायिक रूप से बागानों में की जाती है।

इसे एक प्रकार से व्यावसायिक कृषि की संज्ञा दी जा सकती है, जिसमें मानवीय श्रम का महत्त्वपूर्ण स्थान है। इस व्यवस्था में मशीनों का भी प्रयोग आरंभ किया गया है। समशीतोष्ण देशों से ही प्रशासनिक एवं कुशल तकनीकी श्रमिक, कृषि उपकरण, दवाइयाँ, खाद, श्रमिकों के भोजन, वस्त्र, यातायात सामग्री, औद्योगिक मशीन मंगायी जाती थी। मात्र श्रमिक स्थानीय हुआ करते थे। पौधरोपण कृषि के अधिकांश क्षेत्र समुद्रतटवर्ती भागों में स्थित है। उष्णकटिबन्धों में ऐसे क्षेत्र बिखरे हुए रूप में मिलते हैं। संसार में बागाती कृषि लैटिन अमेरिका, अफ्रीका एवं दक्षिण-पूर्वी एशिया में देखने को मिलती है। इस प्रकार की कृषि बड़े फार्मों पर सम्पन्न की जाती है। ये बागान 16 से 25 हैक्टेयर से लेकर सैकड़ों हैक्टेयर तक पाये जाते हैं जो कि आवश्यकतानुसार कम हैं। इसके लिये कृषक 1200 हैक्टेयर तक के क्षेत्र को उचित मानते हैं। संसार में 8000 हैक्टेयर से लेकर 40,000 हैक्टेयर तक के क्षेत्रफल में बागाती कृषि का विस्तार है परन्तु भारत के बागानों का क्षेत्रफल दूसरे देशों की अपेक्षा में बहुत कम है। चाय की खेती भारत में आधुनिक काल में शुरू हुई। वर्तमान समय में यह यहाँ की प्रमुख बागाती फसलें है। जिसके बागानों का क्षेत्रफल 120 से 240 हेक्टेयर तक मिलता है।

इन व्यावसायिक फसलों की खेती विशेष प्रकार से की जाती है जिनकी फसलों से आमतौर पर दूसरे फसलों का उत्पादन नहीं होता। क्षेत्र विशेष में फसल विशेष का उत्पादन होता है जैसे कि—मलागा में रबड़, असम में चाय तथा ब्राजील में कहवा। इस पद्धति में प्राकृतिक, आर्थिक, सरकारी नीतियों तथा अन्य तत्वों का गहरा प्रभाव है। यद्यपि यहाँ की परिस्थितियाँ केवल एक ही फसल के लिये उपयुक्त नहीं हैं, फिर भी कुशल प्रबन्धन, श्रमिकों तथा बाजारी दृष्टि से एक ही फसल के बागान पाये जाते हैं। इस पद्धति में रबड़, चाय, गन्ना, कहवा, मसाले, नारियल, कोको आदि प्रमुख फसलें आती हैं जिनका एक विशेष क्षेत्रीय प्रतिरूप देखने को मिलता है। जैसे—रबड़—मलेशिया, हिन्देशिया, वेनेज़ुएला, गन्ना—क्यूबा, पेरू, ब्राजील, पूर्वी अफ्रीका एवं मैडागास्कर, भारत में असम एवं नीलगिरी की पहाड़ियाँ, चाय—श्रीलंका, चीन की पहाड़ियाँ, कहवा—ब्राजील, कोलम्बिया, दक्षिण भारत, मसाले-दक्षिण भारत, फिलीपीन्स, कोको—ब्राजील, पश्चिमी अफ्रीका, नारियल—दक्षिणी भारत, फिलीपीन्स, केला—मध्य अमेरिका तथा पश्चिमी द्वीपसमूह।

इन भू-भागों में भी यह कृषि पद्धति आरंभ हो गयी है। आरंभ से लेकर अन्त तक मशीनों द्वारा कृषि कार्य करने से समय एवं श्रम की बहुत अधिक बचत होती है। बागाती कृषि अब अल्पसमय में पकने वाले ठण्डे प्रदेशों में भी सम्भव हुई है। व्यापारिक फसल नकदी मुद्रा अर्जित करती है। परिणामस्वरूप इसके विकास में यह भावना भी परोक्ष रूप से उत्तरदायी है।

भूमध्यसागरीय फल प्रधान कृषि—संसार के तमाम महाद्वीपों में जहाँ भूमध्य सागरीय जलवायु का प्रचलन है, इस कृषि पद्धति का प्रचलन मिलता है। इस प्रदेश का नाम जलवायु विशेष के आधार पर रखा गया है। इस प्रदेश के तहत भूमध्यसागर तट के निकटस्थ सभी देश, दक्षिण एवं मध्य कैलिफोर्निया, मध्य चिली, दक्षिणी अफ्रीका, आस्ट्रेलिया का दक्षिण-पश्चिमी किनारा तथा दक्षिण आस्ट्रेलिया का डार्लिंग प्रदेश मुख्य हैं। इन प्रदेशों की प्रमुख विशेषता यहाँ पायी जाने वाली शीतकालीन वर्षा एवं आर्द्रतारहित ग्रीष्मकाल है। इन भागों में दीर्घ शुष्क दिनों के लिये कृत्रिम सिंचाई व्यवस्थाओं का विस्तार एवं नई पद्धतियों का प्रचलन विशेष उल्लेखनीय है।

पूर्व से ही इन क्षेत्रों में विशिष्ट कृषि की जाती रही है। ज्यादातर कृषि वृक्षों के रूप में होती है जिनके फलों को लम्बे समय तक के लिये सुरक्षित रखा जा सकता है। यहाँ अपेक्षाकृत उर्वर और समतल भागों में मक्का, गेहूँ, आदि फसलें फलों के साथ पैदा की जाती हैं। यही एक प्रदेश है जहाँ उच्च पर्वतीय भूभाग, समुद्रतटीय मैदान, संकीर्ण घाटियाँ तथा लघु मैदानी क्षेत्र एक साथ मिलते हैं। इन लघु क्षेत्रों में कई तरह की भिन्नता की वजह से कई प्रकार के उद्यम पाए जाते हैं। फसलों के उत्पादन में जलवायु और मिट्टी प्रमुख निर्धारक तत्त्व हैं। लेकिन जीवन निर्वाही तथा व्यापारिक कृषि अनेक मानवीय तत्वों पर आधारित है जिनमें परिवहन की सुविधा, जनघनत्व, नगर की निकटता, सरकारी मदद, उपयुक्त प्रबन्धन तथा विशेष निगरानी प्रमुख हैं।

सभी भूमध्यसागरीय क्षेत्रों में स्थित तटीय भागों में व्यापारिक कृषि मानवीय तत्वों पर आधारित है। भूमध्यसागरीय फल प्रधान कृषि में अत्यधिक श्रमिकों की जरूरत पड़ती है। इस कृषि पद्धति में जीवननिर्वाह एवं व्यापारिक दोनों ही कृषि का प्रचलन देखने को मिलता है। दोनों पद्धतियों का क्षेत्रीय महत्त्व वर्षा की मात्रा, बाजार की निकटता, कृषक की कुशलता और श्रम एवं उद्यम प्रोत्साहन द्वारा तय होती है। अल्जीरिया, मोरक्को, तथा ट्यूनीशिया में वर्षा बहुत कम होती है, फलस्वरूप गेहूँ, जौ, जैतून, शराब तथा तेल प्रमुख कृषि तथा इसके उत्पाद हैं। सैन

जैक्विन में कम वर्षा के कारण गोंद, सब्जी और कपास उत्पन्न की जाती है। ग्रीस में गोंद तथा शराब, स्पेन में जैतून का तेल तथा शराब, संतरे, दक्षिणी कैलिफोर्निया में संतरे तथा शीतकालीन सब्जियाँ प्रधान उत्पादन हैं। उष्ण-शुष्क ग्रीष्मकाल, कोमल आर्द्रशीतकाल, पर्वतीय समीपता, गिरपदीय मैदान तथा छोटी पृथक् घाटियाँ के कारण चार तरह की कृषि पद्धतियों का प्रचलन इस क्षेत्र में दिखाई देता है।

1. पशु तथा फसलोत्पादन व्यापारिक कृषि—मिश्रित कृषि पद्धति के अन्तर्गत फसलों तथा पशु पालन का प्रचार सर्वप्रथम यूरोप में हुआ। संयुक्त राज्य अमेरिका तथा यूरेशिया में यह व्यवस्था विशेष रूप से प्रचलित हैं। संयुक्त राज्य के इण्डियाना, ओहियो, इयोवा, नेब्रेस्का, इलिनोइस, वर्जीनिया, टेनिसी, जार्जिया और ओक्लाहामा में यह व्यवस्था विद्यमान है। यहाँ पर पशुपालन के लिये मक्के की फसल का उत्पादन किया जाता है। इसके अलावा मिश्रित कृषि पद्धति आस्ट्रिया, बेल्जियम, डेनमार्क, फिनलैण्ड, फ्रांस, आयरलैण्ड, लक्जमबर्ग, नार्वे, स्वीडन, यूनाइटेड किंगडम, स्विट्जरलैण्ड तथा बुल्गारिया, चेकोस्लावाकिया, पूर्वी जर्मनी, हंगरी, रूमानिया, पोलैण्ड में भी अपनायी जाती है। इस कृषि पद्धति की निम्न लिखित विशेषताएँ हैं।

(i) मूल फसल चक्रण पद्धति यहाँ की कृषि की मूल विशेषता है। इससे मृदा का उपजाऊपन बना रहता है। एक फार्म में शस्यावर्तन की अवधि छह वर्ष की होती है जिसमें प्रथम वर्ष ओट्स, द्वितीय वर्ष आलू, तृतीय वर्ष फिर से ओट्स तथा अन्य तीन वर्षों में घास की कृषि की जाती है।

(ii) यन्त्र एवं तकनीक प्रधान होने के कारण मिश्रित कृषि व्यवस्था पूंजी प्रधान है। परिणामस्वरूप ज्यादा पूंजी की जरूरत पड़ती है। इसके अतिरिक्त श्रमिक, रासायनिक खाद, उत्तम बीजों, दवाइयों का भरपूर प्रयोग होता है। यह व्यवस्था पूंजी के बिना असम्भव है।

(iii) इस क्षेत्र में फसलों उत्पादन तथा पशुपालन साथ-साथ किया जाता है जो खेती की जाती है उस खेती पर पशु भी चारे के लिए निर्भर करते हैं। संयुक्त राज्य में गेहूँ और मक्का का मिश्रित उत्पादन किया जाता है। लेकिन उत्पादन आधिक्य के कारण बाजार में पूर्ति के अतिरिक्त अनाज बच जाता है जिसे पशुओं को खिलाया जाता है। यहाँ पर पशु व्यापार विकसित है जिससे यहाँ की अधिकांश आय पशु व्यापार से होती है। गाय, सुअर, मुर्गियां, भेड़, घोड़ा आदि यहाँ के प्रमुख पशु हैं। पशुओं से मांस, चमड़ा, ऊन तथा अण्डा प्राप्त किया जाता है तथा

इनका व्यापार किया जाता है। यहाँ दूध तथा मांस के लिये गो पालन किया जाता है।

(iv) आकार की दृष्टि से एक फार्म का औसत क्षेत्रफल लगभग 60 हैक्टेयर होता है। यूरोपीय फार्मों का आकार 30 हैक्टेयर है जबकि संयुक्त राज्य अमेरिका के फार्मों का आकार 400 से 800 हैक्टेयर तक है। फार्म पर ही श्रमिक रहते हैं। इसमें कृषि की अन्य सुविधाएं भी जुटाई जाती हैं।

यहाँ की प्राकृतिक परिस्थितियां और पशुपालन एवं फसलों उत्पादन की प्रक्रिया से यहां की सामाजिक-सांस्कृतिक परम्पराएं भी प्रभावित हुई हैं।

2. जीवन निर्वाही फसल एवं पशुपालन कृषि—कृषि के इस स्वरूप का विकास मुख्यतः उत्तरीय यूरोप में हुआ। इस तरह की कृषि तुर्की, उत्तरी ईरान, मध्यवर्ती एशिया तथा उत्तरी साइबेरिया में अपनायी जाती है। यहाँ की भौगोलिक दशायें कृषि कार्य के लिए विशेष अनुकूल नहीं हैं। यह व्यवस्था मिश्रित प्रणाली से मेल खाती है। फसलों का उत्पादन फार्मों पर किया जाता है लेकिन उत्पादन कम होने के कारण विक्रय के लिये बहुत कम बचता है। हालांकि आज इस विकासशील युग में इस तरह की कृषि पद्धति में क्रान्तिकारी बदलाव आया है। यह व्यवस्था अब व्यापारिक फसलोत्पादन तथा पशुपालन कृषि का रूप धारण कर रही है। इस व्यवस्था के अन्तर्गत साल में केवल एक ही फसल उगाए जाने का प्रचलन है।

3. व्यापारिक दुग्ध उत्पादन कृषि—इस कृषि के अन्तर्गत पशुपालन की प्रधानता है। इस व्यवस्था का प्रमुख उद्देश्य दूध एवं दूध से उत्पन्न पदार्थों का व्यापारिक उत्पादन के लिये कृषि करना है। कृषि की इस व्यवस्था में अन्य कृषि व्यवस्थाओं की अपेक्षा पूंजी, कृषि उपकरण और आधुनिकतम मशीनों का प्रयोग अधिक होता है। यह व्यवस्था नगरों के निकटस्थ भागों में अधिक विकसित हुई है। यद्यपि उष्ण प्रदेश के नगरीय केन्द्रों के निकटवर्ती क्षेत्रों में दुग्ध उत्पादन कार्य किया जाता है लेकिन व्यापारिक दृष्टि से समशीतोष्ण जलवायु प्रदेशों में ही यह व्यवस्था अधिक विकसित है। उदाहरण के लिए—उत्तरी अमेरिका का पूर्वी-मध्य भाग, पश्चिमी यूरोप, पश्चिमी रूस, न्यूजीलैंड तथा पूर्वी आस्ट्रेलिया।

इसके अन्तर्गत संयुक्त राज्य अमेरिका, पूर्वी अर्जेन्टाइना, मध्य चिली तथा पूर्वी अफ्रीकी राज्य एवं जापान को गौण दुग्ध पशुपालन प्रदेश के अन्तर्गत शामिल किया जाता है। दूध से निर्मित पदार्थों में प्रादेशिक भिन्नता पाई जाती है। जैसे कि—मक्खन, पनीर के लिए डेनमार्क, हालैण्ड, न्यूजीलैंड प्रसिद्ध हैं। जबकि संयुक्त राज्य अमेरिका पाउडर दूध के लिये विख्यात है।

इसी प्रकार विश्व में इसके उपयोग में भी अंतर दिखाई देता है, जैसे संयुक्त राज्य अमेरिका में प्रति व्यक्ति वार्षिक उपभोग 700, पौण्ड, पश्चिमी यूरोपीय राष्ट्रों, आयरलैंड, स्वीडन तथा फिनलैण्ड में 1000 से 1500 पौण्ड, आस्ट्रिया में 950 पौण्ड, न्यूजीलैंड में 1300 पौलेण्ड, में अधिक तथा दक्षिणी अफ्रीका के दक्षिणी देशों में केवल 500 पौण्ड है। इसके विपरीत जापान, चीन, भारत में केवल 50 पौण्ड प्रति व्यक्ति वार्षिक उपभोग है। न्यूजीलैण्ड, डेनमार्क, आस्ट्रेलिया क्रमशः 29 प्रतिशत, 20 प्रतिशत तथा 10 प्रतिशत दुग्ध का निर्यात करते हैं। इसके प्रमुख आयातक देश ब्रिटेन और रूस हैं। न्यूजीलैंड, नीदरलैंड, डेनमार्क, स्विट्जरलैंड तथा फ्रांस प्रमुख पनीर निर्यातक देश हैं, जिसका निर्यात ब्रिटेन, जर्मनी तथा बेल्जियम को किया जाता है।

आज दुग्धोत्पादन से कृषि की महत्ता बढ़ी है। संसार के देशों में जीवन स्तर में सुधार के परिणामस्वरूप दुग्ध उत्पादन की मांग में बहुत अधिक वृद्धि हुई है। पशुओं की नस्लों में सुधार तथा दुग्ध उत्पादों की अधिक समय तक सुरक्षित रखने के मशीनों के प्रयोग तथा सरकारी प्रोत्साहन के फलस्वरूप यह उद्यम अपनी चरम सीमा तक पहुँच गया है।

4. विशिष्टीकृत बागाती कृषि—इस कृषि में फल, फूल तथा सब्जी उत्पादन विशिष्ट रूप से किया जाता है। इस तरह की कृषि विशेषकर उत्तर-पश्चिम यूरोप, ग्रेट ब्रिटेन, बेल्जियम, डेनमार्क, हालैण्ड, जर्मनी, फ्रांस आदि देशों की सघनतम आबादी वाले क्षेत्रों में की जाती है। हमारे देश में भी यह व्यवस्था मिलती है। यातायात की सुविधाओं के साथ अधिक मांग वाले बड़े शहरों में सब्जियों की मांग के कारण इस पद्धति को बल मिला है। इसलिए यातायात के समीप के केन्द्रों के निकट छोटे-छोटे फार्म विकसित किये गये हैं। इस पद्धति में कृषि का प्रारूप अधिक सघन होता है। संयुक्त राज्य अमेरिका में इसे 'ट्रक फार्मिंग' की संज्ञा दी जाती है। ट्रकफार्मिग कृषि में जलयानों व रेल के 500 ट्रक के शीतलीकरण से ताजी साग-सब्जी, फल-फूल दूर तक निर्यात किए जाते हैं।

5. चरागाही एवं पशुपालन व्यवस्था—चरागाह एवं पशुपालन जलवायविक दशाओं पर निर्भर करता है। डेल्टाई, तटीय दलदली पेटी, समतल भाग तथा पर्वत से आवृत्त झील बेसिन के अतिरिक्त ज्यादातर सभी चरागाह अल्प अवधि के लिये प्रयोग में लाये जाते हैं। असमतल धरातल, मौसमी वनस्पतियाँ तथा जलवायु की जटिल परिस्थितियों के परिणामस्वरूप यहाँ दो प्रकार की पशुपालन पद्धति प्रचलित हैं—

(i) बड़े पशुओं का पालन—यहाँ पशुपालन के लिए अनुकूल भौगोलिक

परिस्थितियाँ मौजूद हैं। गर्मी में अल्फाका ब्लूलाइन आदि घासों की कृषि सिंचाई द्वारा की जाती है। बेसिन के कुछ भागों पर सुअर पालन किया जाता है। नगरीय जनसंख्या वाले भागों के करीब दुग्धोत्पादन के लिए पशुपालन किया जाता है जो व्यापारिक दृष्टि से महत्वपूर्ण है। स्थानीय भागों में ताजे दूध की खपत हो जाती है। बड़े छोटे पशुओं का पालन भूमण्डल सागरीय कृषि की विशेषता है।

(ii) बकरी, भेड़ तथा अन्य छोटे पशुओं का पालन—इससे अन्य इस जनित उत्पाद बनाए जाते हैं। इसके सीमावर्ती एवं निकटवर्ती देशों में विश्व की 20 प्रतिशत भेड़ और 28 प्रतिशत बकरियाँ पाली जाती हैं। इनकी तुलना में बड़े पशुओं की संख्या बहुत कम है। मुर्गीपालन तथा मधुमक्खी पालन भी यहां खास तौर से प्रचलित है।

6. व्यापारिक अन्न उत्पादक कृषि—व्यापारिक स्तर पर होनेवाली इस कृषि में आधुनिक तकनीक का प्रचलन ज्यादा है। इस तरह की कृषि मध्य अक्षांशीय घास के विस्तृत शुष्क एवं आर्द्र प्रदेशों के मैदानों में की जाती है। यह कृषि कनाडा के प्रेयरी, संयुक्त राज्य अमेरिका, अर्जेन्टाइना के पम्पास, आस्ट्रेलिया के डाउंस तथा रूस के स्टेपी के अधसूखे भागों में सम्पन्न की जाती हैं, इस कृषि पद्धति के अन्तर्गत निम्नलिखित बातें शामिल हैं—

विस्तृत भूभाग पर कृषि, कृषि में मशीनीकरण, बड़े पैमाने के फार्मों पर कृषि कार्य, एक फसल का विशेषाधिकार, अधिकतम पूंजी निवेश।

इस कृषि पद्धति के अन्तर्गत गेहूँ की खेती भी प्रमुखता से की जाती है। बड़े-बड़े आकार के फार्मों में गेहूँ की खेती व्यांवसायिक तौर पर की जाती है। इस क्षेत्र की कृषि मशीनीकृत है। गेहूँ की उत्पादन तकनीक धान के उत्पादन पद्धति से पृथक् है। धान का उत्पादन सघनतम जनसंख्या वाले भागों में होता है जहाँ न्यूनतम भूमि तथा सस्ता श्रम है। इसके विपरीत गेहूँ का उत्पादन कम जनसंख्या वाले भागों तथा विस्तृत भूमि में किया जाता है। धान की स्थानीय खपत हो जाती है परन्तु गेहूँ अन्तर्राष्ट्रीय बाजार का सर्वप्रथम निर्यातक खाद्यान्न है। संसार के उत्तरी एवं मध्य संयुक्त राज्य अमेरिका तथा कनाडा का बसन्त कालीन गेहूँ की पेटी, कोलम्बिया पठार का अतिशीतकालीन गेहूँ पेटी, अर्जेन्टाइना का अर्द्धचन्द्राकार गेहूँ पेटी, आस्ट्रेलिया में मरे डार्लिंग नदी बेसिन का अर्द्धशुष्क समतल मैदानी प्रदेश, दक्षिणी-पश्चिमी भूमध्यसागरीय गेहूँ की पेटी तथा रूस की गेहूँ पेटी मुख्य व्यापारिक खाद्यान्न उत्पादक क्षेत्र है। इन भागों की प्राकृतिक, सामाजिक और सांस्कृतिक दशायें यहाँ की विकसित कृषि के प्रारूप को

निर्धारित करती हैं। निजी विकास और उन्नत बीजों का प्रयोग कृषि को उच्चतम रूप से करीब ले जाता है।

7. मौसमी वर्षा की सहायता से खाद्यान्न फसलों एवं सब्जियों का उत्पादन—भूमध्यसागरीय क्षेत्रों में कृषि का यह ढंग प्रमुखता से प्रचलित है। मात्र कैलिफोर्निया को छोड़कर सम्पूर्ण भूमध्यसागरीय भागों में गेहूँ प्रमुख फसल है। भूमध्यसागरीय बेसिनों तथा कैलिफोर्निया में शीतकालीन सब्जियों के उत्पादन का महत्त्वपूर्ण स्थान है। पश्चिमी यूरोप के शहरों और पूर्वी संयुक्त राज्य के घने आबादी वाले शहरों में इस क्षेत्र से सब्जियों का निर्यात किया जाता है।

8. सिंचाई विहीन बागाती फसलों का उत्पादन—बिना सिंचाई के पौधे तथा लता वाली फसलों का उत्पादन भी भूमध्यसागरीय जलवायु वाले प्रदेशों में प्रमुखता से किया जाता है। इस पद्धति में अंगूर, जैतून, खजूर तथा अंजीर को सम्मिलित किया जाता है। इनकी खेती असमतल धरातल पर की जाती है। जैतून निर्यात में भूमध्यसागरीय प्रदेश का एकाधिकार है। संसार के 90% जैतून का उत्पादन यहां किया जाता है। इन देशों में स्पेन, ट्यूनीशिया, ग्रीस, पुर्तगाल, इटली, मोरक्को और अल्जीरिया प्रमुख जैतून उत्पादक देश हैं। जैतून की खेती के लिए 25 से 75 सेमी. वर्षा होना आवश्यक है। भूमध्यसागरीय कृषि प्रदेशों में जहाँ औसत वार्षिक वर्षा 35 सेमी. या उससे अधिक होती है वहाँ अंगूर की खेती का प्रचलन है। भूमध्यसागरीय क्षेत्र दक्षिणी अफ्रीका, आस्ट्रेलिया तथा चिली के कुछ भागों में शुष्क पद्धति से अंगूर की खेती की जाती है। स्पेन तथा इटली में अंगूर की खेती मिश्रित पद्धति से की जाती है।

9. गर्मी में सिंचाई से पैदा होने वाले फल, सब्जियाँ एवं चारा की फसलें—सघन सिंचित खेती का भूमध्यसागरीय कृषि प्रणाली में विशेष स्थान है। गर्मी में बर्फ पिघलकर नदियों में प्रवाहित होकर जल गिरिपादीय मैदान तथा निम्न भागों तक आता है। इस जल से गर्मी में सिंचाई करके फल, सब्जियाँ तथा चारे की फसलें उगाई जाती हैं। भूमध्यसागरीय कृषि प्रदेश में मात्र रसवाले फलों को छोड़कर सभी तरह के समशीतोष्ण फल यथा सेब, आड़ू, खुबानी, आलूबुखारा, नाशपाती, बेर तथा झाड़ी वाले फल का उत्पादन होता है। रसदार फलों के तरीके से ही इनकी कृषि की जाती है। इनका विकासकाल दीर्घ तथा इनमें अधिक जल की जरूरत होती है। सिंचाई के आधार पर भूमध्यसागरीय प्रदेशों में सब्जियों का उत्पादन किया जाता है। इन प्रदेशों में चारे की कृषि भी सिंचाई पर आधारित है। क्लोवर, अल्फाका, बर्च तथा लूपाइन प्रमुख कृषित घास हैं जिनसे दूध देने वाले पशुओं को वर्ष भर चारा मिलता है।

भूमि उपयोग सर्वेक्षण विधियाँ

भूमि उपयोग सर्वेक्षण की विधियां प्राचीन काल से प्रचलित रही हैं। नोरमेन डोम्सडे का सर्वेक्षण इसका सबसे अच्छा उदाहरण है। पश्चिमी देशों में कृषि क्रान्ति से भूमि उपयोग के तथ्यों की जानकारी के लिये सर्वेक्षण शुरू हुआ है। साथ ही कृषि तकनीक पर भी ध्यान दिया गया। भूमि उपयोग सर्वेक्षण और उनके अध्ययनों से सम्बन्धित तकनीकी ज्ञान को विकसित करने का श्रेय, सावर (C.O. Sauer 1919), मार्श (G.P. Marsh, 1864), जोन्स और फिन्च (W.D. Jones and V.C Finch, 1925) को है। लेकिन भूमि उपयोग सम्बन्धी योजना का प्रतिस्थापना स्टैम्प (1930) तथा बक (1937) ने किया। इसके कुछ समय के बाद स्टैम्प के निर्देशन में भूमि उपयोग सर्वेक्षण का काम फिर शुरू हुआ।

भूमि उपयोग सर्वेक्षण तकनीकी स्वरूप से विकास में 1949 में गठित अन्तः राष्ट्रीय भौगोलिक संघ का योगदान महत्वपूर्ण है। इस आयोग द्वारा विश्व में भूमि उपयोग सर्वेक्षण की सम्भावनाओं पर गौर किया गया। इस आयोग ने अनेक जटिलताओं एवं समस्याओं का सामना करते हुये वृहत् पैमाने पर उपयोगी मानचित्र तैयार किये। भूमि उपयोग सर्वेक्षण का आरंभ बीसवीं शताब्दी से शुरू हो गया था। इसलिए यह एक प्राचीन शोधपरक विषय है। वर्तमान समय में भूमि उपयोग सर्वेक्षण का महत्व कृषि कार्य के योजनाबद्ध विकास में भूमि उपयोग बढ़ता जा रहा है।

1. ब्रिटेन में भूमि उपयोग सर्वेक्षण—सन् 1930-31 से ही ब्रिटेन में भूमि उपयोग सर्वेक्षण का कार्य आरंभ हो गया था। इससे पहले और भी प्रयत्न किये गये थे लेकिन प्रयास में कई कमियाँ मौजूद थीं। कम खर्च एवं जनसामान्य के समझने लायक तथ्यों पर विचार किया गया तथा पूरे देश के विविध मानचित्र तैयार किये गये। यह सर्वेक्षण आर्डिनेन्स सर्वे पर आधारित था जिसमें 1 मील = 6" (1 : 10560) मापक पर मानचित्र तैयार किये गये। इसके बाद इन्हें 1" = 1 मील (1:63360) के मापक पर मानचित्र तैयार किये गये। इन पत्रकों को कुछ समय के बाद प्रकाशित किया गया।

तैयार किये गए आरंभिक पत्रकों में भूमि उपयोग के क्षेत्रों का वर्गीकरण निम्नलिखित प्रकारों से दिखाया गया था—

(i) बाग-बगीचे, उद्यान – बैंगनी रंग।

(ii) कृषि अयोग्य भूमि – (सड़के, स्टेशन, बस्तियाँ, खदानें, श्मशान) लाल रंग।

(iii) पोखर, झीलें, गड्ढे आदि – नीले रंग।
(iv) पोखर, झीलें, गड्ढे आदि–नीले रंग।
(v) वन एवं लकड़ी वाले वन – गहरे हरे रंग।
(vi) स्थायी चरागाह – हल्के रंग।
(vii) जोत योग्य भूमि – भूरे रंग।
(viii) अस्थायी चरागाह, पहाड़ी व मूरलैण्ड – पीले रंग।

इसके कुछ समय के बाद स्टैम्प के दिशा निर्देशन में भूमि उपयोग सर्वेक्षण का कामकाज शुरू किया गया। यह कार्य ब्रिटेन की कृषि सम्बन्धी योजनाओं की आधारशिला बनी तथा अनेक देशों का भी पथप्रदर्शक बना। इसका यह सर्वेक्षण 1931 से 1939 तक पूर्ण हुआ तथा इसका प्रकाशन 1946 में हुआ। स्टैम्प ने विभिन्न भूमि उपयोग के पृथक-पृथक मानचित्र तैयार करवाये तथा इन्हें विविध रंगीन विधि द्वारा प्रदर्शित किया। इससे विभिन्न श्रेणियों की भूमि का कई वर्गों में विभाजन संभव हो पाया।

वर्तमान समय में कृषि कार्य के योजनाबद्ध विकास में भूमि उपयोग सर्वेक्षण का महत्व बढता जा रहा है। निम्नलिखित देशों में इस विषय से सम्बन्धित अध्ययन किए गए ह। इससे पुनः नये सर्वेक्षण की जरूरत महसूस की गई। इसी के परिप्रेक्ष्य में 1960 में किंग्स कालेज लन्दन के एलांइस कोलमेन के निर्देशन में दूसरा सर्वेक्षण कार्य शुरू किया गया। इसमें मानचित्रों के नये क्रम को अच्छे तरीके से व्याख्या की गयी जो अधिक ब्रिटेन के भूमि वर्गीकरण में 13 प्रमुख वर्ग अपनाए। ये भूमि उपयोग वर्ग तथा इनका संख्यात्मक निर्धारण इस प्रकार किया गया है।

भूमि उपयोग का प्रकार		प्रदर्शन रंग
1. कृषि योग्य भूमि	–	चमकीला भूरा
2. चरागाह	–	चमकीला हरा
3. लकड़ी वाले वन	–	गहरा हरा
4. उद्यान एवं नर्सरी	–	नीले लोहित अथवा बैंगनी-लाल का मिश्रण
5. व्यापारिक बागाती	–	नीले लोहित
6. वन भूमि या झाड़ीदार एवं बंजर भूमि	–	पीला

7. अधिवास	–	स्लेटी
8. उद्योग	–	लाल
9. परिवहन	–	संतरा
10. खुला क्षेत्र	–	नींबू
11. परित्यक्त क्षेत्र	–	गहरा काला
12. जलीय एवं दलदली भूमि	–	चमकीला नीला
13. वनस्पतिविहीन क्षेत्र	–	सफेद

2. पोलैण्ड में भूमि उपयोग सर्वेक्षण की शुरुआत—यहाँ जिम्बोन्स ने सन् 1947 में भूमि उपयोग सर्वेक्षण कार्य शुरू किया। सर्वेक्षण के उपरांत 1 : 25000 के मापक पर मानचित्र तैयार किये गये। पोलैण्ड में यह कार्य कोस्ट्रोविकी (J. Kostrowicki, 1956) के संरक्षण में आगे बढ़ा। अन्तर्राष्ट्रीय भूगोल संगठन (I.G.U.) के माध्यम से कृषि प्रौद्योगिकी आयोग का गठन किया गया जिससे भूमि उपयोग सर्वेक्षण को एक नई दिशा मिली। कृषि प्रकारों को निश्चित करने व कृषि प्रदेश निर्धारण करने में वरदान सिद्ध हुई। इस कमीशन का कार्य 1976 में पूरा हुआ। विश्व के विभिन्न कृषि क्षेत्रों का सर्वेक्षण कर एक ही स्तर पर कृषि प्रदेशों को सीमांकित किया जा सकता है। काफी महत्वपूर्ण रूप में इसके परिणाम सामने आए।

भूमि उपयोग की आर्थिक योजनाओं के प्रारूपण में पोलिश विज्ञान अकादमी तथा आंग्लपोलिश अकादमी द्वारा मानचित्र को तैयार किये जाने के निम्नलिखित उद्देश्य थे—

(i) व्यावहारिक या प्रयोगात्मक रूप से भूमि उपयोग का अध्ययन

(ii) वैज्ञानिक रीतिं से भूमि उपयोग का अध्ययन

इन दोनों उद्देश्यों के आधार पर मानचित्र की रचना में चार तथ्यों को प्रदर्शित किया गया है—

(i) भूमि उपयोग के तरीके, जैसे कि—शस्य क्रम, खाद का प्रयोग, यान्त्रिक उपकरणों का प्रयोग।

(ii) भूमि उपयोग का झुकाव, जैसे कि—वाणिज्यिक उत्पादन, खाद्यान्न, फसलें, पशुचारण के लिए चारा फसलें।

(iii) भूमि उपयोग के रूप में।

(iv) भूमि उपयोग के प्रमुख विषय, जैसे कि—भूमि का आकार, विस्तार तथा जोत।

इस सर्वेक्षण के अन्तर्गत क्षेत्रीय दिशिष्टताओं को खास तौर पर रखा गया। भिन्न-भिन्न कार्यों के तहत कृषि भूमि उपयोग के चित्रण के साथ यातायात, व्यापार, मण्डी एवं कीमत आदि का भी पृथक् रूप से विवरण प्रदर्शित किया गया। इस प्रकार वास्तविक एवं व्यावहारिक योजना की रूपरेखा निर्धारित की गई। यद्यपि मानचित्र से सम्बन्धित सभी प्रमुख विशेषतायें पोलैण्ड के मानचित्र में पायी जाती हैं लेकिन इन सभी में कुछ मूल कमियाँ थीं जैसे—एक वर्ष जिस भूमि पर घास की खेती की गई थी दूसरे वर्ष उस पर फसल उगाई गई। इसका विवरण दीर्घकाल तक के लिये मानचित्रों पर दिया जा सकता था। इसकी इस असामयिकता को ध्यान में रखकर ब्रिटेन में किये गये सर्वेक्षण में कुछ मूलभूत तथ्यों को ध्यान में रखा गया, जिससे भविष्य में ये मानचित्र यथार्थ तथ्यों को दर्शा सकें। इन कमियों के बाद भी पोलैण्ड में भूमि उपयोग सर्वेक्षण महत्वपूर्ण रहा। यह कार्य यहाँ के विभिन्न कृषि योजनाओं के निर्माण में वरदान साबित हुआ। यहाँ जिम्बोन्सकी ने सन् 1947 में भूमि उपयोग सर्वेक्षण कार्य शुरू किया।

4. चीन में भूमि उपयोग सर्वेक्षण—ये विवरण ज्योग्राफिक्श पोलोनिका पत्रिका में प्रकाशित हुए हैं। चीन में ओई बेकर की सर्वेक्षण पद्धति प्रचलित थी। इसके बाद भूमि सर्वेक्षण का कार्य जॉन लूसिंग बक (1937) ने सम्हाला। इनका सर्वेक्षण तीन प्रमुख उद्देश्यों पर आधारित था।

(i) भूमि सर्वे के माध्यम से चीन की जनसंख्या व भोजन आदि के सम्बन्ध में वास्तविक स्थिति को जानकर समाधान खोजना।

(ii) भूमि उपयोग के तरीकों के बारे में विद्यार्थियों को प्रशिक्षित करना।

(iii) चीनी कृषि की वास्तविक या व्यावहारिकता का ज्ञान होना।

चीन दुनिया का एक विशाल देश है। इसलिए यहाँ देश की विशालता को ध्यान में रखते हुये इस सर्वेक्षण में सैम्पलिग पद्धति का उपयोग किया गया जिसमें प्रादेशिक स्तर पर खोजकर्त्ता की नियुक्ति की गई तथा स्थानीय व्यक्तियों से मदद ली गयी। इस सर्वे में 22 प्रान्तों के 154 जिलों के 168 क्षेत्रों में 16786 कृषि फार्मों के सैम्पल लिये गये। इन सभी क्षेत्रों का सर्वे सूक्ष्म और गहन पद्धति से किया गया। स्थानीय गांव को एक प्रतिनिधि के रूप में चयन किया गया जिसमें लगभग 100 किसानों का अध्ययन किया गया। इसके अलावा 250 किसान परिवारों को उसी गांव से अथवा समीप के गांव से जनसंख्या के अनुमान के लिये

चुना गया। स्थानीय इकाई के लगभग 20 परिवारों का भोजन के सर्वेक्षण के लिये चुनाव किया गया। इस तरह यह सर्वे महत्वपूर्ण तथा पृथक् प्रकार का था लेकिन अनेक कठिनाइयों का सामना यहाँ भी करना पड़ा। यहाँ की भौगोलिक कुशलता की दृष्टि से जनसंख्या में असमानता एवं प्रशिक्षित श्रमशक्ति के अभाव के बावजूद चीन में भूमि उपयोग का कार्य संतोषजनक रहा।

3. अमेरिका में भूमि उपयोग सर्वेक्षण—अमेरिका में भी भूमि उपयोग सर्वेक्षण कार्य वहाँ की कृषि विकास का प्रमुख आधार है। इसके महत्व को अमेरिकी सरकार ने परखकर उचित सरकारी प्रोत्साहन दिया।

यहाँ भूमि उपयोग सर्वे के लिये तीन प्रमुख क्षेत्रों का चयन किया गया, जिनमें भिन्न-भिन्न उद्देश्य रखे गये। ये चुने गये क्षेत्र निम्न थे—

(i) मिशिगन क्षेत्र

(ii) प्यूरेटो रायको

(iii) टैनेसी घाटी।

इस सर्वेक्षण के उद्देश्य निम्नलिखित थे--

(i) प्यूरेटो रायको में ग्रामीण भूमि वर्गीकरण के साथ अधिवासों का सर्वेक्षण।

(ii) टैनेसी घाटी का भूमि उपयोग सर्वेक्षण।

टैनेसी नदी घाटी का भूमि उपयोग सर्वेक्षण विस्तार एवं भिन्नात्मक सूचकांक विधि द्वारा किया गया। जिले को अध्ययन की इकाई के रूप में चुना गया। इकाई पद्धति का प्रयोग करके विभिन्न भौतिक दशाओं को एक दूसरे से पृथक् बताया गया। उदाहरण के लिए—12113 या 56322 आदि अंकों का उपयोग विभिन्न वर्गों के विभाजन सूचक क, ख, अथवा ग आदि के साथ प्रदर्शित किया गया। क्षेत्र का मूल्यांकन भूमि की विशेषताओं के आधार पर किया गया। इसी तरह की पद्धति का उपयोग कृषि प्रौद्योगिकी पद्धति में विशेष रूप से किया गया जो कृषि के भिन्न-भिन्न प्रकारों की स्थिति को बताने में मददगार सिद्ध हुये हैं। इस विधि में भौतिक तथा मानवीय पर्यावरण से सम्बन्धित कारकों को सारणीबद्ध किया।

एक दूसरा सर्वेक्षण 1932 में मिशीगन क्षेत्र में हुआ। इस सर्वेक्षण में मिशीगन नदी घाटी की कृषि भूमि क्षमता आदि का सर्वेक्षण किया गया। यह प्राकृतिक संसाधनों को एक सम्पूर्ण सर्वेक्षण का जिसमें मृदा, भूमि का ढाल, शैल गठन, संरचना के विवरण मानचित्र पर अंकित किए गये।

इसी प्रकार प्यूरेटो रायको में भी ग्रामीण भूमि के वर्गीकरण का अध्ययन किया गया जिससे कृषि भूमि क्षमता तथा इसका विभक्तिकरण तय किया गया।

इसमें ग्रामीण क्षेत्रों का बंटवारा तथा बस्तियों का वर्गीकरण अध्ययन का मुख्य विषय था। इन सर्वेक्षण कार्यों में उत्तर-पश्चिमी विश्वविद्यालय ने अपना महत्त्वपूर्ण योगदान दिया।

इन सर्वेक्षण में कुछ भौतिक विशिष्टताओं जैसे भूमि क्षमता के अलावा भूमि संरक्षण से जुड़े विषयों को खास तौर से शामिल किया गया है। इस क्षेत्र में 'अमेरिकी कृषि विभाग' का अपना महत्वपूर्ण योगदान रहा। इस विभाग में कुल भूमि को 8 प्रमुख श्रेणियों में विभक्त किया जिसमें चार श्रेणियाँ फसल तथा जोत के लिये महत्वपूर्ण थीं। इस सर्वेक्षण से अमेरिकी कृषि में क्रान्तिकारी एवं महत्वपूर्ण परिवर्तन आया। कृषि में वैज्ञानिकता के साथ-साथ भविष्य के लिये भूमि की सुरक्षा संभव हुई तथा उत्पादकता में वृद्धि हुई। इस प्रकार संयुक्त राज्य अमेरिका की राष्ट्रीय योजनाओं में भूगोलविदों की शीर्षस्थ भूमिका रही है। यहाँ की कृषि सम्बंधी योजनाओं में भौगोलिक सर्वेक्षण का योगदान महत्त्वपूर्ण है।

5. भारत में भूमि उपयोग सर्वेक्षण—भारत में औद्यौगीकरण तथा तीव्र जनसंख्या विकास के कारण भूमि और भोजन के मध्य असंतुलन कायम हुआ है। इससे भूमि के सम्यक् उपयोग की बातें महत्त्वपूर्ण होती जा रही हैं। फलस्वरूप इनके उचित समाधान के लिये भूमि उपयोग सर्वेक्षण को आवश्यक समझा जाने लगा। मानव एवं भूमि सम्बन्धों में सन्तुलन स्थापित करना एक महत्वपूर्ण समस्या थी। क्योंकि एक ओर अधिकतम जनसंख्या कुछ भागों पर बसती जा रही थी वहीं दूसरी ओर बहुत बड़े क्षेत्र में बहुत कम जनसंख्या निवास करती थी। ऐसी स्थिति में कृषि के लिये कृषि योग्य भूमि प्राप्त करना और उत्पादकता वृद्धि एक तरह की समस्या थी। इसका प्रमुख कारण था औद्योगिक क्षेत्रों का अनधिकृत भूमि हस्तक्षेप। इसके साथ उत्पादकता में वृद्धि करना, भूमि को उर्वर बनाना और भूमि-मानव सम्बन्ध में सन्तुलन स्थापित करना आदि के लिये भूमि सर्वेक्षण को जरूरी तथा महत्वपूर्ण माना गया।

भारत में भूमि उपयोग सर्वेक्षण का कार्य यहाँ के भूगोल ब्यूरो द्वारा किया गया है। उनका यह सर्वेक्षण स्टैम्प द्वारा ब्रिटेन में प्रयुक्त की गई भूमि उपयोग सम्बन्धी शास्त्रीय विधि से प्रभावित था। भारतीय विज्ञान काँग्रेस के 1938 के अधिवेशन में स्टैम्प ने भारत में भूमि उपयोग सर्वेक्षण के महत्व की ओर ध्यान आकृष्ट किया। भारत में भूमि उपयोग सर्वेक्षण का शुभारम्भ एस. पी चटर्जी द्वारा किया गया। इन्होंने पश्चिम बंगाल के चौबीस परगना और हावड़ा जिलों में भूमि उपयोग सर्वेक्षण किया। उनका यह सर्वेक्षण बाद के विद्वानों के लिये आदर्श बन

गया। 1941 के बाद विभिन्न विश्वविद्यालयों जैसे–अलीगढ़, पटना, मद्रास, तथा कलकत्ता, वाराणसी के भूगोल विभाग ने इस सम्बन्ध में महत्वपूर्ण कॉर्य किया तथा हर वर्ष देश के एक हिस्से का सर्वेक्षण शुरू किया। पूरे भारत के सर्वेक्षण को पूरा करने के लिये चटर्जी ने (1953, 1956, 1966) सैम्पल सर्वेक्षण करके प्राकृतिक दशाओं की विभिन्नता एवं अनेक तथ्यों की व्यापकता को देखते हुये पूर्ण आधार पर सर्वेक्षण किये जाने पर जोर दिया। बी. एल. प्रकाश राव (1956) ने इस बात पर असहमति जतायी थी तथा भूमि वर्गीकरण के मानचित्र तैयार करने की कार्यविधि बताई। प्रकाशराव ने गोदावरी नदी के क्षेत्र में भूमि उपयोग का शोधपरक सर्वेक्षण एवं विवेचनात्मक अध्ययन किया। एम. शफी (1956) ने उत्तर प्रदेश के 12 प्रमुख गांवों का सर्वेक्षण किया जिसे उस समय के सन्दर्भ में महत्वपूर्ण कदम कहा जा सकता है। इसके बाद इसी आधार पर अलग-अलग क्षेत्रों में सर्वेक्षण कार्य आरंभ किया गया। इन्होंने सर्वेक्षण की निश्चित पद्धतियों को बताया तथा भूमि उपयोग सर्वेक्षण को भारत के लिये ही नही अपितु संसार के अन्य भागों के लिये भी जरूरी बताया। पिछले वर्षों में भूमि उपयोग सर्वेक्षण में सांख्यिकीय पद्धतियों का भी समावेश करने से, सर्वेक्षण में कुछ नए पहलू भी जुड़ गए हैं।

भूमि उपयोग सर्वेक्षण के क्षेत्र में हमारे देश में बी. एन. गांगुली (1933), भारद्वाज (1961), उजागिर सिंह (1956), आर. एल. सिंह (1951), विजय राम सिंह (1961), बी. के राय (1961), के. जैड. आमानी (1964), एस. एल. कायस्थ (1964), एस. एन. मिश्र (1964), हरिहर गिरि (1965), एम. एफ. सिद्धीकी (1967), ए. अहमद (1967), मूनिस रजा, प्रमिला कुमार रेड्डी, एस. एन. मुखर्जी, एन. पी. अय्यर (1968), जे. एन. पाण्डेय (1972), अली मुहम्मद, नूर मुहम्मद, वी. पी. पण्डा, वी. पी. सिंह, आर. पी. मिश्र, माजिद हुसैन (1979) के कार्य महत्वपूर्ण रहे हैं जिन्होंने कृषि भूमि सर्वेक्षण तथा कृषि की विभिन्न स्थितियों पर कार्य किया तथा नई दिशा प्रदान की। सम्प्रति इस ओर विभिन्न भूगोलवेत्ताओं ने कार्य जारी रखा है। जसबीर सिंह (1974-75) द्वारा प्रकाशित भारत का कृषि एटलस और भारत का कृषि भूगोल (1979) इस दृष्टि से महत्वपूर्ण है। इनमें कृषि भूमि के विभिन्न पक्षों के साथ पूरे भारत में फसलों के प्रादेशिक क्षेत्र व भूमि की क्षमता एवं वितरण की दशाओं को महत्वपूर्ण स्थान दिया गया है। पी. एस. तिवारी द्वारा प्रकाशित उत्तर प्रदेश का कृषि एटलस (Agricultural Atlas of U.P) तथा एल. आर. सिंह का कार्य वर्तमान समय में महत्त्वपूर्ण है।

सम्प्रति भूमि उपयोग शोध एवं सर्वेक्षण सम्बन्धी कार्यों के लिये राष्ट्रीय

संस्थानों जैसे–U.G.C., I.C.S.S.R, I.C.A.R आदि द्वारा आर्थिक सहयोग दिया जा रहा है। इस दिशा में भारतीय कृषि अनुसंधान संस्थान का भी महत्त्वपूर्ण योगदान है।

संसार के लगभग सभी देशों में भूमि उपयोग सर्वेक्षण सम्बन्धी कार्यों पर जोर दिया जा रहा है तथा इस पद्धति से विभिन्न देशों के कृषि विकास में सफलता भी मिली है। तब भी भूमि उपयोग सम्बन्धी कार्य अभी अधूरे हैं। इसलिए इस कार्य को पूर्णता प्रदान करने के लिए विद्वानों को और भी प्रयत्न करने होंगे ताकि विश्व के लोगों का जीवन स्तर ऊँचा उठ सके। कृषि के विकास में इससे उल्लेखनीय परिवर्तन आया।

कृषि का विभाजन

कृषि की परम्परा प्राचीन काल से चली आ रही है। यह मानव जीवन का एक महत्त्वपूर्ण अंग है क्योंकि कृषि से विभिन्न प्रकार की खाद्यान्न सामग्रियों का उत्पादन किया जाता है जिस पर विश्व के सम्पूर्ण प्राणी एवं जीव-जन्तु निर्भर करते हैं। कृषि को दृष्टि में रखते हुए इसका विभिन्न वर्गीकरण किया गया है, जो इस प्रकार है–

(1) कृषि योग्य भूमि की पूर्ति के आधार पर,
(2) वर्षा के आधार पर कृषि का वर्गीकरण
(3) उत्पादन एवं व्यावसायीकरण की मात्रा के आधार पर
(4) शस्य गहनता की मात्रा के आधार पर,
(5) अन्य वर्गीकरण।

इनका क्रमशः संक्षिप्त विवरण इस प्रकार है–

(1) कृषि योग्य भूमि की पूर्ति के आधार पर

इसके आधार पर खेती को प्रमुख दो भागों में वर्गीकृत किया जा सकता है–

विस्तृत कृषि

विस्तृत कृषि की प्रथा उन क्षेत्रों में अपनायी जाती है जिन क्षेत्रों में भूमि की आपूर्ति समुचित रूप से उपलब्ध है तथा आबादी, तुलनात्मक दृष्टिकोण से अत्यधिक अल्प है। बड़े-बड़े फार्मों से अधिक से अधिक उपज उपलब्ध करना इन क्षेत्रों के कृषकों का प्रमुख लक्ष्य होता है। इन विशद कृषि-प्रदेशों में फसलों का उत्पादन

व्यापार के दृष्टिकोण से करते हैं। फार्मों पर फसलों का विशिष्टीकरण होता है। जहाँ विशद कृषि-प्रदेश में एक फसल की प्रधानता होती है, वहीं गहन कृषि में वर्ष में दो या तीन फसलें जीवनयापन हेतु पैदा की जाती हैं। श्रम की कमी मशीनों से पूरी की जाती है। कृषि में ज्यादा पूंजी का निवेश होता है। रूस के भीतरी भागों (स्टेपीज), कनाडा के प्रेयरी, संयुक्त राज्य अमेरिका के दक्षिणी एवं मध्य क्षेत्र एवं अर्जेन्टाइना के पंपास में इस तरह की विशद कृषि का प्रचलन है। गेहूँ मुख्य फसल है जो सर्दी के मौसम एवं बसंत ऋतु में बोई जाती है। इस प्रकार विस्तृत कृषि गहन कृषि से अलग तरह की है।

गहन या घनी कृषि

ऐसी कृषि मुख्यतः उन क्षेत्रों में अपनाई जाती है जहाँ पर आबादी सघन जबकि कृषि योग्य भूमि बहुत कम मात्रा में पायी जाती है। ऐसे क्षेत्रों में भूमि पर जनसंख्या का भार ज्यादा होने के कारण प्रति व्यक्ति कृषि योग्य भूमि की मात्रा बहुत कम मिलती है। गहन कृषि वाले प्रदेशों में गहरी जुताई, भरपूर सिंचाई के साधन, पूंजी, श्रम, उर्वरकों की ज्यादा आपूर्ति और वैज्ञानिक उपकरणों की सहायता से वर्ष में एक से ज्यादा फसलें उत्पन्न की जाती हैं और प्रति हेक्टेयर अधिकाधिक उत्पादन लेने के प्रयास किये जाते हैं। अत्यधिक उत्पादन प्राप्त करने के लिए शस्यावर्तन, उत्तम बीज, कीट संरक्षण आदि की व्यवस्था की जाती है। इन क्षेत्रों में खेत छोटे-छोटे होते हैं व खाद्य-फसलों के उत्पादन पर बल दिया जाता है जिससे अधिक से अधिक जनसंख्या का भरण-पोषण किया जा सके।

संसार में ऐसे क्षेत्रों के अन्तर्गत उत्तरी-पश्चिमी यूरोप, दक्षिणी-पूर्वी एशिया-चीन, जापान, भारत, इण्डोचीन, म्यांमार, कोरिया, थाईलैण्ड एवं पाकिस्तान शामिल हैं। ताईवान, फिलीपीन्स, सुमात्रा एवं जावा के कुछ भाग इस प्रदेश में सम्मिलित हैं। इन भागों में कृषि-भूमि पर जनसंख्या का घनत्व विश्व के अन्य क्षेत्रों की अपेक्षा ज्यादा मिलता है। गहन कृषि वाले ये प्रदेश अति प्राचीन काल से प्रचलित हैं और किसानों ने सदियों के प्रयोगों से इस गहन कृषि-पद्धति एवं भूमि उपयोग के प्रतिरूप का विकास कर लिया है। ये क्षेत्र नदी-घाटियों व अत्यधिक सघन जनसंख्या वाले केन्द्र हैं। जनसंख्या सघन होने के कारण सस्ते श्रमिकों की बहुतायत होती है। इसलिए किसानों ने गहन कृषि को अपनाया है। इस प्रकार की कृषि के अन्तर्गत चावल मुख्य फसल के रूप में शामिल है जो कुछ क्षेत्रों में वर्ष में दो या तीन बार तक उत्पन्न किया जाता है।

(2) वर्षा के आधार पर कृषि का वर्गीकरण

वर्षा के आधार पर कृषि को तीन प्रमुख भागों में विभाजित किया गया है जिनका वर्णन इस प्रकार है—

नमी युक्त खेती

आर्द्र कृषि क्षेत्र वे हैं जहाँ 200 सेमी. अथवा ज्यादा वर्षा होती है। पौधों को नमी की आपूर्ति वर्षा से हो जाती है। आर्द्र कृषि में चावल की प्रमुखता है। इस पद्धति में अनेक महीने तक खेतों में पानी भरा रहता है। नमी की अधिकता से वर्ष में चावल की तीन फसलें (अमन, आस और बोरो) प्राप्त की जाती हैं। इस तरह के कृषि क्षेत्रों में मानसून एशिया के अधिक वर्षा वाले भागों को सम्मिलित किया जाता है जिसमें पूर्वी भारत, बांग्लादेश एवं श्रीलंका प्रमुख हैं। कृषि में पूँजी का निवेश कम होता है। विश्व में यूरोप, अमेरिका व एशिया के अधिकतर क्षेत्र आर्द्र कृषि से सम्बन्धित हैं।

सिंचाई क्षमता युक्त खेती

जिन क्षेत्रों में वर्षा की मात्रा अत्यधिक कम पायी जाती है उन क्षेत्रों में सिंचाई की आवश्यकता अत्यधिक होती है जैसे—मानसूनी व उपोष्ण प्रदेश। मौसम एवं असमय बारिश के कारण इन प्रदेशों की कृषि में सिंचाई का महत्त्वपूर्ण स्थान है। जिन भागों में वर्षा की मात्रा कम है या वर्षा किसी विशेष मौसम में ही होती है। पूरे वर्ष तापमान सामान्यतः कृषि के लिए उपयुक्त होता है। जनसंख्या का घनत्व ज्यादा होता है। भरण-पोषण हेतु उत्पादन आवश्यक होता है। इसलिए ज्यादा उत्पादन हेतु सिंचाई आवश्यक तथा अपरिहार्य है। सिंचाई तालाबों, कुओं, नदियों एवं नहरों से भी की जाती है। सिंचाई हेतु नलकूपों का भी इस्तेमाल होता है। भारत तथा चीन में सिंचाई का सबसे ज्यादा विकास हुआ है। संयुक्त राज्य अमेरिका, टर्की, मिस्र एवं भूमध्य सागरीय प्रदेश व रूस आदि देशों में सिंचित कृषि का प्रचलन है।

कम वर्षा क्षेत्र वाली कृषि

यह क्षेत्र उस कृषि क्षेत्र के अन्तर्गत सम्मिलित किया जाता है, जिन क्षेत्रों में 50 सेमी. से भी कम वर्षा होती है तथा सिंचाई के साधन उपलब्ध नहीं हैं। सबसे पहले स.रा. अमेरिका के ग्रेट बेसिन, कोलम्बिया बेसिन, तथा स्नेक नदी बेसिन में इस प्रणाली को अपनाया गया था। इस पद्धति के अन्तर्गत खेतों की गहरी जुताई (20-25 सेमी.) की जाती है। जिससे प्राप्त होने वाली वर्षा मिट्टी में शामिल हो जाये

और वाष्पीकरण के माध्यम से नमी का ह्रास कम हो सके। इसलिए सूखी कृषि की फसलें मृदा में मौजूद नमी पर निर्भर करती हैं। नमी के लिए बड़ी-बड़ी क्यारियाँ निर्मित करके वर्षा का जलप्रवाह नियमित करते हैं। अतः जेटजोल्ड (Jetzold, 1979) इसे जल सान्द्रण संस्कृति (water concentrating culture) कहते हैं। शुष्क कृषि प्रदेशों में विशेष प्रकार के वातावरण में उगने वाले ऐसे चयनित पौधे अपनाए जाते हैं, जो कम पानी पर अपना विकास कर सकते हैं।

इस प्रदेश में खासतौर पर वे फसलें उगाई जाती हैं जो शीघ्र तैयार हो सकें एवं हानिकारक कीड़ों से अपनी रक्षा कर सकें। खादों तथा उर्वरकों के प्रयोग से मृदा को नम बनाया जाता है। वर्ष में केवल एक ही फसल पैदा जाती है क्योंकि खेतों को परती छोड़कर गहरी जुताई की जाती है। इस प्रदेश के लिए गेहूँ सर्वाधिक उपयुक्त फसल है। गेहूँ के अतिरिक्त राई, जौ एवं ओट का भी उत्पादन होता है। भारत के शुष्क कृषि क्षेत्रों में बाजरा, ज्वार, जौ, चना आदि प्रमुख फसलें हैं। इस प्रकार की कृषि में अधिक पूँजी निवेश की आवश्यकता पड़ती है।

विश्व में शुष्क कृषि के क्षेत्र संयुक्त राज्य अमेरिका के पश्चिमी भाग, कनाडा, आस्ट्रेलिया, इजराइल, पश्चिमी भारत एवं टर्की में पाये जाते हैं।

(३) उत्पादन एवं व्यावसायीकरण की मात्रा के आधार पर

व्यावसायीकरण की मात्रा के आधार पर खेती को तीन प्रमुख वर्गों में विभाजित किया गया है जिसका संक्षिप्त वर्णन इस प्रकार है–

आदिम कृषि

संसार में इस प्रकार की कृषि 5° से 10° अक्षांशों के बीच अफ्रीका के कांगो बेसिन, दक्षिणी अमेरिका के अमेजन बेसिन, दक्षिणी-पूर्वी एशिया तथा पूर्वी द्वीप समूह के विषम उच्च भू-भागों में विशेष रूप से प्रचलित है। इसे प्रवासी कृषि स्थानान्तरणशील कृषि व झूमिंग खेती भी कहते हैं। इस तरह की कृषि को भिन्न-भिन्न देशों में अलग-अलग नामों से जाना जाता है जैसे कि–मलाया तथा हिन्देशिया में लंदांग, फिलीपीन्स में कैनजीन, श्रीलंका में चेना (Chena), अमेरिका एवं रोडेशिया (अफ्रीका) में मिल्पा (Milpa) और सूडान में न्गासू कहते हैं। इस तरह की कृषि ऊष्णार्द्र कटिबन्धीय प्रदेशों में प्रचलित है। जहाँ पर वर्ष भर ऊँचा तापमान एवं बहुत ज्यादा वर्षा के कारण घने सदाबहार वन पाये जाते हैं।

कृषि जैसी परम्परागत प्रक्रिया का प्रचलन प्राचीन काल से ही रहा है, प्रारंभिक दौर में इस प्रकार की खेती करने के लिए जंगली भू-क्षेत्रों को चुना गया तथा इन क्षेत्रों को आग लगाकर जला दिया जाता है और खेत बना लिया जाता है। खेत का औसत क्षेत्रफल एक एकड़ (0.4 हे.) का होता है। खेती में मनुष्य श्रम का ज्यादा उपयोग होता है। खाद एवं पूँजी का इस्तेमाल नहीं होता है। खेत व्यक्तिगत नहीं होते हैं, बल्कि उन पर सामुदायिक स्वामित्व पाया जाता है। दो वर्ष तक ही कृषि कार्य हो पाते हैं, इसके उपरांत खेत छोड़कर दूसरे खेत बनाने पड़ते हैं क्योंकि अत्यधिक वर्षा के कारण मृदा अपक्षरण की गति में तीव्रता आती है जिससे मृदा की उर्वरता शीघ्र ही क्षीण हो जाती है। इस कृषि में उत्पादन कम होता है, परिश्रम ज्यादा करना पड़ता है और उत्पादित फसलों का उपयोग स्थानीय होता है। मात्र खाद्यान्न फसलों का ही उत्पादन होता है जिसमें मक्का, ज्वार, बाजरा, धान मुख्य हैं।

खेती के अलावा मछली पकड़ना, जंगली पशुओं एवं पक्षियों का आखेट करना तथा जंगली खालों को एकत्रित करके जीविका को चलाना प्रमुख उद्योग हैं। आर्द्र-ऊष्ण कटिबन्धीय लोग स्वभावतः रूढ़िवादी होते हैं अतः वे अपनी परम्परागत कृषि को त्यागने हेतु तैयार नहीं हैं एवं सदियों से इस कृषि का प्रचलन होता आ रहा है। कुछ क्षेत्रों में अब इसके स्थान पर गहन कृषि पद्धति लोकप्रिय हो रही है।

व्यावसायिक कृषि

व्यावसायिक कृषि व्यवस्था आधुनिक कृषि विकास की महत्त्वपूर्ण देन है। यातायात के साधनों के विकास, वैज्ञानिक व तकनीकी ज्ञान के विस्तार के फलस्वरूप व्यावसायिक कृषि में बहुत सी फसलों के उत्पादन के बदले किसी क्षेत्र में सिर्फ एक फसल का उत्पादन बड़े पैमाने पर किया जाता है, जिसके लिए वहां भौगोलिक परिस्थितियाँ सबसे ज्यादा अनुकूल हों। उत्पादित पदार्थ का अधिकांश भाग निर्यात कर दिया जाता है। व्यावसायिक कृषि विशद (extensive), गहन (intensive) व मिश्रित (mixed) सभी का मिला-जुला रूप है।

मिश्रित कृषि में फसलोत्पादन एवं पशुपालन दोनों ही साथ-साथ चलता है। मनुष्य श्रम के अभाव के कारण कृषि में मशीनों का सर्वाधिक उपयोग होता है। कृषि मशीनों में टैक्टर, हारवेस्टर, थ्रेसर एवं दवा छिड़कने की मशीन आदि का व्यापक प्रयोग होता है। उत्पादित सामग्री को बाजार तक पहुँचाने हेतु ट्रकों व अन्य साधनों की सहायता ली जाती है। संसार में इस तरह की कृषि उत्तरी गोलार्द्ध में महाद्वीपों के आन्तरिक भागों व दक्षिणी गोलार्द्ध के तटीय भागों में प्रचलित है जिसमें संयुक्त

राज्य अमेरिका एवं कनाडा का प्रेयरी प्रदेश, यूक्रेन एवं यूराल क्षेत्र व्यावसायिक कृषि हेतु विश्व प्रसिद्ध हैं। इसके अलावा दक्षिणी अमेरिका में पनामा-पराग्वे व आस्ट्रेलिया में मर्रे-डार्लिंग की घाटियों में भी इस प्रकार की खेती की जाती है।

रोपण कृषि

रोपण कृषि पद्धति एक विशेष एवं नवीन कृषि पद्धति है। इस प्रकार की कृषि पद्धति का प्रारंभ दक्षिणी गोलार्द्ध के उपोष्ण क्षेत्रों में हुआ। यह कृषि सर्वाधिक दक्षिणी और पूर्वी एशिया में अपनायी जा रही है। इसके साथ ही मध्य और दक्षिणी अमेरिका (लैटिन अमेरिका) एवं पूर्वी एवं पश्चिम अफ्रीका में भी इसका विस्तार पाया जाता है। रोपण कृषि की विशेषताओं में बड़े पैमाने पर कृषि, एक फसल की प्रधानता, विशिष्ट कृषि पद्धति (रोपण तथा कुछ बीज बोना आदि) शामिल हैं। इस कृषि में प्रबन्ध, मशीनें, उर्वरकों, यंत्र, पूँजी, तकनीकी ज्ञान, दवाइयाँ आदि सभी समशीतोष्ण देशों से प्राप्त होता है। यहाँ तक कि इन क्षेत्रों के लिए खाद्यान्न व वस्त्रादि की व्यवस्था भी शीतोष्ण देश ही करते हैं। इसके तहत चाय, नारियल, कहवा, गन्ना, मसाले, केला, रबर, कोको आदि के बड़े-बड़े बागान लगाये जाते हैं। इस कृषि में सभी फसलें इस तरह की हैं कि उनका औद्योगिक संशोधन आवश्यक है। आर्थिक लाभ के लिए बागानों के नजदीक ही औद्योगिक इकाइयां स्थापित हैं। इस प्रकार के बागानों के समस्त उत्पादन को शीतोष्ण कटिबंधीय देशों को निर्यात कर दिया जाता है जहाँ इसकी काफी माँग है।

(4) शस्य गहनता के आधार पर

शस्य गहनता के आधार पर कृषि को तीन प्रमुख वर्गों में वर्गीकृत किया जा गया है, जिसका संक्षिप्त वर्णन इस प्रकार है–

एकल फसलीय खेती

यदि कोई फसल एक ही क्षेत्र से वर्ष में एक बार उपलब्ध की जाती है तो इसे फसलीय खेती कहा जाता है। इस प्रकार की खेती अधिकतर बड़े-बड़े बागानों में की जाती है। जिसके अन्तर्गत मात्र एक ही फसल की प्रधानता होती है। क्षेत्र विशेष में एक ही फसल की कृषि के विकास में आर्थिक, भौगोलिक तथा अन्य उपादानों का हाथ रहता है। यद्यपि उपयुक्त परिस्थितियाँ सिर्फ एक ही फसल हेतु महत्त्वपूर्ण नहीं हैं तथापि प्रबन्ध, मजदूरी तथा बाजारों आदि की दृष्टि से सिर्फ एक ही फसल

के बागान बहुलता से पाये जाते हैं जैसे—मलाया और हिन्देशिया में रबर के बागान, ब्राजील में कहवा, क्यूबा में गन्ना एवं भारत के असम तथा दार्जीलिंग में चाय के बागान।

दो फसलीय कृषि

इस प्रकार की खेती को किसी भी क्षेत्र में वर्ष में मात्र दो बार फसलों का उत्पादन किया जाता है। अत्यधिक सघन आबाद क्षेत्रों में जहाँ भौगोलिक दशाएँ उपयुक्त हैं, वहाँ दो फसली क्षेत्र प्राप्त होते हैं। दक्षिणी-पूर्वी एशिया में नदियों के माध्यम से निर्मित मैदानों में सर्दी एवं ग्रीष्मकालीन (रबी तथा खरीफ) फसलें प्राप्त की जाती हैं। चीन, जापान, भारत आदि देशों के सघन बसाव वाले क्षेत्रों में अधिकतर भू-भाग दो फसली कृषि से जुड़े हैं।

बहु फसलीय खेती

किसी भी क्षेत्र में वर्ष में दो से अधिक फसलों के उगाने की विधि को बहुफसलीय खेती की संज्ञा दी जाती है। यह पद्धति उन भागों में सुलभ है जहाँ कृषि हेतु भौगोलिक दशाएँ बहुत ही उपयुक्त तथा अनुकूल हैं। बहुफसली कृषि बहुत ही उन्नत तथा गहन कृषि के क्षेत्रों में सम्भव है। इस तरह की कृषि हेतु उत्तम खाद, बीज और सिंचाई की उत्तम व्यवस्था, शस्यावर्तन, उपयुक्त जलवायु एवं यांत्रिक कृषि की आवश्यकता अपरिहार्य होती है। इससे किसानों की आर्थिक स्थिति सुदृढ़ होती है, तथा जीवन स्तर ऊँचा उठता है। कृषि का व्यावसायिक महत्त्व बढ़ता है। भारत, चीन एवं संयुक्त राज्य अमेरिका के विभिन्न क्षेत्रों में इस प्रकार की खेती की जाती है।

(5) अन्य वर्गीकरण

कृषि के इस वर्गीकरण में पशुपालन व बागानी कृषि को शामिल किया जाता है जिसमें सब्जी उत्पादन, फूल-फल उत्पादन, मवेशी, भेड़, मुर्गी पालन, सूअर पालन, मधुमक्खी पालन आदि को रखते हैं जिसका विकास नगरीकरण एवं औद्योगिकीकरण के फलस्वरूप हुआ है। इस तरह की कृषि का प्रसार यूरोप एवं उत्तरी अमेरिका के औद्योगिक प्रदेशों के अन्तर्गत मिलता है जिसका विस्तार बाजार, शहर अथवा कस्बों के चारों ओर कुछ दूरी तक पाया जाता है। इस प्रकार की खेती को प्रमुख रूप से दो रूपों में विभाजित किया जा सकता है जिसका संक्षिप्त वर्णन निम्नलिखित शीर्षकों के द्वारा स्पष्ट किया जा सकता है—

पशुपालन के आधार पर

राष्ट्र के आर्थिक उत्थान में पशुपालन भी अपना विशेष योगदान देते हैं। इससे देश के लाखों लोगों को सस्ता और पौष्टिक भोजन प्राप्त होता है। राष्ट्रीय नमूना सर्वेक्षण के अनुरूप पशुपालन क्षेत्र में 98 लाख लोगों को रोजगार मिल चुका है। भारत में विभिन्न तरह के पशु संसाधन मिलते हैं। भारतीय पशुओं की संख्या संसार के कुल पशु-संसाधन का 11% है। भारत के पास पशुओं की बढ़ती हुई आवश्यकता को पूरा करने की व्यापक क्षमता है।

संसार के समस्त पशुओं में भैंसें 55 प्रतिशत एवं बकरियां 20 प्रतिशत हैं तथा विश्व में भैंसों का 16 प्रतिशत हिस्सा भारत में पाया जाता है। मवेशियों व भैंसों के संदर्भ में भारत का विश्व में प्रथम स्थान है। 1992 की पशुगणना के अनुरूप देश में मवेशियों की कुल संख्या 47 करोड़ थी। 1951 में इनकी संख्या 27 करोड़ 30 लाख थी। इस तरह मवेशियों की कुल संख्या में तब से 60.4% की वृद्धि हुई है। 1951 से 1992 के काल में भैंसों की संख्या में 92.2% व बछड़ों की संख्या में 31.7% की वृद्धि हुई है। इसी अवधि में भेड़ों की संख्या में 30% की वृद्धि हुई है जबकि बकरियों व सूअरों की संख्या में क्रमशः 145% एवं 190% की बढ़ोत्तरी हुई है। 1951 से 1992 की अवधि में मुर्गियों की संख्या में चार गुनी वृद्धि हुई है। पशुपालन के क्षेत्र में तीव्र वृद्धि 1970 के दशक के आरम्भिक वर्षों से प्रारम्भ हुई है। 1947 से 1970 की अवधि में दूध का उत्पादन लगभग स्थिर रहा। इसमें वार्षिक वृद्धि मात्र 1% की हुई।

सातवीं योजना के अन्तर्गत दूध के उत्पादन में 4.5% की दर से वृद्धि हुई है। 1980-81 से 1990-91 की अवधि में 5.1% की दर से बढ़ोत्तरी हुई है। 1950-51 में दूध का उत्पादन 5 करोड़ 39 लाख टन था जो 1990-91 में बढ़कर 7 करोड़ 48 लाख टन हो गया। 1950-51 में प्रतिव्यक्ति दूध की उपलब्धता प्रतिदिन 124 ग्राम थी जो 1997-98 में बढ़कर 203 ग्राम हो गयी। दुग्ध उत्पादन की इस प्रगति में केन्द्र तथा प्रान्तों का योगदान है तथा हुई प्रगति विकास कार्यक्रमों के कारण हुई।

दुग्ध उत्पादन के क्षेत्र में वृद्धि का श्रेय मुख्यतः 'आपरेशन फ्लड' कार्यक्रम को जाता है। इन सभी प्रयत्नों के परिणामस्वरूप भारत, संयुक्त राज्य अमेरिका के स्थान पर विश्व के दुग्ध उत्पादक देशों में प्रथम स्थान पर आ गया। मुर्गीपालन के क्षेत्र में भी विगत वर्षों के दौरान सरकार एवं निजी क्षेत्र के माध्यम से किए गए शोध और

विकास के कारण महत्त्वपूर्ण उन्नति हुई है। 1950-51 से 1955-56 की अवधि में मात्र दो अरब अण्डों का उत्पादन हुआ था। 1997-98 में उत्पादित कुल अण्डों की संख्या बढ़कर 28 अरब हो गयी है।

भारतीय ग्रामीण अर्थव्यवस्था में भेड़-बकरियों की भूमिका महत्त्वपूर्ण है। इन दोनों का ग्रामीण अर्थव्यवस्था में उल्लेखनीय योगदान है। उदाहरणस्वरूप, 1950 के दशक में ऊन का उत्पादन 2 करोड़ 75 लाख किलो. तक सीमित था। वर्ष 1997-98 के काल में यह बढ़कर 3 करोड़ 40 लाख किलोग्राम तक पहुँच गया। वर्ष 1998-99 की अवधि में इसकी मात्रा 4 करोड़ 50 लाख किलोग्राम के स्तर तक पहुंच गयी। पशुपालन क्षेत्र व इससे सम्बन्धित उत्पादों के निर्यात से होने वाली आय वर्ष 1996-97 में 1925 करोड़ रुपये की थी। इसमें से चमड़े और चर्म उत्पाद के निर्यात से 1063 करोड़ रुपये की आमदनी हुई। अगले दस वर्षों में भारत को भुखमरी से स्वतंत्र देश बनाने हेतु प्रधानमंत्री की घोषणा को देखते हुए पशुपालन और डेयरी विभाग ने 203 करोड़ रुपये की एक अतिरिक्त कार्य योजना लागू की है। जिनका प्रयोग, भेड़ पालन, मुर्गी पालन, मवेशी पालन मांस के लिए, मधुमक्खी पालन, रेशम उद्यम, सूअर पालन तथा मत्स्य पालन के लिए किया जाता है।

बागवानी कृषि के आधार पर—बागवानी कृषि के आधार पर बागवानी कृषि में, पुष्प उत्पादन, सब्जी उत्पादन, औषधि उत्पादन, तथा फल उत्पादन को शामिल किया गया है।

4

नवीन कृषि पद्धतियाँ

कृषि के इतिहास पर नजर डालने से ज्ञात होता है कि इसका प्रारम्भ मनुष्य की भोजन की जरूरत को पूरा करने के लिए हुआ। यह एकमात्र संयोग रहा होगा कि मानव ने फसल उगाना सीख लिया। प्रारंभ में इसकी भूमिका वन्य फल-फूल संग्रहण तथा आखेट से प्राप्त भोज्य पदार्थ के सम्पूरक के रूप में थी तथा इसमें खाद्यान्नों की खेती को महत्त्व दिया जाता था। शायद आदिम कबीलों के बीच की लड़ाइयाँ अन्न भण्डार को लूटने के लिए ही हुआ करती थीं। कालान्तर में जैसे-जैसे कृषि का विकास होता गया और खाद्यान्नों का उत्पादन बढ़ता गया, वन्य वस्तु संग्रहण तथा आखेट आदि व्यवसाय धीमे पड़ते गये। मानव के यायावरी जीवन में स्थायित्व आने लगा। उसमें सामुदायिक भावना का विकास हुआ जिससे सभ्यताओं के युग का प्रारम्भ हुआ। दूसरे शब्दों में खेती के विकास के साथ ही मानव खाद्य संग्राहक से खाद्य उत्पादक बन गया। कतिपय विचारक प्रारंभिक नगरीकरण के उद्भव का मुख्य कारण खाद्यान्न आधिक्य (surplus) को बताते हैं जिससे व्यापार, परिवहन आदि कृषि से जुड़े पेशे अस्तित्व में आये।

कृषि में अनाजों की पैदावार का वर्चस्व पुरातन युग से लेकर अब तक बना हुआ है। किन्तु सभ्यता के विकास, नगरीकरण एवं औद्योगीकरण के कारण उसकी आवश्यकताओ की सूची लम्बी होती गई है। तदनुसार खाद्यान्नों के अतिरिक्त अन्य कृषिगत फसलों के उत्पादन पर ध्यान दिया जा रहा है। इनमें रेशेदार, व्यापारिक, पेय फसल, फल, सब्जियाँ, फूल, मसाले, औषधीय पौधे आदि की कृषि का उल्लेख किया

जा सकता है। विकसित राष्ट्र में इन्हें काफी बढ़ावा मिला है और विकासशील राष्ट्रों में भी जागरूक किसानों का ध्यान इस तरफ आकर्षित हुआ है। खाद्यान्नों की तुलना में आर्थिक दृष्टि से अधिक लाभदायी होने के कारण इस तरह की प्रवृत्तियों का प्रसार हुआ है जिसके दो परिणाम सामने आये है—एक, इस प्रकार की कृषि से किसानों की आमदनी में वृद्धि हुई हैं; दूसरा, खाद्यान्नों के क्षेत्र में कमी हो जाने के कारण खाद्यान्न संकट पैदा होने की सम्भावना प्रबल हुई है। इन उदीयमान कृषि पद्धतियों के कुछ पहलुओं का वर्णन इस प्रकार है।

फलोत्पादन

मानव जीवन में अच्छे स्वास्थ्य हेतु फलों का उपयोग विशेष रूप से उल्लेखनीय है। सन्तुलित आहार के लिए हमारे भोजन में फलों का होना काफी आवश्यक है। फलों में समस्त प्रकार के पोषक पदार्थ, जैसे कि—विटामिन, लवण इत्यादि पाये जाते हैं। कुछेक फलों जैसे कि—पपीता, नींबू, अमरूद, आदि में आश्लेणि (Pectin) पाया जाता है, जो पेट को साफ रखने तथा अंतड़ियों की क्रिया को बढ़ाने में मदद करता है। सर्वाधिक महत्त्वपूर्ण तथ्य यह है कि फलों को खाते समय हम एक विशेष स्वाद का अनुभव करते हैं। फल उत्पादन से जुड़े अध्ययन फल विज्ञान (Pomology), फल उद्यानिकी अथवा फलों की बागवानी (Fruit culture) या फलोत्पादन (Fruit Production) कहा जाता है।

ऐसे स्थान जहाँ पर फलों के वृक्ष योजना के तहत या किसी विशेष उद्देश्य से लगाए जाते हैं, उसे फलोद्यान या फलों का बगीचा (Orchard) कहा जाता है तथा फलों की खेती करने वाले को फलोत्पादक (Fruit Grower) कहा जाता है। आदि मानव का जीवन अभिन्न रूप से वनस्पति जगत से संबंधित था। उसकी आवास संबंधी आवश्यकताएं भी वनस्पति जगत से ही पूरी होती थीं। जीव जगत् एवं वनस्पति जगत में पारस्परिक सम्बन्ध है, क्योंकि मनुष्य की प्रथम आवश्यकता प्राणवायु (ऑक्सीजन) वृक्षों से प्राप्त होती है तथा मनुष्य द्वारा विसर्जित वायु (कार्बन डाईऑक्साइड) को वृक्ष भोजन के रूप में ग्रहण करते हैं। इस प्रकार मानव तथा वृक्षों के बीच दृढ़ सम्बन्ध है। मिस्र, यूनानी एवं भारत तथा चीन आदि देशों में उद्यान की महत्ता प्राचीन काल से ही रही है। हमारे पूर्वज बागान कला में निपुण थे।

प्राचीन पुस्तकों नीतिसार, उपवन विनोद तथा वृक्षारोपण विधि आदि को देखने एवं पढ़ने से ज्ञात होता है कि भारतीय उद्यान कला में काफी चतुर थे। वे पौधों की गुणवत्ता तथा उपयोगिता से भलीभाँति अवगत थे। इन पौधों के सहयोग से विभिन्न

बीमारियों का इलाज करते थे। ईसा से लगभग 10,000 वर्ष पौधों का घरेलूकरण प्रख्यात हो गया था। लगभग 2000 वर्ष पूर्व पौष्टिक तत्त्वों की कमी का ज्ञान पौधों की पत्तियों तथा, फूल-फलों को देखकर ही लोग मालूम कर लेते थे। पौधरोपण एवं कुडमन (Budding) की कला ईसा से 500 वर्ष 2000 वर्ष पहले पौष्टिक तत्त्वों के अभाव का ज्ञान पौधों की पत्तियों, व फूल एवं फलों को देखकर ही लोग मालूम कर लेते थे।

पौधरोपण तथा कुडमन (Budding) की कला ईसा से 500 वर्ष पूर्व ही लोगों को मालूम थी। कहने का आशय यह है कि हमारे पूर्वज उद्यान कृषि (horticulture) से परिचित हो चुके थे। संस्कृति में भी इन्हें उच्च स्थान प्राप्त था। प्राचीन पुस्तकों में बेर, अनार, आँवला, आम, नींबू, नारियल, शहतूत व अंजीर आदि फलों की खेती का वर्णन मिलता है। मुगल काल में उद्यानकला शिखर पर पहुँच गयी। मुगल शासक फल तथा फूलों से विशेष लगाव रखते थे। इन्होंने योजनाबद्ध तरीके से बाग लगवाये। बाबर ने स्वयं कई प्रकार के फलों का वर्णन किया है।

अकबर ने बिहार में दरभंगा के पास एक विशाल बाग लगवाया था जिसमें आम के एक लाख पौधे थे। शाहजहां द्वारा विकसित शालीमार उद्यान अपनी छटा के लिए प्रसिद्ध है। इस प्रकार मुगलकाल में बाग लगाने की कला में पर्याप्त उन्नति हुई। सत्रहवीं सदी व इसके बाद यूरोपीय शासकों द्वारा भारत में अनेक प्रकार के नवीन फलों का प्रवेशन किया गया। इस दौरान अनन्नास, अमरूद, लिची, शरीफा, नींबू, पपीता तथा एवेकैडों आदि फलों का प्रवेशन भारत में किया गया व यहाँ से आम की कई प्रजातियाँ विदेशों में ले जायी गयीं। यूरोपीय शासन काल में उद्यान कृषि का और भी विकास हुआ। आधुनिक तथा वैज्ञानिक तरीके से उद्यान कला के विकास में सन् 1928 के बाद काफी प्रगति हुई जबकि यहाँ पर "भारतीय कृषि अनुसंधान परिषद्" (I.C.A.R) की स्थापना हुई। इस परिषद् द्वारा देश के समस्त राज्यों में "फल अन्वेषण केन्द्र" खोजे गये। इससे उद्यान संस्कृति में अभिवृद्धि हुई। भारत में मनुष्य उद्यानों से आध्यात्मिक, आर्थिक, सामाजिक तथा व्यक्तिगत रूप से सम्बन्धित है। इस सम्बद्धता के निम्नलिखित प्रकार हैं—

पोषक आहार—फलों के सेवन से शरीर को आवश्यक पोषक तत्त्व प्राप्त होते हैं। ऐसे आहार को सन्तुलित आहार कहा जाता। मानव शरीर के लिए कार्बोहाइड्रेट, वसा, प्रोटीन, खनिज पदार्थ तथा विटामिन आदि आवश्यक तत्व हैं, जिनकी आपूर्ति फलों द्वारा हो जाती है। शर्करा तथा कार्बोहाइड्रेट शरीर को शक्ति प्रदान करने वाले अन्य तत्त्व हैं। फलों में कार्बोहाइड्रेट पर्याप्त मात्रा में रहता है जो कि शरीर को जल्दी

ही मौजूद शरीर के उचित विकास के लिए आवश्यक माना जाता है। वसा तत्त्व शरीर को शक्ति प्रदान करता है। खनिज पदार्थ के अन्तर्गत सल्फर, चूना, लोहा, आदि तत्त्व आते हैं। प्रोटीन पाचन तन्त्र को शक्ति देता है। विटामिन, जिन्हें जीवन सत्व भी कहते हैं, फलों में प्रमुखता से पाये जाते हैं। फल खनिज पदार्थ और विटामिनों के अच्छे स्रोत हैं। अतः इन्हें रक्षात्मक आहार की संज्ञा दी जाती है।

शाकाहारी भोजन में फल का प्रमुख स्थान है। शरीर को निरोग बनाये रखने के लिए कम से कम प्रतिदिन 85 ग्राम फल का सेवन आवश्यक है। विश्व कृषि तथा खाद्य संगठन के अनुसार शाकाहार से ही अधिक मात्रा में पोषक तत्त्वों की पूर्ति होती है उनमें फल महत्त्वपूर्ण है। भारत में शाकाहारी भोजन की प्रधानता के कारण इन फलों के महत्त्व में और भी वृद्धि हो जाती है। व्रत, उपवास एवं अन्य धार्मिक अनुष्ठानों में फलाहार का विशेष महत्व है।

प्रदूषण नियंत्रण—प्रदूषण, जल, वायु तथा भूमि में भौतिक, रासायनिक तथा जैविक रूप में अवांछनीय बदलाव है, जो मानव स्वास्थ्य, रहन-सहन की परिस्थितियों, औद्योगिक प्राकृतिक संसाधनों, क्रियाओं व सांस्कृतिक तत्त्वों में हानिकारक प्रभाव उत्पन्न करता है। वायुमण्डल में लगभग 20.94% ऑक्सीजन, 78.09% नाइट्रोजन, 0.03% कार्बन डाई ऑक्साइड तथा 0.94% अन्य गैसें उपस्थित हैं। मानवीय हस्तक्षेप के फलस्वरूप उपरोक्त स्तर परिवर्तित होता रहता है।

एक आकलन के अनुसार 1850 में कार्बन डाई आक्साइड की मात्रा 270 पी. पी. एम. थी जबकि सन् 1985 में यह मात्रा बढ़कर 315 पी पी एम हो गयी और सन् 1985 में बढ़कर 345 पी. पी. एम. तक पहुँच गयी। इस प्रकार वर्ष 1931 से 1958 की (27 वर्षों) अवधि में 30 पी. पी. एम. की अभिवृद्धि हुई है। इस दर से यह उन्नति सन् 2056 तक दोगुनी हो जायेगी। साथ ही ऑक्सीजन की मात्रा में आश्चर्यजनक कमी आयी है। एक अनुमान के अनुसार जो ऑक्सीजन को मात्रा एक व्यक्ति के लिए वर्ष भर में जरूरी है, वही मात्रा 100 लीटर पेट्रोल जलने से समाप्त हो जाती है। वायु की भांति ही जल प्रदूषण कम गंभीर समस्या नहीं है। जल आसानी से प्रदूषित हो जाता है। जल में प्रदूषण धात्विक; रासायनिक उर्वरकों, जैविक, कीटनाशी फफूँदीनाशी तथा अपतृणनाशी दवाओं आदि के कारण होता है। विश्व स्वास्थ्य संगठन के अनुसार 100 लीटर पानी में 10 ग्राम से अधिक नाइट्रेट की मात्रा स्वास्थ्य के लिए हानिप्रद होती है। ध्वनि प्रदूषण के कारण भारतीय आयुर्विज्ञान अनुसंधान परिषद् के अनुसार व 1977-1992 की अवधि में 10% नगरीय तथा ग्रामीण क्षेत्रों के लोगों में कम या अधिक मात्रा में सुनने की शक्ति का अभाव पाया जाता है।

वृक्षों की प्रदूषण नियंत्रण की मुख्य भूमिका होती है। वृक्ष, आक्सीजन को पैदा करने वाले तथा कार्बन डाई ऑक्साइड को सोखने वाले प्रमुख घटक हैं। इसी प्रकार ध्वनि प्रदूषण को भी कम करने में वृक्षों का महत्त्व अत्यधिक है उदाहरणार्थ, वृक्ष 30 मीटर के अन्तर में 10 डेसिबल ध्वनि कम कर देते हैं। वातावरण को शीतलता प्रदान करने में वृक्षों की महत्त्वपूर्ण भूमिका है। ये तापमान को शोषित कर वातावरण को सूखा बना देते हैं। आज दिन-प्रतिदिन कम होता हुआ वृक्षों का क्षेत्रफल प्रदूषण का स्वागत कर रहा है जिससे शुष्क क्षेत्रों के प्रसरण को तीव्र गति मिल रही है।

अधिक उत्पादन और आय प्रदायक—फल व सब्जियों का उत्पादन अनाज-फसलों की अपेक्षा अधिक उत्पादन व आय प्रदान करता है। प्रति हेक्टेयर अनाज की अपेक्षा फलों तथा सब्जियों की पैदावार अधिक होती है। सिंचित क्षेत्रों में सब्जियों का उत्पादन तुलनात्मक तौर पर और भी अधिक होता है। सब्जियों को उगाने में अधिक परिश्रम की जरूरत होती है, इसलिए अधिक श्रमिकों को रोजगार मिलता है। फलोद्यानों में सब्जियाँ उगाने से आमदनी और भी बढ़ जाती है। केला, अंगूर, पपीता की खेती अधिक आय प्रदान करती है। यही कारण है कि बागानी फसलों को उगाने वाले क्षेत्रों के किसान अधिक सम्पन्न दिखलाई पड़ते हैं। भारत में कोइरी, मुराव आदि छोटे से खेत में सब्जियों आदि की गहन खेती कर खाद्यान्न की खेती की अपेक्षा अधिक उत्पादन और आय प्राप्त करते हैं। नीदरलैण्ड में विशेषकर टुलिया फूलों की खेती का विशेषीकरण हुआ है और प्रतिदिन रंग-बिरंगे फूल वायुयान द्वारा यूरोप और उत्तरी अमेरिका के प्रमुख नगरों को भेजे जाते हैं।

अनुपजाऊ भूमि में वृक्षारोपण से लाभ—विभिन्न कारणों से उपेक्षित ऐसी भूमि का उपयोग वृक्षारोपण करके लाभ कमाने में किया जाता है जिस पर उत्पादन खर्च तुलनात्मक रूप से किया जाता है। राष्ट्रीय परती भूमि विकास मण्डल के अनुसार भारत में ऐसी भूमि का क्षेत्रफल लगभग 15.806 मिलियन हेक्टेयर है। ऐसी भूमि में फसल उत्पादन लाभदायक सिद्ध नहीं होता है। कुछ भूमियों पर फसल उत्पादन किया ही नहीं जा सकता है। इसलिए इस प्रकार की भूमि का उपयोग और विकास वृक्षारोपण करके किया जा सकता है। समस्त प्रकार की परती-बंजर भूमियों के लिए भारत में वृक्ष मौजूद हैं।

देशी उद्योगों के विकास में सहायक—विभिन्न राष्ट्रीय उद्योगों यथा—फल परीक्षण उद्योग, रेशा उद्योग, मदिरा उद्योग आदि को कच्चे माल की आपूर्ति फलों द्वारा होती है। फल परीक्षण उद्योग से निर्मित पदार्थ-अचार, स्क्वैश, मुरब्बा, कैण्डी पदार्थ, सिरका आदि तैयार करने में फलों की आवश्यकता पड़ती है। मदिरा (शराब)

उद्योग में अंगूर तथा सेब, रेशा उद्योग में अनन्नास व शक्कर उद्योग में अंगूर, केला आदि की जरूरत के लिए फलों का उत्पादन बढ़ाना जरूरी है। इसका विकास लघु उद्योग के रूप में बेरोजगारी कम करने में भी किया जाता है।

भू-संरक्षण में महत्वपूर्ण एवं उपयोगी भूमिका—पानी तथा चाय से भूमि अपरदन होता रहता है। प्राकृतिक तरीके से भूमि की 10 मि० मी० परत बनने में 100 से 400 वर्ष लग जाते हैं। जबकि भूमिक्षरण (Soil Erosion) द्वारा प्रतिवर्ष 6 अरब टन मिट्टी समाप्त हो जाती है। इस क्षरण में 60 लाख टन पोषक तत्त्व समाप्त होते हैं। भारत में लगभग आधी भूमि इस समस्या से ग्रसित है। ढलुआ भूमि, जिस पर वनस्पतियाँ नहीं होती हैं, अपरदन ज्यादा होता है।

उद्यान नैसर्गिक सौन्दर्य स्थल, शांति एवं आनन्द प्रदायी—वृक्ष, थके हुए व्यक्ति को विश्राम तथा शांति प्रदान करते हैं। इनका सामाजिक महत्त्व भी है। पूजा के लिए इनसे पुष्प प्राप्त होता है। स्वागत के लिए पुष्प के हार का प्रचलन भी है। वृक्षों के संसाधनों का इस्तेमाल जीवन पर्यन्त है, इसीलिए इन्हें 'मानव सहचर' भी कहा गया है। इतिहास गवाह है कि विश्व में सर्वाधिक क्रूर एवं निर्दयी जातियाँ वृक्ष-विहीन क्षेत्रों में ही रही है। हरियाली से ढके क्षेत्र हमेशा से दर्शन, विज्ञान तथा चिन्तन के केन्द्र रहे हैं।

पादपोपजों से विदेशी मुद्रा की आय—पादपोपजों से दुर्लभ विदेशी मुद्रा प्राप्त हो सकती है। भारत वैश्विक उत्पादन 11 प्रतिशत उत्पादन करता है। इस उत्पादन में 0.36% विदेशों को निर्यात किया जाता है। कृषि उत्पादों में निर्यात किये जाने वाले कच्चे तथा संसाधित पदार्थों में फल महत्त्वपूर्ण हैं। वर्ष 1985-86 में निर्यात किये गये कृषि पदार्थों के 298.58 करोड़ रुपयों में से सब्जियों, फल तथा उनसे निर्यातित पदार्थों का प्रतिशत 10 रहा है। इस तरह विदेशी मुद्रा प्राप्त करने में बागान कृषि का प्रमुख अंशदान है। इसके साथ ही कृषि वानिकी में उद्यान का विशेष महत्त्व है। वृक्षों से हमें बहुमूल्य तथा उपयोगी लकड़ियाँ भी प्राप्त होती हैं। इस प्रकार मनुष्य जीवन में फलों की भूमिका महत्त्वपूर्ण है।

वैश्विक स्तर पर फलों का उत्पादन तुलनात्मक दृष्टि से काफी कम है। फलों की अनेक किस्में हैं। इनका उत्पादन आवासों के नजदीक एवं बागानों में किया जाता है। इंग्लैण्ड में सेब के बागान, मलाया में पपीते के बागान तथा सं. रा. अमेरिका के दक्षिणी भाग में आडू (Peach) के वृक्ष सभी बागानों में दृश्य हैं। व्यापारिक दृष्टिकोण से भी फलों का महत्त्वपूर्ण स्थान है। विश्व के फलोत्पादन को जलवायुविक आधार पर निम्नांकित तीन वर्गों में विभक्त किया जा सकता है—

फलों का वर्गीकरण

विश्व की जलवायुविक दशाओं के आधार पर फलों का समूहन किया जा सकता है। इसके आधार पर फल वाले पौधों को प्रमुख रूप से तीन समूहों मं विभक्त किया जा सकता है। किन्तु फलों का यह वर्गीकरण शत-प्रतिशत खरा नहीं उतरता है। यही वजह है कि ऊष्ण प्रदेश के फल उपोष्ण क्षेत्र में यथा उपोष्ण कटिबंधीय फल शीतोषण कटिबंधीय भागों में वितरित देखे जाते हैं। आजकल समुन्नत प्रौद्योगिकी का उपयोग कर कृत्रिम काँच गृहों (glass houses) में किसी भी क्षेत्र के फलों को उगाया जा सकता है, भले ही इनकी उत्पादन लागत इतनी ज्यादा हो कि आर्थिक दृष्टि से यह खेती अलाभकर हो। साधारण तौर पर जलवायविक विशिष्टताओं के आधार पर विश्व में पाये जाने वाले फलों को मुख्यतया तीन श्रेणियों में विभिक्त किया जा सकता है–

1. उष्ण कटिबंधीय फल
2. उपोष्ण कटिबंधीय फल
3. भू-मध्य सागरीय फल।

आम

भारत का सर्वप्रमुख फल आम की बागवानी लगभग 6000 वर्ष पुरानी मानी जाती है। वैदिक काल में इसे सर्वाधिक प्रसिद्धि प्राप्त थी। शतपथ ब्राह्मण तथा अन्य प्राचीन ग्रन्थों जैसे महाभारत, मेघदूत, रामायण आदि में आम का वर्णन मिलता है। आम भारत, पाकिस्तान, बांग्लादेश, थाइलैंड, म्यांमार और इण्डोचीन में जंगली रूप में उगता है। विद्वानों का मानना है कि आम का जन्मस्थान भारत-बर्मा क्षेत्र है। कुछ का मानना है कि भारत से ही आम की किस्में संसार के अन्य देशों में पहुँची हैं। भारत से आम का पौधा दक्षिण-पूर्वी एशिया में ले जाया गया। यह सोमाली (अफ्रीका) में 1331 ई के आस-पास पहुँच चुका था। आम को अफ्रीका, फिलीपाइन्स और वेस्ट इण्डीज में पुर्तगाली ले गये। पुर्तगालियों ने ही ब्राजील में आम को प्रसारित किया। 1690 में आम इंग्लैण्ड के काँचघरों में पैदा होने लगा था मिस्र में आम बम्बई से 1825 में ले जाया गया। सन् 1929 ई. में इजरायल ने भी आम को मिस्र से मँगाया। व्यावसायिक दृष्टिकोण से आम दक्षिण-पूर्वी एशियाई देशों में यथा–फिलीपाइन्स, थाईलैण्ड, हिन्देशिया, बर्मा, मलेशिया और श्रीलंका में उत्पन्न किया जाता है।

सं रा. अमेरिका, आस्ट्रेलिया, इजरायल (क्वींसलैण्ड), पूर्वी वेस्ट इण्डीज, मेक्सिको आदि में आम का महत्त्व बढ़ रहा है। भारत में आम की लोकप्रियता

सर्वाधिक है। ऊँचे पहाड़ी भाग को छोड़कर पूरे भारत में आम के बागान मिलते हैं। इसका कुल क्षेत्रफल 6,40,000 हेक्टेयर और उत्पादन 32,10,000 टन है। आम के बागान सम्पूर्ण क्षेत्रफल के मुख्यतः उत्तर प्रदेश (33.2%), बिहार (13.3%) और आन्ध्र प्रदेश में 13.4% राज्यों में स्थित है। भारत में आम की तकरीबन एक हजार किस्में मिलती हैं। व्यावसायिक दृष्टिकोण से सिर्फ 30 किस्में ही प्रमुख हैं।

उत्तरी भारत में दशहरी, लँगड़ा, चौसा, बम्बईहरा, सफेदा लखनऊ तथा फजली; पूर्वी भारत में माल्दा (बम्बई), हिमसागर, जरदालु गुलाबखास; किशनभोरग, पश्चिम भारत में लँगड़ा, अलफांसो, पायली, राजापुरी, केसर फरनादिन, मानकराद, मलगोबा तथा दक्षिण भारत में बाँगन पल्ली नीलम, बंगलोरा, रूमानी आलम पुरवानेशान, सुवर्ण रेखा और रस पुरी प्रमुख किस्में हैं। आम के पकने का समय उत्तरी भारत में जून से अगस्त तक जबकि दक्षिणी भारत में अप्रैल से जून के बीच पाया जाता है।

पकने के समय के आधार पर आम की किस्में—

(1) उचित समय पर पकने वाली किस्में—इनमें दशहरी, लंगड़ा, जरदालू, रतौली, कृष्णभोग, अल्फान्सो एवं हुस्नआरा मुख्य हैं।

(2) पछैती पकने वाली किस्में—इनमें चौसा, तेभरिया, फजली, बानेशान, जाफरानी, नीलम फरनाडीन और मुलगोवा आदि हैं।

(3) अगेती पकने वाली किस्में—बम्बई हरा, बम्बई पीला, जाफरान, गोपाल भोग, गुलाबखास केसर हिमसागर और स्वर्ण रेखा।

आम के फलों का प्रयोग कई रूपों में किया जाता है। इसका उपयोग स्क्वैश, अचार, मुरब्बा, चटनी और आमरस आदि बनाने में किया जाता है। फलों की डिब्बाबन्दी की जाती है। कच्चे फलों को सुखाकर अमचूर व पके फल को सुखाकर पापड़ आदि बनाया जाता है। प्रतिवर्ष आम का निर्यात विदेशों को किया जाता है।

केला

केला एक ऊष्ण कटिबंधीय फल है जिसका मुख्य स्थान दक्षिण-पूर्व एशिया माना जाता है। इसके अन्तर्गत असम, म्यांमार, हिन्दचीन और थाइलैण्ड को शामिल किया जाता है। भारत में पुरातन काल से ही इसकी कृषि के प्रमाण मिलते हैं। पालि साहित्य में (ईसा से 500-600 वर्ष पूवे) इसका वर्णन मिलता है। दक्षिण पूर्वी एशिया से केला अरब देशों में पहुंचा। अरबों ने संभवतः 17वीं शताब्दी में भारतीय केले को फिलीस्तीन और मिस्र तक पहुंचाया। अफ्रीका महाद्वीप के पूर्वी समुद्र तटीय क्षेत्र में बहुत पहले पहुँच चुका था जहाँ से यह पश्चिमी तट पहुंचा। 15वीं सदी तक केला

अफ्रीका के पश्चिमी तट तक पहुंच गया था। यहाँ से केला प्रशान्त महासागर के द्वीपों में पहुँचा। सन् 1778 में हवाई द्वीप समूह की खोज के समय वहाँ केले की अनेक किस्में पायी गयी थीं।

कनारद्वीप में केला पुर्तगालियों द्वारा 1402 ई. के बाद लाया गया था और वहाँ से यह दक्षिणी अमेरिका के देशों में पहुँचा। (1948) के एक विवरण के अनुसार केला वेस्टइण्डीज में उपलब्ध था। पश्चिम यूरोप और सं.रा. अमेरिका में केले के विषय में सन् 1866 तक कुछ भी पता नहीं था। वर्तमान में केला विश्व के समस्त ऊष्ण कटिबन्धीय देशों में उगाया जा रहा है। उत्पादन की दृष्टि से ऊष्ण अमेरिकी देशों का स्थान महत्त्वपूर्ण है। केला में खनिज पदार्थ और विटामिन प्रचुर मात्रा में पाया जाता है। इसकी खेती सुप्रवाहित उपजाऊ मिट्टी में की जाती है जिसके लिये चिकनी मिट्टी उपयुक्त मानी जाती है। इसकी कृषि हेतु उच्च तापमान (25°30°) उपयुक्त माना जाता है। 11°C से कम तापमान फसल को नुकसान पहुँचाती है। इसे वर्ष भर पर्याप्त पानी की आवश्यकता होती है। जब वार्षिक वर्षा 155 सेण्टीमीटर से कम हो तो सिंचाई की आवश्यकता महसूस होती है।

केले की खेती को पश्चिमी द्वीप समूह में आने वाले हरीकेन (Hurricanes) से विशेष रूप से नुकसान पहुँचती है। यहाँ केले की खेती बड़े-बड़े फार्मों में की जाती है। युनाइटेड फ्रूट कम्पनी ऑफ अमेरिका द्वारा इसकी खेती मध्य अमेरिका (Central America) में व्यवस्थित तौर पर की जाती है। इसे केला गणराज्य (Banana Republic) के नाम से जाना जाता है।

विश्व में केला के प्रमुख उत्पादक ब्राजील (17%) भारत (10.5%) हैं। इसके अतिरिक्त इक्वेडोर, कोलम्बिया, थाइलैण्ड आदि देश भी केले की खेती के लिए महत्त्वपूर्ण हैं। उत्पादन का स्थानीय उपभोग होता है। मुख्य निर्यातक देश इक्वेडोर, भारत एवं मध्य अमेरिका देश हैं जिनसे मुख्यतः केले का निर्यात अमेरिका और पश्चिमी देशों को किया जाता है। द.पू. एशिया में फिलीपींस व पश्चिमी अफ्रीका के कुछ देशों में केला उत्पादन एवं निर्यात में विशिष्ट स्थान है। सन् 1984 में विश्व में कुल 41 मिलियन मीट्रिक टन केले का उत्पादन हुआ जिसमें से सिर्फ 6 मिलियन मीट्रिक टन ही विश्व बाजार में पहुँच पाया।

संसार के केला उत्पादन का तकरीबन 11 फीसदी केला भारत में उत्पादित होता है (वर्ष 1984-85 में उत्पादन 48.5 लाख टन)। देश में केले के अन्तर्गत 164000 हेक्टेयर भूमि लगी है। क्षेत्रफल की दृष्टि से सबसे अधिक क्षेत्र केरल राज्य में है। किन्तु उत्पादन की दृष्टि से महाराष्ट्र, केरल, तमिलनाडु, गुजरात, आन्ध प्रदेश,

कर्नाटक, असम, बिहार एवं प. बंगाल राज्य प्रमुख हैं। भारत में सबसे उत्तम किस्म का केला दक्षिणी भारत में उगाया जाता है। यहाँ बसराई, राजेली, बेनची मोंथन, सीरूम लाई केले की प्रमुख किस्में हैं। केरल, गुजरात के सूरत और खेड़ा; महाराष्ट्र के को लाबा, अकोला, अमरावती और प्रभानी; तमिलनाडु के तंजौर, तिरुचिरापल्ली सलेम और कोयंबटूर तथा कर्नाटक के मैसूर जिलों में रसवाला किस्म का केला पैदा किया जाता है। इनमें से अधिकांश उत्पादन की खपत देश में ही हो जाती है।

दक्षिण भारत का उत्पादित अधिकांश केला उत्तर प्रदेश की मण्डियों में भेजा जाता है। 48 से 72 घण्टों में उत्तर भारत के बाजारों में पहुँच जाता है। व्यापारी इसे शीघ्र ही नीलाम कर देते हैं या पकाकर फुटकर व्यापारियों को बेचते हैं। केले का उपयोग आधा सब्जी के रूप में तथा आधा पकाकर फलों के रूप में किया जा है। सब्जी और पकाकर खाने के अलावा इससे आटा, जैम, स्वीटमीट, पेस्ट, रवेदार केला चूर्ण, प्रशीतित, आइसक्रीम, फल, केला, कॉफी, शराब, चिप्स, केला, चूर्ण, आइसक्रीम, प्रशीतित फल केला काफी, शराब केला, चिप्स, चाकलेट, अल्कोहल पेक्टिन, सिरका, जैली, मार्मलेड, ह्विस्की, पंचामृतम आदि पदार्थ भी बनाये जाते हैं।

अमरूद

यह भारत का प्रसिद्ध फल है। क्षेत्रफल और उत्पादन की दृष्टि से भारत में होने वाले उत्पादन में अमरूद का चतुर्थ स्थान है। क्षेत्रफल की दृष्टि से उत्तर प्रदेश 24,700, बिहार 11,210 व मध्य प्रदेश में 5,530 का प्रमुख स्थान है। अमरूद वर्ष भर फल देता है।

इसका मुख्य स्थान ऊष्ण कटिबन्धीय अमेरिका है। मैक्सिको से पेरू तक के क्षेत्र को इसका मूल स्थान माना जाता है। यहीं से अमरूद विश्व के ऊष्ण तथा उपोष्ण प्रदेशों में प्रसारित हुआ। भारत में यह फल स्पेनवासियों द्वारा 16वीं शताब्दी में लाया गया। भारत में यह फल अधिक उपयुक्त सिद्ध हुआ जैसे कि लगता है कि अमरूद यहीं का देशज है। यहाँ पर उगाई जाने वाली सभी व्यावसायिक किस्में प्राप्त पौधों से चुनाव करके तैयार की गयी हैं। कुछ किस्मों की विश्व की बहुत अच्छी किस्मों में गणना की जाती है।

व्यावसायिक दृष्टि से बिहार, उत्तर प्रदेश, मध्य प्रदेश, आन्ध्र प्रदेश, प. बंगाल, महाराष्ट्र और गुजरात में बागवानी होती है। उत्तर प्रदेश का इलाहाबाद क्षेत्र अच्छे तथा मीठे इलाहाबादी सफेद किस्म को उत्पन्न करने के लिए विश्वविख्यात है। इलाहाबाद के अलावा उत्तर प्रदेश में बरेली और फैजाबाद; बिहार में चम्पारण, भागलपुर,

मुजफ्फरपुर, और आन्ध्र प्रदेश में कुडप्पा, महाराष्ट्र, कर्नूल; में पुणे, औरंगाबाद, नासिक, भिंड और अहमदनगर और गुजरात में अहमदाबाद जनपद अमरूद के उत्पादन के लिए विख्यात हैं। भारत के अतिरिक्त अमरूद के उद्यान श्रीलंका और म्यांमार में भी विस्तृत स्तर पर पाये जाते हैं।

हवाई द्वीप व क्यूबा में अमरूद जंगली तौर पर उगता पाया जाता है। अमरूद की 92 किस्मों की चर्चा है किन्तु 10 से 12 किस्मों को ही व्यावसायिक तरीके से उगाया जाता है। इनमें उत्तर प्रदेश में इलाहाबाद, सरदार, सफेदा, बेहट, कोकोनट, चित्तीदार, लालगूदा, और एपिलकलर; महाराष्ट्र बिहार और गुजरात में नासिक, सरदार और धारीदार व दक्षिण भारत में धोलका, नासिक, धारवार तथा बेदाना किस्में प्रमुख हैं। अमरूद के फलों को ताजा खाने के अलावा अमरूद से जेली, जैम, नेक्टर, चीज और टॉफी आदि वस्तुएं बनायी जाती हैं। यह पोषक तत्त्व को प्राप्त करने का अच्छा साधन है। पोषकतत्त्व की प्रचुरता की दृष्टि से यह फल सेब से भी पौष्टिक है। इस प्रकार ऊष्ण कटिबन्धीय सेब भी कहा जाता है।

पपीता

मैक्सिको की खाड़ी वेस्ट इण्डीज का सागरीय किनारा या ब्राजील पपीते की का जन्म स्थान माना जाता है। अमेरिकी महाद्वीप की खोज के बाद ही यह एशिया में प्रसारित हुआ। भारत में पपीता सोलहवीं शताब्दी के मध्य में पुर्तगालियों द्वारा लाया गया। 1626 के आस-पास भारत से इटली को पपीते का बीज भेजा गया। 1880 तक यह द. पू. एशियाई देशों व प्रशान्त महासागर के द्वीपों में दूर तक पहुँच चुका था। पपीते की खेती भूमध्य रेखा से 32° उत्तरी तथा दक्षिणी अक्षांश के मध्य की जाती है। विश्व के सभी ऊष्ण तथा ऊपोष्ण देशों में यह उगाया जाता है विशेषतः अमेरिका, द. स्पेन, दक्षिणी अफ्रीका, केन्या, युगाण्डा, श्रीलंका, कांगो, श्रीलंका, मलेशिया, फिलीपींस सिंगापुर, आस्ट्रेलिया और भारत में इसकी बागवानी विस्तृत भू-क्षेत्र पर होती है। भारत में पपीते की बागवानी उत्तर प्रदेश, प. असम, बंगाल, बिहार, गुजरात, महाराष्ट्र, तमिलनाडु, मध्य प्रदेश, कर्नाटक, उड़ीसा, आदि राज्यों में सफलतापूर्वक सम्पन्न की जाती है। पपीते की वाशिंगटन और हनीडयू किस्में अन्तर्राष्ट्रीय बाजार में बहुत चर्चित हैं।

उपरोक्त के अलावा भारत में कोयम्बटूर 1,2,3, पैराडिनिया, सिंगापुर पिंक, फिलीपींस, शान्ताकुन्ज जायष्ट, पूसा आदि प्रमुख किस्में है। पपीते के पके फल सुगंधित, पौष्टिक, स्वादिष्ट होते हैं। पके फल का प्रयोग खाने में किया जाता है।

इसके अलावा पपीता से जैम, जैली, शराब, सिरप, मार्म लेड, कैण्डी, चटनी, टॉफी और नेक्टर आदि बनाये जाते हैं। यह फल औषधीय गुण रखता है। इसके पके फल पाक वायुरोग-नाशक और मूत्र-वर्धक होते हैं। इससे निर्मित सिरप और शराब कफ निस्सारक, शक्तिवर्धक और शामक होते हैं।

कटहल

कटहल का मुख्य स्थान कहां है इसके संदर्भ में कुछ कहा नहीं जा सकता है। इसके पौधे सबसे पहले भारतवर्ष में पश्चिमी घाट के पहाड़ी क्षेत्रों में उगते हुए पाये गये थे। पुर्तगाल के निवासियों ने इस फल का नाम जैक रखा। कटहल म्यांमा , भारत, श्रीलंका, मलेशिया, द. चीन, आस्ट्रेलिया, मॉरीशस और ब्राजील में 1400 मी. की ऊंचाई तक पाया जाता है। भारत में यह फल विशेष प्रसिद्ध है। क्षेत्रफल के अनुसार असम के बाद बिहार और केरल का स्थान आता है। इसके बाद तमिलनाडु, कर्नाटक और आन्ध्र प्रदेश का स्थान है। उत्तर प्रदेश के पूर्वी तथा मध्यवर्ती हिस्से में बिहार के उत्तर-पूर्वी भाग में कटहल के वृक्ष बहुतायत मात्रा में पाये जाते हैं। इसके कच्चे फलों का इस्तेमाल सब्जी और आचार बनाने में किया जाता है। कटहल के पके हुए कुए (कोए) काफी मीठे होते हैं।

अनन्नास

अनन्नास मूल रूप से ब्राजील में पाया जाने वाला फल है। अमेरिका की खोज उपरान्त इसका प्रसार दुनिया के दूसरे मुल्कों में हुआ। 1493 में कोलम्बस और उसके साथी नाविकों ने वेस्टइण्डीज के एक द्वीप पर इसकी खोज की। भारत में यह 1548 ई. तक पहुँचा। इस समय अनन्नास की खेती उच्च तथा उपोष्ण कटिबन्धीय देशों ब्राजील, द. अफ्रीका, मैक्सिको, सिंगापुर, क्वीन्स लैण्ड, फिलीपाइन्स, सं. रा. अमेरिका, आईवरी कोस्ट, जामेर कोस्ट, कीनिया, मलेशिया, आस्ट्रेलिया, थाईलैण्ड, श्रीलंका, मेक्सिको, क्यूबा और भारत में की जाती है। विश्व व्यापार में मेक्सिको तथा क्यूबा का महत्त्वपूर्ण स्थान है। भारत में इसकी बागवानी मुख्य रूप से पूर्वी क्षेत्रों-असम, त्रिपुरा और मणिपुर में की जाती है। इसके अतिरिक्त महाराष्ट्र, प. बंगाल, कर्नाटक और केरल तथा आन्ध्र प्रदेश में भी इसे उगाया जाता है।

अनन्नास की किस्मों को तीन मुख्य समूहों में विभक्त किया जा सकता है—

(1) कैथेन समूह—इसमें कैथेन अथवा जायष्ट क्यू और क्यू आदि किस्में शामिल हैं।

(2) क्वीन समूह—इसमें रिप्ले-क्वीन, क्वीन आदि किस्में शामिल हैं।

(3) स्पेनिश समूह—इसमें सिंगापुर, मॉरिशस, स्पेनिश, रोथचाइण्ट आदि किस्में सम्मिलित हैं।

साधारण तौर पर इसका उत्पादन प्रति हेक्टेयर 10 से 15 टन है। केरल में उत्पादन 35 से 40 टन है। इसकी बाजार में बड़ी माँग है। अनन्नास का जूस, स्क्वैस, जैक्स और स्लाई से बनाकर उपयोग किया जाता है।

शरीफा

शरीफा एक मीठा स्वादिष्ट फल है। भारतीय प्राचीन साहित्यों में इसकी भरपूर चर्चा मिलती है। इसका मुख्य स्थान दक्षिणी अमेरिका व अफ्रीका माना जाता है। कुछ लोगों का मानना है कि भारत ही इसका मुख्य स्थान है। आन्ध्र प्रदेश में लगभग 40,000 हेक्टेयर क्षेत्र पर, उत्तर प्रदेश तथा असम में लगभग 3000 हेक्टेयर क्षेत्र पर इसके बागान पाये जाते हैं। इसके अलावा तमिलनाडु, मध्य प्रदेश, प. राजस्थान, बंगाल, उड़ीसा तथा बिहार में भी इसकी बागवानी की जाती है। इसका ताजा पका फल खाने के काम आता है। इसका गूदा दूध में मिलाकर पेय के रूप में प्रयुक्त किया जाता है। गूदे से आइसक्रीम भी बनायी जाती है। कुछ समय के लिए इसे जैम तथा जैली के रूप में भी रखा जा सकता है। आन्ध्र प्रदेश में इसके फलों को भूनकर भी खाते हैं। शरीफा को अन्य नामों से भी जाना जाता है जैसे कि—रामफल, हनुमान फल, लक्ष्मण फल, मामफल या सीताफल भी कहते हैं। इसका पौधा सदाबहार होता है।

चीकू

चीकू का उद्‌गम स्थल ऊष्ण कटिबन्धीय मेक्सिको क्षेत्र है। इसके अलावा मध्य अमेरिका, दक्षिण फ्लोरिडा (सं. रा. अमेरिका), श्रीलंका, फिलीपींस तथा थाईलैण्ड में भी यह प्रमुखता से उगाया जाता है। भारत में गुजरात, पश्चिमी बंगाल, महाराष्ट्र, बिहार, आन्ध्र प्रदेश, कर्नाटक, तथा तमिलनाडु राज्यों में इसके बागान विस्तृत क्षेत्र पर पाये जाते हैं। चीकू से फल तोड़ने के चार-पाँच दिन बाद गदराने लगते हैं और उनका रस चिपचिपा हो जाता है और फल खाने योग्य हो जाते हैं। चीकू के फल पूरी तरह पकने पर खाये जाते हैं। ये बहुत मीठे होते हैं। फलों के गूदे को मिठाइयाँ, शरबत, डबल रोटी और केक बनाने में भी प्रयुक्त किया जाता है।

कमरख

यह खट्टा फल होता है, जिसका उत्पत्ति स्थल मलेशिया माना जाता है। इसकी बागवानी द. पूर्व एशियाई देशों में अनेक सदी से की जा रही है। विश्व के सभी ऊष्ण कटिबंधीय क्षेत्रों में इस समय इसकी खेती की रही है। यह सं. रा. अमेरिका के कैलीफोर्निया तथा फ्लोरिडा राज्यों में भी उगाया जा रहा है। कमरख उगाये जाने वाले उन देशों में चीन, हिन्देशिया, मलेशिया और भारत प्रमुख हैं। द. भारत में नीलगिरि पहाड़ियों पर 1200 मीटर की ऊंचाई तक इसके पौधे उगाये जाते हैं। यह फल मुलायम व जल्दी ही खराब होने वाला होता है। इसलिए स्थानीय बाजार में ही बेच दिया जाता है। फल को ताजा खाने के अलावा कई अन्य प्रकार से उपयोग में लाया है। इसमें पैक्टिन पदार्थ की अधिकता मिलती है। इसलिए इसे जैली, जैम बनाने में प्रयोग किया जाता है। पेय पदार्थ में इसके रस का इस्तेमाल करने से स्वादिष्ट हो जाता है। इसका मुरब्बा भी बनाया जाता है। इसके रस से कपड़ों के धब्बे मिटाये जाते हैं।

काजू

यह एक गिरीदार पौष्टिक फल है। व्यापारिक दृष्टि से इसका विशेष महत्त्व है। इसका मुख्य स्थान ब्राजील है। भारत में इसका प्रवेश 16वीं सदी में हुआ। भारत की नहीं अपितु विश्व के महत्त्वपूर्ण काजू उत्पादन में केरल राज्य का सर्वोच्च स्थान है। यहाँ देश के काजू का 20% क्षेत्र उपस्थित है तथा यहाँ देश का लगभग 57% काजू पैदा किया जाता है। इसकी बागवानी कर्नाटक, गोआ, महाराष्ट्र, (कोंकण तट), आन्ध्र प्रदेश तथा तमिलनाडु के तटवर्ती क्षेत्र में भी की जाती है। प. बंगाल एवं असम में भी काजू पैदा करने का प्रयत्न किया जा रहा है। ब्राजील के अतिरिक्त यह फल, प. द्वीप समूह तथा पूर्वी अफ्रीका में भी उत्पन्न किया जाता है। भारत से काजू का निर्यात, सं. रा. अमेरिका को किया जाता है। इसके साथ-साथ देश में पश्चिमी अफ्रीका से कच्चे काजू का आयात भी होता है। पोषक तत्त्व व स्वाद की दृष्टि से काजू का महत्त्वपूर्ण स्थान है। इसमें 16.9% वसा, 22.3% कार्बोहाइड्रेट और 21.2% प्रोटीन पया जाता है। इसके अलावा इसमें कैल्शियम, फास्फोरस, लोहा, विटामिन, बी 12 एवं प्रचुर मात्रा में मौजूद है। यह विटामिन सी का उत्तम साधन है। इसका प्रयोग मदिरा के निर्माण में भी किया जाता है।

उपोष्ण कटिबंधीय

इसमें मुख्य तौर पर निम्बू वंशीय (Citrus) फलों को शामिल किया जाता है जिसमें अंगूर, सन्तरा, अंजीर, नींबू, अनार, फलसा, आंवला, नाशपाती, आदि प्रमुख हैं। वंशीय फलों के वितरण को प्रदर्शित किया गया है। इसके अतिरिक्त इसमें बेल, इमली, खजूर, करौंदा, जामुन, बादाम आदि ऊष्ण क्षेत्रों के फलों के साथ-साथ जैतून, चेस्टनट, बालनट, हेजनट, खूबानी, चेरी, सतालू, अलूचा आदि शीतोष्ण प्रदेशों के फलों को भी शामिल किया जाता है।

ये फल ऊष्ण तथा शीतोष्ण कटिबंधीय क्षेत्रों के संक्रमण प्रदेश में खासतौर पर मैदानी भागों में अधिक पाये जाते हैं। निम्बूवंशीय फलों के मुख्य स्थान और इतिहास के बारे में पर्याप्त तथ्य मौजूद नहीं हैं। कुछ विद्वान का मानना है कि इनकी उत्पत्ति दक्षिणी एशिया के क्षेत्र में हुई है। इनकी कुछ प्रजातियाँ चीन, कुछ भारत, कुछ इन देशों के बीच और मलाया प्रायद्वीप में पैदा मानी जाती हैं। चीनी साहित्य में 2200 ई. पूर्व में निम्बू वंशीय फलों का उल्लेख मिलता है। चीन से संतरा सान वंश के चीनियों द्वारा ईस्वी सन् के आरम्भ में यूनान होता हुआ असम लाया गया जहाँ से इसका प्रसरण देश के शेष भागों में हुआ। डिमामा द्वारा पश्चिमी देशों में ले जाया गया। ग्रेप फ्रूट की किस्मों का प्रवेश भारत में पश्चिम से हुआ।

जैतून

जैतून (olive or lea cuopaea) का उत्पादन प्रमुख रूप से तेल के लिए किया जाता है। यह भूमध्य सागरीय जलवायु का खास पौधा है। यह पौधा पहाड़ी तथा पथरीली भूमि में भी उग जाता है और इसके लिए अधिक देखरेख की आवश्यकता नहीं पड़ती है। एक स्वस्थ जैतून का पेड़ 100 या अधिक वर्षों तक उत्पादन देता रहता है। इसके फलों को सर्दी की वर्षा के पूर्व (नवम्बर माह में) तोड़ लेते हैं। तोड़ते समय क्षतिग्रस्त फलों को तेल निकालने वाली मिलों को भेज दिया जाता है। जैतून का पीला तेल भूमध्य सागरीय क्षेत्र का प्रमुख खाद्य तेल है। किन्तु इसे जलाने, मलहम, साबुन बनाने और विभिन्न औषधियों के निर्माण में भी इस्तेमाल किया जाता है। जैतून की खेती विश्व के भूमध्य रेखीय क्षेत्रों में की जाती है जिसमें स्पेन, पुर्तगाल, इटली का विशिष्ट स्थान है। इसकी खेती व्यापक तौर पर संयुक्त राज्य अमेरिका के कैलीफोर्निया प्रांत में स्पेन की मिशनरियों द्वारा शुरू की गई।

सन्तरा

सन्तरा नींबू कुल का एक प्रमुख फल है। इसका मुख्य उद्गम चीन माना जाता है। इटली, सं. राज्य अमेरिका (कैलीफोर्निया) एवं स्पेन, इजराइल इसके प्रमुख उत्पादक देश हैं जो कि भूमध्य सागरीय जलवायु वाले देश हैं। स्पेन का दक्षिणी तथा पूर्वी भाग, दक्षिणी फ्रांस, दक्षिणी फ्रांस का तटवर्ती भाग, उत्तरी इटली, कैलीफोर्निया का सैनज्वाकिन घाटी क्षेत्र, इजराइल का भूमध्य सागरीय तट संतरे की बागवानी के लिए प्रसिद्ध हैं। इसके अलावा संयुक्त राज्य अमेरिका के फ्लोरिडा प्रान्त, ब्राजील का द.पूर्वी क्षेत्र, जापान, भारत, चीन, मैक्सिको, टर्की, सीरिया, मोरक्को, अल्जीरिया, ट्यूनीशिया, पैलेस्टाइन और अर्जेन्टाइना भी सन्तरे के उत्पादन हेतु उल्लेखनीय हैं। सारणी में दुनिया के कतिपय मुख्य देशों में सन्तरा के उत्पादन को दिखाया गया है।

सारणी

विश्व में सन्तरा उत्पादन, 1984

देश	उत्पादन (हजार मीट्रिक टन)	विश्व का प्रतिशत
ब्राजील	13,372	34
संयुक्त राज्य अमेरिका	6,566	17
इटली	1,700	7
मेक्सिको	1,600	4
चीन	1,495	4
विश्व	39,679	100

स्रोत- FAO Production Year Book, 1985

संयुक्त राज्य में देश के 60% से अधिक नारंगी का उत्पादन दक्षिणी कैलीफोर्निया सैनज्वाकिन घाटी क्षेत्र से प्राप्त होता है। यहाँ बड़ी नारंगियों को डिब्बों में बन्द कर खाने के लिए, छोटी का रस निकाल कर बोतल में बन्द कर एवं इसके छिलके और अवशिष्ट अंश को जानवरों को खिलाने या तेल प्राप्त करने हेतु उपयोग किया जाता है। सन्तरे की कई किस्में पाई जाती हैं जिसमें जाफा, घण्टीदार वलेन्सिया, सतसुमा, टिजोन, मनड्रेन एवं सेविल आदि प्रमुख हैं। सेविल सन्तरा का उपयोग मुरब्बा (marmalade) बनाने के लिए किया जाता है। भारत में नासिक और नागपुर के

सन्तरे विश्व विख्यात हैं जिनका उत्पादन महाराष्ट्र प्रांत के नागपुर और मध्य प्रदेश के नीमाड़ के उत्तर-पश्चिमी जिलों में किया जाता है। इसी प्रकार खासी या दार्जिलिंग, असम की ब्रह्मपुत्र घाटी, मेघालय, सिक्किम, अरुणाचल प्रदेश में उगाई जाती है। कुर्ग और लाहौर किस्में कश्मीर में पठानकोट के निकट तथा देशी नागपुरी, और लड्डू किस्में हिमाचल प्रदेश (कुल्लू और कांगड़ा क्षेत्र) तथा उत्तर पद्रेश (सहारनपुर, कुमायूँ एवं देहरादून क्षेत्र) में उत्पन्न की जाती हैं।

मृदा उर्वरकों का प्रयोग, वृक्षों की उम्र एवं कीड़ों से बचाव का सन्तरे की उपज पर काफी प्रभाव पड़ता है। लगभग 13.7 लाख टन सन्तरे का उत्पादन भारत में प्रतिवर्ष किया जाता है जिसका अधिकांश भाग घरेलू खपत में ही उपयोग में लाया जाता है।

नींबू

नींबू (Lemon) एक नाजुक प्रकृति का भूमध्य सागरीय पौधा है जो कि अत्यधिक शीतलता व शुष्कता दोनों से ही प्रभावित होता है। दो प्रमुख किस्में-खट्टे (acid) तथा मीठे (sweet) पायी जाती हैं। विश्व में स्पेन और सिसिली का नींबू के उत्पादन में सर्वोपरि स्थान है। दक्षिणी इटली का बर्गमोट (Bergmot) किस्म का नींबू विश्व प्रसिद्ध है जिससे एक विशेष प्रकार का तेल प्राप्त किया जाता है। संयुक्त राज्य अमेरिका के कैलीफोर्निया (सैनज्वाकिन घाटी) में अंगूरी नींबू का उत्पादन होता है, जो गुच्छों में फलता है। भारत में नींबू का उत्पादन उत्तर प्रदेश के सहारनपुर, मेरठ जिलों तथा कुमाऊँ की पहाड़ियों, पूर्वी-उत्तरी तमिलनाडु, उत्तर प्रदेश के मकराई, कोयम्बटूर और सलेम जिलों व महाराष्ट्र के खानदेश और अहमदनगर जिलों में की जाती है।

चकोतरा

चकोतरा का उत्पादन मुख्यतः संयुक्त राज्य अमेरिका के–फ्लोरिडा तथा टेक्सास प्रान्तों में किया जाता है। गौण उत्पादन क्षेत्रों में इजराइल, द.अफ्रीका, अर्जेन्टाइना और साइप्रस उल्लेखनीय हैं। भारत के पंजाब व हरियाणा राज्यों में इसकी बागवानी की जाती है।

अंगूर

अंगूर बहुत स्वादिष्ट फल है जो कि अर्द्ध-ऊष्ण कटिबंधीय जलवायु में उत्पन्न

किया जाता है। क्षेत्रफल की दृष्टि से दुनिया में इसकी बागवानी सबसे अधिक की जाती है। विश्व के कुल फलोत्पादन का लगभग $\frac{1}{2}$ भाग पर अंगूर के उत्पादन के रूप में प्राप्त होता है। लगभग 2400 ईसा पूर्व मिस्र में इसके उगाने का उल्लेख मिलता है। ओल्ड टेस्टामेन्टा (Old Testamenta) में भी अंगूर की कृषि का उल्लेख मिलता है। इसका उत्पादन क्षेत्र केस्पियन सागर के नजदीक आरमेनिया माना जाता है। उत्तरी अमेरिका में भी खोज के पहले अंगूर की खेती होती थी। भारत में अंगूर की बागवानी किये जाने का उल्लेख प्राचीन ग्रन्थों (संस्कृत, पालि एवं प्राकृत) में मिलता है। ईरानी तथा अफगानिस्तानी इसकी तीन किस्में—अविअर फकरी, भोकरी और साहेगी 1338 ई. के आस-पास औरंगाबाद लाई गयीं। मुगलों ने इसकी कुछ किस्में पंजाब में प्रचलित कीं। दक्षिण में कुछ किस्में महाराष्ट्र के नासिक व पूना जिलों में पहुँचीं। 1890 में हैदराबाद के आस-पास इसकी बागवानी आरम्भ की गयी।

विश्व के कई देशों में अंगूर का उत्पादन होता है। इसके अन्तर्गत लगभग 110 लाख हेक्टेयर क्षेत्र शामिल हैं। इसके उगाने वाले मुख्य देशों में शराब बनाने के लिए इटली, स्पेन और फ्रांस, खाने वाले अंगूरों के लिए इटली, बुल्गारिया, टर्की सं.रा. अमेरिका, यूनान और पुर्तगाल तथा किशमिश के लिए टर्की, आस्ट्रेलिया, यूनान और सं.रा. अमेरिका उल्लेखनीय हैं। आगे दी गयी सारणी में दुनिया के मुख्य अंगूर उत्पादक राष्ट्रों का उल्लेख किया गया है। अंगूर सं. रा. अमेरिका में सेब उत्पादन के पश्चात् फलों में सर्वाधिक उत्पादन वाली फसल है। कैलीफोर्निया प्रदेशों में विशेषकर पूर्वी क्षेत्र में अमेरिकी अंगूर उगाया जाता है। नम ऊष्ण कटिबंधीय दशाओं में इसका सबसे अधिक उत्पादन भारत में किया जा रहा है।

विभाजन के उपरान्त अधिकतर क्षेत्र पाकिस्तान में चला गया। वर्तमान भारत में फिर से इसकी कृषि पर्याप्त क्षेत्र में की जाने लगी है। तकरीबन 10,000 हेक्टेयर क्षेत्र में इसकी बागवानी की जाती है। सबसे अधिक उत्पादन कर्नाटक, महाराष्ट्र, आन्ध्र प्रदेश और तमिलनाडु में किया जाता है। उत्तर भारत में इसकी बागवानी पंजाब, हिमाचल (शर्बो एवं किन्नौर), प. उत्तर प्रदेश, मध्य प्रदेश और राजस्थान में की जाती है। महाराष्ट्र में नासिक और पुणे; कश्मीर में श्रीनगर; तमिलनाडु में मदुराई और सलेम तथा आन्ध्र प्रदेश में औरंगाबाद, हैदराबाद और अनन्तपुर जिले अंगूर के प्रमुख उत्पादक हैं। भारत में कुल 2,80,000 मीट्रिक टन अंगूर का उत्पादन 1987 में किया गया।

सारणी

विश्व के प्रमुख अंगूर उत्पादक देश 1984

देश	*उत्पादन हजार हेक्टेयर*	*विश्व का प्रतिशत*
स्पेन	1710	18
पूर्व सोवियत संघ	1400	15
फ्रांस	1292	13
इटली	1125	12
टर्की	640	7
अर्जेन्टाइना	317	3
सं. रा. अमेरिका	313	3
विश्व	9611	100

स्रोत–FAO Production Year Book, 1995

भारत के विभिन्न क्षेत्रों में बोयी जाने वाली अंगूर की मुख्य किस्में इस प्रकार हैं–

(क) उत्तरी मैदान–ब्लैक, बेदाना, प्रिंस, कंधारी दाख, सिकन्दरिया की मस्कत और परलैट।

(ख) शुष्क और शीतोष्ण प्रदेश–बीजरहित, थाम्पसन, श्वेत किशमिश और सुल्ताना।

(ग) दक्षिणी भारत–ब्लू, बंगलौर, पचद्राक्ष, अनबेशाही, गुलाबी, थाम्पसन, काली चम्पा, बीजरहित।

(घ) पश्चिमी भारत-सीमा अनबेशाही, सीमा साहेबी, थाम्पसन।

प्रतिवर्ष भारत अधिक मात्रा में अफगानिस्तान, पाकिस्तान, आस्ट्रेलिया और सं. रा. अमेरिका से अंगूर और दाख का आयात करता है।

अंगूर भूमध्य सागरीय कृषि

अंगूर का पौधा (vine) एक लता के रूप में विकसित होता है जिसके लिए उच्च तापमान (18°C) और तेज धूप (लम्बी गर्मी की ऋतु जिसमें सितम्बर में तापमान तर रहता हो) की आवश्यकता पड़ती है। इसकी जड़ें लम्बी होती हैं जिससे लताओं को गहराई से पानी मिल जाता है। इसके लिए गर्म भुरभूरी मृदा उत्तम मानी जाती है। चूना और खड़िया वाली जमीन इसकी उपज के लिए उत्तम मानी जाती है।

पाला इसके लिए हानिप्रद है जिससे फलों के गुच्छे समाप्त हो जाते हैं। फसल के तैयार होने के समय ऊष्ण और शुष्क मौसम उपयुक्त होता है। अंगूर की गुणवत्ता पर ढलान, मिट्टी एवं सौर प्रकाश की मात्रा (optimal sun angles) का प्रभाव पड़ता है। भूमध्य सागरीय प्रदेशों में अंगूर की कृषि पहाड़ी ढालों के सहारे की जाती है। उपर्युक्त विशिष्ट स्थिति के कारण अंगूर की कृषि संसार के कुछ ही भागों में सम्भव है। इसकी वृद्धि में फैलाव के लिए उचित सहारे की आवश्यकता पड़ती है। रोपण के समय पौधे में उसे लेकर 3 मीटर का अन्तराल रखा जाता है। अंगूर की लता के समुचित फैलाव व संरचना को बनाये रखने के लिए इसको साधना जरूरी होता है जिससे काट-छाँट अन्तराल, कर्पण छिड़काव और फलों की तलुई सुविधापूर्वक हो सके। अंगूर के पौधे को तैयार होने में 150 दिन की अवधि लगती है। यह पौधा जाड़ों में पत्तियाँ गिरा देता है। छोटे पौधों को खड़ा रखने के लिए सहारे की आवश्यकता होती है।

पौधों का कर्तन (Pruning) क्रिया हर देश में अलग-अलग समयों में की जाती है। भारत में पौधों का कर्तन भिन्न-भिन्न समयों में होता है। यह क्रिया आन्ध्र प्रदेश मे मार्च-अप्रैल में तथा तमिलनाडु में जून में की जाती है। कर्तन क्रिया में मुख्य दो आधारी कलिकाओं को छोड़कर शेष शाखाओं को काट-छांट दिया जाता है। जिससे नयी वानस्पतिक उन्नति हो सके। इसे वृद्धि कर्तन या पश्चकर्तन भी कहते हैं। कुछ क्षेत्रों में कर्तन सितम्बर के आखिरी सप्ताह या दिसम्बर के महीनों में किया जाता है।

इस कर्तन क्रिया के अन्तर्गत छह महीने पुरानी डालियों को काटा जाता है। छंटाई का स्तर पौधों की किस्मों पर निर्भर करता है। यदि प्रशोखा (Cane) की मोटाई अधिक हो तो अधिक कलिकायें छोड़ी जाती हैं, व पतली होने पर कम। इस विधि को अग्रकर्तन (forward pruning) कहते हैं। यदि दो बार उत्पादन प्राप्त करना हो तो ग्रीष्म तथा शरद् दोनों ही ऋतुओं में कर्तन आवश्यक है। काट-छांट का स्तर निम्न अथवा उच्च करके उत्पादन का परिमाण बढ़ाया या घटाया जा सकता है। अंगूर की कृषि दो प्रकार से की जाती है—

(i) एक फसल के रूप में (Clean vine culture)

(ii) मिश्रित फसल के रूप में (Mixed vine culture)।

इटली में मिश्रित कृषि प्रणाली का प्रचलन है। अधिकतम उत्पादन के लिए यहाँ कृषक अंगूर के साथ-साथ अन्य दूसरी फसल भी बो देते हैं। अंगूर की खेती में विशेष सावधानी की आवश्यकता पड़ती है। लताओं पर कई प्रकार के कीड़े तथा

रोग लगते हैं। अंगूर के पौधों में फाइलोजेरा रोग (Phylloxera disease) सबसे पहले अमेरिका में लगा था। यहाँ से इसका प्रसार संसार के समस्त अंगूर उत्पादक क्षेत्रों में हो गया।

अंगूर की बागवानी यूरोप में इस रोग से खासतौर से प्रभावित हुई। फाइलोजेरा के कीट अंगूर के पौधों की जड़ों में आर-पार छिद्र कर देते हैं। इस रोग से फ्रांस में 1863 से 1895 की अवधि में 1 मिलियन हेक्टेयर अंगूर की बागवानी समाप्त हो गयी बाद में सं. रा. अमेरिका के कैलीफोर्निया क्षेत्र से पौधे की कलम मँगाकर अंगूर की खेती पुनः प्रारम्भ की गयी। अंगूर की पत्तियों पर अधिक नमी व शीतऋतु में पत्तियों एवं फलियों पर सफेद धब्बे या फफूँद दिखाई पड़ते हैं।

फफूँद से बचाव के लिए पत्तियों पर बोर्डियक्स मिश्रण (bourdeux mixture) कॉपर-सल्फेट के घोल का छिड़काव करना आवश्यक होता है। अंगूर के फलों को पकने से पहले तोड़ना उचित नहीं रहता है। जब अंगूर कुछ मुलायम हो जाए तथा कुछ रंग निखर जाये तो गुच्छों को कुछ डंठल सहित तेज चाकू या कैंची से सावधानीपूर्वक काटना चाहिए। यह कार्य भूमध्य सागर के क्षेत्र में सितम्बर माह में किया जाता है। फल को बार-बार छूने से खराब हो जाते हैं। साधारणतः प्रति लता से 10 कि. ग्रा. अंगूर प्राप्त किया जाता है। गुच्छों का रंग, सुबास, स्वाद, मिठास से भी तुड़ाई के लिए सही समय का निर्धारण किया जा सकता है। गुच्छे से सड़े-गले अंगूर को बाहर निकालकर ही संवेष्ठन (Packing) के बाद अलग-अलग स्थानों पर विपणन के लिए भेजा जाता है। पैकिंग के समय बक्सों में सल्फर डाई आक्साइड का इस्तेमाल किया जाता है, जिससे लम्बे समय तक फल को सुरक्षित रखा जा सके। अंगूर का प्रयोग शराब निर्माण में अत्यधिक मात्रा में किया जाता है। एक हेक्टेयर अंगूर की बागवानी से 1690-3380 लीटर (अर्थात् 150-300 गैलन) शराब बनायी जा सकती है। सम्पूर्ण अंगूर के उत्पादन का लगभग 85% भाग मदिरा बनाने में उपयोग किया जाता है। शेष 15% ताजे फल खाने के रूप में इस्तेमाल किया जाता है। कई देशों में अंगूर को सुखाकर किशमिश के रूप में भोजन व विभिन्न प्रकार के मिठाइयों, पकवानों आदि में उपयोग किया जाता है।

अंगूर एवं मदिरा

विश्व में अंगूर उत्पादक क्षेत्रों में भू-मध्य सागरीय प्रदेश के यूरोपीय देश आस्ट्रेलिया, दक्षिणी अफ्रीका और संयुक्त राज्य (कैलीफोर्निया) आदि को शामिल

करते हैं। इसके साथ ही कुछ उपोष्ण व शीतोष्ण कटिबंधीय देश भी अंगूर के उत्पादक देश हैं। ये देश अंगूर का ताजे फल के रूप में उपयोग करने के साथ ही शराब बनाने के लिए भी करते हैं। कुछ देश ताजा फल खाने के लिए निर्यात भी करते हैं। ताजे फल के साथ ही इसे सुखाकर किशमिश (द्राक्षा) आदि भी बनाकर निर्यात किया जाता है।

ग्रीक, टर्की, कैलीफोर्निया और आस्ट्रेलिया (सं. रा. अमेरिका) आदि देश अंगूर को सुखाकर निर्यात करते हैं। ताजे फल का उपयोग विशेषकर सं रा. अमेरिका, आस्ट्रेलिया एवं दक्षिणी अफ्रीका आदि देशों में किया जाता है। विश्व में अंगूर के रस का अधिकतम उपयोग मदिरा बनाने के लिए किया जाता है। मदिरा एक अल्कोहली पेय पदार्थ है। अंगूर के फलों के रस के किण्वन द्वारा तैयार किया जाता है। व मदिरा एक किण्वित पेय पदार्थ है जो शर्करायुक्त फलों के रस को अल्कोहली किण्वन द्वारा प्राप्त किया जाता है। मदिरा तैयार करने की कला तथा विज्ञान को वाइनोलोजी (vinology) कहते हैं। प्राचीन तथा मध्यकालीन भारतीय तथा यूरोपीय साहित्य में मदिरा का विस्तृत विवरण मिलता है।

ग्रीक, भारत एवं रोम में आदि काल से मदिरा का प्रचलन रहा है। वर्तमान में विश्व के बहुत से शीतोष्ण एवं उपोष्ण कटिबंधीय देशों में अंगूर पैदा कर मदिरा बनायी जा रहा है। इसके प्रयोग से व्यक्ति में स्फूर्ति तथा उत्तेजना आती है। इसका उपयोग विशेषकर वयस्क लोग ही करते हैं किन्तु यूरोपीय देशों में विशेषकर फ्रांस एवं इटली में यह राष्ट्रीय पेय पदार्थ के रूप में प्रयोग होता है। मदिरा सेवन में फ्रांसीसी विश्वविख्यात हैं। यहाँ वार्षिक खपत का औसत प्रति व्यक्ति 6 गैलन (73 लीटर) है। शराब के अधिक सेवन से फ्रांस में अनेक समस्याएं पैदा हो गयी हैं और अब इसमें कमी के लिए प्रयास किये जा रहे हैं। इटलीवासी एवं स्पेनवासी भी-अपेक्षाकृत अधिक शराब का सेवन करते हैं जबकि प्राच्यवासियों का वार्षिक सेवन बहुत ही कम (अर्थात् एक लीटर से भी कम) है। शराब का प्रयोग अमेरिका में 3 लीटर प्रति व्यक्ति वार्षिक है जबकि ब्रिटेन में वार्षिक उपयोग 8 लीटर प्रति व्यक्ति वार्षिक है। आयातित शराब कर एवं शुल्क (Taxes and duties) के कारण यह बहुत ही महँगी हो जाती है। मध्य-पूर्व में शराब की खपत बहुत कम है। इसी कारण शराब बनाने में अंगूर का ही इस्तेमाल नहीं होता अपितु अनेक फलों साधारणतः बेरी, सेब, आलू, फूलों, चुकन्दर, गाजर आदि सब्जियों द्वारा भी घरेलू प्रयोग के लिए की जाती है।

जापान, चीन तथा द.-पू. एशिया के देशों में चावल के प्रयोग द्वारा व्यावसायिक

दृष्टि से शराब का निर्माण किया जाता है। अब नारियल से भी शराब बनायी जाती है। अंगूरी शराब के अलावा अनेक उत्तेजित पेय पदार्थ यथा—साइडर, बीयर, ह्विस्की रम, ब्राण्डी, आदि हैं। बीयर जौ से निर्मित पेय पदार्थ है जो विश्व के सभी शहरों में प्रयोग की जाती है। अधिक प्रचलन के कारण इसका उत्पादन प्रतिवर्ष बढ़ रहा है। स्पेन तथा इटली में परम्परागत रूप से इसका प्रयोग होता है।

जापान में मुख्य रूप से चावल द्वारा निर्मित शराब का प्रचलन है। वहीं दूसरी ओर फ्रांस बीयर का मुख्य उत्पादक राष्ट्र है। शराब की तुलना में बीयर में कम नशा होता है और इसके निर्माण में तुलनात्मक दृष्टि से कम खर्च आता है। इसलिए इसका प्रचलन एवं सेवन शराब की अपेक्षा में अधिक है। शराब उत्पादक देश मुख्य रूप से पश्चिमी जर्मनी, सं. रा. अमेरिका, ब्रिटेन, रूस, फ्रांस, जापान, चेकोस्लोवाकिया और ब्राजील आदि हैं। शराब का सर्वाधिक उपयोग यूरोपीय देशों में होता है। चेकोस्लोवाकिया में वार्षिक उपभोग प्रति व्यक्ति 135 लीटर (30 गैलन) है। जर्मनी और ब्रिटेन भी मुख्य रूप से उपभोक्ता देश हैं। आस्ट्रेलिया व न्यूजीलैण्ड में मदिरा की वार्षिक खपत प्रति व्यक्ति 112 लीटर (25 गैलन) है। मदिरा (वाइन) की अपेक्षा में बीयर सस्ती है। यह सभी जगह सुलभ भी है, इसलिए अन्तर्राष्ट्रीय व्यापार में इसका कोई महत्त्व नहीं है।

शराब के विभिन्न प्रकार

शराब का विभाजन फल, स्वाद, स्थान, रंग आदि अनेक आधारों पर किया गया है। इसका वर्गीकरण इस प्रकार है—

1. **लाल शराब**—यह मदिरा अंगूर के छिलकों सहित तैयार की जाती है।

2. **गुलाबी शराब**—इस प्रकार की शराब छिलकों तथा गूदों को एक साथ कुछ समय तक रखकर तैयार की जाती है।

3. **सफेद शराब**—फलों से रंगीन छिलका अलग करके तैयार की जाती है।

4. **कड़ी शराब**—इसमें एल्कोहल की मात्रा तुलनात्मक दृष्टि से अधिक रहती है।

5. **औषधीय शराब**—शराब में दवाई मिलाकर उपयोग की जाने वाली को मदिरा दवाइयां की संज्ञा प्रदान की जाती है।

6. **फेनी शराब**—इस प्रकार की शराब काजू फल से बनायी जाती है।

7. **पेरी शराब**—यह नाशपाती से तैयार की जाती है।

8. **संतरा शराब**—इसे संतरे के रस को मीठा करके सड़ाकर तैयार किया जाता है।

9. बेरी शराब—यह बेरी फल से तैयार की जाती है।
10. सूखी शराब—इसमें शक्कर की अल्प मात्रा होती है।
11. मीठी शराब—इसमें शक्कर की मात्रा अधिक होती है।
12. खट्टी शराब—इस प्रकार की शराब एसिटिक एसिड किण्वन से प्राप्तं होती है।

देश तथा स्थानीय स्तर पर शराब का नामकरण

1. शैम्पेन

यह अंगूर के रस से निर्मित की जाने वाली चमकदार शराब है। यह फ्रांस के अतिरिक्त अन्य देशों में भी तैयार की जाती है। आंशिक रूप में सड़ने अथवा तैयार होने की प्रक्रिया बोतलों में ही पूरी हो जाती है। जिसके कारण बोतलों में गैस भरी रहती है। इसमें 6 वायुमण्डलीय दबाव रहता हैं।

2. पोर्ट

यह पुर्तगाल में तैयार की जाती है।

3. मस्कट

यह मदिरा इटली, स्पेन, कैलीफोर्निया और आस्ट्रेलिया में तैयार की जाती है। यह अंगूर से तैयार की जाती है।

4. टोके

यह हंगरी की विख्यात शराब है।

5. साइडर

साइडर का निर्माण इंग्लैण्ड में किया जाता है। यह सेब से किण्वित पेय पदार्थ है जिसका ब्रिटेन एवं फ्रांस में अत्यधिक प्रचलन है। ह्विस्की (whisky), जो आसवित पेय पदार्थ है, सबसे पहले स्काटलैण्ड और स्कैण्डिनेविया में निर्मित की गयी। यद्यपि आज ह्विस्की विश्व के अनेक देशों, मुख्यतः से संयुक्त राज्य अमेरिका व जापान में भी बनायी जाती है। रम (Rum) चीनी उद्योग के अवशिष्ट पदार्थ शीरा से बनायी जाती है। इस तरह की शराब मुख्य तौर पर उत्तर प्रदेश (भारत) में निर्मित की जाती है।

ब्राण्डी (Brandy) अंगूर के रस से आसवित पेय पदार्थ है जो कांगनाक

(फ्रांस) में बनती है। वोडका (Vodka) रूस का निर्मित पेय पदार्थ है जो आलू तथा राई से आसवित कर तैयार की जाती है। भौगोलिक दृष्टि से मदिरा (वाइन) स्फूर्ति तथा उत्तेजना के लिए एक जरूरी पेय पदार्थ है। इसका निर्माग एवं वितरण मुख्य रूप से कुछ विशिष्ट कृषि उत्पादों से भिन्न-भिन्न प्रकार से किया जाता है। उच्च कोटि के शराब को बनाने हेतु पर्याप्त मात्रा में अंगूर का उत्पादन करना आवश्यक है।

विभिन्न प्रदेशों में निर्मित शराब के गुण एवं स्वाद (Taste) में अन्तर मिलता है। क्योंकि अंगूर के उत्पादन पर भौगोलिक तत्त्व का प्रभाव पड़ता है, इसलिए मदिरा के गुण एवं स्वाद में अन्तर होना स्वाभाविक है।

विश्व के कुछ प्रमुख शराब उत्पादक क्षेत्र निम्नलिखित हैं–

1. क्लारेट (Claret)–गिरोण्डे (Geronde Basin)
2. शरी (Sherry)–स्पेन
3. पोर्ट (Port)–पुर्तगाल
4. टोक्ये (Tokay)–हंगरी
5. चियान्ती (Cheanti)–इटली
6. मार्सला (Marsala)–सिसली।

फ्रांस में अंगूर का उत्पादन मुख्य रूप से फ्रांस के पर्याय के रूप में है। यहाँ पर कुछ विशिष्ट क्षेत्रों में निश्चित किस्म की शराब तैयार की जाती है। और उस शराब का नामकरण भी वहीं कर दिया गया है जैसे कि–शैम्पेन (Champagne), बुरगण्डी (Burgundy), मेडॉक (Medoc) आदि। मदिरा के नवीन क्षेत्रों के रूप में द. अफ्रीका, सं. रा. अमेरिका, आस्ट्रेलिया व सोवियत रूस (पूर्व) भी हैं किन्तु ये देश विशिष्ट प्रकार के मदिरा उत्पादक देशों में नहीं हैं।

शराब निर्माण उद्योग

शराब का निर्माण करना एक कला है जिसमें विशेष धैर्य, प्रवीणता और अनुभव की आवश्यकता पड़ती है। इसमें सिर्फ अंगूर ही नहीं अपितु अनेक प्रक्रियाएँ मदिरा के लिए अपनानी पड़ती है। विभिन्न तकनीक से अनेक प्रकार की शराब बनायी जाती है। अंगूर का रस ज्यादा रस वाली किस्मों से तैयार किया जाता है। इसका रस निकालना बहुत आसान हैं। इससे रस निकालने से पूर्व फल का पूरी तरह पका होना आवश्यक है। रस निकालने के लिए दोनों ही प्रकार के अंगूर अर्थात रंगवाली व सफेद किस्मों का इस्तेमाल किया जाता है।

शराब बनाने की प्रक्रिया

(i) सबसे पहले अच्छे् फलों का चुनाव करते हैं। फल को विधिवत् साफ करकें मसलते, कुचलते और दबाकर रस निकाला जाता है। साधारणतया: 60-70% रस निकलता है। इस प्रकार तैयार पदार्थ मस्ट (Must) कहलाता है।

(ii) सल्फिटिंग–तैयार गूदे अथवा मस्ट में सल्फर डाई आक्साइड मिला दिया जाता है। इसकी मात्रा 50-70 जी. पी. एम. अर्थात् (22 ग्राम प्रति 100 किलो. फल अथवा गुदा पोटैशियम-मेटा-बाई सल्फाइट के रूप में प्रयोग किया जाता है।) इसके इस्तेमाल से शराब की शुद्धता एवं स्वाद में अभिवृद्धि हो जाती है।

(iii) मस्ट में शक्कर अथवा एसिड की न्यूनता को अनिवार्य सीमा तक लाने के लिए उन्हें इसमें मिलाया जाता है जिससे Must में समानता आ जाय व किण्वन उचित रूप से हो सके।

(iv) मस्ट में अल्कोहली किण्वन विधि से मदिरा तैयार करने की क्रिया पूरी की जाती है।

किण्वन योग्य शर्करा → खमीर → एथाइल अल्कोहल + कार्बन डाई आक्साइड

Fermentable Sugar → Yeast → Ethyal →Alcohol + Corbon dioxide

$C_6H_2O_6 \rightarrow 2C_2H_5OH + 2CO_2$

किण्वन तीन अवस्थाओं में होता है–

1. प्रारम्भिक अवस्था → खमीर की वृद्धि

2. तीव्र किण्वन → तापक्रम बढ़ना, बुलबुले उठना तथा कार्बन डाई आक्साइड गैस निकलना।

3. शान्त किण्वन → अंतिम किण्वन शांत रूप से हो रहे हैं।

तापक्रम 27-29°C उपयुक्त होता है। 35°C से अधिक होने पर रुक जाता है।

किण्वन की प्रक्रिया 2 से लेकर 20 दिनों के मध्य भी हो सकती है। यह प्रक्रिया विभिन्न परिस्थितियों पर निर्भर है। अधिकांश अंगूर में 12-16% शक्कर की मात्रा होती है। निम्न शर्करा वाले फलों में अतिरिक्त शक्कर मिलाकर इस कार्य को पूरा किया जाता है। शराब में शक्कर 23% से अधिक नहीं होनी चाहिये। अम्लता 1% उपयुक्त मानी जाती है। 1° ब्रिटेन या 1 ग्राम शर्करा प्रति 100 मिली. रस को किण्वन करने 0.55 ग्राम अलकोहल प्राप्त होता है।

(v) खमीर की किस्म (सैकेरो माइसीज इलिप्साइडिया उचित मानी जाती है।

शुद्ध कल्चर की बोतल में 113-141 के अनुपात पास्चुरीकृत रस मिला दिया जाता है। 24 घण्टे में खमीर वृद्धि पर्याप्त रूप से हो जाती है। इसे 1.10 के अनुपात में मिला दिया जाता है।

(vi) साफ रस को साइफन के जरिये अलग करके बोतलों को भरकर वायुरुद्ध से बन्द कर दिया जाता है।

(vii) पकाने तथा अनुकूलन में निश्चित समय लगता है। इस निर्धारित अवधि को कम करने का कोई नया उपाय नहीं है। जिस प्रकार पुराना चावल पुराने आचार को उत्तम माना जाता है। शराब की किस्म के अनुरूप इसके निर्माण में 6-12 माह का समय लगता है। इस क्रिया से मदिरा में सुबास एवं सुरभि पैदा हो जाती है, साथ ही शराब की तीक्ष्णता भी समाप्त हो जाती है।

(viii) अवांछित जीवाणुओं की वृद्धि विशेषकर एसिट बैक्टर (Aceto vacter) को रोकने के लिए पास्चुरीकरण आवश्यक है। 82 से 88°C में 1 से 2 मिनट तक पास्चुरीकरण किया जाता है। इसके बाद पास्चुरीकृत शराब को बोतलों में भरकर सील कर दिया जाता है। निर्माण प्रक्रिया के आधार पर शराब को तीन भागों में बांटा जा सकता है–

1. सामान्य शराब

यह सस्ती और सभी जगह उपलब्ध होती है। अल्जीरिया में इस प्रकार की मदिरा बनायी जाती है।

2. किण्वित शराब

इसे सिर्फ किण्वित कर बोतल में भर दिया जाता है। दूसरा किण्वन बोतल में ही होता है। इसे Sparkling wine भी कहते हैं।

3. आसुवित मदिरा

यह किण्वन के बाद आसवन प्रक्रिया द्वारा तैयार की जाती है। ब्राण्डी, पोर्ट, शेरी इसी प्रकार की मदिरा हैं। इसे Furtified wine भी कहते हैं।

शराब का सामान्य रासायनिक विश्लेषण

(मात्रा-100 मिली लीटर, 20°C)
सोडियम क्लोराइड-0.1 ग्राम से अधिक नहीं
पोटैशियम सल्फेट-0.2 ग्राम से अधिक नहीं

वाष्पशील अम्ल

लाल मदिरा = 0.14 ग्राम

सफेद मदिरा = 0.12 ग्राम

एल्कोहल = 4.5-10.0 ग्राम अपोषित

ग्लिसरीन = 0.4-1.0 ग्राम अपोषित

राख = 0.1 से-0.44 ग्राम

अम्लता (टार्टरिक एसिड) = 0.5-0.9 ग्राम

नाइट्रोजन = 0.007-0.009 ग्राम

पी. एच. = 2.3-3.8

उपर्युक्त विश्लेषण किसी विशेष मदिरा का नहीं है।

उत्पादन और व्यवसाय

वैश्विक व्यापार में शराब का अत्यधिक महत्व नहीं है। विश्व के कुछ ऐसे राष्ट्र हैं जो अपनी आवश्यकता से कुछ अधिक मात्रा में शराब बनाते हैं। विश्व के लगभग 2/3 शराब का उत्पादन भूमध्यसागरीय प्रदेशों में होता है। उत्पादित शराब का अधिकांश भाग का खपत स्थानीय बाजार में ही हो जाता है। सिर्फ उत्तम कोटि की ही मदिरा का विश्व व्यापार होता है। इटली और फ्रांस प्रमुख शराब उत्पादक देश हैं। आगे सारणी में विश्व के प्रमुख देशों में शराब के उत्पादन को प्रदर्शित किया गया है।

फ्रांस उच्च कोटि की शराब बनाकर उसे विदेशों में निर्यात कर देता है जबकि अपने देशवासियों के लिए निम्न कोटि की शराब रोजमर्रा के इस्तेमाल के लिए आयात करता है। इटली और स्पेन दोनों प्रमुख उत्पादक देश हैं किन्तु इन दोनों ही देशों में प्रति व्यक्ति मदिरा का अपेक्षाकृत अधिक सेवन होने के कारण निर्यात की संभावना बहुत ही कम रहती है।

अन्तर्राष्ट्रीय बाजार में प्रसिद्ध उच्च श्रेणी की शराब है—शेरी (Sherry) स्पेन, आस्ती, चैनाती (Asti, Chainti), पोर्ट (Port), पुर्तगाल, इटली का उल्लेख किया जा सकता है। यूरोपी के उपभोक्ताओं द्वारा विशेष रूप से इस शराब को पसन्द किया जाता है। उपर्युक्त देशों की अपेक्षा ग्रीक, हंगरी, जर्मनी अपेक्षाकृत कम निर्यातक देश हैं। ये सभी देश अपने विख्यात ब्रांडेड शराब का निर्यात करते हैं। ब्रिटेन शराब का मुख्य आयातक राष्ट्र है। अल्जीरिया अपने परम्परागत निम्न श्रेणी की मदिरा को फ्रांस के लिए तैयार करता है। चूँकि यहाँ पर मुस्लिम जनसंख्या ज्यादा है। इसलिए

धार्मिक प्रतिबंध के कारण मदिरा का सेवन वर्जित है। यहाँ की मदिरा फ्रांस को निर्यात कर दी जाती है। यहाँ मदिरा निर्माण का प्रारम्भ फ्रेंचवासियों के द्वारा हुआ क्योंकि अल्जीरिया फ्रांसीसियों के उपनिवेश के रूप में था। अब मदिरा का उत्पादन यहां आधे से भी कम हो गया है। यहाँ के निवासी अंगूर उत्पादन के पक्ष में अधिक नहीं हैं। यूरोप महाद्वीप के बाहर मदिरा का उत्पादन तुलनात्मक रूप से कम होता है जो उत्पादन होता भी है, उसका स्थानीय स्तर पर खपत हो जाता है। साथ ही अन्तर्राष्ट्रीय व्यापार में भी उसका अपेक्षाकृत कम महत्त्व है।

सारणी

विश्व के प्रमुख मदिरा उत्पादक देश, 1984

देश	*उत्पादन (हजार मीट्रिक टन)*	*विश्व का प्रतिशत*
इटली	7000	21
फ्रांस	6447	20
पूर्व सोवियत संघ	3800	12
स्पेन	3554	11
अर्जेन्टाइना	2000	6
सं. रा. अमेरिका	1620	5
विश्व	32759	100

स्रोत- FAO Production Year Books, 1985

संयुक्त राज्य में कैलीफोर्निया आवश्यकता के लिए आंशिक उत्पादन करता है। चिली एवं अर्जेन्टाइना में मदिरा का उत्पादन घरेलू उपयोग के लिए किया जाता है। यूरोपीय देशों की अपेक्षा बाहरी देशों की मदिरा निम्न श्रेणी की होती है इस मदिरा की संसार के बाजार में भी प्रसिद्धि भी नहीं है। यूरोप के अलावा भूमध्य सागरीय प्रदेश के देश ताजे फल एवं सूखे फल का निर्यात करते हैं।

यूरोप में मदिरा निर्माण

मुख्यतया भूमध्य सागरीय यूरोपीय राष्ट्र ही मदिरा उत्पादक राष्ट्र हैं परन्तु उच्च श्रेणी की गुणवत्ता वाली शराब भूमध्य सागरीय जलवायु प्रदेश के अतिरिक्त अन्य क्षेत्र में भी जैसे पेरिस, राइन बेसिन और उसकी नदी घाटियों में भी बनाई जाती है। इस

भाग में यह उपयुक्त अच्छी मिट्टी तथा अन्य भौगोलिक तत्त्वों की मौजूदगी के कारण सम्भव हुआ है। यूरोप के कुछ महत्त्वपूर्ण देशों का वर्णन निम्नवत् है–

इटली–इटली यूरोप का महत्त्वपूर्ण मदिरा उत्पादक देश है। यहां उत्पादन मुख्य रूप से मौसमी दशाओं पर आश्रित है। वर्ष 1977 में इटली विश्व का 22% मदिरा उत्पादक (6363000 टन) देश था। साथ ही ताजे फल तथा किशमिश के उत्पादन में भी इटली का प्रथम स्थान था। यहाँ पर अंगूरी शराब मिश्रित रूप (Mixed Culture) में तैयार की जाती है और यहां मिश्रित मदिरा का उत्पादन फ्रांस से ज्यादा होता है। यहाँ पर निम्न श्रेणी की मदिरा भी तैयार की जाती है।

इटली में प्रतिव्यक्ति शराब की खपत अन्य यूरोपीय राष्ट्रों की तुलना में अधिक है जनसंख्या के एक बड़े भाग द्वारा अधिक मात्रा में शराब के उपयोग के कारण कम मात्रा में शराब बाहर निर्यात की जाती है। इटली के कुछ प्रमुख शराब की किस्मों में आस्ती (Asti) तुरीन के मध्यवर्ती पर्वत पदीय क्षेत्र में, चियान्ती (Chianti) आरनों तथा टिबर बेसिन में और मारशाला (Marsala) सीसली द्वीप की है। भूमध्य सागरीय जलवायु के कारण प्रायद्वीपीय इटली में सर्दी के मौसम में नम और मृदुल होती है जबकि ग्रीष्मकाल वर्षाहीन होने के कारण अंगूरों के उत्पादन के लिए अनुकूल दशाएँ प्राप्त होती हैं। चूना पत्थर प्रदेश व अल्पाइन के पादप-प्रदेश में दक्षिणी ढालुआँ प्रदेश पर अंगूर की सफल बागवानी की जाती है। इटली में अधिक अंगूर उत्पादन का एक कारण यह भी है कि यहां सस्ते और कुशल श्रमिक आसानी से मिल जाते हैं। इटली के अंगूर उत्पादक क्षेत्र में दूसरी सहचरी फसलें भी पैदा की जाती हैं। इस प्रकार यहाँ पर 65% क्षेत्र पर अंगूर की बागवानी में दूसरी फसलें भी ली जाती हैं। यहाँ पर अंगूर का उत्पादन पोबेसिन, कैम्पानिया, आपूलिया, तुसकेनी, पर्वत की तलहटी वाले क्षेत्रों और एपेन्नाइन्स के निम्न ढालुआँ प्रदेशों में किया जाता है। सिसली में भी अंगूर से शराब बनाई जाती है।

फ्रांस

फ्रांस सदैव ही अंगूर और अंगूरी मदिरा के निर्माण के लिए विश्वभर में विख्यात रहा है। यह विश्व का दूसरा महत्त्वपूर्ण मदिरा उत्पादक देश है। विश्व व्यापार में भी इसका अद्वितीय स्थान है। यहाँ पर अंगूर बागान 2 हेक्टेयर से लेकर 360 हेक्टेयर तक के फार्मों के रूप में फैले हुए हैं, जहाँ अंगूर के अन्तर्गत 1.3 मिलियन हेक्टेयर क्षेत्र सम्मिलित हैं। अर्थात् कृषियोग्य भूमि के 7% क्षेत्र पर अंगूर की

बागवानी की जाती है। यहाँ पर मदिरा निर्माण से संबंधित उद्यम देश के सभी भागों में छिट-पुट रूप में मिलते हैं किन्तु मुख्यतया अवस्थित हैं शैम्पेन में। यहाँ से निर्यात होने वाली शराबों में एन्जूर, एत्सादे, वोर्डियोक्स बरगण्डी, शैम्पेन, बर्गोन, कौटेस-डयू-कोन, जुराकन आदि विश्व प्रसिद्ध हैं। अंगूर की कृषि के लिए चूना अंशयुक्त मिट्टी तथा शुष्क ग्रीष्मकाल की आवश्यकता होती है।

यहाँ की अधिकांश दक्षिणी तथा मध्यवर्गी भागों की जलवायु अंगूर के उत्पादन के लिए अनुकूल है। अतएव यहां हर जगह अंगूर की कृषि होती है। यदि लौइर के मुहाने से पेरिस को जोड़ती रीम क्षेत्र तक एक रेखा खींची जाय तो यह लगभग अंगूरों की उत्तरी सीमा बताएगी। इस रेखा के दक्षिण में जिसके अन्तर्गत देश का तीन-चौथाई भू-भाग आता है, सभी जगह अंगूर व शराब उत्पन्न किया जाता है फिर भी गुणवत्ता (Quality) की दृष्टि से गैरोन-डोडोन घाटियों, शैम्पेन-एत्साके, लौइर घाटी एवं रोन-साओन कॉरीडोर आदि प्रदेश महत्त्वपूर्ण हैं। लैंग्वेडक क्षेत्र में साधारण किस्म की शराब सर्वाधिक मात्रा में बनती है। फ्रांस शराब उत्पादन में विशिष्टता का ध्यान रखा जाता है।

कुछ ऐसे क्षेत्र हैं जो अपने विशिष्ट उत्पादन हेतु सम्पूर्ण जगत में विख्यात हैं जैसे—साओन घाटी की तरफ वाले कोटेडोर के ढाल प्रदेश जहाँ कि पर्याप्त धूप रहती है, अपनी बरगंडी शराब के लिए विख्यात हैं। एत्साके में सासेजेज के निचले ढालों में राइन शराब तैयार की जाती है। आइन, एस्ते तथा मार्ने नदियों की घाटियों में विश्व प्रसिद्ध शैम्पेन तैयार की जाती है जिसके महत्त्वपूर्ण केन्द्र रीम्स व एपने हैं। यहाँ अंगूर के खेत दक्षिण-पूर्व की ओर झांकते हुए स्कार्पलैण्ड के ढाल के सहारे दिखते हैं।

फ्रांस को प्रकृति ने गुफाओं के रूप में, जिनमें हमेशा एक सा तापमान रहता है, सुन्दर स्टोर प्रदान किया है। शैम्पेन शराब बनाने की पद्धति इसी क्षेत्र में मौलिक रूप से आरम्भ किया गया। फ्रांसीसी शैम्पेन बनाने की पद्धति को बहुत दिनों तक गुप्त रखे रहे। वर्तमान लौइर बेसिन में भी शैम्पेन की ही तरह की शराब बनाई जा रही है। लैंग्यूडॉक (Languedoc) अंगूर उत्पादन का महत्त्वपूर्ण क्षेत्र है, जहाँ फ्रांस की लगभग आधी शराब तैयार की जाती है।

बोर्डेक्स (Bordeaux) में नाना प्रकार की शराब तैयार की जाती है। यहाँ देश की लगभग एक-चौथाई शराब बनती है। चेरण्ट धारी में ब्राण्डी तैयार की जाती है। कलेरेट (Clarets) और सोटेर्नेस (Sauternes) प्रकार की मदिरा एक्वीटेन बेसिन में निर्मित की जाती है। इस प्रकार फ्रांस अंगूर तथा अंगूरी शराब के लिए विश्व प्रसिद्ध है। भौगोलिक दृष्टि से भी यहाँ एतदर्थ सभी दशायें सुलभ हैं। इसलिए

यहाँ पर अंगूर की खेती एवं मदिरा निर्माण उद्योग का भविष्य विकासोन्मुख तथा उज्ज्वल है।

स्पेन

स्पेन विश्व का तृतीय प्रमुख अंगूरी मदिरा का उत्पादक राष्ट्र है। यह विश्व का 8% शराब उत्पन्न करता है। यहाँ फ्रांस व इटली की अपेक्षा अंगूर की खेती में अपेक्षाकृत कम क्षेत्रफल शामिल है। परन्तु स्पेन के लगभग एक चौथाई भाग पर अंगूर और दूसरी सहचरी फसलों की खेती की जाती है। यहाँ अंगूर के लिए उपयुक्त मिट्टी एवं जलवायुविक दशाएं मिलती हैं। यहाँ नदी वेदिकाओं पर सिंचित अंगूर की बागवानी की जाती है। स्पेन की शेरी (Sherry) शराब विश्व-प्रसिद्ध है जिसका उत्पादन कॉडिज (Cadiz) के आस-पास जिरेजडीला फ्रोन्ट्रा (Jerej dela frontera) में किया जाता है।

मालगा (Malaga) बन्दरगाह के आस-पास (इस्पेन में) मालगा प्रकार की शराब तैयार की जाती है। अंगूर उत्पादन का अधिकांश क्षेत्र वेलेन्सिया और एन्डालुस्या के तटवर्ती भाग में है। इसके अतिरिक्त बेसिन, टागसबेसिन, डोडरो बेसिन, ग्वाडियाना और ग्वाडा लक्यावीर भी अंगूर उत्पादन के क्षेत्र के अन्तर्गत आते हैं।

यूरोप के अन्य देशों में ऑपरटो और डाउरो बेसिन के अंगूर उत्पादन से पुर्तगाल की 'पोर्ट' नामक मदिरा तैयार की जाती है। सागरतटीय बन्दरगाह कोयम्ब्रा से लन्दन को भेजा जाता है। पुर्तगाल के इस शराब को अंग्रेज बहुत ही पसन्द करते हैं। हंगरी में 'टोके' (Tokay) प्रमुख मदिरा उत्पादक क्षेत्र है।

जर्मनी में मदिरा का उत्पादक केन्द्र फेरीबर्ग है। यहाँ की हॉक और राइन की शराब प्रमुख है जो राइन व उसकी सहायक नदियों मेन, नेकर, लाह्न, मोसिसी में तैयार की जाती है। इसके अतिरिक्त यूगोस्लाविया के वालकन प्रान्त, रोमानिया, बुल्गारिया, ग्रीक और पूर्व सोवियत संघ के दक्षिणी प्रदेशों में विश्व की 11% शराब तैयार की जाती है। यहाँ की अधिकांश शराब घरेलू उपयोग में आ जाती है।

अल्जीरिया और मोरक्को जैसे भूमध्य सागरीय क्षेत्र में भी मदिरा निर्माण किया जाता है। मिस्र में अंगूर का उत्पादन (वर्ष 1985 में) 7.20 लाख टन हुआ था। सीरिया या इजरायल में अंगूर की कृषि विशेष प्रसिद्ध है। उपर्युक्त उत्पादक प्रदेशों के अतिरिक्त अंगूर तथा शराब का उत्पादन उत्तरी गोलार्द्ध में सं. रा. अमेरिका की कैलीफोर्निया घाटी में भी किया जाता है। यहाँ पर तुलनात्मक रूप में अंगूर के ताजे

फल का उत्पादन किया जाता है। शराब के लिए अंगूर का उत्पादन झीलों वाले प्रदेश में करते हैं। सं. रा. अमेरिका में अंगूर की खेती दो प्रमुख क्षेत्रों में होती है–

1. पूर्वी क्षेत्र, एवं 2. पश्चिमी क्षेत्र।

पूर्वी क्षेत्र को दुबारा पाँच लघु क्षेत्रों में बांटा जा सकता है–

(i) मिशीगन राज्य का दक्षिणी-पश्चिमी भाग,
(ii) इरी और ह्यूरन झीलों का दक्षिणी भाग,
(iii) ओण्टोरियो झील का तटवर्ती भाग,
(iv) न्यूयार्क में किंगरलेक के पास का भाग तथा
(v) फ्लोरिडा तट।

संयुक्त राज्य अमेरिका का दूसरा प्रमुख क्षेत्र पश्चिमी हिस्से में अवस्थित कैलीफोर्निया प्रांत है, जहां अंगूर की खेती की जाती है। यहाँ की इम्पीरियल घाटी अंगूर के उत्पादन के लिए विश्वविख्यात है। वर्ष 1985 में सं. रा. अमेरिका का उत्पादन 47 लाख टन था जिसमें कैलीफोर्निया राज्य में 2,34,731 टन उत्पादन हुआ था। अन्य उत्पादक क्षेत्रों में वाशिंगटन ओरोगन, नेवादा तथा पेंसिलवानिया प्रमुख हैं। पेंसिलवानिया राज्य ने 1985 में 60,000 टन अंगूर पैदा किया था। दक्षिणी गोलार्द्ध में अंगूर तथा शराब का उत्पादन चिली के मध्यवर्ती घाटी प्रदेश (सेण्टियागो के आस-पास) में किया जाता है। अर्जेन्टाइना में अंगूर का उत्पादन मेण्डोजा व सानजुआन प्रान्तों में किया जाता है। अर्जेंटाइना और चिली विश्व के 11% अंगूर का उत्पादन करते हैं। अर्जेंटाइना विश्व का चौथा प्रमुख अंगूर उत्पादक देश है। दक्षिणी अफ्रीका के केप प्रान्त में अंगूर व शराब का उत्पादन होता है क्योंकि यहाँ पर भूमध्य सागरीय प्रकार की जलवायु पायी जाती है।

शुष्क क्षेत्रों में सिंचाई की सुविधा द्वारा अंगूर की कृषि होती है। केपटाउन से शराब व अंगूर के ताजे फल व किशमिश का निर्यात होता है। दक्षिणी आस्ट्रेलिया में एडीलेड के आस-पास अंगूर तथा अंगूरी शराब तैयार की जाती है। विक्टोरिया प्रान्त के मर्रे डालिग के बेसिन में सीमित क्षेत्र पर मध्यवर्ती न्यू साउथ बेल्स के भिल्डुरा के आस-पास अंगूर की बागवानी सिंचाई पर निर्भर है। न्यूजीलैण्ड में अंगूर की खेती उत्तरी द्वीप के तारानाकी, मानावातू मैदानी दक्षिणी द्वीप के नेलशेन पृष्ठ प्रदेश में की जाती है। पूर्व सोवियत संघ में अंगूर के बगीचे दक्षिणी यूक्रेन, माल्डेविया में पाये जाते हैं। यहाँ पर अंगूर की कृषि लगभग 20 लाख हेक्टेयर भूमि पर की जाती है।

ट्रान्सकाकेशिया का क्यूटेश प्रदेश अंगूर उत्पादक प्रदेश हैं। वर्ष 1985 में अजरबेजान 2123 लाख टन, आरमीनिया 223 लाख टन तथा जार्जिया ने 522 लाख

टन अंगूर पैदा किये थे। सीरिया तथा इजरायल में अंगूर का विशेष महत्त्व है। टर्की का पठारी भाग, अफगानिस्तान, ईरान और बलूचिस्तान के पर्वतीय भागों में अंगूर का उत्पादन किया जाता है। ईरान का शिराजनगर अंगूरी शराब बनाने के लिए प्रसिद्ध है।

ताइवान के उत्तरी हिस्से में अंगूर की पैदावार की जाती है। फलों को यहाँ से सं. रा. अमेरिका और ब्रिटेन को निर्यात किया जाता है। जापान में अंगूर का उत्पादन ग्लास हाउस (Glass House) में किया जाता है। मौजूद आंकड़ों के अनुसार भारत में अंगूर की बागवानी के लिए लगभग 10,000 हेक्टेयर क्षेत्र शामिल हैं जबकि कुल उत्पादन क्षमता 2 लाख टन वार्षिक है। इसके क्षेत्रफल में निरन्तर वृद्धि हो रही है। उत्तरी भारत में यह पर्णपाती फल के रूप में विकसित हो रहा है। इसके पौधे सर्दियों में पत्तियां गिराकर सुषुप्तावस्था में रहते हैं। दक्षिण की तुलना में यहाँ उत्पादन कम मिलता है। दक्षिणी भारत में दो बार काट-छांटकर अधिक पोषण की आवश्यकता पड़ती है। दक्षिण भारत में 21.5 टन अंगूर का उत्पादन होता है जो कि विश्वभर में एक रिकॉर्ड है।

5

कृषि प्रकारिकी

इसका इतिहास काफी पुराना है जो लगभग दस हजार वर्षों से चला आ रहा है। प्राचीनकाल से ही मानव अपनी जीविकोपार्जन के लिये कृषि पर ही निर्भर रहा है। औद्योगिक-नगरीय क्रान्ति के बावजूद आज भी विश्व की लगभग 50% जनसंख्या कृषि में संलग्न है। अधिकतर विकसित और विकासशील देशों में कृषि ही प्रमुख उद्यम है। आज कृषि व्यवसाय रोजगार एवं राष्ट्रीय आय का महत्त्वपूर्ण आधार है। कृषि से उद्योगों हेतु कच्चा माल मिलता है। साथ ही इसमें उत्पादित पदार्थों के निर्यात से विदेशी मुद्रा की प्राप्ति भी होती है। किसी भी प्रदेश में कृषि के विकास में प्राकृतिक, सांस्कृतिक-सामाजिक, राजनीतिक, आर्थिक तथा तकनीकी आदि समस्त कारकों का योग है। इन सभी कारकों का संयुक्त चित्रण कृषि ही प्रस्तुत करती है।

इसी के फलस्वरूप कृषिगत विशेषता में भी भिन्नता होती है। इसके साथ ही कृषि एक विशेष प्रकार के पर्यावरण के अन्तर्गत पायी जाती है। इस तरह इन्हें एक विशिष्ट कृषि प्रदेश की संज्ञा दी जाती है, यथा—भूमध्य सागरीय कृषि प्रदेश के क्षेत्र मध्य कैलीफोर्निया, मध्य-चिली, केप प्रान्त, आस्ट्रेलिया के दक्षिणी-पश्चिमी भाग तथा न्यूजीलैण्ड के उत्तरी भाग में पाये जाते हैं। विगत वर्षों में कृषि भूगोल के तहत कृषि-प्रकार, कृषि प्रतिरूप, कृषि समस्याएँ, कृषि-प्रदेशीकरण एवं कृषि नियोजन से जुड़े अनेक अध्ययन किये गये हैं।

इन सभी अध्ययनों के अन्तर्गत अलग-अलग कारकों चरों को उपयोग में लाया गया है। इन अध्ययनों में भिन्न-भिन्न तरह की कार्य पद्धति (Methodology) एवं तकनीक (technique) का इस्तेमाल किया है। इस प्रकार किसी भी देश या प्रदेश में कृषि के प्रकार को निश्चित कर यह सीमांकन का कार्य करती है।

अंग्रेजी शब्द 'agriculture typology' का यदि विश्लेषण किया जाय तो स्पष्ट होता है कि यह चार शब्दों के योग-Agri+culture, Type+logy से बना है। Agriculture लैटिन भाषा के Agricultura (एगरी कल्चुरा) शब्द से उद्धृत है। Agri शब्द का अर्थ land (खेत) है जबकि cultura (कल्चुरा) शब्द का अर्थ खेती क्रिया अथवा खेती संस्कृति से है। इस तरह संक्षेप रूप में एग्रीकल्चर का शाब्दिक अर्थ खेती संस्कृति या खेती कला से है। टाइप (type) का हिन्दी पर्याय 'प्रकार' और logy का आशय व्याख्या करना अथवा विश्लेषण करना है। इस प्रकार एग्रीकल्चर टाइपोलोजी का हिन्दी में शाब्दिक अर्थ "कृषि प्रकारात्मक विश्लेषण" है। आमतौर पर कृषि प्रकार से अभिप्राय राष्ट्र में विकसित कृषिगत आकार के प्रकारात्मक प्रारूप की व्याख्या से है।

संक्षेप में विभिन्न क्षेत्रों/प्रदेशों/देशों में पायी जाने वाली कृषि सम्बन्धी विभिन्न चरों की मुख्य विशेषताओं की भिन्नता ही, एक विशेष क्षेत्रीय इकाई को दर्शाती है, जिसे कृषि प्रकारिकी कहते हैं। यह इकाई क्षेत्र किसी भी स्तर (लघु अथवा वृहद्) का हो सकता है। इसलिए कृषि प्रकारिकी विशिष्ट विशेषताओं से युक्त एक प्रादेशिक इकाई वाला क्षेत्र है। प्रो० कासोवस्की महोदय के अनुसार 'कृषि प्रकारिकी' एक विशिष्ट प्रदेश में विकसित कृषि संदर्भित गुणों की समरूपता है और विशिष्ट तरह के कृषि प्रतिरूप सम्बन्धी विशेषताएँ एक ही वक्त में विभिन्न क्षेत्रों में देखने को मिलती हैं। अर्थात् एक कृषि प्रकारिकी के तहत धरातल पर कई क्षेत्र पाये जा सकते हैं। इसलिए कृषि प्रकारिकी की संकल्पना में कृषि भूमि उपयोग विषयक अध्ययन के अन्तर्गत सामाजिक (social), संगठनात्मक (Organization), तकनीकी एवं उत्पादकता सम्बन्धी कारकों को मुख्य स्थान दिया जाता है।

कृषि भूगोल के अन्तर्गत इस पद्धति का विकास वर्तमान दशक की एक खास उपलब्धि है। प्रो. कासोवस्की (1972) की अध्यक्षता में अन्तर्राष्ट्रीय भूगोल संघ के तत्त्वावधान में गठित कृषि प्रकारिकी आयोग (Commission on Agriculture Typology) ने कृषि भूगोल में एक नयी प्रविधि का सुझाव दिया जिसमें स्थान, मापक तथा अवधि को गौण स्थान दिया गया है। इस आयोग का कार्यकाल 1964 से 1976 (12 वर्षों) तक रहा। इस अवधि में विश्व के विविध क्षेत्रों से आये

भूगोलवेत्ताओं के सतत प्रयत्नों के फलस्वरूप एक ऐसी कार्य पद्धति का सूत्रपात हुआ जिसके माध्यम से किसी भी क्षेत्र के कृषि प्रकार ज्ञात किये जा सकते हैं। इससे प्राप्त परिणाम विश्व के समस्त भागों हेतु उपयोगी होते हैं एवं साथ ही स्थान एवं वक्त के परिप्रेक्ष्य में तुलनात्मक निष्कर्ष भी प्राप्त होते हैं। इस प्रकार कृषि के क्षेत्र में यह प्रणाली स्वयं में केवल नयी ही नहीं अपितु व्यावहारिक, सामाजिक एवं वैज्ञानिक भी है।

हम देख रहे हैं कि कृषि के क्षेत्र में पूरे विश्व में इस प्रणाली का प्रयोग हो रहा है। प्रकारिकी के आधारभूत तत्त्व क्षेत्रीय प्रतिरूप एवं वितरण के रूप में ऐसे विशिष्ट इकाई क्षेत्र को सीमांकित करते हैं जो अपनी विशिष्ट प्रकृति एवं अन्तर्सम्मिश्रण के कारण पृथक् होते हैं इसलिए कृषिगत विशेषताओं की प्रधानता एवं सहअस्तित्त्व के आधार पर कृषि-प्रकारिकी का निर्धारण होता हैं। प्रदेश तथा प्रकारिकी की संकल्पना में मौलिक अन्तर है। प्रदेश एक क्षेत्रीय संकल्पना है जिसकी निश्चित सीमाएँ होती हैं। प्रदेश में स्थानिक विविधताएँ वातावरण के भिन्न-भिन्न कारकों के माध्यम से नियन्त्रित होती हैं जबकि प्रकारिकी एक पदानुक्रमिक संकल्पना है जिसका प्रसार लम्बवत्, निम्न से उच्च क्रम तक होता है। इस तरह प्रदेश (region) तथा प्रकारिकी (typology) की संकल्पना में मौलिक अन्तर है।

लघु स्तर पर कृषि-प्रकारिकी के निर्धारण हेतु कृषि भूमि का एक टुकड़ा अथवा कार्यिक जोत क्षेत्र को सम्मिलित करते हैं। पदानुक्रमिक स्तर पर गाँव, विकास खण्ड, पंचायत-खण्ड, तहसील, प्रमण्डल, जनपद तथा राज्य स्तर के आँकड़ों को कृषि प्रकारिकी के निर्धारण हेतु इस्तेमाल किया जाता है। वर्तमान में कृषि से संबंधित अध्ययनों हेतु सभी स्तरों पर आँकड़ों का उपलब्ध न होना अध्ययन में सबसे बड़ी समस्या और अवरोध है। इस समस्या के समाधान के लिए प्रतिदर्शी अध्ययनों के माध्यम से एकत्रित आँकड़ों के आधार पर निष्कर्ष प्राप्त किये जाते हैं और इन्हीं निष्कर्षों के आधार पर नियमों एवं सिद्धान्तों का प्रतिपादन किया जाता है। इस प्रकार हम देखते हैं कि कृषि प्रकारिकी का वर्गीकरण कृषि की आन्तरिक तथा अन्तर्निहित विशेषताओं के आधार पर होता हैं।

कृषि बाह्य कारकों का अध्ययन क्यों (why), कैसे (how), कब (when) तथा कहाँ (where) के सन्दर्भ में किया जाता है। कृषि प्रकारिकी के वर्गीकरण में बाह्य कारकों का प्रयोग नहीं किया जाना चाहिए क्योंकि बाह्य कारक (अवस्थिति, यातायात, माँग-पूर्ति तथा मूल्य), व्यावहारिक दशाओं, समय (time) तथा स्थान (space) के सन्दर्भ में परिवर्तनशील हैं। यद्यपि इन बाह्य कारकों के परिवर्तन के

परिणामस्वरूप कृषि प्रतिरूप में अन्तर दिखाई देता है। इसके साथ ही कृषि प्रकारिकी की प्रकृति, खाद्य विशेषताओं, सिंचाई, संगठनात्मक तथा तकनीकी विशेषताओं के फलस्वरूप शस्य उत्पादन के आधार पर सुनिश्चित की जाती है।

भू-क्षमता, भू-उत्पादकता, कृषि में कार्यरत श्रम, कृषि उपकरणों, उर्वरकों तथा कीटनाशक दवाइयों, बीजों आदि से कृषि की गहनता को नियन्त्रित किया जाता है। इस प्रकार कृषि प्रकारिकी के निर्धारण हेतु उपर्युक्त सभी कारकों का सूक्ष्म ज्ञान आवश्यक तथा अपरिहार्य है। इस प्रकार इन कारकों को निम्नलिखित वर्गों के अन्तर्गत विभाजित किया जा सकता है–

(1) उत्पादन सम्बन्धी विशेषताएं,
(2) संरचनात्मक विशेषताएं,
(3) सामाजिक तथा स्वामित्व संबंधी विशेषताएं,
(4) संगठनात्मक तथा प्राविधिकीय विशेषताएं।

इन विशेषतायों की व्याख्या कृषि प्रकारिकी आयोग ने इस प्रकार किया है।

संरचनात्मक विचरक

(1) औद्योगिक फसलें,
(2) कुल उत्पादन की ओर झुकाव,
(3) सदाबहार फसलें,
(4) मुख्य खाद्य फसलें–खाद्य फसलों का कृषि भूमि में प्रतिशत (Percent),
(5) स्थायी चरागाह–कुल कृषि भूमि में स्थायी चरागाह का प्रतिशत,
(6) वाणिज्यीकरण की ओर झुकाव।

उत्पादक विचरक

(1) वाणिज्यीकरण श्रम उत्पादकता–प्रति कृषक कुल वाणिज्यिक फार्म उत्पादन-यूनिट में,
(2) कृषि भूमि की कुल उत्पादकता,
(3) कृषि में वाणिज्यीकरण का स्तर–कुल उत्पादन में वाणिज्यिक फसलों का उत्पादन,
(4) जोत भूमि की उत्पादकता–यथार्थ कृषि भूमि के प्रति हेक्टेयर में कुल कृषि उपज की इकाई,

(5) श्रम उत्पादकता–कृषि में कार्यरत प्रति कृषक का कुल उत्पादन–इकाई में,
(6) फसल प्रतिरूप में विशेषीकरण का स्तर,
(7) प्रति हेक्टेयर कृषि क्षेत्र में वाणिज्यिक उत्पादन का स्तर।

संगठनात्मक विचरक

(1) कृषि भूमि में प्रयुक्त रासायनिक उर्वरक की मात्रा,
(2) कृषि में मनुष्य श्रम-कृषि में कार्यरत प्रति व्यक्ति के रूप में,
(3) कृषि में पशु बल–कृषि प्रति जोत के पशु के रूप में,
(4) पशुपालन सघनता,
(5) सकल कृषि भूमि में सिंचित भूमि का अनुपात,
(6) शस्य भूमि उपयोग गहनता।

सामाजिक विचरक

(1) वह भूमि जो राज्य या सहकारी संस्था की हो,
(2) जोत का आकार–कृषि भूमि के रूप में,
(3) जोत का आकार–प्रति जोत सम्पूर्ण उत्पादन के रूप में,
(4) वह भूमि जो किसी धर्म, मन्दिर अथवा सामूहिक सम्प्रदाय अथवा जनजाति की हो,
(5) काश्तकारी प्रथा,
(6) भू-स्वामित्व,
(7) जोत का आकार–प्रति व्यक्ति किसान के रूप में।

उपर्युक्त 27 विचरकों के अतिरिक्त कृषि प्रकारिकी के निर्धारण हेतु निम्न तथ्यों को भी सम्मिलित करते हैं जो अत्यधिक विविधता वाले क्षेत्रों में पाये जाते हैं। इनका विवरण निम्नलिखित है–

(1) फसल चक्र,
(2) कृषि सघनता की सम्भाव्यता,
(3) जुताई एवं कटाई कार्य के लिए प्रयुक्त उपकरण,
(4) कुल कृषिगत जोतों के आकार का प्रतिशत,
(5) क्षेत्र में पानी प्रबन्ध क्रम,
(6) कम्पोस्ट खाद की मात्रा का उपयोग,

(7) कृषि में किराये के श्रमिकों का कुल लगे कृषिगत श्रम में प्रतिशत,
(8) चारा उत्पादक भूमि का प्रतिशत,
(9) भूमि उपयोग प्रारूप,
(10) कृषिगत जोतों के विखण्डन का स्तर,
(11) फसल तथा पशुपालन का क्रम।

उपर्युक्त विचरक, जो कृषि के मुख्य अंग, के आधार पर कृषि के प्रकारों को जानने हेतु विचरकों से प्राप्त परिणाम को आयोग के माध्यम से सुझायी गयी सारणियों में मापन किया जाता है। समस्त विचरकों को अपने समान मूल्य में बदला जाना आवश्यक है। बिना इसके परिणाम सही नहीं होगा। विश्व स्तर पर कृषि प्रकारिकी को प्रदर्शित करने के लिए समान रूप से पाँच वर्गों में विभाजित किया जाता है।

सारणी

क्रम संख्या		*वर्ग*
(1)	अति निम्न (Very Low)	1
(2)	निम्न (Low)	2
(3)	मध्यम (Medium)	3
(4)	उच्च (High)	4
(5)	अति उच्च (Very high)	5

विचरकों से प्राप्त उन मूल्यों को, जो उपर्युक्त किसी भी श्रेणी में आते हैं, उन्हें अंकों के माध्यम से (अर्थात् 1, 2, 3, 4 तथा 5) प्रकट किया जाता है।

कृषि प्रकारिकी आयोग के माध्यम से विश्व के चयनित विभिन्न क्षेत्रों से लगभग 1000 प्रतिदर्श क्षेत्रों के आधार पर प्रथम वरीयता क्रम (first order) के 5 वृहद् (macro) कृषि प्रकार बनाये गये हैं और दुबारा इन्हें प्रतिरूपों की भिन्नता के आधार पर द्वितीय वरीयता (second order) के 20 लघु (meso) कृषि प्रकार एवं दोबारा तृतीय क्रम (third order) के 63 सूक्ष्म (micro) कृषि प्रकारों में निर्धारित किया गया है।

आयोग के माध्यम से प्रतिपादित कृषि प्रकारिकी पदानुक्रम स्तर निम्न प्रकार है—

(1) E = परम्परागत विस्तृत कृषि,

(2) T = परम्परागत गहन कृषि,
(3) M = बाजारोन्मुख कृषि,
(4) S = सामाजीकृत कृषि,
(5) A = उच्च विशेषीकृत पशुपालन कृषि।

परम्परागत विस्तृत कृषि–इस कृषि के तहत पुरानी परम्परागत गुणों के साथ ही विशद क्षेत्रों पर जीवनयापन हेतु कृषि की जाती है। कृषि क्षेत्र काश्तकारी रूप में होता है। भिन्न-भिन्न श्रमिक लागत के साथ कृषि लघु स्तरीय क्षेत्र पर की जाती है। इसमें भूमि का विशद उपयोग, प्रति श्रमिक कम उत्पादन, न्यून वाणिज्यीकरण व विशेषीकरण, खाद्यान्नों के अतिरिक्त कोई उपज नहीं आदि विशेषताएं पाई जाती हैं। इस प्रकार की कृषि को प्रायः विशेष गुणों के आधार पर बाँटा गया है–

(1) फसल उत्पादन प्रधान कृषि के साथ नवीन परती
(2) घुमक्कड़ पशुचारण
(3) भ्रमणशील पशुचारण कृषि के साथ नवीन परती भूमि
(4) स्थानान्तरित कृषि
(5) जीवन निर्वाहण से अर्द्धजीवन निर्वाहण कृषि के साथ नयी परती भूमि।

इन उपर्युक्त कृषि प्रकारों को भी स्थानीय विशेषताओं के आधार पर विभेद कर निश्चित लघु प्रकारों में विभक्त किया जा सकता है।

परम्परागत गहन कृषि–इसमें कृषि का स्वरूप परम्परागत होने के साथ ही गहन तरह से भी खेती की जाती है। ज्यादातर दक्षिणी, दक्षिणी-पूर्वी तथा पूर्वी एशिया में इस तरह की कृषि कम लागत से की जाती है। इस कृषि में मानवीय श्रम के आधार पर स्वयं भू-स्वामित्व पाया जाता है। लघु से अतिलघु स्तरीय भू-भाग पर न्यून मशीनीकरण और कम रासायनिक उर्वरकों का उपयोग किया जाता है। इस कृषि में कम लागत तथा अपेक्षाकृत कम सिंचाई का ब्योरा होता है। इसमें उच्च भूमि उत्पादकता के साथ ही खाद्यान्न फसलों एवं कुछ पशुओं के रूप के अन्तर्गत मिश्रित व्यवस्था का प्रचलन है। उपर्युक्त कृषि को उनकी विशिष्टता के अनुसार विभाजित किया गया है–

(1) परम्परागत लघुस्तरीय मिश्रित कृषि
(2) परम्परागत वृहद् स्तरीय कृषि
(3) परम्परागत लघुस्तरीय गहन कृषि
(4) परम्परागत लघु स्तरीय अर्द्ध व्यापारिक विशेषीकृत शस्य कृषि (agriclture)।

कृषि के उपर्युक्त प्रकारों को भी स्थानीय कृषि विशेषताओं (सिंचाई, अर्द्ध सिंचाई) के आधार पर विभाजित किया जा सकता है।

बाजारोन्मुख कृषि—बाजारोन्मुख कृषि की प्रमुख विशेषता यह है कि कम मानवीय श्रम के साथ उच्च पूँजी लागत (सिंचाई, उर्वरक, मशीनों आदि का प्रयोग) के साथ अत्यधिक उत्पादन किया जाता है। इसकी मुख्य विशेषता वाणिज्यीकरण है। इस प्रकार की कृषि का प्रचलन खासतौर पर ताईवान, जापान, मलेशिया, यूरोप के शहरी क्षेत्रों में है। सामान्य विशेषताओं के आधार पर इस कृषि को निम्न भागों में विभाजित किया जा सकता है—

(1) वृहद् स्तर पर विशद विशेषीकृत खाद्यान्न फसलों की कृषि,
(2) वृहद् स्तर पर गहन कृषि,
(3) लघु स्तर पर अत्यधिक गहन फसलों की कृषि,
(4) लघु स्तर पर औद्योगिक फसलों का विशिष्टीकरण,
(5) मिश्रित (फसल कृषि + पशु) कृषि।

दोबारा अन्य सूक्ष्म विशेषताओं के आधार पर उपर्युक्त कृषि प्रकारों को विभक्त किया जा सकता है।

सामाजीकृत कृषि—इस प्रकार की कृषि का प्रचलन साम्यवादी राष्ट्रों में है। इसमें सामूहिक, सामाजिक, राज्य नियन्त्रित स्वामित्व पद्धति मिलती है। बड़े पैमाने पर आवश्यकतानुसार व्यापारिक फसलों को उत्पन्न किया जाता है। विभिन्न विशेषताओं के आधार पर कृषि के विभेद किये जाते हैं:—

(1) सामाजिक विशद विशेषीकृत खाद्यान्न कृषि,
(2) सामाजिक विशेषीकृत औद्योगिक प्रधान फसलों की कृषि,
(3) सामाजिक मिश्रित कृषि,
(4) सामाजिक श्रम प्रधान गहन फसलों की कृषि,
(5) प्रारम्भिक विशेषीकृत कृषि।

उच्च विशेषीकृत पशुपालन कृषि—इसके अन्तर्गत पशुपालन में विशेष तौर पर दूध, ऊन, हड्डी, चमड़ा इत्यादि को वरीयता दी जाती है। बड़े-बड़े नगरों के उपान्त क्षेत्रों में नगरीय जरूरतों की आपूर्ति हेतु यह कृषि प्रकारिकी महत्त्वपूर्ण हो गयी है। इस उद्यम में पूर्णतः नये उपकरणों की सहायता से विशिष्टीकरण व्यापारिक महत्त्व को ध्यान में रखते हुये किया जाता है। इस तरह की कृषि में मत्स्यपालन, मुर्गीपालन को भी विकसित किया जाता है। विश्व में इस तरह की कृषि डेनमार्क, न्यूजीलैंड, हालैंड आदि देशों में पायी जाती है।

इस तरह अभिलक्षणों की संख्या जितनी ही अधिक होगी, प्रकारात्मक वर्ग भी उतने ही अधिक होंगे। कृषि प्रकार के विश्लेषण से यह स्पष्ट है कि किसी भी विशेष परिवेश, परिस्थिति एवं क्षेत्रीय प्रचलनों के माध्यम से कृषि प्रकारिकि ज्ञात की जा सकती है। प्रो. कोस्रास्की महोदय के अनुसार कृषि प्रकारिकी की संकल्पना गतिशील है। पर्यावरणीय परिस्थितियों में बदलाव के परिणामतः कृषि प्रकारिकी में भी परिवर्तन होता है।

आयोग के माध्यम से प्रथम वरीयता, द्वितीय वरीयता एवं तृतीय वरीयता श्रेणी के निम्न प्रकार प्रदर्शित किये जा सकते हैं–

राजस्थान प्रान्त के डा. वी. एल. शर्मा ने भारत में कृषि वर्गीकरण के क्षेत्र में अभूतपूर्व योगदान दिया है। इस अध्ययन हेतु अन्तर्राष्ट्रीय आयोग के माध्यम से मौलिक चिन्हों को परिमार्जित कर परिष्कृत रूप में अपनाया गया है। चिन्हों को अंग्रेजी वर्णमाला के शब्दों के माध्यम से प्रकट किया है जो निम्नांकित हैं:–

E = Extensive (विस्तृत)
I = Intensive(गहन)
L = Large (वृहद्)
M = Market oriented (बाजारोन्मुख)
T = Traditional (परम्परागत)
S = Socialized (सामाजीकृत)
a = Animal(पशु)
c = Crops (फसल)
m = Mixed (मिश्रित)
s = Specialized (विशेषीकृत)।

डॉ. शर्मा ने राजस्थान प्रदेश को छः कृषि प्रकारों एवं तीन क्रमों में स्पष्टतः विभाजित किया गया है। यह विभाजन संकेतांक (code) के माध्यम से निर्धारित किया गया है। इनके कृषि के प्रकार का वर्गीकरण इस प्रकार है–

(1) Mmc = small scale mixed agriculture with crop growing precalent (फसल उत्पादन प्रधानता के साथ लघुस्तरीय मिश्रित कृषि)
(2) Tiu = Irrigated, medium productive, semi subsistence to semi commercial crop agriculture (सिंचित, मध्यम उत्पादक, अर्द्धजीवन निर्वाहन से अर्द्ध वाणिज्यिक फसल कृषि)
(3) Enn = Nomadic herding (घुमक्कड़ पशुचारण)

(4) Tir = semi-irrigated low productive, semi-subsistence to semi-commercial crop agriculture (अर्द्ध सिंचित, निम्न उत्पादक, अर्द्धजीवन-निर्वाहन कृषि)

(5) Eth = Current fallow agriculture with migratory herding (स्थानान्तरित पशुचारण के साथ नवीन परती भूमि)

(6) Tmh = semi-irrigated, medium productive subsistence agriculture with livestock, grazing develop (अर्द्धसिंचित, पशुपालन चरागाह के साथ मध्यम उत्पादन जीवन निर्वाहण कृषि)

प्रो. शर्मा ने राजस्थान प्रान्त की भौगोलिक ढांचे के आधार पर कृषि के प्रकारों का उल्लेख किया है। इनके माध्यम से कृषि प्रकारिकी का प्रदर्शित मानचित्र भूस्थलाकृति विशेषताओं के साथ जलवायुविक विशेषताओं का भी अनुसरण करता है। कृषि प्रकारिकी की दृष्टि से श्रीगंगानगर की खेती सम्पूर्ण प्रदेश की कृषि की तुलना में विकसित तथा वाणिज्यिक स्वरूप की है। कृषि-प्रकारिकी से यह स्पष्ट होता है कि पश्चिम से पूरब की ओर कृषि का स्वरूप/प्रतिरूप परिवर्तित होता हुआ है। पश्चिमी भाग में मरुभूमि क्षेत्र में 'ई' (E) तरह की कृषि पायी जाती है। यहाँ En से Enn के रूप में कृषि देखी जा सकती है। इसके पूरब में 'T' तरह की कृषि है जो द्वितीय एवं तृतीय वरीयता में Ti व Tir हो जाती है। इस तरह की कृषि के तहत वे समस्त जिले आते हैं जो पानी की कमी में सूखे रहते हैं अथवा अर्द्धमरुस्थलीय हैं, जैसे कि—अजमेर, कोटा, पाली, सवाई माधोपुर, टोंक, सीकर व झुंझुनू आदि।

इस प्रान्त में वह क्षेत्र कृषि के क्षेत्र में काफी विकसित है जहां आसानी से उपलब्ध है। यहाँ वाणिज्यिक कृषि का विकास पाया जाता है, इन्हें Tiu से प्रदर्शित किया गया है, इसके अन्तर्गत उदयपुर, बाँसवाड़ा, चित्तौड़गढ़, भीलवाड़ा, झालावाड़ और बूँदी आदि को सम्मिलित करते हैं। प्रदेश के पूर्वी मैदानी भाग में कृषि प्रकार Tmh तरह का है। यहाँ पशुपालन प्रमुख उद्यम एवं खाद्यान्न उत्पादन गौण है। इस भाग में मिश्रित कृषि (mixed farming) होती है। इस तरह की कृषि अलवर, जयपुर और भरतपुर जिलों में है। इस कृषि प्रकारिकी से हम इस निष्कर्ष पर पहुँच सकते हैं कि क्षेत्र विशेष में कृषि का झुकाव वाणिज्य या जीविकोपार्जन की ओर है। इसका निर्धारण सम्पूर्ण उत्पादन (Gross Production) के आधार पर करते हैं कि कौन-कौन वाणिज्यिक हैं और कौन-कौन उपजें जीविकोपार्जन अर्थात् क्षुधापूर्ति हेतु इस्तेमाल में लायी जाती हैं। इस दृष्टि से इस संरचनात्मक विचरक का कोड 24 है जो मुख्य खाद्य फसलों के उत्पादन को प्रदर्शित करता है एवं कोड 25 तथा 26

मुख्यतया सामान्य कुल उत्पादन एवं सामान्य वाणिज्यीकरण की ओर झुकाव (orientation) को अभिव्यक्त करते हैं। डॉ. शर्मा ने इस तथ्य का स्पष्टीकरण बीकानेर जनपद के विचरकों के आधार पर किया है।

कुल उत्पादन (gross out put) में वाणिज्य पदार्थों का उत्पादन कुल उत्पादन का 66.5% है व कुल वाणिज्य उत्पादन में पशुओं से उत्पादित पदार्थों का उत्पादन 99.6% है। इस तथ्य से यह सिद्ध है कि कृषि झुकाव विशेषकर वाणिज्यिक कृषि की ओर है। कृषि प्रकारिकी का निर्धारण कम से कम 20 वर्षों तक के आँकड़ों के आधार पर प्रकट किया जाता है इसलिए इसके परिणाम में जल्दी कोई आधारभूत बदलाव नहीं आता है। अतः कम से कम 20 वर्षों तक उस अध्ययन की उपादेयता रहती है क्योंकि इसके निर्धारण हेतु ज्यादा व्यापक वर्ग अन्तराल होता है जो अपने में अधिकांश मूल्यों को शामिल किए हुए होता है, साथ ही कुल उत्पादन में अन्तर सभी तत्त्वों के परिवर्तन से आता है।

इस तरह कृषि-प्रकारिकी में बदलाव सम्पूर्ण संरचना में बदलाव के कारण ही होता है और यह संरचनात्मक बदलाव कई वर्षों के अन्तराल में भी नहीं बदलता है। उदाहरणस्वरूप भारतीय कृषि की आधारभूत विशेषताएँ आज भी वही देखने को मिलती हैं जो अपने प्रारम्भिक काल में थीं। सामाजिक बदलाव बहुत ही शनैः-शनैः होता है और कृषि भी इन परिवर्तनों से प्रभावित होती है। इसलिए यह कहा जा सकता है कि कृषि में व्याप्त परम्पराएं, दशाएं और प्रथाएं बहुत ही स्थायी होती हैं।

6

खाद्य फसलों का विश्व वितरण

केवल भारत ही नहीं अपितु संसार के समस्त देशों में विभिन्न प्रकार की खाद्यान्न फसलों का उत्पादन किया जाता रहा है। गेहूँ, और धान की खेती मानव के जीवन निर्वाह हेतु विश्व की लगभग समस्त जनसंख्या इन्हीं खाद्यान्न को उपयोग में लाती है। गेहूँ की कृषि में कम मजदूरों की आवश्यकता पड़ती है, जबकि धान की कृषि में मजदूरों की आवश्यकता अधिक पड़ती है। खाद्यान्नों के व्यापार में गेहूँ व चावल के उपरान्त मक्का का महत्त्वपूर्ण स्थान है। विश्व वितरण के सन्दर्भ में कुछ खाद्य फसलों का वर्गीकरण यहां किया गया है—

गेहूँ

गेहूँ का उद्‌गम स्थल फिलीस्तीन को माना जाता है। इसकी उपज से जुड़ी हजारों वर्ष के प्रमाण उपलब्ध हैं। इसका अधिकांश उत्पादन उत्तरी गोलार्द्ध में 60° अक्षांश व दक्षिणी गोलार्द्ध में 40° अक्षांश तक है। आज इसकी खेती उष्ण कटिबन्धीय पठारों एवं शीत कटिबन्ध में भी हो रही है। वर्ष के हर माह में किसी न किसी देश में गेहूँ की फसल पकती रहती है। इसकी विभिन्न प्रजातियाँ हैं जिन्हें पृथक् भौगोलिक परिस्थितियाँ चाहिए। गेहूँ में पोषक तत्त्व समुचित मात्रा में मिलते हैं। यह स्फूर्तिदायक व पाचनशील भोज्य पदार्थ है। शीतोष्ण जलवायु के देशों का प्रमुख भोजन गेहूँ ही है। इसमें अधिक प्रोटीन एवं कम स्टार्च होता है। यह कई प्रकार की जलवायु में पैदा होता है। इसकी पैदावार में कम खर्च पड़ता है। यह संसार में

अत्यधिक महत्त्व का खाद्यान्न है। मैक्सिको के विख्यात वैज्ञानिक महोदय ने जीन की संरचना में परिवर्तन करके विश्व में कृषि-क्रान्ति ला दी है।

भौगोलिक अवस्थाएँ

गेहूँ के विकास के आरंभिक अवस्था में कम से कम 10° ऐ. ग्रे. तथा परिपक्व अवस्था से. ग्रे. तापमान जरूरी है। पकते वक्त मन्द पवन फायदेमंद होता है। तापमान तथा मिट्टी में संतुलन जरूरी होता है। इसके बिगड़ जाने पर रोग लग जाते हैं। विकासावस्था में ठंडे मौसम एवं आर्द्र मिट्टी पौधे को मजबूत एवं फलदायी बना देती है। 100 दिनों तक पाला रहित मौसम में फसल अच्छी होती है। गेहूँ हेतु 50 से 75 सेमी वर्षा ठीक होती है। इसके लिए ढालू भूमि व दोमट मिट्टी लाभकर होती है। दोमट मिट्टी में बालू एवं मृत्तिका का अंश बराबर होता है। इसलिए यह ज्यादा उपयोगी है। इस पौधे हेतु चूना जरूरी होता है, इसलिए शोरा तथा अमोनियम सल्फेट की खाद का उपयोग अधिक होता है। शस्यावर्तन भी जरूरी होता है।

गेहूँ की खेती में अल्प मजदूरों से भी काम चल जाता है क्योंकि इस खेती में विभिन्न प्रकार के उपकरणों का प्रयोग किया जाता है। जिससे जोताई-बोआई से लेकर थ्रेसिंग तक समस्त कार्य यन्त्रों से सम्पादित हो जाते हैं।

आर्थिक तत्त्व

आधुनिक युग एक वैज्ञानिक युग है। इस युग में गेहूँ की खेती करने के लिए विभिन्न उपकरणों की जैसे– कम्बाइन, ट्रैक्टरों, मशीनों, हारवेस्टरों, ट्रैक्टरों आदि की जरूरत पड़ती है। उत्तम बीज व सुगम परिवहन साधन भी आज हैं। गेहूँ की कृषि प्रदेश में अधिक मुद्रादायिनी फसल के उत्पन्न करने की संभावना नहीं होनी चाहिए। इसी वजह से गेहूँ के खेत बड़े नगर से दूर होते हैं चूंकि नगरों के नजदीक तरकारियों से अधिक मुद्रा इकट्ठी हो जाती है। खाद, बीज, सिंचाई के साधन, गोदाम रक्षण-कर के रूप में सरकारी मदद भी आर्थिक कारक हैं।

प्रमुख उत्पादक क्षेत्र

यूरोप—समस्त विश्व गेहूँ उत्पाद का लगभग 1/5 हिस्सा यूरोप में उत्पन्न किया जाता है। गेहूँ यहाँ की प्रमुख कृषि है। इसके मुख्य क्षेत्र दक्षिणी रूस का काली मिट्टी का प्रदेश, डैन्यूब नदी के बेसिन के देश रूमानिया, हंगरी, बुल्गारिया व भूमध्य सागरीय देश फ्रांस, इटली तथा स्पेन हैं। बेल्जियम, नीदरलैण्ड, डेनमार्क व पश्चिमी

जर्मनी में प्रति हेक्टेयर उपज क्रमशः 4,700, 4, 380, 4,490 एवं 4,620 किलोग्राम है। ग्रेट ब्रिटेन का प्रति हेक्टेयर उत्पादन 4,220 किलोग्राम व स्वीडन का 4,320 किग्रा है। यूरोप संसार का दूसरा गेहूँ उत्पादक महाद्वीप है।

सोवियत संघ–सोवियत संघ विश्व का सबसे बड़ा गेहूँ उत्पादक राष्ट्र है। यहाँ बसन्तकालीन व शीतकालीन दोनों प्रकार का गेहूँ उत्पन्न किया जाता है। इसमें बसन्तकालीन गेहूँ का क्षेत्र अधिक विस्तृत है। इस क्षेत्र में वोल्गा ट्रांस-यूराल क्षेत्र, बेसिन, कजाकिस्तान व उत्तरी यूक्रेन पड़ता है। यूक्रेन संसार का वृहत्तम गेहूँ उत्पादक प्रदेश है जिसमें इस फसल की दो-तिहाई उपज होती है। पूरी पेटी 25 सेमी वर्षा की रेखा से उत्तर में स्थित है।

बसन्तकालीन गेहूँ की पेटी के दक्षिण में (सर्दी के मौसम में) गेहूँ की पेटी है। इसके अन्तर्गत उत्तरी काकेशस क्षेत्र, यूक्रेन व क्रीमिया आते हैं। मध्य एशिया के सिंचित क्षेत्रों में भी यही गेहूँ पैदा किया जाता है। भू-स्वामित्व में सुधार, उर्वरकों तथा यन्त्रों का उपयोग, उत्तम बीज व फसलों की रक्षा की क्रान्तिकारी व्यवस्था के फलस्वरूप गेहूँ के उत्पादन में उत्साहवर्धक वृद्धि हुई है। यहाँ सामूहिक तथा सहकारी कृषि के विशाल फार्म बन गये हैं। फिर भी संयुक्त राज्य अमेरिका की अपेक्षा मशीनों तथा उर्वरकों का कम उपयोग होता है। इसलिए यहाँ प्रति हेक्टेयर उपज 2,600 किलोग्राम है। इस देश में शुष्क तथा शीत प्रदेशों हेतु गेहूँ की विशेष किस्मों का परीक्षण चल रहा है। 66° उत्तरी अक्षांश तक खेती के सफल उपयोग हो गये हैं। समस्त संसार के 27% गेहूँ का उत्पादन इस राष्ट्र में ही होता है।

उत्तरी अमेरिका

संयुक्त राज्य अमेरिका व कनाडा इस महाद्वीप के अन्तर्गत गेहूँ के बड़े उत्पादक व निर्यातक देश हैं। गेहूँ के उत्पादन में यूरोप के बाद इसी महाद्वीप का स्थान है।

संयुक्त राज्य अमेरिका–गेहूँ उत्पादन में सोवियत संघ के बाद संयुक्त राज्य अमेरिका का दूसरा स्थान है। यहाँ भी गेहूँ की शीतकालीन व बसन्तकालीन दोनों पैदावारें होती हैं। यहाँ व्यापारिक खेती होती है और गेहूँ की खेती में क्रान्तिकारी बदलाव लाने का श्रेय इसी देश को है। इसी देश में गेहूँ उत्पादक पाँच प्रदेश हैं। बसन्तकालीन गेहूँ प्रेयरी क्षेत्र में डकोटा, मिनिसोटा व मण्टाना राज्यों में पैदा होता है। डकोटा राज्य सबसे वृहद् उत्पादक है। शीतकालीन गेहूँ ओक्लाहामा, कंसास, नेब्रास्का एवं कोलरेडो राज्यों में पैदा होता है। यह चिमड़ा होता है। शीतकालीन नरम गेहूँ

मिसीसिपी नदी के पूरब के मिसौरी, इण्डियाना, इलिनोइस, मिशिगन एवं पश्चिमी न्यूयार्क से कैरोलिना राज्य तक के क्षेत्र में पैदा होता है। चिमड़ा गेहूँ रोटी के उपयोग में तथा नरम गेहूँ के पेस्ट्री के उपयोग में आता है। कोलम्बिया पठारी प्रदेश एवं कैलिफोर्निया राज्य प्रमुख उत्पादक प्रदेश हैं। दक्षिण से उत्तर को फार्मों का आकार बड़ा होता जाता है। मिसौरी राज्य में गेहूँ उत्पादन का कुल क्षेत्रफल 153 हेक्टेयर व डकोटा राज्य में 764 हेक्टेयर है। इस देश में प्रति हेक्टेयर औसत उपज 2,200 किलोग्राम है। यह गेहूँ का सबसे बड़ा निर्यातक देश है। निर्यात के पत्तन न्यूआर्लियन्स एवं गाल्वेस्टोन हैं। पठारी भाग का गेहूँ सीटिल, पोर्टलैण्ड एवं सेनफ्रांसिस्को पत्तनों से निर्यात होता है।

कनाडा—गेहूँ उत्पादक राष्ट्रों में कनाडा का विश्व में पाँचवाँ स्थान माना जाता है। गेहूँ की उपज प्रेयरी की काली मिट्टी के क्षेत्र में होती है। इसमें मैनिटोवा, सस्केचवान, अल्बर्टा व पूर्वी कोलम्बिया के राज्य पड़ते हैं। यहाँ विशाल फार्म हैं। संयुक्त राज्य अमेरिका की तुलना में यहाँ की खेती अधिक विस्तीर्ण है। इसलिए प्रति हेक्टेयर औसत उपज कम होती है। यहाँ मार्किवस एवं रिबार्ड नामक गेहूँ की प्रमुखता है जिनकी फसल अच्छी होती है। यहाँ प्रति हेक्टेयर औसत उपज 1,680 किलोग्राम है। यह गेहूँ का निर्यातक देश है। आधी उपज निर्यात होती है। निर्यात के पत्तन क्यूबेक एवं मॉन्ट्रियाल में हैं।

एशिया

एशिया महाद्वीप में गेहूँ उत्पादन की दृष्टि से विश्व में पहले स्थान पर है। भारत, चीन, पाकिस्तान एवं तुर्की गेहूँ उत्पादन के प्रमुख राष्ट्र हैं। ईरान तथा जापान भी गेहूँ के अच्छे उत्पादक देश हैं।

भारत—भारत का विश्व के गेहूँ उत्पादक देशों में चौथा व एशिया में दूसरा स्थान है। यहाँ शीतकालीन गेहूँ पैदा होता है। इसके मुख्य उत्पादक राज्य पंजाब, हरियाणा, पश्चिमी उत्तर प्रदेश, पश्चिमी मध्य प्रदेश, गुजरात एवं महाराष्ट्र हैं। 'हरित क्रान्ति' में बीज सुधार; यन्त्रों एवं उर्वरकों का इस्तेमाल और सिंचाई की व्यवसाय में विकास के परिणामतः देश आत्मनिर्भर होने का प्रयास कर रहा है। यहाँ प्रति हेक्टेयर औसत उपज 1,500 किलोग्राम है।

चीन—चीन संसार का तीसरा व एशिया का सबसे बड़ा गेहूँ उत्पादक देश है। उत्तर चीन एवं मांचुको प्रदेश में बसन्तकालीन गेहूँ और ह्वांगहो, वी हो व मध्यवर्ती चीन में शीतकालीन गेहूँ पैदा किया जाता है। यहाँ यन्त्रों, कीटनाशक दवाओं एवं आधुनिक कृषि की तकनीकों का इस्तेमाल व्यापक रूप से हो रहा है। यहाँ गेहूँ की

प्रति हेक्टेयर औसत उपज 1,500 किलोग्राम है। जनसंख्या अधिक होने के कारण यहाँ कनाडा व संयुक्त राज्य अमेरिका से गेहूँ का आयात किया जाता है।

पाकिस्तान—गेहूँ उत्पादन में इस राष्ट्र का एशिया के सम्पूर्ण राष्ट्रों में चौथा स्थान माना जाता है। सिन्धु नदी व इसकी सहायक नदियों की घाटियों में गेहूँ की खेती की जाती है। यह भाग नहरों के माध्यम से सिंचित है। प्रति हेक्टेयर औसत उपज यहाँ 1,780 किलोग्राम है।

तुर्की—गेहूँ उत्पादन में तुर्की का विश्व में 36वाँ जबकि एशिया महाद्वीप में तीसरा स्थान है। यहाँ गेहूँ का उत्पादन लगभग 32% कृषि जमीन पर किया जाता है। यह अन्न देश में हर भाग में पैदा किया जाता है, खास तौर पर उत्तरी एजियन प्रदेश एवं अनातोलिय पठार के घास क्षेत्र में। यहाँ प्रति हेक्टेयर औसत उपज 1,500 किलोग्राम है। यह देश गेहूँ का निर्यातक है। यहाँ से यूरोपीय देशों पश्चिम इटली जर्मनी, और ब्रिटेन को गेहूँ का निर्यात होता है। निर्यात का पत्तन **इजमिर** है।

आस्ट्रेलिया—आस्ट्रेलिया के कुल क्षेत्रफल के 25% भाग पर गेहूँ का उत्पादन किया जाता है। यहाँ न्यूसाउथवेल्स, पश्चिम विक्टोरिया, आस्ट्रेलिया व दक्षिण आस्ट्रेलिया राज्यों में बढ़िया खेती होती है। यहाँ गेहूँ के बड़े-बड़े फार्म हैं जिनमें मशीनों का उपयोग ज्यादा होता है। न्यू साउथवेल्स सबसे बड़ा उत्पादक राज्य है जहाँ देश की समस्त उपज का 54 प्रतिशत उत्पादन होता है। इस राज्य में राज्य की कृषिगत भूमि का 66 प्रतिशत और देश की कृषिगत भूमि का 34 प्रतिशत गेहूँ क्षेत्र है। यहाँ प्रति हेक्टेयर औसत उपज 2,000 किलोग्राम है। विश्व के गेहूँ उत्पादकों में इसका आठवाँ स्थान और निर्यातकों में तृतीय स्थान है। आस्ट्रेलिया का विश्व के व्यापार में 10 प्रतिशत अंश रहता है। निर्यात के पत्तन एडीलेड, मेलबोर्न, ब्रिस्बेन एवं फ्रीमैण्टिल हैं।

अर्जेण्टाइना—इस राष्ट्र का गेहूँ उत्पादन में दक्षिणी गोलार्द्ध में दूसरा तथा विश्व में नवाँ स्थान है।

इस देश की 160 किलोमीटर लम्बी अर्द्ध-चन्द्राकार पेटी के पम्पास क्षेत्र में गेहूँ की विस्तृत खेती की जाती है। यहाँ गेहूँ के विशाल फार्म हैं जहाँ आधुनिक मशीनों का इस्तेमाल होता है। यहाँ प्रति हेक्टेयर औसत उपज 1,350 किलोग्राम है। अर्जेण्टाइना का गेहूँ चिमड़ा होता है। इसलिए गोदामों में अधिक समय तक रखा जा सकता है जो व्यापारिक मूल्य में वृद्धि कर देता है। गेहूँ ही इस देश की अर्थव्यवस्था का मूलाधार है। जनसंख्या कम है इसलिए 40 प्रतिशत उपज निर्यात कर दी जाती है। निर्यात के पत्तन ब्यूनस आयर्स एवं आहिया ब्लांका हैं। विश्व में गेहूँ का द्वितीय बड़ा निर्यातक देश अर्जेण्टाइना है।

विदेशी व्यापार

संयुक्त राज्य अमेरिका, कनाडा, सोवियत रूस, तुर्की, आस्ट्रेलिया एवं अर्जेण्टाइना गेहूँ अन्तर्राष्ट्रीय व्यापार में महत्त्वपूर्ण स्थान रखते हैं। विश्व के प्रमुख गेहूँ निर्यातक राष्ट्र समाजवादी देश हंगरी एवं रूमानिया भी महत्त्वपूर्ण निर्यातक देश हैं। गेहूँ के प्रमुख आयातक पश्चिमी यूरोप के देश हैं जिनमें सोवियत रूस एवं ब्रिटेन मुख्य हैं। चीन व जापान भी गेहूँ के आयातक देश हैं। दक्षिणी अमेरिका एवं अफ्रीका के कुछ देश भी आयातक हैं। अन्तर्राष्ट्रीय व्यापार में गेहूँ का आर्थिक महत्त्व है।

चावल की कृषि

दक्षिणी-पूर्वी एशिया की डेल्टाई भूमि को धान की उद्‌भव स्थल माना जाता है, जहाँ से इसका प्रसार चीन एवं भारत और अन्त में दूसरे देशों को हुआ। इसकी कृषि काफी आसान है। इसमें मुख्य यन्त्रों की जरूरत नहीं पड़ती है। इस पौधे का हर भाग उपयोगी होता है। यह उष्ण मानसूनी जलवायु का मुख्य भोजन है। धान की सात सौ प्रजातियां पायी जाती हैं, जिसमें से लगभग सौ प्रजातियां प्रमुख हैं।

उपज की भौगोलिक अवस्थाएं

यह उष्ण एवं उपोष्ण कटिबन्ध की उपज है। इसको बोते समय 20° से.ग्रे. बढ़ते समय 23° से.ग्रे. व पकते समय 26° से.ग्रे. तापमान चाहिए। मुक्त आकाश, नम वायु व पर्याप्त नमी इसके लिए समुचित होती है।

धान की खेती के लिए जलोढ़ मिट्टी अधिक उपयुक्त होती है। चावल के खेतों में 63 से 75 दिनों तक पौधे से 15 सेमी ऊपर पानी रहना चाहिए। कम वर्षा के क्षेत्रों में सिंचाई के माध्यम से चावल उगाया जाता है।

धान की कृषि के लिए जलोढ़ मृदा अत्यधिक उपयुक्त होती है जिसमें जल ग्रहण करने की क्षमता होती है। बाढ़ी की मिट्टी तुलनात्मक रुप से अधिक उपयुक्त होती है। समतल भूमि पर मैदानी चावल तथा पहाड़ी ढालों पर पहाड़ी चावल पैदा किया जाता है।

सफल कृषि के लिए समस्त प्रक्रिया में अधिक श्रमिकों की आवश्यकता पड़ती है। यही वजह है कि अधिक जनसंख्या वाले देशों में इसकी उपज अच्छी एवं सस्ती होती है। समस्त अनाजों की तुलना में इसकी प्रति हेक्टेयर उपज भी ज्यादा होती है। इसमें भोजन के सभी तत्त्व प्रचुर मात्रा में मिल जाते हैं। इसमें प्रोटीन कम व स्टॉर्च अधिक मात्रा में पाया जाता है।

चावल के प्रमुख उत्पादक क्षेत्र

बांग्लादेश, इंडोनेशिया, थाइलैंड, भारत, चीन, बर्मा, ब्राजील, फिलीपींस, ताइवान व कोरिया प्रमुख चावल उत्पादक देशों में शामिल हैं। अन्य महाद्वीपों के राज्य अमेरिका की कैलिफोर्निया घाटी एवं यूरोप में इटली का पो बेसिन हैं। उपज के मामले में एशिया महाद्वीप के पश्चात् अफ्रीका, दक्षिण अमेरिका व उत्तर अमेरिका का क्रम पड़ता है। संसार के प्रति हेक्टेयर औसत उपज 2,250 किलोग्राम है। विश्व की उपज का 80% समतल चावल पैदा होता है।

एशिया महाद्वीप—विश्व के समस्त चावल उत्पादन का 91% भाग इस महाद्वीप में उत्पन्न किया जाता है। जिसमें इसका 91% मात्र मानसूनी एशिया में पैदा होता है।

एशिया महाद्वीप में चावल की कृषि करने के कुछ महत्त्वपूर्ण कारण हैं जिसे निम्नलिखित पंक्तियों के द्वारा समझा जा सकता है—

(1) इसका विस्तृत भू-भाग

(2) नदियों के तटवर्ती बाढ़ क्षेत्र व डेल्टाई मैदान काफी मिलते हैं जो चावल की खेती हेतु उपयुक्त होते हैं। [1]स्रोत – F.A.O. Monthly Bulletin, May, 1985

(3) विपुल जनसंख्या है, जिनके भरण-पोषण की समस्या का समाधान धान की खेती से ही सम्भव है।

(4) सस्ता तथा प्रचुर श्रम मौजूद है जो चावल की खेती हेतु जरूरी होता है।

(5) चावल यहाँ की प्राचीन खेती है तथा यहाँ के निवासियों का मुख्य भोजन है। साथ ही यहाँ के लोग चावल उगाने की कला में निपुण हो गये हैं।

(1) जापान—यह एशिया एवं विश्व का अन्य बड़ा चावल उत्पादक देश है। इस देश के दक्षिणी व मध्य भाग में चावल की बढ़िया खेती होती है। यहाँ पहाड़ी चावल को 'टा' एवं मैदानी चावल को 'हा-हा' कहा जाता है। चावल उत्पादन की 'जापानी विधि' काफी प्रसिद्ध है। यह रोपण विधि का ही सबसे विकसित रूप है। इसमें खाद व उर्वरकों का अधिक उपयोग होता है। भूमि की कमी से 15° ढालू पहाड़ी क्षेत्रों में भी चावल के सोपानी खेत मिलते हैं। यहाँ प्रति-हेक्टेयर औसत उपज 5,300 किलोग्राम है। यहाँ की उपज देश की जरूरत हेतु पर्याप्त नहीं होती है, इसलिए थाईलैण्ड, बर्मा एवं कम्बोडिया आदि देशों से चावल का आयात किया जाता है।

(2) थाइलैण्ड—विश्व व एशिया के चावल उत्पादक देशों में इसका पाँचवाँ

स्थान है। यहाँ फ्राया नदी की निचली घाटी व डेल्टा प्रदेश में चावल की अधिक उपज होती है। यहाँ कृषि भूमि के 75 प्रतिशत भाग पर चावल पैदा होता है। यहाँ बहते चावल (floating rice) की अच्छी खेती होती है। चावल की खेती में यान्ही प्रायोजना के फलतः महत्त्वपूर्ण वृद्धि हो रही है। यहाँ प्रति हेक्टेयर उपज 1,820 है। यहाँ का पिनकाओ धान विश्व में सबसे उत्तम माना जाता है। बैंकाक से इण्डोनेशिया, जापान, भारत एवं मलेशिया को चावल का निर्यात होता है।

(3) भारत—यह संसार का द्वितीय बड़ा चावल उत्पादक देश है। कुल बोयी भूमि के चौथाई भाग पर चावल की खेती होती है। प्रमुख उत्पादक राज्य पश्चिम बंगाल, तमिलनाडु, असम, बिहार, केरल एवं उड़ीसा हैं। पूर्वी आन्ध्र प्रदेश, उत्तर प्रदेश, उड़ीसा तथा महाराष्ट्र में भी चावल पैदा होता है। यहाँ पूरे वर्ष धान की फसलें होती हैं। असम, पश्चिम बंगाल, व आन्ध्र प्रदेश में चावल की उत्तम फसलें होती हैं। इस देश में चावल का प्रति हेक्टेयर उत्पादन 1,800 किलोग्राम है। कम उपज की वजह पिछड़ी खेती का तरीका निकृष्ट बीज की कमी व किसानों की गरीबी एवं अज्ञानता है। इस समय जापानी विधि से गहन खेती के प्रचल चल रहे हैं। नये-नये धानों का अनुसंधान भी किया जा रहा है।

(4) दक्षिण अमेरिका—इस महाद्वीप में ब्राजील देश चावल का प्रमुख उत्पादक है। यहाँ जापानी किसान आकर बस गये हैं और जापानी विधि से चावल की खेती करते हैं। ब्राजील में प्रति हेक्टेयर उपज 1,460 किलोग्राम है। गुयाना, कोलम्बिया, पेरू, इक्वेडोर एवं वेनेजुएला में भी चावल की खेती होती है। विश्व की उपज का 40% इस महाद्वीप का अंश है।

(5) अफ्रीका—समस्त संसार का 2% धान अफ्रीका महाद्वीप में उत्पन्न किया जाता है। इस महाद्वीप में नील के डेल्टा क्षेत्र में चावल की अच्छी पैदावार होती है। मलागासी, सियरा लिओन, व नेपाल में भी चावल की खेती होती है। संयुक्त अरब गणराज्य में प्रति हेक्टेयर उत्पादन 4,700 किग्रा है।

(6) यूरोप—यूरोप महाद्वीप के इटली में पो बेसिन व स्पेन के दक्षिणी-पूर्वी भाग में चावल की उत्तम खेती होती है। यहाँ प्रति हेक्टेयर उपज क्रमशः 6,900 किग्रा एवं 6,200 किग्रा है। स्पेन के एब्रो डेल्टा व वेलेंशिया के दक्षिण स्थित जुकार घाटी में अधिकतर चावल पैदा किया जाता है। दक्षिण सोवियत रूस फ्रांस, पुर्तगाल व यूगोस्लाविया में भी चावल की खेती की जाती है।

(7) संयुक्त राज्य अमेरिका—इस देश में मिसीसिपी की घाटी, मैक्सिको की खाड़ी, फ्लोरिडा तट कैलिफोर्निया की सेक्रामेण्टो-सानज्वेकिन घाटी व टेक्सास

लुसियाना क्षेत्र में चावल की कृषि होती है। यहाँ ट्रैक्टरों व यन्त्रों के माध्यम से समस्त कार्य होते हैं। बीज एवं उर्वरक छींटने, दवा तथा रसायन बिखेरने एवं चिड़ियों को उड़ाने में वायुयानों का इस्तेमाल किया जाता है। फसल को काटने के लिए कम्बाइन मशीनों को उपयोग में लाया जाता है। इस देश में चावल की खेती में नई प्रणालियों का उपयोग होता है। प्रति हेक्टेयर औसत उपज 4,590 किलोग्राम है।

(8) आस्ट्रेलिया—इसमें मुरुम्बिदगीन नदी-घाटी में धान पैदा होता है। वार्षिक उपज 7 लाख मैट्रिक टन है। यहाँ बीज बोने व काटने में मशीनों का उपयोग किया जाता है।

(9) इण्डोनेशिया—इंडोनेशिया एशिया तथा संसार का तीसरा बड़ा चावल उत्पादक देश है। यहाँ जावा, सुमात्रा, सुलाबेसी, सहित समस्त द्वीपों पर चावल की खेती की जाती है। यहाँ प्रति हेक्टेयर उपज 2,440 किग्रा है। यहाँ की जनसंख्या सघन है। इसलिए उपज के अनुसार कम पड़ जाती है तथा चावल का आयात बर्मा एवं थाइलैण्ड से किया जाता है।

(10) बांग्लादेश—बांग्लादेश एशिया एवं संसार का चौथा बड़ा चावल उत्पादक देश है। इस देश में चावल की खेती पद्मा व ब्रह्मपुत्र नदियों के डेल्टा प्रदेश में बहुत अच्छी होती है। ढाका, खुलना, जेस्सोर तथा मेमनसिंह जनपद में प्रमुख उपज होती है। चावल के खेतों में मछलियाँ भी पाली जाती हैं। यहाँ प्रति हेक्टेयर उपज 1,800 किलोग्राम है। यहाँ के निवासियों का प्रमुख भोजन चावल है। फलस्वरूप उपज आवश्यकता के लिए पर्याप्त नहीं होती है। चावल का आयात बर्मा व थाइलैण्ड से होता है।

(11) फिलिपाइन—एशिया के धान उत्पादक देशों में इसका नवाँ स्थान है। इस देश में धान की उपज लुजोन के मध्यवर्ती के मैदान में समस्त उपज का 40 प्रतिशत उत्पादित होती है। धान उत्पादक अन्य क्षेत्र उत्तरी पनाय, लुजोन द्वीप के मैदान व भीतरी पहाड़ी भाग हैं। प्रति हेक्टेयर उपज 660 किलोग्राम है। देश की 40% कृषि योग्य भूमि में धान की खेती होती है।

(12) वियतनाम—यह चावल प्रधान राष्ट्र है। होनकिल का डेल्टा वियतनाम राष्ट्र का दिल कहलाता है। इस क्षेत्र को केसी महोदय ने चावल की टोकरी कह कर पुकारा है। चावल के अन्य क्षेत्र मीकांग डेल्टा व तटवर्ती क्षेत्र हैं। पर्वतीय ढालों पर सीढ़ीनुमा खेतों में चावल पैदा किया जाता है। प्रति हेक्टेयर उपज एक हजार किलोग्राम है। विश्व के धान उत्पादक देशों में इसका आठवाँ स्थान है।

(13) बर्मा—यह देश विश्व में सबसे बड़ा चावल निर्यातक देश है। इस देश

में सितांग, विंदवीन, इरावदी, सालवीन नदियों की घाटियों में चावल की उपज होती है। **अक्याब नगर** के समीपवर्ती क्षेत्र में भी चावल की अच्छी खेती होती है। समस्त कृषि योग्य भूमि के 70 प्रतिशत भाग पर चावल की खेती होती है। यहाँ प्रति हेक्टेयर औसत उपज 1,640 किलोग्राम है फिर भी जनसंख्या के अभाव से चावल का निर्यात रंगून तक **अक्याब** पत्तनों से होता है। इसके प्रमुख ग्राहक भारत, मलेशिया, इण्डोनेशिया व जापान हैं।

(14) चीन—चीन में विश्व के अन्य राष्ट्रों की अपेक्षा धान का उत्पादन सबसे अधिक किया जाता है। दक्षिण चीन व पूर्वी तट के भागों में चावल की अच्छी खेती होती है। सीकिआंग व यांग्सीकिआंग की घाटियों में भी इसकी खेती होती है। इस देश में यह खुरपे की खेती है। यहाँ के छोटे-छोटे खेत व अधिक श्रमिक भी चावल के उत्पादन में मददगार हैं। पानी से भरे चावल के खेतों में मछलियाँ भी पाली जाती हैं। यहाँ प्रति हेक्टेयर उपज 3,700 किलोग्राम है। यहाँ विश्व की कुल उपज का 37% से ज्यादा चावल पैदा होता है, फिर भी उपज से देश की आवश्यकता की पूर्ति नहीं होती है तथा चावल का आयात करना पड़ता है।

विदेशी व्यापार

संसार में चावल के निर्यातक देश श्रीलंका, ताइवान, थाइलैण्ड, बर्मा व कम्पूचिया हैं। मलेशिया, जापान, चीन एवं इण्डोनेशिया चावल के बड़े उत्पादक हैं परंतु अधिक जनसंख्या के कारण इनको चावल का आयात करना पड़ता है। दूसरे महाद्वीपों में संयुक्त अरब गणराज्य, इटली, गुयाना एवं मलागासी भी कम मात्रा में चावल का निर्यात करते हैं। संयुक्त राज्य अमेरिका पश्चिमी संसार का सबसे बड़ा चावल निर्यातक देश है।

इण्डोनेशिया, जापान, भारत, नाइजीरिया, बांग्लादेश व यूरोपीय देश चावल के आयातक देश हैं। दक्षिणी-पूर्वी एशिया में **सिंगापुर** एवं **हांगकांग** चावल निर्यात के बड़े पत्तन में से है। अन्तर्राष्ट्रीय व्यापार में गेहूँ की तुलना में चावल का महत्त्व कम है।

मक्का की कृषि

अमेरिका को मक्का की जन्मभूमि माना जाता है। कोलम्बस इस पौधे को यूरोप में लाया था। इसके बाद धीरे-धीरे यह पौधा एशिया के विभिन्न देशों में फैल गया। इसकी अनेक किस्में हैं। वर्तमान में संकर किस्मों का अनुसंधान हुआ है,

जिनकी खेती अधिक हो रही है। मक्का विश्व में सबसे अधिक उत्पादित खाद्य पदार्थ है। मनुष्य तथा पशु दोनों के भोजन में इसका उपयोग होता है। यह साधारण लोगों का भोजन के बावजूद भी खाद्यान्नों में इसका तीसरा स्थान है। इससे स्टार्च, ग्लूकोज व मद्यसार बनता है। इसके डण्ठलों का प्रयोग गत्ता, कागज एवं रेयान बनाने के लिए किया जाता है। संयुक्त राज्य अमेरिका में मक्का का उपयोग विभिन्न खाद्य पदार्थों को बनाने में किया जाता है।

उपज की भौगोलिक अवस्थाएँ

इसको बोते समय व प्रारभिक विकास में 19° से. ग्रे. तथा परिवक्ता की अवस्था में 22° से. ग्रे. तापमान उचित होता है। इसको उच्च तापमान व अच्छी नमी की आवश्यकता होती है। ज्यादातर पौधे का विकास रात में होता है। न्यूनतम चार महीने का मौसम पाला रहित होना चाहिए।

विकसित होने के वक्त हल्की बौछार की वर्षा लाभप्रद होती है। वार्षिक औसत वर्षा 50 सेमी उपयुक्त होती है। पकने के वक्त तुलनात्मक रुप से कम आर्द्रता एवं खुली धूप चाहिए। खेतों में वर्षा का पानी रुकने पर फसल को क्षति पहुँचती है।

मक्के के लिए नत्रजन एवं जीवांशपूर्ण दोमट मिट्टी उपयुक्त होती है। मिट्टी में आर्द्रता-संचयी क्षमता आवश्यक होती है। समतल सुप्रवाहित भूमि बहुत उपयोगी होती है क्योंकि जोताई से निराई तक के समस्त कार्य सुविधा से हो जाते हैं। मशीनों का भी समुचित इस्तेमाल हो पाता है। इसके लिए श्रमिकों की अधिक जरूरत नहीं पड़ती है।

मक्का के प्रमुख उत्पादक क्षेत्र

इस फसल की पैदावार क्षेत्रीय मांगों पर निर्धारित करती है। विश्व में मक्का के प्रमुख उत्पादक देश संयुक्त राज्य अमेरिका, ब्राजील, चीन, सोवियत संघ, डैन्यूब बेसिन (रूमानिया), दक्षिण अफ्रीका गणराज्य, यूगोस्लाविया, मेक्सिको व भारत हैं। विश्व का प्रति हेक्टेयर औसत उत्पादन 2,080 किलोग्राम है।

संयुक्त राज्य अमेरिका—संयुक्त राष्ट्र अमेरिका का मक्का के पैदावार में विश्व के अन्य राष्ट्रों की तुलना में प्रमुख स्थान है। मक्का की उपज एक विशद क्षेत्र में होती है जिसका सघन विस्तार सेण्ट लुइस से कनाडा की सीमा तक और नेब्रास्का से ओहियो तक है। मक्का की पेटी में आओवा, इल्लिनीय, कंसास, नेब्रास्का, मिनिसोटा, इण्डियाना, विसकांसिन एवं मिसौरी राज्य पड़ते हैं जो मक्का के महत्त्वपूर्ण

उत्पादक हैं। आओवा प्रथम एवं इल्लिनीय द्वितीय बडे उत्पादक राज्य हैं। इस पेटी की उपजाऊ जीवांशपूर्ण काली मिट्टी, सामान्य ढालू भूमि, उष्णार्द्र स्वच्छ जलवायु, ग्रीष्म ऋतु व उर्वरकों का उपयोग मक्का के उत्पादन के लिए उपयुक्त है। पशुपालन की उन्नति के कारण मक्का की खेती को प्रोत्साहन मिला है। इस देश में संसार की 44.5 प्रतिशत मक्का पैदा होती है। उत्पादन का 80 प्रतिशत पशुओं को खिलाया जाता है, 10 प्रतिशत स्टार्च, ग्लूकोज आदि के सृजन में उपयोग किया जाता है एवं शेष निर्यात कर दिया जाता है। वैज्ञानिक कृषि के कारण यहाँ प्रति हेक्टेयर औसत उपज 5,300 किलोग्राम है। इल्लिनीय आओवा के उत्पादक शिकागो के माँस के संयन्त्रों के आधार हैं। ओहिया के किसान सिनासिनाटी के कारखानों व मिसौरी के किसान सेण्टलुइस के कारखानों को मक्का देते हैं। यह देश मक्का का सबसे बड़ा निर्यातक है। यद्यपि मक्का के क्षेत्र समुद्रतट से दूर हैं जिससे परिवहन खर्च ज्यादा पड़ता है। साथ ही जहाजों द्वारा यहाँ का मक्का निर्यात किया जाता है। मक्का का अधिकतर निर्यात **न्यू आर्लियन्स** व **शिकागो** पत्तनों से होता है। सबसे बड़ा ग्राहक भारत है।

चीन—चीन का मक्का के उत्पादन में विश्व के अन्य देशों की अपेक्षा दूसरा स्थान है। इसकी खेती चीन के उत्तरी विशाल मैदान तथा मध्य दक्षिण एवं दक्षिण-पश्चिम के पठारी प्रदेश में होती है। इसका उपयोग मानव व पशु आहार में होता है। इससे सूअर मोटे किये जाते हैं। यहाँ प्रति हेक्टेयर औसत उपज 2,500 किलोग्राम है। यही वजह है कि विश्व के 30 प्रतिशत सूअर इस देश में पाये जाते हैं।

ब्राजील—इस राष्ट्र का मक्का उत्पादन में विश्व में तीसरा स्थान है। यह देश के उत्तर-पूरब से लेकर दक्षिण तक उगाया जाता है, किंतु अधिकतर उपज मिनास जिराइस, रिओग्राण्डी डी साओगलो, सुल एवं पराना राज्यों में होती है। यह सूअरों का विशेष आहार है। यह इस देश की मुख्य मुद्रादायिनी फसल है। इसकी प्रति हेक्टेयर औसत उपज 1,300 किलोग्राम है। यहाँ से मक्का का निर्यात किया जाता है। रियो डी-जेनेरो व सैण्टोस निकट के पत्तन हैं।

सोवियत संघ—मक्का के उत्पादन में सोवियत संघ का विश्व में पांचवां स्थान है। इसकी खेती यूक्रेन, उज्बेकिस्तान, आरमीनिया व काकेशस प्रदेश में होती है। यहाँ प्रति हेक्टेयर उपज संयुक्त राज्य अमेरिका की आधी है। प्रधानमंत्री **ख्रुश्चेव** ने मक्का की खेती को बढ़ाया और अर्जेण्टाइना से लगभग पाँच गुनी खेती होने लगी जो इसके

पहले अर्जेण्टाइना के बराबर थी। इस देश में संसार के 12 प्रतिशत सूअर पाले जाते हैं जो संख्या संयुक्त राज्य अमेरिका के समान है। अधिकांश मक्का सूअरों के भोजन के लिए पैदा की जाती है।

यूगोस्लाविया–यहाँ पूरे देश में मक्का पैदा किया जाता है। गहरी पवनोढ़ मिट्टी वाले पश्चिमी भाग में इसका अत्यधिक उत्पादन होता है।

रूमानिया–बालाचिया मैदान यहाँ का प्रमुख उत्पादन क्षेत्र है। यहाँ मक्का की खेती का विस्तार हो रहा है। यह देश यूरोप का सबसे बड़ा मक्का उत्पादक देश है। अच्छे बीज व उर्वरक के प्रयोग के कारण प्रति हेक्टेयर औसत उपज में पर्याप्त वृद्धि हुई है।

दक्षिणी अफ्रीका गणराज्य–इस गणराज्य में विशेष रूप से मक्के की खेती का प्रचलन है। मक्का ही यहाँ के व्यक्तियों का प्रमुख आहार है। यह पालतू जानवरों को भी खिलाया जाता है तथा मीलिज के नाम से पुकारा जाता है। उच्च वेल्ड प्रदेश के ट्रांसवाल व आरेंज फ्री स्टेट में 'मक्का त्रिभुज' की पेटी है। इसकी सीमा मेकफिंग, मिडिलबर्ग एवं ब्लुमफोण्टिन नगर बनाती है। यहाँ प्रति हेक्टेयर औसत उपज 1,000 किलोग्राम है। यह संसार का छठा सबसे बड़ा मक्का उत्पादक देश है। यह मक्का का निर्यातक देश है। डरबन निर्यात का पत्तन है। मक्का के प्रमुख आयातक देश इटली, ब्रिटेन व पश्चिमी जर्मनी हैं।

मैक्सिको–मैक्सिको एक मक्का प्रधान देश है जिसका विश्व में सातवाँ स्थान है। इस देश में सभी जगह मक्का की खेती होती है, कृषि योग्य भूमि के 66 प्रतिशत पर मक्का की खेती होती है। संसार में कहीं भी मक्का का इतना महत्त्व नहीं है। दक्षिणी मेक्सिको में सर्वाधिक उत्पादन होता है। असर तथा सूखी मृदा होने के कारण और खेत में कम उर्वरक का प्रयोग से परिणामतः प्रति हेक्टेयर पैदावार कर जाती है।

अर्जेण्टाइना–यह देश विश्व का दसवाँ बड़ा मक्का उत्पादक देश है। यहाँ मक्का का मुख्य क्षेत्र पम्पास का उत्तरी-पूर्वी भाग है। पराना नदी के पश्चिमी एवं दक्षिणी क्षेत्र में मक्का ही महत्त्वपूर्ण फसल होती है। पम्पास के समतल मैदान खेती के लिए ज्यादा उपयुक्त हैं। यहाँ वर्षा की अनिश्चितता के चलते कभी-कभी पकते वक्त फसल बर्बाद हो जाती है। यहाँ प्रति हेक्टेयर औसत उपज 1,900 किलोग्राम है। यहाँ सूअर कम संख्या में पाले जाते हैं तथा निवासियों का मुख्य भोजन गेहूँ है। इसलिए अधिकतर उपज निर्यात कर दी जाती है। विश्व के मक्का निर्यातक देशों में इसका द्वितीय स्थान है। निर्यात के पत्तन **ब्यूनस आयर्स, रोसारियो एवं सन्ताफी**

हैं। राष्ट्र के पूरे निर्यात होने वाली आमदनी का 20% भाग मक्का के फसल से प्राप्त होता है।

भारत—यह विश्व का ग्यारहवाँ और एशिया में चीन के उपरांत दूसरा बड़ा मक्का उत्पादक देश है। इसकी उपज उत्तर प्रदेश, राजस्थान, पंजाब एवं हरियाणा में ज्यादा होती है। सिंचाई, उर्वरक व उत्तम बीजों के प्रचार से मक्का का उत्पादन बढ़ रहा है। इसकी प्रति हेक्टेयर औसत उपज 1,130 किलोग्राम है।

डैन्यूब बेसिन—इस बेसिन के मैदानी भाग में मक्का की कृषि होती है। हंगरी बेसिन में यूरोप में सबसे ज्यादा प्रति हेक्टेयर उपज होती है जो संयुक्त राज्य अमेरिका से भी अधिक है। हंगरी का द्वितीय मुख्य फसल मक्का ही है। डैन्यूब बेसिन के देशों में प्रति हेक्टेयर औसत उपज 3 हजार किलोग्राम से 4 हजार किलोग्राम है। कृषि की प्रधानता के फलतः इस बेसिन को हरा यूरोप (Green Europe) कहा जा रहा है।

मक्का के पैदावार में इटली और फ्रांस का महत्त्वपूर्ण स्थान है। उत्पादन के दृष्टिकोण से इनका स्थान यूरोप महाद्वीप में क्रमशः तीसरा और चौथा है। इटली का अधिकांश मक्का पो नदी के बेसिन एवं दक्षिणी प्रायद्वीप के पठारी ढालों पर पैदा होती है। फ्राँस के दक्षिणी-पश्चिमी क्षेत्र में व पूरब के कुछ क्षेत्रों में मक्का की पैदावार होती है।

एशिया के अन्य देश— फिलीपींस, इण्डोनेशिया, मलेशिया व तुर्की मक्का का उत्पादन करते हैं।

अफ्रीका—मक्का की खेती अफ्रीका महाद्वीप के कई देशों में की जाती है। दक्षिण अफ्रीका गणराज्य व संयुक्त अरब गणराज्य में इसका अच्छा उत्पादन होता है। विश्व की कुल उपज का 1.2 प्रतिशत मक्के का उत्पादन इसी महाद्वीप में होता है।

विदेशी व्यापार

वाणिज्य के आधार पर खाद्य पदार्थों में चावल और गेंहू के बाद मक्के का स्थान है। मक्का के प्रमुख निर्यातक संयुक्त राज्य अमेरिका, अर्जेण्टाइना, थाइलैण्ड व दक्षिण अफ्रीका गणराज्य हैं। यूगोस्लाविया, सोवियत संघ, रूमानिया भी इसके निर्यातक देश हैं।

जापान, पश्चिमी जर्मनी, ग्रेट ब्रिटेन, बेल्जियम, नीदरलैण्ड एवं डेनमार्क इसके प्रमुख आयातक देश हैं। पशुओं को खिलाने के लिए पश्चिमी यूरोप में मक्के का आयात किया जाता है।

7

कृषि का स्थानीयकरण

पुरातन युग से ही मनुष्य कृषि करता चला आ रहा। कृषि मानव की आर्थिक क्रिया रही है। आरम्भिक दौर में मनुष्य अपने जीवनयापन के लिए इधर उधर भटकता रहा। इसे खाद्य-संग्राहक से क्षद्य निर्यात या उत्पादन बनाने की देन कृषि को ही जाता है। समय ज्यों-ज्यों बदलता गया त्यों-त्यों कृषि करने की विधि भी बदलती गयी। संसार के अनेक क्षेत्रों में आज भी प्राचीन ढंग से कृषि की जा रही है लेकिन विकसित क्षेत्रों में कृषि व्यावसायिक स्वरूप ग्रहण कर चुकी है। यही कारण है कि संसार में कई पद्धतियों से कृषि कार्य किया जा रहा है। कृषि को परिभाषित करते हुये मैकार्टी ने बताया है कि सोद्देश्य फसलोत्पादन तथा पशुपालन को कृषि कहा जाता है। स्पष्ट है कि कृषि की सीमा से मृदा पोषण, मृदा उपयोग, फसलोत्पादन, बागवानी, पशुपालन, सिंचाई, मत्स्य-पालन जैसे प्राथमिक कार्यों को शामिल किया जाता है। कृषि की प्रक्रिया आदिकाल से लेकर आधुनिक काल तक कई चरणों में विकसित हुई। जहाँ विकास की प्रक्रिया मन्द रही है वहाँ आज भी जीवन-निर्वाहक कृषि की प्रमुखता है लेकिन विकसित अर्थतन्त्र वाले क्षेत्रों में गहन निर्वाहक और व्यापारिक कृषि की जाती है।

फसलों के उत्पादन मछली पालन, बागवानी, पशुपालन आदि ने कृषि के संरचना में वैज्ञानिक, तकनीकी और बाजार की उन्नत व्यवस्था के फलस्वरूप कृषि की प्रकारिकी विविध रूपों में देखने को मिलती है। भारतीय कृषि की तुलना अमेरिकी कृषि से करना उचित नहीं है। संयुक्त राज्य अमेरिका जो की संसार का प्रमुख औद्योगिक देशों में से एक है में कृषि का पूर्ण व्यापारिक स्वरूप पाया जाता है जबकि भारत में कृषि का मिश्रित स्वरूप पाया जाता है। जहाँ किसान कुछ ही

फसलों का उत्पादन व्यापारिक दृष्टिकोण से करता है। विकसित देशों में तीव्र यातायात की सुलभता के कारण बाजार से दूर-दराज के क्षेत्रों में भी शीघ्र नष्ट होने वाली फसलें और पशु-उत्पाद कृषि के प्रमुख अंग है परंतु भारत जैसे देशों में यातायात सुविधाओं की कमी के कारण जल्दी खराब होने वाली सामग्रियां उत्पन्न की जाती हैं।

जलवायु, मिट्टी, धरातल आदि जैसे जैविक तत्व भी कृषि के आकार पर प्रभाव डालते हैं। चाय की कृषि केवल ढालू भूमि पर ही अधिक उपयुक्त होती है। स्पष्ट है कि विश्व में भौतिक और मानवीय कारकों की असमानता के कारण कृषि के स्वरूप में विविधता की उपस्थिति स्वाभाविक है। परंतु यह भी सत्य है कि कृषि की क्षेत्रीय समूहन भी देखने को मिलता है। नगरों के चारों ओर साग-सब्जी, फल, फूल, दुग्ध आदि का उत्पादन सामान्य रूप से देखने को मिलता है जबकि दूर-दराज के क्षेत्रों में अन्न और पशुपालन जैसे कृषि कार्यों की प्रमुखता पाई जाती है। जिस क्षेत्र में एक विशेष प्रकार की कृषि की प्रधानता पाई जाती है वह उसकी पहचान बन जाती है। इसलिए व्यावसायिक कृषि के सामान्यीकरण से कृषि भूगोल में एक नया अध्याय जुड़ गया है। इस पक्ष को कई विद्वानों ने रेखांकित करने का प्रयत्न किया है। आधुनिक कृषि के स्थानीयकरण को सर्वप्रथम जर्मन विद्वान वॉन थ्यूनेन ने समझाने का प्रयत्न किया और बाद में कई विद्वानों ने इस क्षेत्र में विशेष भूमिका निभायी है। वास्तविक रूप में भूमि उपयोग के स्वरूप के निर्धारण में कृषि से अर्जित लाभ सबसे अधिक प्रभावकारी पक्ष है। फलस्वरूप बाजार की ओर उन्मुख कृषि के स्वरूप निर्धारण में लागत और लाभ निर्णायक पक्ष लेते हैं।

कृषि के स्थानीयकरण के सिद्धान्त

कृषि कार्य के लिए विशद व विस्तृत भूमि की आवश्यकता होती है। धरातल, मृदा, जलवायु, मानवीय आवश्यकता, आर्थिक लाभ की सम्भावना और फसलों की विशेषता एव गुणवत्ता के आधार पर विभिन्न प्रकार की फसलों का चुनाव किया जाता है। परन्तु आर्थिक लाभ की सम्भावना फसलों के चुनाव में सर्वोपरि निर्धारक है। इस तरह तुलनात्मक लाभ कृषि के स्थानीयकरण का आधार बन जाता है। फसलोत्पादन से प्राप्त लाभ किसान की आर्थिक सम्पन्नता को निश्चित करता है, इसलिये फसलों का चुनाव उत्पादन-स्थल और बाजार अर्थात् उत्पादन और उपभोक्ताओं के बीच दूरी को ध्यान में रखकर किया जाता है, क्योंकि अतिरिक्त उपज के विक्रय से जो फायदा प्राप्त होता है वह कृषि के स्थानीयकरण

का आधार बन जाता है। कृषि उत्पादों से होने वाले फायदे को उत्पादन लागत और परिवहन व्यय संयुक्त रूप से प्रभावित करते हैं। इनके अलावा सामाजिक-सांस्कृतिक व्यवस्था का भी प्रभाव कृषि के स्थानीयकरण पर पड़ता है। कोई भी क्षेत्र हो इस क्षेत्र की कृषि की गुणवत्ताओं उपयोगिताओं को जानने हेतु इसके स्थानीयकरण के क्षेत्र में विभिन्न प्रयास किये गये हैं।

वॉन थ्यूनेन का कृषि के स्थानीयकरण का सिद्धान्त

सबसे पहले कृषि के स्थानीयकरण के सिद्धान्त का प्रतिपादन जे. एच. वॉन थ्यूनेन ने स्वयं कृषि कार्य के ज्ञानों के आधार पर सन् 1826 में किया। इस जर्मन विद्वान नें अपने मैकलैबर्ग के कृषि फार्म पर वैज्ञानिक विधि से की जाने वाली कृषि से यह निष्कर्ष निकाला कि कृषि के स्थानीयकरण में भौतिक तत्वों की अपेक्षा आर्थिक तत्व अधिक शक्तिशाली होते हैं। उत्पादन क्षेत्र एवं खपत क्षेत्र के मध्य बढ़ती दूरी परिवहन लागत में वृद्धि करती है इससे लाभ की मात्रा प्रभावित होती है।

बाजार से बढ़ती दूरी के साथ कृषि भूमि का उपयोग बदलने लगता है। इस तथ्य के आधार पर वॉन थ्यूनेन ने अपने सिद्धान्त का प्रतिपादन किया। उनका यह भी विचार है कि भूमि उपयोग की सघनता अर्थात् अधिक निवेश द्वारा अधिक उत्पादन का स्वरूप भी दूरी के साथ परिवर्तित होता है जो इंगित करता है कि कोई अन्तर्निहित पक्ष इसके लिये उत्तरदायी है।

धारणाओं के मूल कारक—फसलोत्पादन अनेक भौतिक, सामाजिक, सांस्कृतिक और आर्थिक कारकों से प्रभावित होता है लेकिन बाजार इन तत्वों में ज्यादा प्रमुख होता है क्योंकि बाजार से बढ़ती दूरी कृषि की गहनता और भूमि उपयोग प्रारूप पर अत्यधिक प्रभाव डालती है। उनके अनुसार अन्य कारकों के प्रभाव में समानता पाई जाती है। इस प्रकार उन्होंने कुछ आधारभूत मान्यताओं के आधार पर अपने सिद्धान्त को प्रतिपादित किया है जो कि इस प्रकार हैं—

1. किसान नगर की मांग के अनुसार कृषि उत्पादन में लीन हों।
2. उन्होंने एक ऐसे एकाकी कृषि प्रदेश की कल्पना की है जो अपने आप में एक स्वतन्त्र इकाई है।
3. परिकल्पित कृषि प्रदेश में एक ही नगर कृषि उत्पादों के लिये प्रमुख बाजार है।
4. उन्होंने एक समदैशिक भूखण्ड की भी कल्पना की है जो नगर के चारों ओर फैला हो और भौतिक गुणवत्ता में लगभग समान हो।

5. कृष्य उत्पादों की बाजार में मांग हो और बदले में बाजार से निर्मित वस्तुओं का किसानों द्वारा क्रय करने की मनोवृत्ति हो।
6. कृषि उत्पादों को बाजार तक पहुँचाने की प्रक्रिया लगभग समान हो जिससे कि परिवहन व्यय समान बैठता हो।

जिन अवधारणाओं का वर्णन ऊपर किया गया है उसके अनुसार बाजार से चौतरफा बढ़ती दूरी के अनुसार फसलों के लाभ का फायदा हमेशा कम हो जायेगा। क्योंकि परिवहन व्यय बढ़ता जायेगा। स्पष्ट है कि फसल के उत्पादन तथा बाजार में सीधा सम्बन्ध पाया जाता है। इस प्रकार इस सिद्धांत के अनुसार कृषि उद्यमी का लाभ तीन धारणाओं पर निर्भर करता है जिसका सूत्र इस प्रकार हैं–

$$\mathbf{P = V(E+T)}$$

यहाँ P = कृषक का लाभ,

V = बेची गई वस्तु की कीमत,

E = उत्पादन लागत,

T = परिवहन लागत

वॉन थ्यूनेन का मत है कि किसी भूखण्ड पर उन्हीं फसलों का उत्पादन किया जाता है जिससे अधिक लाभ की प्राप्ति होती है। जिनकी गणना निम्नलिखित सूत्रों से की जाती है–

$$\mathbf{L = y\,(P\text{-}C)\ \text{-}yD(F)}$$

यहाँ L = प्रति इकाई क्षेत्र स्थानीय भूकर (Rent),

y = प्रति इकाई भूमि की उपज,

P = फसल का बाजार कीमत,

C = फसल की उत्पादन में व्यय,

D = उत्पादन क्षेत्र से बाजार की दूरी,

F = परिवहन में व्यय अथवा लागत।

उपर्युक्त गणना के आधार पर यह सिद्धान्त स्पष्ट कर देता है कि शहर व नगर से बढ़ती दूरी के साथ उत्पादन और लाभ में ह्रास के परिणामस्वरूप भूमि उपयोग के स्वरूप और फसलों के चुनाव में बदलाव पाया जाता है। नगर के बाहरी छोर पर परिवहन व्यय की अधिकता के कारण लाभ घटने लगता है जिसके कारण पशुपालन जैसे कार्य की प्रधानता होती है। इसके विपरीत नगर के समीप कम

परिवहन लागत के कारण लाभ की सम्भावना अधिक होती है जिससे गहन भूमि उपयोग के साथ बागवानी, दुग्ध उत्पादन और गहन कृषि आदि की पेटियाँ विकसित होती हैं। इस तरह वॉन थ्यूनेन ने मुख्य नगर के चारों ओर सात क्रमागत पेटियों की शृंखला का प्रतिपादन किया है। इनका विवरण निम्न रूप में दिया जा सकता है–

प्रथम पेटी–इस पेटी के अन्तर्गत यह शहर व नगर के चौतरफा विस्तृत होगी जहाँ गहन भूमि उपयोग द्वारा शीघ्र नष्ट होने वाली वस्तुयें जैसे–साग-सब्जी और दूध जैसी वस्तुओं के उत्पादन की प्रधानता होगी। इनकी मांग नगर में दिन-प्रतिदिन होती है और इनसे लाभ भी अधिक होता है।

दूसरी पेटी–यह पेटी प्रथम पेटी के बाहर होगी जहाँ जलावन के लिए लकड़ी उत्पादित करना ज्यादा लाभदायक होगा क्योंकि कम मूल्य और अधिक भार के कारण परिवहन लागत नगर के दूरी बढ़ने पर लाभ नहीं होगा, लेकिन वर्तमान सन्दर्भ में ऐसा नहीं पाया जाता है।

तीसरी पेटी–उस पेटी के अन्तर्गत अत्यधिक खाद्यान्नों की पैदावार सम्मिलित है। इस पेटी में सिंचाई की सुविधा के रूप में एक नदी की भी परिकल्पना की गई है। यहाँ से अन्न को सुविधा के अनुसार बाजार पहुँचाया जाता है क्योंकि इसमें कुछ समय के लिए भण्डारण की सुविधा होती है।

चौथी पेटी–इस पेटी के अन्तर्गत खाद्यान्न उत्पन्न करने के साथ-साथ पशुओं के चराने के भूमि उपयोग की कल्पना की गई है क्योंकि यहाँ परती भूमि भी हो सकती है।

पांचवीं पेटी–इसके अन्तर्गत स्तरीय भूमि उपयोग की प्रधानता होगी जिसके एक-तिहाई भाग पर विस्तृत कृषि, दूसरे के एक-तिहाई भाग पर पशुपालन और शेष भूमि परती होगी।

छठी पेटी–इस पेटी के तहत पशुपालन उद्योग को विशिष्ट प्रधानता प्रदान की गयी है। जो नगर से दूर स्थित होने के बावजूद लाभदायक होगी।

सातवीं पेटी–इस सातवीं और अन्तिम पेटी के अन्तर्गत छोरीय स्थिति के कारण वनाच्छादित होगी जहाँ अल्प मात्रा में कृषि और पशुपालन सम्भव है।

इस प्रकार वॉन थ्यूनेन ने ने बाजारोन्मुख कृषि व्यवस्था को सैद्धान्तिक रूप प्रदान करने के लिये कृषि उत्पादों से होने वाले लाभ को प्राथमिकता दी है और उसी प्रकार भूमि उपयोग के प्रारूप की व्याख्या की है।

आकार तथा प्रारूप का विश्लेषण करते हुए वॉन थ्यूनेन ने स्पष्ट किया है

कि बाजार से बढ़ती दूरी का स्पष्ट प्रभाव कृषि की गहनता और फसलों के चुनाव पर पड़ता है। इसलिए कृषि के स्थानीयकरण के लिये लागत, दूरी और लाभ मुख्य कारक होते हैं। इन तथ्यों के सत्यापन से कहा जा सकता है कि वॉन थ्यूनेन ने एकाकी अनुभव के आधार पर यह समझाने का प्रयत्न किया है कि कृषि के स्थानीयरण का मूल बाजार होता है जो कृषि का स्वरूप को निर्धारित करता है यधपि यह तथ्य सर्वत्र घटित नहीं होता है।

वॉन थ्यूनेन के सिद्धान्त की अवहेलना

आज और पूर्व के दौर में काफी अन्तर पाया जाता है। कहने का तात्पर्य है कि आज की परिस्थितियां काफी सीमा तक परिवर्तित हो गयी हैं। इसलिए वॉन थ्यूनेन के कृषि के स्थानीयकरण के सिद्धान्त को अब मूल रूप में स्वीकार करना असम्भव नहीं है। यहाँ यह भी उल्लेखनीय है कि जिस प्रकार के एकाकी कृषि क्षेत्र की कल्पना यहाँ की गई है तथा अन्य भौतिक, आर्थिक और सामाजिक परिवेश को नगर के चारों ओर समान रूप में मान लिया गया है वह भी वास्तविक कम और काल्पनिक ज्यादा है।

आशय है कि आज की परिस्थितियां काफी सीमा तक परिवर्तित हो गयीं है।

1. लॉश ने वॉनथ्यूनेन के सिद्धान्त की आलोचना करते हुये बताया है कि इनके आधार पर सामान्यीकरण करना सम्भव नहीं है। यह मात्र कुछ परिस्थितियों में लागू हो सकता है। फिर भी यह स्वीकार किया जाता है कि वॉन थ्यूनेन ने आधुनिक बाजारोन्मुख कृषि के कुछ पक्षों को समझाने का भी प्रयास किया है।
2. वॉन थ्यूनेन ने बदलते परिवहन तन्त्र का सही मूल्यांकन नहीं किया है जिसके कारण नगर के चतुर्दिक विकसित कृषिखण्ड काल्पनिक अधिक हैं। द्रुत परिवहन के द्वारा दूर उत्पादित एवं शीघ्र नष्ट होने वाले कृषि पदार्थ भी शीघ्र बाजार में पहुँचाये जा सकते हैं। इसी प्रकार समीप स्थित अन्य नगर वृत्तीय भूमि उपयोग को चरितार्थ नही होने देंगे।
3. भूमि उपयोग के प्रारूप पर कई अन्य कारकों के प्रभाव जैसे– उन्नत कृषि तकनीक, नये परिवहन साधन, बाजारों की संख्या और परिवर्तित आर्थिक स्थिति वॉन थ्यूनेन की योजना के अनुसार भूमि उपयोग के स्वरूप को बतलाने में करने में बाधक होंगे।

4. नगर के चारों ओर समान भौतिक परिवेश की कल्पना भी तथ्यपरक नहीं है। इस आधार पर भूमि उपयोग को नगर के चारों ओर संकेन्द्रीय पेटियों में निरूपित करना यथार्थपरक नहीं है।

कृषि के स्थानीयकरण के नवीन युग का सिद्धान्त

वॉन थ्यूनेन की कृषि के स्थानीयकरण की विचारधारा से प्रेरित होकर कई विद्वानों ने इस दिशा में उल्लेखनीय योगदान दिया है। ऐसे विद्वानों में आलोक जोनॉसान, हूवर और लिण्डवर्ग एवं मैकार्टी के नाम विशेष रूप से प्रसिद्ध हैं। उपर्युक्त विद्वानों ने नवीन व वर्तमान परिस्थितियों के आलोक में अपने-अपने सिद्धान्तों को प्रगट करने का प्रयास किया है।

मैकार्टी एवं लिण्डवर्ग का सिद्धांत

1996 में मैकार्टी और लिण्डवर्ग ने अनुकूलतम आर्थिक दशाओं एवं सीमाओं के सिद्धान्त का प्रतिपादन किया। उनका यह सिद्धान्त डेविड रिकार्डों के सिद्धान्त का सुव्यवस्थित रूप है। इन विद्वानों के अनुसार किसी क्षेत्र की कि उत्पादकता भौतिक कारकों से अवश्य निर्धारित होती है परंतु आर्थिक दशायें, जैसे—परिवहन, बाजार, व्यवस्था, वस्तु की मांग और राजकीय नीति कई तरह से उत्पादकता को प्रभावित करते हैं जिससे कृषि का स्वरूप और उसकी सीमायें निर्धारित होती हैं। संयुक्त राज्य अमेरिका में इसका स्पष्ट रूप कृषि की पेटियों के विकास में देखा जा सकता है।

यहाँ की कृषि बाजारोन्मुख होने के कारण आर्थिक और भौतिक तत्वों के समायोजन से एक विस्तृत क्षेत्र पर एक ही फसल, जैसे—कपास, गेहूँ, मक्का अलग-अलग रूप से गहन पेटी में पैदा की जाती है। यहां पर भौतिक तत्वों की तुलना में आर्थिक तत्व अधिक प्रचलित होते हैं। जब एक कालावधि में इन तत्वों की अनुकूलतम स्थिति प्राप्त होती है तो उस क्षेत्र में कृषि उत्पादकता अधिकतम सीमा तक पहुँच जाती है। फलस्वरूप ऐसे क्षेत्र को अनुकूलतम आर्थिक दशाओं का क्षेत्र कहा जाता है। इस क्षेत्र से बाहर बढ़ती दूरी के साथ आर्थिक कारकों की अनुकूलता क्रमशः घटने लगती है फलतः उत्पादन लागत में वृद्धि होने लगती है। कृषि के स्वरूप में भी भिन्नता आने लगती है। इस परिवर्तन के कारण कृषि की कई श्रेणियां बन जाती हैं। भौतिक तथ्यों को सिद्ध करने में इस सिद्धांत की अवधारणा अधिक कारगर है, फलस्वरूप यह स्वीकार्य है।

अपने सिद्धांत की व्याख्या करने के लिए मैकार्टी और लिण्डबर्ग ने कुल लागत के तहत भूमि, श्रम, परिवहन, सिंचाई आदि सभी अनिवार्य तत्वों की लागत को शामिल किया है। उनका मानना है कि बाजार मूल्य के अनुपात में उत्पादन सीमा का निर्धारण होगा। ऐसी स्थिति में दुग्ध उत्पादक को निश्चय करना पड़ता है कि वह दूध की आपूर्ति दूध के रूप में करे अथवा उसे परिवर्तित कर पनीर, मक्खन आदि के रूप में करे जिससे अधिक लाभ प्राप्त किया जा सके। इस प्रकार इन विद्वानों ने बाजार से बढ़ती दूरी के कारण बढ़ते परिवहन लागत को ध्यान में रखकर कृषि क्षेत्र को प्रमुख रूप से चार वर्गों में विभाजित किया है जो क्रमशः क, ख, ग और घ हैं। इसके द्वारा 'क' तथा 'ख' वर्ग में स्थित कृषक अपने दूध की आपूर्ति सीधे दूध के रूप में करेंगे जबकि 'ग' वर्ग के कृषक दूध की आपूर्ति बदलाव के साथ करेंगे। 'घ' वर्ग के कृषकों द्वारा दोनों मार्ग अपनाए जा सकते हैं। इन दोनों स्थितियों में विक्रय मूल्य लगभग समान होगा। अतएव कृषक अपने लाभ के अनुसार निर्णय करता है। लाभ, लागत–मूल्य और आपूर्ति–मूल्य के अन्तर से निर्धारित होगा। हमारे देश में केवल नगरों के समीप कृषि की ऐसी स्थिति देखने को मिलती है।

ओलोफ जोनसॉन का सिद्धान्त

ओलोफ जोनसॉन ने थ्यूनेन की परिकल्पना की कतिपय विचारधाराओं का सन् 1920 में अध्ययन किया। इस अध्ययन से जोनसॉन ने यह निष्कर्ष निकाला कि नगर अथवा ग्राम की स्थिति का भूमि-उपयोग-प्रारूप पर स्पष्ट प्रभाव पाया जाता है। इनके अनुसार नगर अथवा ग्राम के बाहर समीपवर्ती क्षेत्र पर गहन कृषि की जाती है जिसमें साग-सब्जी, फल, फूल जैसी फसलों की प्रधानता होती है। इस आन्तरिक पेटी से बाहर की ओर उगने वाली सब्जी यथा आलू तथा कुछ मुद्रादायिनी फसलों जैसे तम्बाकू, चारा आदि की प्रधानता होती है। इस पेटी के बाहर की ओर गहन अन्नोत्पादन एवं डेयरी-प्रधान पेटी पाई जाती है। उसके बाद की पेटी में सामान्य कृषि और गहन पशुपालन की प्रधानता भी होती है। मोटे अनाज एवं वानस्पतिक उत्पादन की प्रधानता पांचवीं पेटी में होती है इस पेटी में विस्तृत भूमि उपलब्ध होती है। छठी पेटी चरागाह प्रधान और सातवीं पेटी नगण्य कृषि कार्य से सम्बन्धित होती है। इन विवरणों से यह स्पष्ट है कि जोनसॉन ने वॉन थ्यूनेन की पेटियों को स्वीकार किया है लेकिन उन्होंने भूमि उपयोग को यूरोपीय सन्दर्भ में प्रतिपादित करने का प्रयत्न किया है। ऐसी स्थिति भारत जैसे देशों में नहीं पाई

जाती है। इसलिए जॉनसन की अवधारणा को विश्व स्तर पर अमान्य ठहरा दिया गया।

हूवर का सिद्धान्त

हूवर ने कृषि के स्थानीयकरण का अपना सिद्धान्त सन् 1948 में प्रस्तुत किया जो आर्थिक क्रिया स्थानिक प्रारूप पर निर्भर करता है। उन्होंने एकाकी बाजार के स्थान पर पांच समीपवर्ती बाजारों की उपस्थिति को माना है। इसके साथ ही साथ उन्होंने आपसी आदर्श स्पर्द्धा की दशा में भूमि उपयोग की व्याख्या की है। इसी प्रकार प्रमुख तीन कृषि उत्पादन वस्तुओं जैसे—फली, दूध और गेहूँ को विश्लेषण हेतु चुना। इनका मानना है कि सभी पांच नगरों में जो आस-पास स्थित हैं, दूध की मांग होगी लेकिन गेहूँ और फली की मांग सभी नगरों में समान नही होगी। उनका मत है कि गेहूँ की मांग प्रथम नगर में जबकि फली की मांग प्रथम, तृतीय और पंचम नगरों में होगी। इस तरह उनके सिद्धान्त का आधार आर्थिक क्रिया के स्थानिक स्वरूप पर आधारित है। इसमें बताया गया है कि किन कारणों से वास्तविक रूप में भूमि उपयोग खण्डों में विकसित होता है न कि संकेन्द्रीय पेटियों के रूप में। श्रेणियों व खंडों में प्रयोग में लायी जाने वाली भूमि के दो प्रमुख कारण बतलाए गए हैं—

1. परिवहन लागत में अन्तर
2. कृषि उत्पादन की वहनीयता।

इस सिद्धान्त के अनुसार इन दोनों तत्वों के असर की वजह से प्रत्येक फसल में व्यय किये गये धन या वित्त में अन्तर होता है। दूध शीघ्र नष्ट होने वाला पदार्थ है जिसके लिये निकटतम बाजार और तीव्र परिवहन की आवश्यकता पड़ती है। यही कारण है कि सभी नगरों के आस-पास इसका उत्पादन होगा। इसके विपरीत गेहूँ और फली की अधिक वहनीयता तथा अपेक्षाकृत कम परिवहन व्यय के कारण इनका उत्पादन अपेक्षाकृत बाजार से दूर तक के क्षेत्रों में किया जा सकता है। इस प्रकार कई बाजारों की उपस्थिति के कारण भूमि उपयोग के मूल स्वरूप में अन्तर नहीं आ पाता है और भूमि उपयोग को लगान ही सुनिश्चित करता है।

नवीन युग के सिद्धान्त

नए युग का सिद्धांत नैसर्गिक पर्यावरण व भूमि की सघनता में क्षेत्रीय

विविधता को अधिक महत्व प्रदान करता है। इसके अनुसार विभिन्न फसलों के स्थानीयकरण को समझने के लिये सबसे पहले उन प्राकृतिक और आर्थिक सीमाबद्ध क्षेत्रों का निर्धारण किया जाता है जिसमें विभिन्न फसलों का उत्पादन सम्भव है तथा इस सीमाबद्ध क्षेत्र में फसल विशेष के उत्पादन के लिये अनूकूलतम प्राकृतिक एवं आर्थिक दशाओं को सीमांकित करने का प्रयत्न किया जाता है।

नैसर्गिक सीमाएं और अनुकूलतन परिस्थितियां—विभिन्न प्रकार की फसलों को उत्पन्न करने के लिए भौतिक एवं वनस्पतिशास्त्री व कृषि विशेषज्ञों ने विशेष रूप से कम से कम ऊष्मा शुष्क मृदा के पोषक कारक एवं दूसरे महत्वपूर्ण कारकों को निर्धारित किया है। फसल विशेष के उत्पादन के लिए हर जगह इन न्यूनतम दशाओं की पूर्ति होना असंभव है। इसलिए इसके उत्पादन के दृष्टिकोण से इन न्यूनतम जरूरतों की पूर्ति के आधार पर क्षेत्र विशेष का सीमांकन करना सम्भव है। इन न्यूनतम जरूरतों की पूर्ति होने वाले क्षेत्र की सीमा के तहत हर फसल के लिये अपेक्षाकृत बहुत छोटा क्षेत्र ऐसा भी होता है जहाँ सभी आवश्यक तत्वों का सम्मिश्र मिलता है जिसमें फसल विशेष का अधिकतम उत्पादन हो सकता है। इस क्षेत्र को अनुकूलतम प्राकृतिक दशाओं वाला क्षेत्र कहते हैं। लेकिन फसलों के उत्पादन की प्राकृतिक सीमायें एवं अनुकूलतम दशाओं वाले क्षेत्र सदैव स्थिर नहीं होते। कालान्तर में तकनीकी विकास के कारण भूमि की संसाधनता तथा मिट्टी की उत्पादन क्षमता एवं सम्बन्धित लागत तत्वों की स्थिति बदलती रहती है और इसके साथ ही साथ विभिन्न फसलों के उत्पादन की प्राकृतिक सीमाओं एवं अनुकूलतम दशाओं वाले क्षेत्र में भी बदलाव होता रहता है। जैसे—वर्तमान समय में गेहूँ की शीघ्र तैयार होने वाली किस्मों का आविष्कार होने से गेहूँ अधिक ठण्डे प्रदेशों में भी उगाया जा सकता है।

संयुक्त राज्य के पास कपास की पेटी में कपास पैदा करने की नैसर्गिक सीमाएं एवं अनूकूलतम परिस्थितियां स्पष्ट होती हैं। नैसर्गिक सीमाएं वृष्टि की मात्रा और पैदावार का समय के आधार पर तय हुई हैं। लेकिन इस वृहत् क्षेत्र के अन्दर अनुकूलतम दशायें अत्यन्त छोटे विस्तार वाले क्षेत्रों में ही मिलती हैं जहाँ उपजाऊ मिट्टी उपलब्ध है। इसलिए संयुक्त राज्य में कपास की कृषि का स्थानीयकरण भी इसी प्राकृतिक सीमाबद्ध क्षेत्र एवं उसके तहत अनुकूलतम दशाओं वाले क्षेत्र में विशेष रूप से हुआ है। इसी प्रकार अन्य फसल के लिये भी ऐसे क्षेत्रों का सीमांकन किया जा सकता है।

आर्थिक सीमायें तथा अनुकूलतम परिस्थितियां—फसलों का उत्पादन मात्र प्राकृतिक तत्वों तथा तकनीकी विकास की अवस्थाओं से ही नहीं, बल्कि बाजार में कीमत के अनुपात में उत्पादन लागत से भी निर्धारित होता है। इस सीमा का निर्धारण उस रेखा द्वारा होता है जो उन स्थानों को मिलाती हुई खींची जाती है जहाँ प्रति इकाई कुल उत्पादन लागत, बाजार में प्रति इकाई उत्पादन की कीमत के समतुल्य होती है। कुल लागत के तहत भूमि, श्रम, परिवहन, सिंचाई आदि सभी अनिवार्य तत्वों की लागत सम्मिलित है। इस तरह की सीमा-रेखा का निर्धारण बड़ा कठिन होता है क्योंकि इसके लिये लागत तत्व की स्थानीय विभिन्नता, उत्पादन का आकलन, विभिन्न अनिवार्य तत्वों में परस्पर प्रति स्थापना के लिये छूट, और भविष्य में बाजार में बिक्रीदर, इन सबका हिसाब रखना होगा। लेकिन यह सीमा-रेखा उन स्थानों को दर्शाती है जहाँ लाभ शून्य होता है तथा जिसके आवृत्त क्षेत्र से बाहर उत्पादन करने में हानि उठानी पड़ेगी। इस आर्थिक सीमा के अन्दर किसी दिशा में प्रति इकाई उत्पादन लागत क्रमिक रूप से कम हो सकती है, तथा ऐसा क्षेत्र मिल सकता है जहाँ बाजार में प्रति इकाई कीमत तथा प्रति इकाई कुल उत्पादन लागत में अधिक से अधिक अन्तर हो। इस क्षेत्र को अनुकूलतम आर्थिक दशाओं का क्षेत्र कहा जाता है।

विविध फसलों में प्रतिस्पर्धा—विभिन्न फसलों में किसी एकाकी फसल के लिए आर्थिक सीमा तथा अनुकूलन परिस्थित वाले क्षेत्र को तय करने के बाद उसमें दूसरे फसलों की पैदावार की आशा तथा उसको ऊपर पढ़ने वाले असर का विश्लेषण उसके तुलनात्मक आर्थिक लाभ के द्वारा ज्ञात किया जाता है। दो अथवा अधिक फसलों के मध्य इस आर्थिक सीमा वाले क्षेत्र में लाभ-हानि का विवेचन उनके आर्थिक लगान की तुलना करके किया जा सकता है। अनुकूलतम दशा वाले क्षेत्र में उसी फसल का उत्पादन होगा जिससे आर्थिक लागत प्राप्त हो सके। लगान को निम्नलिखित सूत्र द्वारा निर्धारित किया जा सकता है।

ल. = उ. (की. -ला.) – प. दू.

जहाँ

ल. = लगान,

उ. = प्रति इकाई क्षेत्रफल उत्पादन

की. = बाजार में कीमत (प्रति इकाई),

ला. = उत्पादन लागत (प्रति इकाई),

प. = परिवहन व्यय की दर,

दू. = बाजार से दूरी का द्योतक है।

आमतौर पर विभिन्न फसलों के लिए बाजार का प्रबंध एक ही निर्धारित किया जाता है। उनकी पैदावार की जरूरत व्यय अथवा लागत तत्व भी एक ही निर्धारित की जाती है। बाजार अधिकांश घनी जनसंख्या वाले प्रदेश होते हैं। इसलिए कई फसलों की अनुकूलतम आर्थिक दशाओं वाला क्षेत्र भी एक ही होता है। यही कारण है कि उनमें स्थानीयकरण के लिये प्रतियोगिता होती रहती है। इस दशा में वह फसल जिससे सबसे अधिक आर्थिक लगान प्राप्त होता है। अनुकूलतम दशाओं वाले क्षेत्र में उगायी जाती है।

कृषि विधि का असर—अधिकांश कृषि क्षेत्रों में किसान एक खेत में एक से अधिक फसलें तैयार करते हैं। जिसका प्रमुख कारण यह है कि कई फसलों को साथ उगाने में किसान को विभिन्न तरह की आन्तरिक बचत होती है। इससे भूमि के समुचित उपयोग के लिये फसलों के फेर-बदल, श्रम तथा मशीनों का समुचित उपयोग, फसल विशेष के नष्ट होने से पूर्ण-क्षति से बचाव आदि कई तरह के लाभ होते हैं। जैसे उद्योग में एकत्रीकरणजन्य लाभ होता है, वैसे ही कृषि में भी कभी-कभी दो-तीन फसलों के साथ उत्पन्न होने से कई प्रकार के फायदे होते हैं।

लागत तत्वों की प्रतिस्थापना—कृषि में भी उद्योग के समय विभिन्न लागत तत्वों में प्रतिस्थापना हो सकता है। कृषि के स्थानीयकरण में आर्थिक लगान की भिन्नता का वही महत्व होता है जो किसी श्रम-गहन उद्योग में श्रम की प्रादेशिक भिन्नता का या शक्ति गहन उद्योग में शक्ति की प्रादेशिक भिन्नता का होता है। कृषि में उत्पादन लागत और परिवहन सम्बन्धित तत्वों का प्रतिस्थापना महत्वपूर्ण है। सही मायने में कृषि की बाजार के सम्बन्ध में स्थिति, फसलों का चुनाव, लागत तत्वों का आनुपातिक सम्बन्ध तथा कृषि की गहनता, ये सभी अन्तर्सम्बन्धित हैं। इस प्रकार के अन्तर्सम्बन्ध का विश्लेषण एडगर एस. दून ने किया है। यहाँ यह ही जानना पर्याप्त है कि विभिन्न लागत तत्वों के विभिन्न आनुपातिक सम्बन्धों के अनुसार फसलों के स्थानीयकरण में भी भिन्नता मिलती है। उदाहरणस्वरूप अगर किसी दूरस्थ क्षेत्र में कम उत्पादन लागत पड़ती है तो उसका फायदा उठाने के लिये अधिक परिवहन व्यय होने पर भी बाजार से दूर फसल का उत्पादन किया जा सकता है। कहने का मतलब यह है कि उत्पादन लागत का परिवहन से प्रतिस्थापन किया जाता है।

8

पुष्पोत्पादन से प्रदूषण नियंत्रण

पुष्पोत्पादन द्वारा प्रदूषण नियंत्रण

कृषि वैज्ञानिकों का विश्वास है कि फूलों की खेती से प्रदूषण नियंत्रण संभव है। इसका सबसे जीवंत उदाहरण बंगलौर शहर के बाहरी क्षेत्रों में देखने को मिला है, जहाँ ओशो के अनुयायियों ने खूबसूरत बाग लगाकर गंदे नालों एवं मच्छरों से लोगों को मुक्ति दिलायी। रूस के डोनेत्ज कोयला खदान नगर में भी इसी प्रकार का उपयोग सफल रहा है।

वास्तव में गुलाब, बूगन्विलिया, क्रिसनथेमम, डूकैना, सिनगोनियम मेरीगोल्ड, फिलोडेन डून, बॉटॅल पाम, तुलसी, बॉटिल ब्रश आदि में प्रदूषण को निष्प्रभावी करने की अद्‌भुत क्षमता पाई जाती है। बूगॅन्विलिया नगरीय एवं ग्रामीण क्षेत्रों, विशेषकर औद्योगिक क्षेत्रों में, प्रदूषण नियंत्रण के लिए उपयोगी है। सिनगोनियम घर के धूलि कणों को आकृष्ट कर लेता है। पुष्पों के अलावा कदम, पीपल, बरगद, नीम, अशोक, बबूल, कचनार, प्लमेरिया, चायनीज रेन ट्री आदि अनेक वृक्षों का प्रदूषण नियंत्रण में महत्वपूर्ण योगदान माना जाता है।

फूल के उद्यानों में लगाने हेतु उपयोगी पौधे

फूल तथा सुन्दर पत्तियों, झाड़ियों, चढ़ने वाले पौधों, मौसमी पौधों आदि को अनेक वर्गों में विभक्त किया जा सकता है—

(अ) फूल व सुन्दर पत्तियों वाले पौधे

इसके अन्तर्गत निम्न पौधे शामिल किये जाते हैं–

1. सीता अशोक (Saraca Indica)
2. चम्पा (मैगनोलिया ग्रेंडीफ्लोरा) (Magnolia Grandiflora Champa)
3. लाल गोल्ड मोहर (Delonix regia)
4. बोतल ब्रुश (Callistemon Lanceolatus)
5. अशोक (Polyathia longifolia)
6. टेम्पिल ट्री (Plumeria alba)
7. पीली गोल्ड मोहर (Peltophorum Ferriginum)
8. सिल्वर ओक (Grevillea robusta)
9. खेर चम्पा (Pacuti folia)
10. आकाश नीम (Millingtonia Hortensis)
11. नीली गोल्ड मोहर (Jacaranda Mimosa folia)

(ब) फूल व सुन्दर पत्तियों वाली झाड़ियाँ

1. गारडेनिया (Gardenia Florida)
2. क्रोटन्स (Crotons)
3. कामनी (Murraya exotica)
4. दिन का राजा (Cestrum diarnum)
5. कनेर (Nerium odorum)
6. गुड़हल (Hisbiscus Rosasinensis)
7. रात रानी (Cestrum Noetrnum)
8. ग्रफ्टोफायलम (Graftophyllum)
9. साय (Acaypha)
10. बडलिया (Bustrum astalica)
11. हमेलिया (Hamelia Patens)

(स) छाया में उगने तथा गमले वाले पौधे

1. ड्रेकेना (Dracena)
2. ब्रायोफायलम (Bryophyllum)
3. फर्न (Fern)
4. सिलिंड्रिका (Cylindrica)

(द) ऊपर चढ़ने वाले पौधे

1. बिगनोनिया वेन्स्टा (Bignoniavilleas)
2. एण्टीबगोनान लेप्टोपस (Antigonon leptopus)
3. टेकोमा ग्रेण्डी फ्लोरा (Tecoma Grandi Flora)
4. क्रीपर, रंगून (Quesqualis indica)
5. बावगेनविलिया (Bougainvilleas)

(इ) गुलाब

गुलाब की अनेक किस्में पाई जाती हैं। इनमें से मुख्य निम्नलिखित हैं–पूसा सोनिया, हंस, गुलजार, योदाया (Yodaya), मोहिनी, सुजाता, सूर्या, स्वाती देलही प्रिन्सेज, आदि। गुलाब की ये उपर्युक्त सभी जातियाँ फ्लोरिवन्डा, हाइब्रडन्टी व हाइब्रड, परपीच्युल जातियाँ हैं।

(फ) झूलती टोकरियों के पौधे

1. पिलीया मुसकोसा (Pile sa Muscosa)
2. असपैरगस (Asparagus)
3. पोर्टुलाका (Portulaca)
4. पोथास (Money Plants or pothas)
5. मिना लोबाटा (Mina lobata)

(क) शीत ऋतु के मौसमी पौधे

Aeroclium, Callendula, Vhrysanthemum,Antirrhinum, Gandytfit, Corn Flower, Dianthus, Dahlia, Hollyhock, Larkdpur, Linum, Pansy, Phlox, Poppy, Sweet Sultan, Verbena stock, Wall flower, California poppy, Gaillardia इत्यादि।

(ख) ग्रीष्म ऋतु में उगने वाले पौधे

Anaranthus, Cocks Comb, Cosmos, Helian Thus (Sun flower), Balsam, Portulaca, Linnia, kochia आदि।

(ग) वर्षा ऋतु में उगने वाले पौधे

Holly Hock,Althaea rosea, Celosia, Coreopsis Dahlia,

Gompherena, Helianlthus, Portulaca Salvia, Tagetes (Marigold), Verbena, Torenia, Zinni इत्यादि।

कुछ महत्त्वपूर्ण फूलों का संक्षिप्त विवरण निम्न प्रकार है–

1. गुलाब

माना जाता है कि भारत में गुलाब की खेती सबसे पहले प्रारम्भ हुई। फिर यहीं से इसका प्रचार-प्रसार यूरोप में हुआ। इसलिए भारत में गुलाब को फूलों का राजा कहते हैं। गुलाब की उत्पत्ति उत्तरी गोलार्द्ध से हुई है। संस्कृत साहित्य में इसे तरुणीपुष्पा, सेमान्तिका, अतिमंजुल आदि नामों से प्रकट किया गया है। मुगलकाल में भी गुलाब को विशेष महत्त्व प्राप्त था। बेगम नूरजहाँ गुलाब की बेहद ही शौकीन थी। इनके उद्यान में गुलाब की अनेक प्रजातियाँ थीं। बेगम नूरजहाँ ने ही गुलाब के इत्र की खोज की थी।

गुलाब का उपयोग सौन्दर्य प्रदान करने के अलावा पूजा, गुलदस्ते, मालाएँ, औरतों के सिर के बालों की सजावट, कोट में लगाने के लिए इत्र, गुलाब जल व गुलकन्द इत्यादि बनाने में किया जाता है। पं. जवाहर लाल नेहरू को भी गुलाब बहुत पसन्द था। भौगोलिक दृष्टि से फ्रांसीसी गुलाब, डेनमार्क गुलाब, संयुक्त राज्य का गुलाब, टोरोज, चायना गुलाब आदि विशेष महत्त्वपूर्ण हैं। इनके फूल गहरे तथा हल्के लाल गहरे व हल्के गुलाबी, नीले, पीले तथा सफेद आदि अनेक रंगों के होते हैं। इनकी बनावट बहुत ही सुन्दर व खुशबूदार होती है। मुगल बादशाह बाबर द्वारा 1526 में परिशियन गुलाब (डेमस्करोज) भारत लाया गया।

अंग्रेजों ने 1840 में संकर बरबान गुलाब की किस्मों को भारत मे प्रचलित किया। गुलाब की खेती अलीगढ़ के पास बरबाना गाँव (उ. प्र.) व हल्दी घाटी (राजस्थान) में अधिक लोकप्रिय है। उपर्युक्त दोनों स्थानों पर रोजा डमासीन प्रजाति का गुलाब पैदा किया जाता है जिसका इत्र सबसे अच्छा बनता है। यह गाजीपुर, कन्नौज एवं अमृतसर के कुछ क्षेत्रों में भी उगाया जाता है। गुलाब का तेल Fasli गुलाब (Rose domacana) तथा देशी गुलाब Edward rose (Tose barboniana) के फूलों से तैयार किया जाता है। उत्तर प्रदेश में प्रतिवर्ष लगभग 4 हजार लीटर गुलाब का इत्र (20 लाख रुपये) तथा 1.8 लाख लीटर गुलाब जल (10 लाख रुपये) तैयार किया जाता है।

2. गुलदाउदी

गुलदाउदी को कंपोजिटी कुल का पौधा माना जाता है। इसे यूरोप, अमेरिका,

एशिया एवं अफ्रीका का पौधा कहा जाता है। कुछ विद्वान इसे पूर्वी देशों का पौधा भी मानते हैं। माना जाता है कि चीन में सर्वप्रथम 500 ई. पू. गुलदाउदी का पता चला लेकिन चीन इसका विकास नहीं कर सका। बाद में कोरिया होते हुए यह जापान पहुँचा और फिर जापान से होते हुए भारत आया। चीनी इस फूल की कृषि में विशेष वृद्धि नहीं कर सके। चीन से यह फूल कोरिया आया और वहीं से 386 ई. में जापान पहुँचा। वहाँ इस फूल को खास महत्व दिया गया।

इंग्लैण्ड के निवासी ब्रेनिउस ने गुलदाउदी पर एक पुस्तक लिखी है। यह पौधा 1764 में इंग्लैण्ड पहुँचा। उस समय इसके फूल का आकार अत्यन्त ही छोटा था। 1789 में लुइस पियरे ब्लेंचार्ड (Louis Pierre Blanchard) द्वारा गुलदाउदी के बड़े आकार वाले फूल की किस्म चीन से फ्रांस लाई गयी। यह गुलदाउदी की सबसे पहली प्रजाति थी, जो उत्पन्न की गयी। इसका पौधा फूल के लिए लगभग 2500 वर्षों से उगाया जा रहा है। इसकी जातियों का बार-बार संकरण तथा प्रजनन करके चीन, इंग्लैण्ड, जापान फ्रांस, अमेरिका तथा आस्ट्रेलिया आदि देशों में बहुत अच्छी किस्में बनाई गयी हैं। भारत में मुख्य रूप से लखनऊ में इस फूल का उत्पादन किया जाता है।

लखनऊ में इसकी अनेक किस्में पैदा की जाती हैं। इसके फूल छोटे-बड़े दोनों ही आकारों एवं अलग-अलग रंगों में पाये जाते हैं। गुलदाउदी को Autumn Green भी कहा जाता है। इसके फूल को फूलमालाएँ, गुलदस्ते आदि बनाने में उपयोग किया जाता है। इसके पीले व सफेद रंग के फूल बहुत ही सुंदर होते हैं। दक्षिणी भारत की औरतें इसके फूल को सिर के बालों की सजावट के लिए प्रयोग करती हैं। यहाँ गुलदाउदी फूल बेचने के उद्देश्य से खेतों में उगायी जाती है। मुख्यतया मदुरै, चीगलपत, कोयम्बटूर (तमिलनाडु में); महिर, चिकवलपुर, दिवनानहली (कर्नाटक में) अहमदनगर (महाराष्ट्र में) इन्दौर, उज्जैन (मध्य प्रदेश में); पुष्कर-अजमेर (राजस्थान में); माधवपुर, देवगढ़ (बिहार में) तथा जगाधारी (हरियाणा में) में व्यवसाय के तौर पर गुलदाउदी उगाया जाता है।

गुलदऊदी का उत्पादन भारत के उत्तरी एवं दक्षिणी दोनों भागों में किया जाता है। दक्षिण में यह जुलाई से दिसम्बर और उत्तर में नवम्बर से दिसम्बर तक उपजाया जाता है। अब कुछ नयी किस्में उत्तरी भारत में सितम्बर से मई तक उगायी जा रही हैं। ग्रीष्मकाल में पीले फूल वाली फ्रेड यूल किस्म लुधियाना (पंजाब) में बहुत अच्छी पैदावार दे रही है।

3. जैसमिन

जैसमिन की लगभग 300 प्रकार की प्रजातियाँ मिलती हैं। इनमें कुछ का जन्म स्थान भारत है। शेष का जन्म स्थान चीन, आस्ट्रेलिया, म्यांमार तथा दक्षिणी- पूर्वी यूरोप बताया जाता है। यह ऊष्णकटिबंधीय व समशीतोष्ण कटिबन्धीय जलवायु का पौधा है। जैसमिन को भारत में बेला, जूही, चमेली, मोतियाँ, मोगरा आदि विभिन्न नामों से जाना जाता है। इसका पौधा झाड़ी व लता के रूप में पाया जाता है। इन दोनों ही वर्गों में सदाबहार व पतझड़ वाली प्रजातियाँ पायी जाती हैं।

इसका नन्हा सफेद फूल अपनी विशिष्ट खुशबू से सभी को मुग्ध कर लेता है। जैसमिन का विविध प्रयोग है। इसका उपयोग सजावट के काम से लेकर पूजा पाठ तक से होता है। इससे इत्र का निर्माण भी किया जाता है। इसके फूलों से गजरा, माला, बेणी आदि बनाई जाती है। इसकी झाड़ी अथवा लता को दीवार अथवा पुराने वृक्षों को ढकने व मण्डप बनाने के काम में लाया जाता है। जैसमिन सेमबक की खेती का सारे भारत में महत्त्व है। इसकी खेती फूल के बेचने के लिए की जाती है। कुछ भागों में जैसमिनम ऐरीक्यूलेटम की खेती फूल बेचने व इत्र बनाने के लिए की जाती है व दक्षिणी भारत में जूही जैसमिनम ऐरीक्यूलेटम तथा जैसमिनम ग्रेडिंफलोरम (चमेली) का प्रयोग इत्र बनाने में किया जाता है।

भारत में निम्नांकित कम्पनियों द्वारा चमेली का तेल निकालने का काम किया जाता है—

(i) अनाला इटीकल लैबोरेटरी आफ दि इण्डस्ट्रीज, डिपार्टमेण्ट ऑफ तमिलनाडु; दि फ्लोरीकल्चर सेक्शन आफ दि तमिलनाडु, एग्रीकल्चर यूनिवर्सिटी, कोयम्बटूर

(ii) नेशलन केमिकल लैबोरेटरी, पूना

(iii) हरकोर्ट बटलर इन्स्टीट्यूट, कानपुर

(iv) राष्ट्रीय वानस्पतिक उद्यान, लखनऊ

(v) टाटा आयल मिल्स कम्पनी, बम्बई

चमेली की खेती तमिलनाडु में लगभग 1200 हेक्टेयर भूमि में की जाती है। भारत में चमेली से तैयार की गई खुशबू मिस्र या इजरायल की खूशबू से अधिक उत्तम होती है। यहाँ पर प्रति हेक्टेयर चमेली के फूलों की पैदावार 12,000 किग्रा होती है, जबकि फ्रांस, मोरक्को व इटली में सिर्फ 6000 किग्रा. प्रति हेक्टेयर चमेली का उत्पादन प्राप्त होता है। तमिलनाडु में चमेली का पौधा 8-11 महीने तक फूल देने लगता है जबकि अन्य देशों में फूल मात्र 6-8 महीने में ही प्राप्त होने लगता है।

4. डहलिया

कंपोजिटी कुल का पौधा डहलिया का मुख्य स्थान मैक्सिको है। 1689 में यह मेडरीड (स्पेन) में लाया गया वहीं से फिर यह 1698 में इंग्लैण्ड तथा दूसरे यूरोपीय देशों में प्रसारित हुआ। इसका नाम स्वीडिश वनस्पति वैज्ञानिक डॉ. एण्डरीज डहल के नाम पर रखा गया है। इस तरह के पौधों का सर्वाधिक उपयोग शाही घरों या बागों में किया जाता है। ये दो प्रकार के होते हैं—पहले प्रकार का पौधा क्यारियों में हर वर्ष बीज बोकर उगाया जाता है जबकि दूसरे प्रकार का डहलिया गमलों में कलम लगाकर उगाया जाता है। यह पहले से सुन्दर व बड़े फूल वाला होता है। इनके फूल को तोड़कर, काटकर घर सजाने के काम में लाया जाता है।

5. रजनीगंधा

रजनीगंधा, अमारिलेसी कुल के पौधों की श्रेणी में आता है। इसका जन्मस्थल मेक्सिको माना जाता है। इसका उत्पादन भारत में दक्षिणी, पूर्वी तथा पश्चिमी राज्यों में किया जाता है। दिल्ली के आस-पास भी इसे प्रचुर मात्रा में उगाया जा रहा है। इसका फूल लम्बे समय तक अच्छी स्थिति में रखा जा सकता है। इसके फूल से सुगंधित तेल प्राप्त होता है। यह तेल परफ्यूम (Perfume) बनाने के काम में लाया जाता है। पूरी डंडी सहित फूल घर सजाने तथा उत्सवों के मौके पर उपहारस्वरूप भेंट देने के काम लाया जाता है। माले, गजरे, वेणी बनाने, त्योहारों, शादियों पर जाने तथा दुल्हन के शृंगार के लिए भी ये काम में लाये जाते हैं। इसकी दो प्रजातियाँ होती हैं—एकाकी (Single) और डबल फूल वाली। एकाकी किस्म की रजनीगंधा में ज्यादा व डबल किस्म के फूल पूर्ण तरह से न खुलने के कारण एकाकी की तुलना में कम सुगन्धित होते हैं। भारत में इस तरह के फूल जुलाई से शीत ऋतु तक में प्रायः मिलते हैं। पश्चिमी बंगाल में ये जुलाई से वर्ष भर तक मिलते हैं। अधिकांश फूल फरवरी से अप्रैल तक पैदा होते हैं। पश्चिमी बंगाल की जलवायु फूलों की पैदावार प्रति हेक्टेयर प्रथम वर्ष 150-200 क्विंटल, दूसरे वर्ष 200-250 क्विंटल तथा तीसरे वर्ष 75-100 क्विंटल होती है। हर तीन वर्ष पर रोपाई नये सिरे से की जाती है।

6. केली

इसे भारत में इंडियन शोट भी कहते हैं। यह साइटेमीनी कुल का पौधा है।

इसकी अनेक प्रजातियाँ हैं जिनमें केना इंडिका (Canna Indica) व केना स्पेसिओसा (Canna Speciosa) प्रमुख हैं। केना इंडिका मध्य तथा दक्षिण अमेरिका और वेस्ट इंडीज का पौधा है, जबकि केना स्पेसिओसा भारत तथा ईस्ट इंडीज में उगाया जाता है। उद्यान केली की किस्में अलग-अलग प्रजातियों के संयोग से बनी हैं। इनमें बहुत ही अच्छे रंग जैसे सफेद, नीला, पीला, गुलाबी, नारंगी आदि के फूल उगते हैं। इसकी पत्तियाँ भी हरा, कांस्य तथा पीलापन लिए हुए भिन्न-भिन्न रंग की पायी जाती है। केली तीन प्रकार की होती है–

(i) मिनिएचर (Miniature)–इनके पौधे छोटे होते हैं। इन्हें गमले में उगाया जा सकता है।

(ii) ट्रस फूल वाली (Truss Flowering)–इसमें फूल एक साथ खिलते हैं।

(iii) आरचिड फूल वाली (Orchid Flowering)–इसमें फूल एक साथ नहीं खिलते हैं।

शाही घरों या प्राइवेट अथवा सरकारी ऑफिसों के लॉन में सामान्यतः किनारे–किनारे केली को लगाया जाता है। बाग के सामने इसकी क्यारियाँ बनाई जाएँ तो केली के रंग में चमक आ जाती है। अनेक रंगों (हरे, पीले तथा कांस्य) की केली हो तो बाग के सामने लगाने से और अधिक सुन्दरता आ जाती है। एक क्यारी में एक ही रंग के फूल के पौधे लगाना अच्छा रहता है। यह पौधा लगभग 75 दिन बाद फूल देना प्रारम्भ कर देता है। इसमें अक्टूबर-दिसम्बर व अप्रैल से जून तक खूब अधिक फूल आकर्षक आता है। पुराने फूलों के सूखने के बाद तोड़ते रहने से फूल आते हैं तथा उद्यान की शोभा अधिक दिनों तक बनी रहती है।

7. मटर

अलंकृत रूप से मटर की खेती उद्यानों की खूबसूरती के लिए खूब की जाती है। अलंकृत मटर के पौधे को विशेष रूप से अनेक क्रियाएं करके पैदा किया जाता है। सहारा देकर इन्हें जमीन से ऊपर उठाया जाता है। विशेष कांट-छांट करके इसे ऊपर चढ़ाया जाता है। ट्रेन्डिल्स को ज्यादातर काटते रहना पड़ता है। जब तक पौधा ऊपरी सिरे तक न पहुँच जाय, फूल उत्पन्न नहीं किया जाता है। मटर के पौधों पर रंग-बिरंगे विभिन्न प्रकार के फूल लगते हैं। मटर के पौधों पर सिर्फ ऊपरी सिरे पर ही पुष्प उत्पन्न किये जाते हैं। अलंकृत मटर का फूल गाढ़ा नीला, नीला, गुलाबी, सफेद, नारंगी, लाल तथा हल्के पीले रंग के होते हैं।

8. एस्टर

एस्टर की बड़े आकार वाली फूल की प्रजाति का उपयोग प्रदर्शनी के लिए किया जाता है। इसे बीजों द्वारा पहले नर्सरी में पौधा तैयार कर दुबारा गमलों में लगाया जाता है। जब पौधों में 5-6 मुख्य तने हो जाएँ तो उसे बढ़ते रहने देना चाहिए तथा उनके ऊपरी सिरे पर फूल उत्पन्न होने देना चाहिए। इन तनों से निकली पार्श्व शाखाओं को काट देना चाहिए ताकि अच्छे फूल प्राप्त हो सकें। इसकी मुख्य किस्में-सुपर जाइंट, कैलीफोर्निया जाइण्ट, ड्वार्फ क्वीन, जाइंट फूली सुप्रीम, डबल बाल, जाइट चार्मिंग आदि हैं।

अलंकृत पत्तियों वाले पौधे

विभिन्न अलंकृत पत्तियों वाले पौधों को उद्यानों में लगाया जाता है। इनमें कुछ प्रमुख पौधे इस प्रकार हैं—

1. फर्न्स

फर्न्स की उत्पत्ति ऊष्ण प्रदेशों में हुई है। घर के अन्दर पैदा करने के लिए यह बहुत ही 'उपयुक्त पौधा है, क्योंकि इसे छाया अथवा अर्द्ध छाया में बिना किसी परेशानी के पैदा किया जा सकता है। फर्न्स की विभिन्न प्रजातियों का जन्म भारत में माना जाता है। इनको उत्पन्न करने में अत्यधिक ध्यान देने की आवश्यकता नहीं पड़ती है।

2. क्रोटन

यह अलंकृत सदाबहार झाड़ी है जो कि पत्तियों की बनावट व रंग के अनुसार विभिन्न प्रजातियों में मिलती है। क्रोटन को सुगमतापूर्वक खेती करने व सुन्दरता की दृष्टि से अधिक प्रसिद्धि मिली है। इनका प्रयोग पर्दे के रूप में, पट्टी के रूप में, हरियाली के रूप में गमलों एवं ट्यूब में उगाने के लिए, घरों के चरों तरफ उगाने के लिए, बरामदा व अन्य उपयुक्त स्थानों पर उगाने के लिए किया जाता है। क्रोटन की बहुत से नामों से युक्त जातियाँ मौजूद हैं। इसके बहुत से पौधे ऐसे हैं जिनका जन्म sports तथा बीज से हुआ है। क्रोटन की पत्तियां बहुत सुन्दर होती हैं। ज्यादातर लोग इन्हीं पत्तियों के लिए इस पौधे को लगाया करते हैं। इसलिए इनको पैदा करने में मुख्य उद्देश्य होना चाहिए कि पौधे झाड़ी की आकृति

में रहें तथा उन पर नीचे से लेकर ऊपर तक पत्तियाँ हों। इस लक्षण की प्राप्ति के लिए जब पौधे 1.5 सेमी. ऊँचे हों तो-ऊपर से काट देना चाहिए। थोड़े ही समय में नई शाखाएँ अधिक मात्रा में उत्पन्न हो जाती हैं। जब ये शाखाएँ 20-30 सेमी. लम्बी हो जायं तो उनको फिर से काट देना चाहिए जिससे नवीन शाखाएँ अधिक संख्या में निकल सकें। अधिक पुराने पौधे को जुलाई-अगस्त महीने में नीचे से काट देते हैं। इस प्रकार इसमें नयी शाखाएँ उत्पन्न होकर छः महीने में अच्छा आकार प्रदान कर देती हैं।

3. पाम

इसे ताड़ भी कहते हैं। यह Plamaceae कुल का पौधा है। भारत में इसकी अनेक किस्में पायी जाती हैं। इनमें कुछ पौधों का मुख्य स्थान भारत माना जाता है। इसका पौधा इकहरे तने का सीधा, लम्बा एवं बेलनाकार होता है। पौधे की लम्बाई 10-30 मीटर होती है।

पिछले कुछ दशकों से पाम का महत्व बढ़ा है। अलग-अलग किस्मों के पामों का महत्व भी अलग-अलग होता है। इनका आर्थिक महत्व भी एक-दूसरे से भिन्न होता है। इनमें से कुछ हवाओं से रक्षा करने के लिए, कुछ खाद्य समस्या के लिए कुछ कपड़ों के लिए, कुछ रेशे के लिए, तेल के लिए, शक्कर के स्टार्च के लिए, शक्कर के लिए, मोम (wax) लिगनिन आदि के लिए महत्त्वपूर्ण हैं। इसके अलावा इसकी पत्तियाँ टटिया बनाने, नारियल के फलों के रेशों से से पैर, चटाई, पैर दान, टाट, पाम की पत्तियों से मोम, vinegar रस से तैयार किया जाता है। इसकी गिरी से तेल, फलों के खोल से कमण्डल तथा छोटे अलंकृत पौधों को गमलों में उगाकर सजावट के लिए या खुले स्थानों पर लगाकर सुन्दरता बढ़ाने हेतु प्रयोग किया जाता है।

4. कोलियस

यह एक अत्यन्त सुन्दर, छोटा शाकीय पौधा होता है जिसकी ऊँचाई 25-50 सेमी तक पायी जाती है। गमलों में पैदा करने के लिए यह मुख्य पौधा माना जाता है। इसकी पत्तियाँ रंग-बिरंगी होती हैं। पत्तियों के रंग हरा, गहरा हरा, पीला, क्रिमसन, मैरून, पीला, क्रीम कलर व सफेद पाये जाते हैं। इसकी पत्तियों पर विभिन्न गहरे रंग पाये जाते हैं। पत्तियों का आकार भिन्न-भिन्न प्रजातियों के अनुरूप 4-20 सेमी. के बीच पाया जाता है। इसकी मुख्य स्पिसीज—कोलियस हेण्डर सोनी, कोलियस थायरोसाइड, कोलियस

प्लूम्लियस हैं। इनकी पत्तियाँ क्रमशः चमकीली, किनारे पीली; तना रेंगनें वाला, पत्तियाँ छोटी, चमकीली, हरी, बीच में बैंगनी रंग के धब्बे वाली; चमकीले रंग के फूलों के गुच्छे पाये जाते हैं।

5. कोचिया

इसकी तकरीबन 1300 स्पिसीज पाई जाती है। कैक्टस सबसे सामान्य साधारण पौधा है जिसमें पानी को अधिक रोकने की क्षमता होती है। यह पौधा वर्षा ऋतु में पानी को अपने अंदर एकत्रित कर लेता है तथा वर्ष भर उसी से अपना गुजारा करता है। यह अत्यधिक सूखे से प्रभावित क्षेत्र में भी ठीक प्रकार से उगाया जा सकता है। ये रसपूर्ण पौधे होते हैं किन्तु समस्त कैक्टस एक से नहीं होते हैं। कैक्टस के बहुत से नाम उनकी आकृति के अनुसार जानवरों, चिड़ियों व पौधों के नाम पर रखे गये हैं। इसकी बहुत सी प्रजातियाँ स्वतन्त्र रूप से फूल उत्पन्न करती हैं। इसके फूल हालांकि जल्दी समाप्त हो जाते हैं परंतु इसके फूल बहुत ही आकर्षक होते हैं।

इसकी अनेकों प्रजातियों में कुछ रात में और कुछ दिन में फूल उगाती हैं। इनमें से कुछ का फूल छोटा तो कुछेक के फूल बड़े होते हैं। इसी प्रकार बहुत सी प्रजातियों के फूलों में खुशबू नथा कुछ में बदबू आती है। इसे एकीय पौधे के रूप में गमलों में उत्पन्न किया जाता है तथा बहुत से लोग इसको घर के अन्दर मेज अथवा उपयुक्त स्थान पर सजाते हैं। इसको पानी बहुत ही सावधानीपूर्वक देना चाहिए। अधिक पानी इसके लिए उपयुक्त नहीं होता है। बहुत से कैक्टस खुली हुई धूप चाहते हैं किन्तु इनको अर्द्धछाया में भी पैदा किया जा सकता है। अत्यधिक धूप के कारण पौधे पीले पड़ जाते हैं अथवा जल सकते हैं।

झाड़ियाँ एवं झाड़ियों का समुदाय

उद्यान में झाड़ियों का स्थान बहुत ही महत्त्वपूर्ण है। ये लॉन में दो अथवा तीन पौधों के झुंड में लगायी जाती हैं। सीढ़ीनमा लगायी गयी झाड़ियां लॉन के आसपास खूबसूरत लगती हैं। जब इन पर फूल खिलते हैं तो इनकी सुन्दरता और बढ़ी जाती है। झाड़ियों को इस प्रकार से लगाने को श्रबरी बॉर्डर (Shrubbery Border) कहते हैं। श्रबरी बॉर्डर हमेशा उद्यान के एक किनारे पर होना चाहिए। उद्यान अथवा बँगले के सामने श्रबरी बार्डर लगाने से स्थान की सुन्दरता काफी ज्यादा बढ़ जाती है।

हरबेसिअस बॉर्डर लगाते समय निम्नांकित बातों का ध्यान दिया जाता है—

(1) पौधों की ऊँचाई—बार्डर में अधिक लम्बे पौधे पीछे, मध्यम ऊँचाई वाले बीच में व छोटे पौधे सामने की पंक्ति में लगाते हैं।

(2) रंग की योजना—पौधों को बॉर्डर में भरते समय विशेष रूप से उनके रंग का ध्यान रखा जाता है। पौधों को रंग के लय के अनुसार इस प्रकार लगाया जाता है कि वे देखने में अधिक आकर्षित लगें।

(3) पौधों के फलने का समय—बॉर्डर में भरने के लिए जिसे पौधे का चुनाव किया जाय, उनका फूलने का समय लगभग एक ही होना चाहिए। ऐसा न हो कि कुछ पौधे जल्दी फूल समाप्त कर दें तथा कुछ देर तक फूल देते रहें। हरबेसिअस बॉर्डर निम्नांकित बातों के लिए लगाया जाता है—

(1) हरबेसिअस बॉर्डर उद्यान में अन्य पौधों के सम्पर्क में लगाने से उद्यान की शोभा में वृद्धि करता है।

(2) बॉर्डर के अन्दर भिन्न-भिन्न तरह के पौधे उगाये जाते हैं। इसलिए माली को हर पौधे के बारे में उसके स्वरूप व माँग का बढ़िया से ज्ञान होना चाहिये।

(3) बॉर्डर की लम्बाई अधिक और चौड़ाई कम होने के कारण, देखने में ज्यादा सुन्दर लगता है।

(4) गुलदस्ते, मालाएँ आदि बनाने के लिए विभिन्न तरह के विभिन्न रंग के फूल बॉर्डर से प्राप्त किये जा सकते हैं।

बाड़

बाड़ दो स्थानों को एक दूसरे से अलग करने व सुरक्षा के लिए लगाई जाती है। उद्यान के चारों ओर इसे सुरक्षा तथा हवा रोकने दोनों ही दृष्टि से लगाया जाता है। बाड़ को विण्ड ब्रेक (wind break) भी कहा जाता है। सुरक्षा की दृष्टि से जब बाड़ लगाया जाता है तो काँटेदार पौधों की आवश्यकता होती है। इस तरह की बाड़ बनाने के लिए इन जैसे काँटेदार पौधों का उपयोग किया जाता है। दो देशों के मध्य सुरक्षा की दृष्टि से भी कंटीले तारों के सहारे काँटेदार पौधे बाड़ के रूप में लगाये जाते हैं। भारत में मरुभूमि के विस्तार को नियंत्रित करने के लिए इसे अपनाया गया है। आवश्यकतानुसार ऊपर व बगल से इन पौधों की छँटाई की जाती है।

वृक्ष

फूल देने वाले वृक्ष भारत में सबसे अधिक पाए जाते हैं। हमारे देश में शीतोष्ण

कटिबन्धीय जलवायु के वृक्ष रोहडेडेनड्रोन से लेकर ऊष्ण कटिबन्धीय जलवायु के वृक्ष बाउनिया तक मिलते हैं। देश के कई शहरों में वृक्षों को शहर की खूबसूरती बढ़ाने हेतु में इस्तेमाल किया जाता है। किसी भी उद्यान में वृक्षों को अवश्य लगाये जाने चाहिएं। उद्यान के आकार-प्रकार के अनुसार वृक्षों की संख्या और आकार तय किया जाता है। छोटे उद्यान में कम वृक्ष लगाये जाते हैं। परंतु उद्यान बहुत ही छोटा है तो वृक्ष लगाये ही नहीं जाते हैं। वृक्ष नगरों व राष्ट्रीय एवं प्रान्तीय नहरों, मार्गों, रेलवे मार्ग के दोनों तरफ पटरियों पर लगाये जाते हैं। वृक्ष पार्क, स्क्वायर, मार्गों, स्टेशन, प्लेटफार्म, कम्पाउण्ड, विश्वविद्यालय, कालेज, न्यायालय, स्कूल, कार्यालय, ऐतिहासिक भवनों के कैम्पस आदि में इन्हें लगाना सर्वाधिक उपयुक्त होता है। स्थान विशेष के अनुसार वृक्षों का चुनाव किया जाता है।

पार्कों, नगर के मार्गों एवं विभिन्न कार्यालयों के लिए छाया फूल तथा दोनों प्रदान करने वाले वृक्ष लगाये जाने चाहिएं। शहर के अन्दर कम जगह घेरने व छोटे आकार वाले पेड़ लगाने चाहिएं जैसे कि गुलमोहर, छातवन, अमलतास, जेकेरेंडा, इरिथिरिना इंडिका आदि। शहर से बाहर सड़कों के किनारे अधिक जगह घेरने वाले वृक्षों को लगाया जा सकता है। चौड़ी पट्टी होने के कारण वृक्षों की दो लाइनें लगाई जा सकती हैं।

इमली, जामुन, पीपल, नीम, पाकड़, मौलश्री, बरगद आदि बाहर वाली लाइन में तथा अन्दर वाली लाइन में गुलमोहर, कचनार, अमलतास आदि फूल देने वाले वृक्षों को लगाना उचित होगा। राष्ट्रीय राजमार्ग (High Way) पर एक ही प्रजाति के वृक्ष अनेक किलोमीटर तक लगाने से स्काई लाइन (Sky line) बन जाती है जो देखने में बहुत ही आकर्षक लगते हैं। इस काम में इस बात का भी ध्यान रखना चाहिए कि ये वृक्ष छायादार होने के साथ-साथ व्यावसायिक दृष्टिकोण से भी उपयोगी हों। फूलों तथा रंगों की दृष्टि से भी पौधे एक साथ लगाये जा सकते हैं। अलग-अलग महीने में फल देने वाले पौधों को अलग सड़क पर लगाना चाहिये जिससे एक महीने में एक सड़क पर एक ही प्रकार के फूल खिलें, व दूसरी सड़क पर दूसरी तरह के।

लताएँ

लताओं पर फूल बहुत ज्यादा आते हैं। इससे उद्यान के सौन्दर्य में और भी वृद्धि हो जाती है। लताओं का रोपण एक ही साथ दो पौधों के रूप में किया जाता है। साधारणतः पौधों को विपरीत रंगों में चुनकर लगाया जाता है। यह भी ध्यान में

रखा जाता है कि इनसे फूल भिन्न-भिन्न मौसम में मिलते रहें। कुछ लताएँ खुशबू वाली होती हैं। इनकी छाया भी भरपूर होती है। कुछ लताएँ ज्यादा जगह घेरती हैं तो कुछ कम जगह में फैलती हैं। इनकी उम्र भी अलग-अलग होती है। कुछ की उम्र सिर्फ एक वर्ष होती है तो कुछ की अवधि बहुत ही लम्बी होती है।

लताओं को अपने विकास के लिए सहारे की जरूरत पड़ती है। इसीलिए इन्हें किसी स्तम्भ, दीवार या छत के सहारे लगाया जाता है। इन सहारों के बल पर ये फूल और फल देती हैं। इस प्रकार सब्जियों, फलों तथा फूलों से खाद्यान्न फसलों की अपेक्षा अधिक उत्पादन तथा आय प्राप्त होती है। आहार विशेषज्ञों के अनुसार स्वस्थ मनुष्य के संतुलित आहार में प्रति व्यक्ति 75 ग्राम फल व 300 ग्राम हरी सब्जियों का होना आवश्यक है। इसके अलावा बढ़ते हुए पर्यावरण प्रदूषण की रोकथाम हेतु देश के बीहड़, जंगल, परती भूमि आदि में वृक्षारोपण (फल, फूल के रूप में) तथा अलंकृत बागवानी को प्रोत्साहित करना बहुत ही जरूरी है।

इसलिए कृषि विकास की नयी रणनीति के अनुसार फल, शाक-भाजी तथा आलू की खेती में प्रति हेक्टेयर उत्पादन में उन्नति करके अधिक मूल्यवान फल (आम, नींबू की बेहतर प्रजाति) तथा साक-भाजी, टमाटर, भिण्डी, परवल एवं गोभी आदि सब्जियों के उत्पादन पर विशेष जोर दिया जा रहा है। हाल में निर्यात योग्य फल तथा सब्जियों का विकास किया गया है। इसी प्रकार उन्नत किस्म के फलों, सब्जी के पौधों व बीजों का सम्वर्धन करके उत्पादकों को सुलभ कराया जा रहा है। आधुनिकतम कृषि खोजों, विधियों और तकनीकों के इस्तेमाल के द्वारा कृषि का विकास तीव्र गति से हुआ है। सब्जियों, फलों और फूलों के उत्पादन में इनके इस्तेमाल द्वारा वृद्धि की जा सकती है।

औषधीय पौधों का उत्पादन

औषधियों की आवश्यकता मानव को हमेशा से ही रही है। प्रारम्भ में वह प्राकृतिक चिकित्सा का सहारा लिया करता था परंतु कालान्तर में जैसे-जैसे चिकित्सा के क्षेत्र में विकास होता गया वैसे-वैसे पौधों का इस्तेमाल औषधि के रूप में किया जाने लगा और औषधीय गुण वाले पौधों की खोज में वृद्धि हुई। भारत में रोग निवारण के लिए पौधों (जड़ी-बूटी) के प्रयोग से जुड़ा विवरण ऋग्वेद में मिलता है। यहाँ औषधी के रूप में सेमल, पलाश, पीपल तथा पीठवन का स्पष्ट वर्ण है। अथर्ववेद में जड़ी-बूटी से जुड़ी पर्याप्त विषय सामग्री मिलती है। वैदिक काल के पश्चात् तकरीबन 1000 वर्ष तक इस विधा की उन्नति के साक्ष्य उपलब्ध हैं।

रामायण एवं महाभारत के अंतर्गत भी औषधीय पौधों का चिकित्सा के रूप में वर्णन है। इसके बाद चरक एवं सुश्रुत द्वारा औषधियों पर महत्त्वपूर्ण ग्रन्थ 'चरकसंहिता' तथा 'सुश्रुत-संहिता' लिखे गये। चरक संहिता में लगभग 700 औषधियों का वर्णन है जो वनों की जड़ी-बूटियों से संबंधित हैं। 'सुश्रुत-संहिता' में शल्यचिकित्सा (सर्जरी) का वर्णन मिलता है। इन्हें विदेशी वैद्यों, डॉक्टर, हकीम ने भी बहुत मान्यता दी है। वे यह भी स्वीकारते हैं कि भारत में लगभग 2000 वर्ष पहले से ही 'प्लास्टिक सर्जरी' की पद्धति प्रचलित थी।

चरक के समय से लेकर वर्तमान काल तक कई आयुर्वेदाचार्यों, हकीमों, वैद्यों, साधु-महात्माओं, आदिवासियों व अनुसंधानकर्त्ताओं के सहयोग से भारतीय वनौषधियों की संख्या में बढ़ोतरी हुई और आज लगभग 2500 पौधों में दवाइयों के गुण ढूँढ़ निकाले गये हैं। भारतीय आयुर्वेदाचार्यों का विश्वास है कि जो भी वनस्पति संसार में उपस्थित है उसमें कोई-न-कोई औषधीय गुण अवश्य है, भले ही उसको खोजा न गया हो। आयुर्वेद के कुछ लिखित ग्रंथों के अतिरिक्त समाज में परम्परागत रूप से भी इन औषधियों तथा जड़ी-बूटियों के विषय में जानकारी उपलब्ध हो।

विभिन्न पौधों के औषधीय गुणों के विषय में आदिम जनजातियों को आज भी ज्ञान है, जो एक पीढ़ी से दूसरी पीढ़ी तक हस्तान्तरित होता आ रहा है। वर्तमान में भी ये लोग अपने अनेक रोगों का इलाज इन्हीं दवाइयों से करते हैं। कुछ विद्वान वनौषधियों तथा जड़ी-बूटियों पर उनकी वैज्ञानिकता के संदर्भ में प्रश्नवाचक चिह्न लगाते हैं। कुछ वैद्यों का यह भी मानना है कि इन औषधियों में अनेक ऐसे अज्ञात तत्त्व हैं, जो मरीज को लाभ पहुँचाते हैं किन्तु रासायनिक परीक्षण-विश्लेषण में दिखायी नहीं देते हैं। आयुर्वेदाचार्यों का यह भी मानना है कि पौधों की औषधीय गुणवत्ता उनके फूलने के समय फलने के समय बीज अथवा छाल एकत्रित करने के समय, उगने के मौसम व स्थान आदि से प्रभावित होती है। भारत में लगभग 2000 पदार्थ दवाइयों में प्रयुक्त होते हैं। इसमें लगभग 200 पदार्थ जीव-जन्तुओं, इतने ही खनिज पदार्थों से व लगभग 1500 पदार्थ-फल, पत्ती, फूल, जड़, गोंद, छाल, रस आदि वनस्पति जगत से प्राप्त किये जाते हैं।

यहाँ पर विभिन्न जलवायुविक दशाओं के पाये जाने से लगभग 1500 से अधिक प्रजातियों के पौधे पाये जाते हैं। यहाँ कुछ विशिष्ट औषधीय पौधों का वर्णन दिया जा रहा है। ये पौधे वैज्ञानिक दृष्टि से विश्लेषित हैं। ये पौधे भारतीय मानक औषधि कोष (इण्डियन फार्मास्युटिकल कोडेक्स) तथा अमेरिकन औषधि कोष (यूनाइटेड स्टेट्स डिस्पेंसेटरी) में मान्य समझे गये हैं। इनमें से अधिकांश वनस्पतियां

भारतीय हैं। कुछ ऐसे भी विदेशी पौधे हैं जिनकी भारत में स्वाभाविक रूप से खेती की जाने लगी है और जिनका व्यापारिक महत्व भी अधिक है।

1. चिरायता—इसका पौधा हिमालय पर्वत में कश्मीर से लेकर असम तक 1200 से 3000 मीटर की ऊँचाई वाले स्थानों में मिलता है। पुष्पन के समय सम्पूर्ण पौधे को उखाड़कर सुखा लिया जाता है। समूचा पौधा दवाई के काम आता है। यह एक सुपरिचित औषधि है। यह औषधि पाचक, ज्वरनाशक, कृमिनाशक गुणों के लिए विख्यात है। इसमें वही गुण है जो नीलकंठ में मिलता है। अतिसार, ज्वर और दुर्बलता की चिकित्सा हेतु उपयोग किया जाता है। इसे मलेरिया में भी दिया जाता है।

2. चीड़—इसका वैज्ञानिक नाम प्रसिद्ध वनस्पतिशास्त्री डॉ. विलियम रॉक्सवर्ध के सम्मान में 'रॉक्सवर्धइ' दिया गया। इसका वृक्ष बहुत बड़ा होता है। यह हिमालय की निचली पहाड़ियों तथा अन्य पर्वतीय क्षेत्रों में होता है। चीड़ तथा इसके वंश वाले वृक्षों से राल जैसा (रेजिनी) पदार्थ तारपीन निकलता है। इसे तारपीन का तेल (आयल आफ टर्पेंटाइन) कहते हैं। यही तेल औषधि के रूप में उपयोग किया जाता है। इसे तेल से त्वचा में उत्तेजना, अत्यन्त सीमित मात्रा में सेवन करने से यह उत्तेजक, खांसी, कफ, निस्सारक व श्वास नली की सूजन में अत्यंत लाभकारी है। इससे पेट का अफारा, ऐंठन ठीक हो जाता है। मियादी ज्वर, मसूड़ों एवं नाकों में खून आना आदि में भी इसके कुछ मात्रा में प्रयोग करने से लाभ मिलता है। चीड़ का तेल एनीमा क्रिया में भी इस्तेमाल होता है। इस क्रिया के द्वारा कब्ज के रोगी को आराम मिलता है। इसका प्रयोग विशेषकर गठिया आदि दर्द में लगाने, लेपन प्लास्टर आदि बनाने में किया जाता है। इसका तेल सूंघने से खांसी व जुकाम में लाभ होता है। इसकी लकड़ी अत्यंत उपयोगी होती है।

3. चन्दन को अंग्रेजी में संदल व संस्कृत में 'मलयज' कहते हैं। इसके पौधे अधिकांशतः प्रायद्वीपीय भारत में पाए जाते हैं। चन्दन की लकड़ी से प्राप्त तेल दवाई के रूप में प्रयोग किया जाता है। इसका तेल मूत्र विरेचक है। यह मूत्र कृच्छ के इलाज में काम आता है। इसे मूत्राशय की सूजन, सुजाक और खाँसी में भी उपयोगी बताया जाता है। मूत्राशय के क्षयरोग में चन्दन का तेल लाभप्रद है। इसकी लकड़ी बहुत ही उपयोगी होती है। इसके तेल से सुगंधित साबुन व श्रृंगार सामग्री बनायी जाती है। इससे कीटनाशक दवाइयाँ भी तैयार की जाती हैं।

4. चालमोगरा—चालमोगरा का वृक्ष असम तथा त्रिपुरा के जंगलों में पाया जाता है। कुछ स्थानों पर तो यह काफी मात्रा में पाया जाता है। इसके ताजे, पके बीजों का तेल दवाई के रूप में काम आता है। कुछ दशक पहले तक सिर्फ चालमोगरा

का तेल ही दवा के रूप मे इस्तेमाल किया जाता था। अब इसके तेल से अन्य दवाएं भी तैयार की जा रही हैं, जिनको इंजेक्शन के माध्यम से रोगी को दिया जाता है। इस वृक्ष की छाल में टेनीन होता है। इसकी छाल बुखार में लाभदायक मानी जाती है। इसकी खली खाद के रूप में प्रयोग की जाती है।

5. छातिन—छातिन को संस्कृत में सप्तवर्ण कहा जाता है। इसका वृक्ष समस्त भारत में विशेषकर ज्यादा वर्षा वाले क्षेत्रों में उगाया जाता है। इस वृक्ष की छाल दवाई के रूप में काम आती है। यह औषधि पुराने अतिसार तथा पेचिश में अत्यन्त उपयोगी बतायी जाती है। यह मलेरिया बुखार में भी अत्यंत उपयोगी है। यह बुखार को धीरे-धीरे उतारता है। इसके सेवन से शरीर में अधिक कमजोरी नहीं आती है। छातिन त्वचा के रोगों में भी लाभदायक है। रक्तचाप को कम करने में यह दवाई अत्यंत उपयोगी है।

6. जंगली प्याज—जंगली प्याज उत्तरी-पश्चिमी भारत में हिमालय पर्वत के 2000 मीटर ऊँचाई वाले भू-भागों से लेकर दक्षिण में केरल व पूर्वी बिहार तक में मिलता है। शल्यकंद के बाहरी सूखे छिल्के हटा दिये जाते हैं। तब कन्द के पतले भाग को काटकर सुखा लेते हैं। इसका प्रयोग हृदय रोग, एलर्जी, खाँसी और श्वास नली के सूजन में उपयोगी है। यह मूत्र विरेचक भी है। पुरानी खाँसी में भी लाभदायक है।

7. जामुन—इसको संस्कृत में जम्बू कहते हैं यह मानसूनी प्रदेश का पौधा है। इसे तुलनात्मक जल की अधिक आवश्यकता पड़ती है। जामुन की छाल, फल व बीज औषधि के रूप में काम आते हैं। वृक्ष की छाल स्तम्भक होती है और कंठ के रोग श्वासनली की सूजन, दमा, खांसी, पेचिश व फोड़े-फुंसी में उपयोगी है। जामुन से बनायी गयी औषधि पाचक का भी काम करती है। इसका एक और महत्वपूर्ण इस्तेमाल खून को साफ करने के लिए भी होता है। छाल का ताजा रस बकरी के दूध के साथ सेवन करने से अतिसार में लाभ होता है। इसके बीज के चूर्ण का उपयोग मधुमेह के मरीज करते हैं। इसकी लकड़ी बहुत ही उपयोगी होती है।

8. जटा मांसी—को अंग्रेजी मे स्पाइकनार्ड कहते हैं। इस पौधे के प्रकंदों पर दाढ़ी जैसे लम्बे रेशे होते हैं। इस कारण इसे भारतीय भाषाओं में जटा मांसी कहते हैं। इसका पौधा हिमालय में 3000-4500 मीटर की ऊँचाई में कश्मीर से भूटान तक मिलता है। इसकी प्रकंद तथा जड़ें सुखाकर दवाई के रूप में प्रयोग करते हैं। इसके सेवन से पौष्टिकता, मरोड़, उत्तेजना तथा ऐंठन में लाभ मिलता है। यह हृदय की धड़कन जैसे रोगों में उपयोगी है। यह रेचक, मूत्रल व पाचक है और रजोधर्म को भी ठीक करता है।

9. डिओस्कोरिआ—एक कुंडलाकार बूटी है। भारत में इसकी 50 प्रजातियाँ पायी जाती हैं। इसकी अनेक जातियाँ जैसे रतालू, अरबी आदि की खेती भी की जाती है। विगत वर्षों में इसने डायोस्जेनिन आदि स्टेराइडल सेपोजेनिनों के साधन के रूप में काफी प्रसिद्धि पायी है। इनसे कार्टिजोन के संश्लेषण के लिए काफी पदार्थ मिलते हैं। कार्टिजोन गठिया के इलाज के लिए व यौन हारमोनों के निर्माण के लिए काफी उपयोगी है।

10. तुलसी—भारत का सुपरिचित पौधा है। हिन्दुओं के घरों में इसे पूज्य समझा जाता है। यह हर घरों, उद्यानों एवं मन्दिरों में लगाया जाता है। अनेक स्थानों पर यह जंगली रूप में भी मिलता है। तुलसी के पत्ते व बीज औषधि के काम आते हैं। पत्तों से प्राप्त तेल बैक्टीरियानाशक होता है तथा कुछ प्रकार के कीड़ों को भी समाप्त करता है। पत्तों के रस श्वास नली की सूजन, जुकाम तथा अपच में उपयोगी हैं। यह दाद, खुजली एवं अन्य त्वचा रोगों में भी लगाया जाता है। कान के दर्द को दूर करने के लिए पत्तों के रस की बूंदें कान में डाली जाती हैं। अब तुलसी के पत्तों की चाय भी बनायी जाने लगी है। इस प्रकार की चाय को आयुर्वेदिक चाय कहते हैं। इससे सर्दी-जुकाम और मुंह के रोग ठीक होते हैं। इसका बीज मूत्र रोगों में लाभप्रद है। तुलसी का क्वाथ पीने से पसीना आ जाता है, इसलिए यह मलेरिया बुखार में हितकारी है। इसकी गुणवत्ता, महत्ता के कारण ही इसकी पूजा की जाती है। पर्यावरण की शुद्धता को बनाये रखने में भी इसकी पूजा की जाती है। पर्यावरण को शुद्ध बनाये रखने में इसकी प्रमुख भूमिका है।

11. तालमखाना—तालमखाना कीचड़ आदि नम स्थानों में संपूर्ण भारत में पाया जाता है। यह ज्यादातर पूर्वी बिहार में ताल-पोखरों, निम्न जल जमाव वाले स्थानों में अपने आप उग आता है। पूर्वी बिहार में तालमखाने की खेती भी हो रही है। इसका मूल सहित समूचा पौधा दवाई के काम आता है। यह जलोदर, पीलिया, गठिया और मूत्र तथा जननेंद्रियों के रोगों में काम आता है। इसके बीज सुजाक व आतशक आदि रति सम्बन्धी रोगों में फायदेमंद बताये गये हैं। सम्पूर्ण पौधे में मूत्र विरेचक गुण है। खांसी, मूत्र व धातु के रोग में इसके पत्ते बहुत ही लाभकारी हैं।

12. तिलपुष्पी—तिल के पौधे जैसे फूल होने के कारण इसका यह नाम रखा गया है। उत्तरी भारत के पर्वतीय प्रदेश में इसकी खेती की जाती है। कश्मीर में इसकी खेती होती है। उत्पादन क्षेत्र से बाहर भी इसके पौधे फैल गये हैं एवं जंगली रूप में उग आते हैं। तिलपुष्पी के पत्तों से ही दवाएं बनायी जाती हैं। इसके पत्तों को धूप में सुखाकर एवं चूर्णकर दवाएं बनायी जाती हैं। इसके पत्ते को 60^0C तापमान पर

सुखाना उपयुक्त होता है। पौधों को उखाड़ने के शीघ्र बाद सुखाया जाना चाहिए। हृदयरोग में औषधि के रूप में इसका उपयोग किया जाता है। यह हृदय की पेशियों को उत्तेजित कर उसकी गति को बढ़ाती है।

यदि खून के संकुचन की वजह से हृदय गति रुक जाये तो उस परिस्थिति में यह हितकारी है। तिलपुष्पी कोरोनरी धमनियों में अधिक खून भेजती है। यह हृदय के लिए बलकारक होती है। इस प्रकार यह हृदय की गति तथा क्रिया को ठीक करने में सहायक होती है। यह गुर्दे में भी रक्त-प्रवाह ठीक करती है और इस कारण यह मूत्रल है। इससे निर्मित मरहम फोड़ों पर व जले जख्मों पर भी लगाये जाते हैं।

13. दालचीनी—को संस्कृत में दारूशिला कहा गया है। यह पौधा श्रीलंका से जुड़ा है। श्रीलंका में यह प्राकृत रूप से उगता है। दालचीनी का पौधा दक्षिणी भारत में लगभग 1500 मीटर तक की ऊँचाई वाले क्षेत्रों में अधिक होता है। कम ऊँचे स्थानों में यह कम होता है। कुछ स्थानों पर इसकी खेती भी होती है। वृक्ष की शाखाएँ काटकर छाल उतार ली जाती है। अंदर की सूखी छाल को दालचीनी कहते हैं। यह छाल दवाई के रूप में काम आती है। यह मितली, अतिसार और वमन में उपयोगी है। यह खाने के मसाले में भी उपयोग होती है। इसका तेल बहुत ही लाभकारी होता है। यह वायुसारी, पाचक और उद्दीपक होती है। यह अंतड़ियों के लिए बल कारक है। पत्तों से प्राप्त तेल मिठाइयों तथा साबुन को सुगंधित करने के काम आता है। यह गठिया की पीड़ा में फायदेमंद है। इसके लिए द. भारत, असम, बंगाल तथा अंडमान में उपयुक्त भौगोलिक दशाएँ मिलती हैं।

14. धतूरा—यह शुष्कभागों के मैदानी क्षेत्र में मिलता है। पर्वतीय क्षेत्र में 2500 मीटर तथा मध्य एवं दक्षिणी भारत के पर्वतों में भी पाया जाता है। इसके सुखाये हुए पत्ते, फूलवाली शाखाएं व बीज दवाई के रूप में प्रयोग होते हैं। इसके पत्ते में हिओसिआमीन नामक तत्त्व मिलते हैं। यह श्वासनली में सूजन व दमा में लाभदायक है तथा मुँह में लार बनने की प्रक्रिया में सन्तुलन करता है। इसमें एंटीस्पासमेडिक तथा स्वापक गुण होते हैं। इसके उपयोग से मरोड़ या ऐंठन रोग दूर होते हैं। धतूरा के पौधों की पत्तियों को जलाकर उसका धुआं नाक से लेने पर दमा रोगी को फायदा पहुंचता है।

15. नीम—यह भारत का सुपरिचित पौधा है। प्रायद्वीप भाग में यह स्वतः उगता है। इसका रोपण देश के समस्त भागों में किया जाता है। नगरों में यह सड़कों के किनारे लगाया जाता है। सभी-भारतीय अपने दरवाजे पर नीम का वृक्ष लगाते हैं। पर्यावरणीय दृष्टि से भी इसका विशेष महत्त्व है। इसके बीज, पत्ते, तने और जड़ों की

छाल दवाई के रूप में काम आती है। इसकी छाल तिक्त, पौष्टिक व स्तम्भक होती है। यह मलेरिया में लाभदायक है। यह त्वचा के रोगों में भी उपयोगी है। इसके पत्ते कड़वे होते हैं और त्वचा रोगों तथा फोड़ें-फुन्सी पर उपयोग किये जाते हैं। पत्ते के रस का सेवन भी फायदेमंद है। पत्ते व जड़ों में एंटीबायोटिक तत्त्व होते हैं। यह त्वचा के रोगों में लाभदायक है। बीज की खली तथा छाल से प्राप्त गोंद भी अनेक रूप में काम आते हैं।

16. नीलकंठ–इसको हिन्दी में कुटकी या कमलफूल कहा गया है। इसके पौधे उत्तर-पश्चिम हिमालय में कश्मीर व उसके पास के क्षेत्र में 1500 से 3500 मीटर की ऊँचाई वाले स्थानों में पाये जाते हैं। इसके प्रकंद को सुखाकर दवाई के रूप में काम में लाया जाता है। इसकी दवाई क्षुधावर्धक होती है। यह अंतड़ियों के पाचक तत्त्वों के लिए उद्दीपक है। यह कई पौष्टिक औषधियों में उपयोग में लाया जाता है। इसका स्वाद तथा गन्ध अच्छी होती है।

17. निसोथ–संस्कृत में इसे कालपर्णी कहा जाता है। यह एक बल्लरी पौधा है। इसकी शाखाओं में दूध जैसा सफेद रस पाया जाता है। जड़ शाखिंत, लम्बी, सरस होती है। यह लता 1000 मीटर की ऊँचाई तक के स्थानों में लगभग सम्पूर्ण भारत में पाया जाता है। यह सुन्दर फूलों की शोभा के लिए उद्यानों में भी उगाई जाती है। पौधे की जड़ को सुखाकर दवाई के रूप में उपयोग में लगाया जाता है। इस पौधे के सिर्फ फल वाले पेड़ से जड़ें प्राप्त की जाती हैं। इसमें 'टर पेथिन', नामक तत्त्व होता है। यह रेचक होता है। जड़ों को पीसकर इसका उपयोग किया जाता है।

18. नरसल–संस्कृत में इसे देवनाल कहा जाता है। इसके पत्ते तम्बाकू जैसे होते हैं। इसका वैज्ञानिक नाम निकोटिने फोलिआ है। यह प्रायद्वीपीय भाग में पहाड़ियों एवं उनके आस-पास के मैदानी क्षेत्रों में होता है। अक्टूबर के महीने में में पौधें की जड़ को छोड़कर शेष सभी भाग को एकत्रित कर छाया में रखकर सुखा लिया जाता है। इसमें निकोटिन से मिलता-जुलता गुण पाया जाता है। इससे बनी दवाओं का इस्तेमाल विभिन्न रोगों में किया जाता है। यह दमा तथा श्वासनली की सूजन में लाभदायक होता है। नरसल में 'लोबेलिन' नामक एल्केलाइड पाया जाता है। यह श्वास क्रिया में वृद्धि करता है। किसी कारणवश वश श्वास आना बंद हो जाय तो 'लोबेलिन' के सेवन से यह पुनः प्रारम्भ हो जाती है।

19. पोदीना–इस वंश की तकरीबन समस्त प्रजातियों को भारत में पोदीना नाम से जाना जाता है। यह पौधा गंधमय होता है। इसमें मुख्य उपयोगी तत्त्व 'मेंथोल' और 'पेपर मिंट' आयल होते हैं। भारत में उत्तरी भाग में विशेषकर कश्मीर में 1500

से 3000 मीटर ऊँचाई तक स्वतः उगते हैं। देश के मैदानी भागों में इसकी खेती भी की जाती है। इसके पत्तों का उपयोग गर्मी के दिनों मे बढ़ जाता है। लोग शरबत बनाने में इसका इस्तेमाल करते हैं। यह ठण्डा और सुपाच्य होता है। इससे गठिया रोग में भी फायदा पहुंचता है। इसके साथ ही इसमें एण्टीसेप्टिक तथा उत्तेजक गुण प्राप्त होते हैं। इसका प्रयोग बुखार में किया जाता है। उत्तरी भारत में गर्मियों में इसकी चटनी तथा जल के सवेन से धूप से सुरक्षा मिलती है इससे तैयार पेपरमिंट आयल सिर दर्द, अपच, गठिया, खांसी, कुल्ला-गरारा, जुकाम में प्रयुक्त होता है। यह एंटीसेप्टिक भी है।

20. पुनर्नवा--पुनर्नवा को हिन्दी में विषखोपरा, सुर्वरी, सांठी कहा जाता है। व्यापार में इसका संस्कृत नाम पुनर्नवा प्रचलित है। यह भूमि पर फैलता है। अन्य पौधों का सहारा पाकर ऊपर भी चढ़ जाता है। यह सारे भारत में पाया जाता है। पौधे के सभी विशेषकर जड़ पुनर्नवा नाम दवाई में काम आती है। इसमें पुनर्नवीन नामक एल्केलाइड होता है। यह दवाई मुख्यतः मूत्र विरेचक के रूप में प्रयोग होती है। यह पीलिया, जलोदर तथा सूजाक में भी उपयोगी है।

21. पीपला मूल--इसका वैज्ञानिक नाम लोंग-पैंपर, पीपल है। संस्कृत नाम मागधी, मगध प्रदेश (बिहार) को संकेत करता है। यह छोटा सुन्दर पौधा होता है, जो भूमि पर फैलता है। यह पौधा भारत के ऊष्ण क्षेत्रों में उगता है। इसकी खेती भी की जाती है। पीपर का स्पाइक सुखाकर दवाई के रूप में इस्तेमाल किया जाता है। यह पौष्टिक होता है। यह उत्तेजक सुंघनियों में डाला जाता है। कच्चे फलों को सुखाकर उनका क्वाथ बनाकर खांसी अथवा धसका में देते हैं। पके फल सुगन्धित, उद्दीपक और वायुसारी होते हैं। यह एंटीबायोटिक होता है। पीपर प्रजाति की एक अन्य वनस्पति दवाई में बहुत फायदेमंद है यह है काली मिर्च। काली मिर्च के कच्चे फल को सुखाकर औषधि के रूप में प्रयोग करते हैं। सूखने पर यह काले रंग की झुर्रीदार और गोल हो जाती है। यह उत्तेजक, वायुसारी व पाचक होती है। इसमें एंटी-बायोटिक गुण मिलता है।

22. पापरी--इसको हिन्दी में बन बैगन भी कहते हैं। यह पौधा हिमालय पर 3000 में 4000 मीटर की ऊँचाई पर होता है। कश्मीर में 1800 मीटर की ऊँचाई वाले स्थानों में भी यह उपजता है। पापरी के प्रकंद सुखाकर दवाई में काम आते हैं। प्रकन्दों में एक राल जैसा (रेजिनी) पदार्थ 'पोडो फिल्लिन' मिलता है। यह रेचक होता है। इसका प्रभाव शनैः-शनैः होता है। यह त्वचा रोगों में व रसौली अथवा गिल्टी में भी उपयोगी होता है।

23. पलाश—इसको हिन्दी में ढाक अथवा टेसू कहते हैं। अंग्रेजी में इस पौधे को 'फ्लेम ऑफ दि फारेस्ट' कहते हैं। पुष्पन के समय लाल-नारंगी फूलों से लदे वृक्ष जंगल में आग की लपटों जैसे दिखते हैं। यह भारत का सुपरिचित पौधा है। इसके फल चपटी फली जैसे होते हैं। फली में एक बीज के कारण इसे मोनोस्पर्मा वैज्ञानिक नाम दिया गया है। यह पूरे भारत में मिलता है। मध्य तथा पश्चिमी भारत में मिश्रित वनों में मिलता है। पलाश से प्राप्त लाल गोंद को बंगाल में किनो अथवा बूटे आगम कहते हैं। इस पौधे के बीज दवाई में काम आते हैं। इसके गोंद में टैनीन होती है। यह अतिसार में बहुत ही लाभदायी है। राउंडवर्म (दाद) पर विशेष लाभदायक है। पलाश के फल के बीजों को नींबू के रस के साथ पीसकर जो मलहम बनाया जाता है उसका उपयोग खुजली रोग में किया जाता है। रक्तचाप में इसकी जड़ भी प्रयोग की जाती है।

24. बच—बच को संस्कृत में भूत-नाशिनी कहा जाता है। यह एक छोटा पौधा है जिसका प्रकंद विभक्त होकर भूमि में दूर-दूर तक फैल जाता है। इस का प्रकंद सुगंधित होता है। इसके स्पाइकों को 'स्पेटिक्स' कहते हैं। इसका पौधा 2000 मीटर की ऊँचाई तक सम्पूर्ण भारत में उगता है। पर्वतीय प्रदेशों में उत्तरी तथा पूर्वी भागों में दलदल या नम स्थानों पर यह अधिक उत्पन्न होता है। मैसूर में इसकी खेती भी की जाती है। इसके प्रकन्द को सुखाकर दवाई के रूप में प्रयोग किया जाता है। इसमें वाष्पशील (वोलेटाइल) तेल होता है। जिसकी वजह से यह वात नाशक होता है। इससे पेट फूलने, अफरा या उदर स्फीति की अवस्था में आराम मिलता है। इसका तेल कफ निस्सारक होता है। यह दमा में भी उपयोगी होता है। इसकी जड़ का उपयोग कृमिनाशक उपयोग कृमिनाशक दवाई बनाने में किया जाता है।

25. बेल—संस्कृत में बेल को श्रीफल कहा गया है। इसका फल पहले हरा और पकने पर भूरा हो जाता है। बेल का छिलका कठोर होता है। इसका गूदा नारंगी रंग का बहुत ही स्वादिष्ट तथा सुगन्धित होता है। यह वृक्ष मैदानी क्षेत्र व हिमालय की तलहटी में मिलता है। इसका पका या अधपका फल दवाई के रूप में भी प्रयोग किया जाता है। फल का गूदा (म्यूसीलेज) तथा पेक्टीन उपयोगी होते हैं। यह पुराने अतिसार, पेचिश, आँव में लाभप्रद है। बेल का शरबत पेट के लिए फायदेमंद होता है। इसका उपयोग अधिकांश गर्मी के दिन में किया जाता है। उत्तर भारत में इसका प्रचलन सर्वाधिक है। इसके गूदे का शरबत अंतड़ियों को स्वस्थ रखने के लिए उपयुक्त होता है। इससे पाचन शक्ति ठीक रहती है। इसके जड़, फल एवं पत्तों में एंटीबायोटिक तत्व पाया जाता है।

26. ब्राह्मी—संस्कृत में इसे सौम्यलता कहा जाता है। इसका पौधा छोटा होता है जो कि भूमि पर फैलता है। शाखाएं तथा पत्ते मुलायम गूदेदार होते हैं। यह पौधा नम भूमि में नदी-नाले, खेत व तालाब आदि के पास अधिक उगता है। इसके पौधे सम्पूर्ण देश में इधर-उधर बिखरे दिखाई देते हैं। इसका सम्पूर्ण पौधा औषधि के काम आता है। यह नाड़ियों के लिए पौष्टिक होता है। आक्षेप, मिरगी, बेहोशी एवं नाड़ियों की कमजोरियों आदि रोगों की यह अच्छी दवा है। यह कब्ज को भी दूर करती है। इसके पत्ते के रस को पेट्रोल में मिलाकर गठिया के पीड़ा में इस्तेमाल करते हैं। इसमें रक्त शुद्ध करने के गुण होते हैं। इसमें ब्राह्मीन नामक एल्केलाइट होता है जो हृदय के लिए फायदेमंद होता है।

27. ब्रह्ममंडूकी—इसको हिन्दी में 'ब्रह्मी' कहते हैं। यह पौधा भूमि पर फैलता है व इसके विसर्पी शाखाओं की गांठों पर जड़ें फूट आती हैं। यह सम्पूर्ण भारत में नम स्थानों पर उगता है। नदी, नाले, तालाब के किनारे अथवा सिंचित खेत तथा लॉन में इसके पौधे उगे मिलते हैं। इसके पौधे के ताजे पत्ते एवं टहनियों को तोड़कर सुखा लेते हैं जो दवाइयों के काम आता है। जड़ एवं बीज भी फायदेमंद हैं। पानी में पौधा उबालकर क्वाथ को कुष्ठ रोग में दिया जाता है। इसमें 'एशियाटिकोसाइड' नामक तत्त्व मिलता है। इसके अलावा इसमें बाल, त्वचा व नाखूनों की वृद्धि को तीव्र करने के गुण हैं। इसका प्रयोग मस्तिष्क, क्षय रोग तथा शरीर की विभिन्न क्रियाओं को सन्तुलित करने में उपयोगी है।

28. बाय बिडंग—इसको हिन्दी में गइया व मूंगी कहते हैं। यह झाड़ीनुमा छोटा सा वृक्ष है। इसका फूल बहुत छोटा केलई रंग का होता है जो पकने पर लाल हो जाता है। यह देश के पूर्वी प्रायद्वीपीय भाग में ज्यादा मिलता है। इसके फल को सुखाकर दवाई के रूप में इस्तेमाल करते हैं। यह औषधि टेपवर्म नामक कृमि की चिकित्सा में लाभकारी होती है। बायबिडांग मृदुरेचक हाता है। यह केंचुआ नाशक है।

29. बाबची—इसको संस्कृत में सुगंध कंटक कहा गया है। उर्दू में इसे 'बकुंची' कहते हैं। इसका फूल काला, गोल अथवा दीर्घवत् होता है। इसमें एक बीज होता है जो चिकना होता है। यह वनस्पति सारे भारत में खाली स्थानों में प्राकृतिक रूप से उगती है। इसका बीज दवाई के रूप में प्रयोग होता है। इसका बीज त्वचा रोग उत्पन्न करने वाले कुछ बैक्टीरिया अथवा जीवाणु पर बहुत ही प्रभावशाली होता है। इससे तैयार औषधि सफेद दाग और कुष्ठ रोग में फायदेमंद होती है। इससे तैयार दवा तरल और लेप दोनों रूप में होती है। इसके बीज में मूत्रविरेचक एवं कृमिनाशक

गुण हैं। परीक्षणों के बाद में बाबची के जीवाणुनाशक तथा कृमिनाशक गुणों की पुष्टि भी हुई है। इसका नाम "कुष्ठ नाशिना" के रूप में प्रचलित है।

30. बीजासाल—इसको संस्कृत में महाकुटज कहते हैं। इस वृक्ष की छाल से गोंद निकलता है, जिसे कीनों कहते हैं। इसलिए इस वृक्ष को 'कीनों ट्री' नाम दिया गया है। इसका वृक्ष बहुत ही शोभनीय तथा बड़ा होता है। इसके फल में एक बीज होता है। इसका पौधा भारत के मध्य व प्रायद्वीपीय भाग में पाया जाता है। यह मिश्रित पतझड़ वन में मिलता है। यह गुजरात तथा महाराष्ट्र में 1100 मीटर की ऊँचाई तक उगता हुआ पाया जाता है। वृक्ष पर फूल बहुत शोभनीय होता है। इस वृक्ष के पत्ते, फूल, तथा गोंद औषधि के काम में भी लाये जाते हैं। छाल में चीरा लगने से गोंद निकलता है, जिसे कीनों कहते हैं। यह स्तम्भक होता है व अतिसार में लाभकारी होता है। इसका प्रभाव कत्थे की अपेक्षा कम होता है। यह दाँत दर्द में भी उपयोगी है। इसके पत्तों को मसलकर फोड़ों व अन्य त्वचा रोगों पर लगाया जाता है।

31. बला—बला को संस्कृत में जयन्ती कहते हैं। हिन्दी में इसे **खरेंटी** कुंगी के नाम से जाना जाता है। यह पौधा सारे देश में पाया जाता है। यह उद्यानों, खेतों एवं बस्तियों के आस-पास तथा छोटे वृक्षों अथवा झाड़ियों के नीचे उग आता है। इसका सम्पूर्ण पौधा दवाइयों का गुण रखता है। इसमें बल, पौष्टिकता कारक तथा यौन-शक्तिवर्धक गुण मिलते हैं। इसकी जड़ एवं अदरक का अर्क बुखार में लाभकारी होता है। जड़ की छाल को दूध तथा शक्कर के साथ पीसकर सेवन करने से श्वेत प्रदर तथा स्त्रियों के विभिन्न रोगों, स्नायुमंडल के रोगों में लाभ होता है। इसके जड़ों के रस के उपयोग से तुरंत ही जख्म भर जाते हैं।

32. बहेड़ा—बहेड़ा को संस्कृत में तेलफल कहा जाता है। इसका वृक्ष बड़ा होता है जबकि तने में मोटे पुश्ते होते हैं। भारत में शुष्क प्रदेश को छोड़कर सम्पूर्ण भारत में यह 100 मीटर की ऊँचाई तक पाया जाता है। यह मिश्रित पतझड़ वन में अधिक मिलता है। इसके सूखे फल दवाई के रूप में काम आते हैं। इसका फल अतिसार, अपच आदि उदर रोगों में उपयोगी है। बहेड़ा का पानी बहुत शीतल होता है। इसको आंखों पर लगाने से आंख को शीतलता मिलती है। इससे बाल भी धोया जाता है ताकि मस्तिष्क को ठण्डक मिले। यह बवासीर, कुष्ठ रोग, जलोदर और बुखार में भी हितकारी है। इसका अधपका फल रेचक होता है। पके फल में विपरीत गुण होता है। इसका फल 'त्रिफला' नामक दवाई का एक अंग है।

33. विषखोपड़—विषखोपड़ भूमि पर फैलने वाला एक सरस पौधा है। इसकी शाखाएं विभाजित होकर दूर-दूर तक फैल जाती हैं। यह पौधा सम्पूर्ण भारत में पाया

जाता है। इसके पत्ते दवाइयों में उपयोग किये जाते हैं। पत्तों में 'पुनर्नवीन' नामक एल्केलाइड होता है। यह मूत्र विरेचक होता है एवं जलोदर में उपयोगी है। गुर्दे के विकारों के कारण अगर शरीर फूल जाता है तो उसमें विषखोपड़ा आरामदायक है। इसमें गर्भपातक गुण भी पाया जाता है।

34. बिल्ली लोटन--यह पौधा सिर्फ कश्मीर के 2500 मीटर ऊँचाई के कुछ क्षेत्रों में मिलता है। इस पौधे की जड़ें एवं प्रकन्द औषधि के काम आते हैं। जड़ों को शरद ऋतु में एकत्र करने तथा शनैः-शनैः सुखाने से अच्छी औषधि बनती है। यह औषधि स्नायुमण्डल की क्रिया को मंद करती है और हिस्टीरिया के दौरे, मूर्च्छा व ज्ञान तन्तुओं के अन्य विकारों में और पेट के अफारा में फायदेमंद है। ताजी जड़ों एवं प्रकन्दों का रस अधिक उपयोगी होता है। सूखने पर इनका प्रभाव कम हो जाता है। ताजे रस में नशीले गुण भी अधिक होते हैं और यह अनिद्रा रोग में लाभप्रद होता है। इसके रस से हृदय रोगों की कुछ दवाइयां भी बनती है।

35. महुआ—यह एक पतझड़ी बड़ा वृक्ष है जो भारत के लगभग सम्पूर्ण मैदानी क्षेत्र या 1200 मीटर ऊँचाई तक के स्थानों में मिलता है। यह प्रायद्वीपीय भाग में तथा हिमालय की तलहटी में बहुत होता है। मैदानी भाग में कुछ बागान तो महुए के ही मिलते हैं। इसकी छाल, बीज, पत्ते, फूल आदि सभी औषधि के काम आते हैं। मछुआ के छात से तैयार दवा खुजली, मसूड़ों से खून आने पर और मधुमेह के रोग में बहुत फायदेमंद होता है। भारत में इसका घरेलू उपचार बहुत पाया जाता है। इसके पत्ते स्तम्भक होते हैं, उनकी भस्म घी में मिलाकर जले जख्मों पर व सिर के स्काल्ड रोग पर लगाते हैं। खांसी तथा श्वास नली की सूजन में यह उपयोगी होता है। यह शीतल तथा पौष्टिक होता है। फूलों से बनी हुई मदिरा भी पौष्टिक होती है। इसके फूलों में बैक्टीरिया नाशक गुण होते हैं। इसके बीज स्तनों में दूध बनाते हैं और उसका प्रवाह बढ़ाते हैं। बीज से प्राप्त तेल त्वचा रोग पर लगाया जाता है। यह रेचक भी होता है।

36. मेहंदी—संस्कृत में रक्तगोभी कहा गया है। यह प्रायद्वीपीय प्रदेश के सूखे भाग में अधिक मिलती है। मेहंदी का पौधा उद्यानों के हेज पर लगाने हेतु उपयुक्त माना जाता है। पंजाब, मध्य प्रदेश, गुजरात तथा राजस्थान आदि में इसकी खेती भी की जाती है। इसके पत्ते में औषधीय गुण होते हैं। यह त्वचा रोगों की रोकथाम के लिए उपयोग किया जाता है। पत्तों का क्वाथ गले की खराश में गरारे करने के काम आता है। सिर दर्द तथा पैरों के तलुओं की जलन आदि में पत्ता को पीस कर ज्यादातर लगाया जाता है। पौधे की छाल एवं बीज भी आयुर्वेद एवं यूनानी चिकित्सा में

औषधीय बताये गये हैं। मेंहदी का मुख्य उपयोग इसकी पत्तियों से प्राप्त सुन्दर नारंगी रंग के लिए किया जाता है। इससे शरीर के विभिन्न बालों, अंग, दाढ़ी एवं सिर के बार तथा जानवरों की पूछें आदि रंगी जाती है। सुगंधित तेल, सुगंध, इत्र की विभित्र वस्तुओं का निर्माण इसके फलों से किया जाता है।

37. मुलेठी—मुलेठी की कृषि भारत में की जाती है। इसकी जड़ों एवं भूमिगत तनों को सुखाकर दवाई के रूप में प्रयोग किया जाता है। गले की खराश, खाँसी, श्वास नली में सूजन, क्षयरोग, उदरशूल तथा मिरगी के रोग में मुलेठी उपयोगी है। खाँसी आदि में तो मुलेठी का एक टुकड़ा चबाने अथवा चूसने से लाभ मिलता है। यह एंटीबायोटिक एवं बैक्टीरियानाशक भी है। पेट के अंदर अंतड़ियों में होने वाले घाव भी मुलेठी को चूसने से ठीक हो जाते हैं। मुलेठी को पीसकर घी एवं शहद में मिलाकर घाव एवं फोड़ों पर लगाया जाता है। पंजाब, कश्मीर, हिमाचल प्रदेश, उत्तर प्रदेश तथा तमिलनाडु राज्य में इसकी खेती की जाती है।

38. मिश्मी तीता—अरुणाचल प्रदेश की मिश्मी पहाडियों में मिश्मी तीता का पौधा पाया जाता है। इस पौधे को सुखाकर दवाइयों के रूप में प्रयोग किया जाता है। यह पौष्टिक तथा उदर रोगों में भी लाभकारी है। यह रुक-रुक कर आने वाले बुखार में लाभदायी होता है। इस पौधे में बेर्बेरीन वर्ग के तत्व पाए जाते हैं।

39. रसौत— इसके पौधे हिमालय पर्वत के 2000-3000 मीटर की ऊँचाई के क्षेत्रों में पाये जाते हैं। ये दक्षिणी भारत में नीलगिरि पर्वत पर भी पाये जाते हैं। रसौत नामक औषधि पौधों की जड़ों से प्राप्त होती है। इसकी जड़ों में बेर्बेरीन नामक एल्केलाइड मिलता है। जड़ की छाल को टुकड़े में काटकर पानी में उबाल लिया जाता है। इस पानी को छानकर अद्र्ध ठोस अवस्था तक सुखाया जाता है। यही द्रव्य रसौत कहलाता है। रसौत को नींबू, घी के रस या फिटकरी में मिलाकर आँख के पपोदों पर लगाना नेत्र रोग में फायदेमंद होता है। यह फोड़ों (दूध घावों) के लिए भी फायदेमंद है। यह मृदुरेचक, ज्वरनाशक व पौष्टिक होता है। यह हैजा में भी लाभकारी है।

40. रेवंद चीनी—इसको संस्कृत में रेवट चीनी कहते हैं। यह पौधा हिमालय पर्वत के 3000-4000 मीटर ऊँचाई वाले स्थानों में कश्मीर, हिमाचल प्रदेश, पंजाब, उत्तर प्रदेश तथा नेपाल में प्राप्त होता है। इसके प्रकन्द को सुखाकर दवाइयों में इस्तेमाल किया जाता है। 6-7 वर्ष पुराने पौधे से उनके फूलने से एकदम पहले प्रकन्द एकत्रित किये जाने चाहिएं। छाल को हानि नहीं पहुँचानी चाहिए। यह रेचक होती है। इसमें टैनीन होती है। हल्का कब्ज होने पर यह लाभप्रद है। हिमालय की ऊँची श्रेणियों में इसकी खेती के लिए उपयुक्त दशाएँ उपलब्ध हैं।

41. रोशा घास—यह एक बड़ी घास होती है। इसके पत्ते में एक सुगन्धित तेल प्राप्त होता है जिसके कारण थोड़ा मसलने से बहुत अच्छी सुगन्ध आती है। यह घास विशेषकर शुष्क प्रदेशों में मिलती है। छिट-पुट रूप से यह पूरे भारत में दिखती है। इस घास के पत्तों से एक तेल निकलता है जिसे रोशा कहते हैं। इसके तेल से तैयार औषधि का इस्तेमाल कमर-दर्द, त्वचा के रोग और गंजापन को दूर करने के लिए करने के लिए किया जाता है। जिगर खराब होने पर पित्त आदि विकारों में इसका सेवन किया जाता है। इसका तेल सुगन्धित होता है। इसलिए साबुन तथा सुगन्धित तेल बनाने में प्रयोग होता है।

42. लाल दूधी—संस्कृत में गागार्जूनी कहते हैं। यह पौधा भारत में सभी मैदानी क्षेत्रों में व ऊष्ण तलहटियों में मिलता है। यह खाली स्थानों में ज्यादातर उग आता है। जब पौधे में फूल तथा फल आते हैं, उस समय समूचा ही उखाड़कर सुखा लिया जाताा है, यही दवाइयों में काम आता है। लाल दूधी में हृदय तथा श्वास की क्रिया को मंद करने का गुण है, यह श्वास नलियों को थोड़ा शिथिल करके आराम पहुँचाती है। बच्चों के कृमि रोग में, उदर रोगों में, खांसी एवं दमा में फायदेमंद है। इसके सेवन से स्त्रियों के स्तन में दुग्ध की मात्रा बढ़ती है। यह सुजाक में लाभदायक है। परीक्षणों द्वारा लाल दूधी में एंटीबैक्टीरियल एवं क्षयरोग नाशक गुणों की पुष्टि हुई है। लाला दूधी के पत्तों की भाजी बनाकर भी खाते हैं।

43. लोध—यह वृक्ष मध्य तथा पूर्वी भारत के मैदानी और तलहटी प्रदेशों में पाये जाते हैं। इसके वृक्ष की छाल निकालकर शीघ्र ही सुखा ली जाती है। यह औषधि के काम में जाती है। यह अपच, नेत्ररोग तथा फोड़ों व जख्मों पर लाभकारी होती है। अगर मसूड़ों से खून आता है तो छाल के क्वाथ से गरारा या कुल्ला करना आरामदायक होता है। मासिक धर्म में रक्त के अधिक प्रवाह को कम करने, पतली दस्त को कम करने में भी इसका इस्तेमाल करते हैं। यह फील पांव तथा पेशाब में चर्बी आने में भी दी जाती है।

44. सर्पगन्धा—इसको संस्कृत में चन्द्रिका कहते हैं। यह 1000 मीटर ऊँचाई तक के स्थानों में लगभग सम्पूर्ण भारत में उत्पन्न होती है। हिमालय की तहलटी, पश्चिमी तथा पूर्वी घाट की निचली पहाड़ियों में अधिक उगती है। बंगाल, उत्तर प्रदेश, बिहार, महाराष्ट्र आदि प्रान्तों के मैदानी भाग में भी उग जाती है। इसका व्यापारिक महत्व पिछले कुछ दशकों से बढ़ा है। इसलिए इसकी खेती भारत में बड़े पैमाने पर हो रही है। इसकी जड़ों से औषधियां तैयार की जाती हैं। 3-4 वर्ष पुराने पौधे की जड़ें अच्छी होती हैं। भारत में आयुर्वेदिक चिकित्सा में इस पौधे का ज्ञान लगभग

4000 वर्ष पूर्व से है। चरक संहिता में भी इसका वर्णन मिलता है। इसमें अनेक प्रकार के एल्केलाइड पाए जाते हैं जिसमें मुख्य रूप से शमक, निद्रायक, अवसादक एवं रक्तचाप घटाने के गुण हैं। यह रक्तचाप तथा पागलपन में बहुत ही उपयोगी होती है। पुराने मानसिक रोगियों अथवा चिंताग्रस्त व्यक्तियों को इससे शांति मिलती है।

45. सदाबहार—सदाबहार को बंगाली में 'नयनतारा' पंजाबी में 'रतन जीत' व मराठी में इसे सदाफल कहा जाता है। इसकी जन्मभूमि मेडागास्कर मानी जाती है। अब यह दोनों गोलार्द्धों में प्राकृतिक रूप से पाया जाता है। इसकी खेती भी की जाती है और शीघ्र ही यह फैलने लगता है। इसकी जड़ें औषधियुक्त होती हैं। यह जहरीली मानी जाती है तथा साथ ही क्षुधावर्धक भी होती है। सदाबहार की जड़ों में आज्माइसाइन व सर्पेटाइन तत्व पाया जाता है।

46. सोम रज्जि—सोम रज्जि का वैज्ञानिक नाम आंथेल मींटिकुम है। इसका शाब्दिक अर्थ कृमिनाशक, इस पौधे के गुण पर आधारित है। यह 1500 मी. की ऊँचाई तक सम्पूर्ण भारत में उगता है। यह अक्सर बस्तियों के आस-पास पाया जाता है। इसके पौधे के तो बीज को लेकर सुखा लिया जाता है। यही सोमराजि औषधि है। यह थ्रेडवर्म नामक कृमि के नाश में हितकारी है। एंटीसेप्टिक उत्तेजक होने के साथ-साथ इसमें मूत्रल गुण भी बताये गये हैं।

47. हरमल—हरमल को हिन्दी में 'गन्ध' कहा जाता है। यह भारत के उत्तर पश्चिमी प्रदेश व भारतीय प्रायद्वीप के शुष्क क्षेत्रों में पाया जाता है। इसके बीज को सुखाकर दवाई के रूप में काम लाते हैं। बीज में अनेक एल्केलाइड होते हैं जो दमा, गठिया, हिस्टीरिया, पित्ताशय में पथरी, ऐंठन, मरोड़ के दर्द, जवर, पीलिया और रजोधर्म के समय दर्द या रुकावट में आरामदायक होते हैं। इसके बीज कृमिनाशक हैं। इसके बीज से 'हरमलीन' एवं हरमीन' नामक एल्केलाइड निकलते हैं। यह बैक्टीरियानाशक भी होता है।

48. हींग—हींग का वैज्ञानिक नाम फेरूला नार्थेक्स है, इसका पौधा कश्मीर में पाया जाता है। इसके पौधों की ताजी जड़ों अथवा प्रकन्दों में चीरा लगाने से एक राल जैसा खुशबूदार पदार्थ निकलता है, यही हींग होती है। इसे ही औषधि रूप में प्रयोग किया जाता है। हींग पेट के मरोड़, अपच, ऐंठन, हैजा, कुकुर खांसी में बहुत आरामदायक होती है। यह ज्ञान तन्तुओं व श्वास नलिकाओं को उत्तेजित करती है। परीक्षणों से ज्ञात हुआ कि हींग में कुछ शमक अथवा अवसादक गुण भी हैं। हृदय रोग में भी यह फायदेमंद है।

49. हल्दी—प्राकृतिक रूप से भी मिलती है जिसे झाड़ी हल्दी कहते हैं।

संस्कृत में इसे दारूहरद्रि कहा गया है। यह पौधा दक्षिण भारत में विशेषकर पश्चिमी घाट क्षेत्र में मिलता है। माड़ी हल्दी में औषधीय गुण पाया जाता है। इसकी शाखाओं को सुखाकर औषधियां तैयार की जाती हैं। इसमें बेर्बेरीन नामक तत्त्व होता है। यह औषधि ज्वर, शरीर की दुर्बलता तथा कुछ प्रकार के अजीर्ण रोगों में उपयोगी है। यह एंटीसेप्टिक है। यह फोड़े तथा घाव पर भी लगाने के काम आती है। परीक्षण से ज्ञात हुआ है कि इसके पौधों की जड़ों में एंटीबायोटिक तत्त्व पाये जाते हैं।

50. हिरन तूतिया—इसको संस्कृत में हिरण्यतूथ कहा गया है। इसके पौधे फूलने से पहले कंद को एकत्रित कर लेते हैं। यही कंद दवाई में काम आता है और कॉलशी कुमकॉर्म कहलाता है। पका बीज भी औषधि तैयार करने काम आता है। इसे कॉलशी कमसीड कहते हैं। कंद में मुख्य तत्त्व कॉलशीसीन होता है। यह गठिया की सूजन तथा दर्द में उपयोगी है। यह कैंसर में भी लाभदायी होता है।

51. हर्रा—हिन्दी में 'हरड़' कहते हैं। यह भी शुष्क प्रदेशों में मिलता है। यह मिश्रित पतझड़ वन में प्राकृतिक रूप गें उगता है। इसको अव्यथा अर्थात् व्यथा हरने वाला कहा गया है। इसके सूखे हुए फल हरड़ औषधि में काम आते हैं। यह पुराने फोड़े, नासूर तथा जख्म में फायदेमंद होता है। मुंह में छाले अथवा सूजन में भी पानी के साथ इसे मिलाकर गरारा करते हैं। यह हृदय के लिए बलकारक होता है। रक्तचाप में लाभदायी है। मुरब्बा, हरड़ का अचार, चटनी व चूर्ण बहुत ही इस्तेमाल होता है। यह पाचक एवं मृदुरेचक भी होता है। प्राचीन भारत में पौधों और वनस्पतियों पर आधारित आयुर्वेदिक चिकित्सा पद्धति उन्नत अवस्था में थी।

आम जन भी छोटे-छोटे रोगों का घरेलू उपचार करने में दक्ष थे। वे कई औषधीय पौधों के विषय में पर्याप्त जानकारी रखते थे। मुसलमानों के आगमन के साथ-साथ यूनानी चिकित्सा पद्धति का विकास हुआ। इसी प्रकार अंग्रेजों के शासन काल में एलोपैथिक चिकित्सा पद्धति को प्रोत्साहन मिला और प्राचीन पद्धति सामाप्त होने लगी। नवीन वैज्ञानिक शोधों के अभाव में भी भारतीय आयुर्वेद का विकास कुंठित रहा। अंग्रेजों की विस्तारवादी साम्राज्यवादी व्यवस्था के फलतः इस पद्धति को बड़ा आघात लगा। यूरोपियन्स ने अपने उपनिवेशों से इस प्रकार के पौधों को प्राप्त कर उसके तत्त्वों का परीक्षण कर उन्हें विश्व में प्रसारित किया। आज सम्पूर्ण मानव समाज में ऐलोपैथी चिकित्सा पद्धति काफी लोकप्रिय हो गयी है। परंतु पिछले दस वर्षों में एलोपैथी के दुष्प्रभाव के कारण लोगों की चिंता तथा सोचने की दिशा में बदलाव हो रहा है।

धीरे-धीरे आज पुनः सम्पूर्ण विश्व उक्त पद्धति से निराश होकर प्राकृतिक

चिकित्सा तथा वनौषधियों के प्रति उन्मुख हो रहा है। जापान, सं. रा. अमेरिका आदि का झुकाव भी धीरे-धीरे आयुर्वेदिक चिकित्सा के प्रति हो रहा है। भारत में भी अंग्रेजी औषधियों के साथ-साथ दूसरी चिकित्सा पद्धतियों के विकास पर बल दिया जा रहा है। इनमें यूनानी आयुर्वेदिक और होम्योपैथिक प्रमुख हैं। इससे लोगों में नयी चेतना जागृत हो रही है। अब इन औषधीय पौधों का वैज्ञानिक परीक्षण किया जा रहा है। यहां भी विकसित देशों की देखादेखी दोबारा वनौषधियों के प्रति रुझान देखा जा रहा है।

आयुर्वेदिक चिकित्सा के लिए कई क्षेत्रों में इन पौधों की कृषि पर बल दिया जा रहा है। इन औषधीय पौधों में नीम, आंवला, हर्रा, बहेड़ा, धतूरा, तुलसी, पोदीना, मुलेठी, अरंडी, बेल, ब्राह्मी, इसबगोल, कुट्रज, कुनैन, बला, लाल दूधी, सर्पगंधा आदि विशेष महत्त्व के हैं। इनका उपयोग अनेक औषधियों के रूप में किया जाता है। इनमें ऐण्टीसेप्टिक, ऐण्टीबायोटिक आदि अनेक विशेषताएं पाई जाती हैं। आयुर्वेदिक दवाओं का ऐलोपैथी की भांति कोई दुष्प्रभाव नहीं होता है। भारत में भौगोलिक विविधता के फलस्वरूप विश्व की अधिकांश वनस्पतियां, वनौषधियों, जड़ी-बूटियां आदि पायी जाती हैं। आज सभी के हित में लाभकारी है कि सरकार द्वारा औषधीय पौधों, पद्धतियों और नवीन खोजों के विकास पर बल दिया जाय।

52. अशोक—हिमालय के मध्य तथा पूर्वी भागों में तथा पूर्व की ओर दक्षिणी भारत में अशोक के वृक्ष पाए जाते हैं। यह उद्यानों तथा नगरों में सुन्दर फूलों की शोभा के लिए किनारे-किनारे लगाये जाते हैं। इसकी छाल को सुखाकर औषधियों के रूप में प्रयोग किया जाता है। यह स्त्रियों में मासिक धर्म के समय अधिक रक्तस्राव को रोकती है। यह गर्भाशय को शांति पहुँचाती है। अशोक के फूल को पानी में पीसकर खूनी अतिसार में औषधि के रूप में प्रयोग किया जाता है। अशोक का बीज मधुमेह के मरीजों के लिए भी उपयोगी है।

53. अमलतास—इसके फूल 3.5-5 से.मी. व्यास के पीले रंग और बहुत बड़े गुच्छों में होते हैं। इसका फल 50-60 सेमी. लम्बा होता है। जब वृक्ष फूलता है तो बहुत ही सुन्दर दिखायी देता है एवं जंगल में दूर से ही पहचाना जा सकता है। फल आने की अवस्था में वृक्ष की शोभा में वृद्धि हो जाती है। इसका वृक्ष 1500 मीटर की ऊँचाई तक पूरे भारत में मिलता है। सड़कों के किनारे तथा लॉन में लगाने के लिए अमलतास का वृक्ष बहुत ही उपयुक्त समझा जाता है। इसका फल बहुत ही उपयोगी होता है। फल का गूदा-जिसे कास्सिआपल्प कहते हैं। इसमें टैनीन प्रचुर मात्रा में मौजूद होता है। इसकी लकड़ी मजबूत तथा कड़ी होती है।

54. अश्वगंधा—यह भारत के सूखे स्थानों में मिलता है। इसकी खेती भी की जाती है। इसके फूल केलई रंग के छोटे, लगभग एक सेमी. लम्बे होते हैं एवं पत्तों के साथ में लगे छोटे गुच्छों में लगते हैं। फल 6 मिमी. व्यास के चिकने, गोल तथा लाल रंग के होते हैं। इसका फल बाह्य दल पुंज के अन्दर ढंका रहता है। इसकी जड़ दवाइयों में काम आती है। यह क्षयरोग, दुर्बलता एवं गठिया में इस्तेमाल की जाती है। इसमें अवरोधनाशक गुण भी है। इसकी जड़ों को पीसकर जख्म और फोड़े और सूजन पर लगाते हैं। इसमें एंटी बायोटिक तथा एंटी बैक्टीरियल गुण पाये जाते हैं।

55. अरंडी—इसे संस्कृत में एरंड कहा जाता है। प्राचीन साहित्य में इसे चित्रबीन, पंचागुल व वातारि नाम दिये गये हैं। चित्रबीज से अभिप्राय बीज के सुन्दर, चित्तीदार रंग से है। पंचागुल का आशय हस्ताकार 5 शिरावाले पत्तों से है। वातारि अर्थात् वात आदि वायुरोग का शत्रु है। इसके बीज अनेक रंगों के होते हैं। इसका तेल जलाने अथवा मशीनों में स्नेहक हेतु प्रयुक्त होता है। अरंडी का तेल औषधि के रूप में भी इस्तेमाल होता है। इसमें रेचकीय गुण होने के कारण कब्ज होने पर इसका प्रयोग किया जाता है। यह दूध अथवा फलों के रस के साथ लिया जाता है। इसका तेल आँख में डालने तथा त्वचा पर ठंडक पहुंचाने के लिए कुछ मरहमों में मिलाया जाता है। प्रसव की सुविधा हेतु इसका प्रयोग बहुत उपयुक्त नहीं है, अपितु जहाँ तक सम्भव हो, इसका तेल रेचक के रूप में भी प्रयोग रजोधर्म के समय तथा गर्भवती स्त्रियों को नहीं करना चाहिए। इसका तेल गर्भनिरोधों (कंट्रासेप्टिव), जेली तथा क्रीम आदि बनाने के काम में आता है। इसके पत्ते पीसकर रेचक के रूप में प्रयोग करते हैं। इसके तेल से निर्मित श्लेष त्वचा शोध के लिए उपयोगी होता है एवं यह एग्जिमा तथा अन्य त्वचा रोगों का अच्छा रोधक भी है।

56. अतीस (अकोनाइट)—यह एक प्रसिद्ध वनौषधि है। इसके प्रकंद जहरीले होते हैं। परन्तु नियंत्रित मात्रा में प्रयोग करने से इसका औषधीय महत्त्व भी है। इसका पौधा उत्तर-पश्चिम हिमालय में 2000-4000 मीटर की ऊँचाई वाले क्षेत्रों में पाया जाता है। इसके प्रकंद बुखार एवं बुखार के बाद की कमजोरी को दूर करने हेतु लाभकारी सिद्ध होते हैं। बलवर्द्धक के साथ-साथ ज्वरनाशक के रूप में भी यह उपयोगी है।

57. अडूसा को हिन्दी में बांसा, वासिका तथा संस्कृत में वासक कहा जाता है। इसका वैज्ञानिक भारतीय नाम वासक पर आधारित है। इसके पौधे भारत में सभी मैदानी व तलहटी क्षेत्रों में पाये जाते हैं। यह रोचक बस्तियों के आस-पास अधिक उगता है। इसके सुखाये हुए पौधे दवाई के रूप में प्रयुक्त होते हैं। इसके पत्तों में

वासीसीन नामक एल्केलाइड तथा वाष्पशील तेल मिलता है। मुख्यतः यह अपने कफ निवारक गुण के कारण प्रसिद्ध है। इसके शरबत, रस अथवा अर्क का प्रयोग किया जाता है। वासव के सेवन से बलगम, श्वास नली का सूजन, दमा (ब्रोंकाइटिस) में लाभ होता है। इसमें कफ निवारक गुण इसलिए है कि यह श्वास नली की ग्रन्थियों को उत्तेजित करता है। इसका उपयोग प्रसव सम्बन्धी रोगों में भी होता है, क्योंकि इसमें गर्भपात के गुण भी मौजूद हैं। इसके पत्ते का प्रयोग हरी खाद के रूप में, पीले रंग की प्राप्ति के लिए भी करते हैं। अडूसा की पत्तियों बदबूदार होती हैं इसलिए पशु इसे खाना पसंद नहीं करते। इसलिए उन्हीं क्षेत्रों में इसे लगाया जाता है जहाँ मिट्टी के कटाव को रोकना है।

58. अंगूरशफा—इसे हिन्दी तथा कश्मीरी में संग-अंगूर कहा जाता है। व्यापार कार्य में यह बेल्लाडोन्ना दवाई के नाम से जाना जाता है। इसका पौधा कश्मीर में 2000-3000 मीटर की ऊँचाई वाले स्थानों में मिलता है। इसकी कृषि भी की जाती है। इसकी जड़ को छोड़कर अन्य सभी भाग सुखाकर औषधियों के रूप में प्रयोग किये जाते हैं। इसके पत्तों व भूमि के ऊपर के भाग से प्राप्त औषधियां पसीना बनने की क्रिया को धीमी करती हैं। यह आमाशय तथा मुँह में लार पैदा करने वाली ग्रन्थियों की क्रिया को भी मंद करती है। पेट के मरोड़ तथा ऐंठन जैसे पीड़ा में लाभ पहुँचाती है। इसमें तीव्र एंटीस्पास्मोडिक गुण होते हैं। यह दमा व कूकर खांसी में भी लाभदायक है। इसकी जड़ों में जहरीले तत्त्व पाये जाते हैं। इसलिए यह औषधि सेवन के बदले में गठिया, वातशूल (न्यूरेलजिआ) तथा सूजन आदि पर बाहरी लेप के रूप में प्रयोग में लाया जाता है।

59. असमानिया—इसकी टहनियों को सर्दी के मौसम में एकत्रित करके, सुखाकर औषधि के रूप में प्रयोग करते हैं। इससे एफेड्रीन निकलती है। यह दमा में लाभदायक होती है। दमा को शांत करने के लिए इसका औषधि के रूप में सेवन करते हैं या इसका इंजेक्शन भी देते हैं। यह हृदय के लिए बल कारक एवं उत्तेजक है। यह डिप्थीरिया, निमोनिया आदि में विशेष फायदेमंद है। इसका प्रयोग हे-फीवर, एलर्जी, खुजली में किया जाता है। एफेड्रीन से बनी औषधि साइनोसाइटिस व श्लेष्मा की सूजन में लाभदायी है। जो बच्चे रात में सोते समय बिस्तर पर पेशाब कर देते हैं उनके लिए भी यह लाभकारी है। इसका पौधा विशेषकर हिमालय की सूखी श्रेणियों में 2000-4000 मीटर की ऊँचाई पर मिलता है। इसकी खेती भी की जाती है।

60. अनंतमूल—यह पौधा पूरे भारत में मिलता है। इसकी जड़ों को सुखाकर

दवाई के रूप में इस्तेमाल करते हैं। यह औषधि ज्वर, भूख न लगना, त्वचा, आतशक, श्वेत प्रदर तथा मूत्ररोगों में लाभप्रद है। यह औषधि खून को साफ करने व गठिया में भी प्रयोग होती है। अनंतमूल, स्मीलाक्स के पौधों से प्राप्त दवाई के स्थान पर भली-भाँति उपयोग की जा सकती है। इसकी पतली पत्तियाँ चबाने से शरीर में ताजगी आती है।

61. अंतमूल—यह पौधा मध्य, पूर्वी तथा दक्षिण भारत में मिलता है। यह पौधा मैदानी प्रदेश अथवा 1000 मीटर की ऊँचाई तक हिमालय की तलहटियों में पाया जाता है। इसकी जड़ को धूप में सुखाकर पेचिश की औषधि बनायी जाती हैं। जड़ों का क्वाथ दमा एवं श्वास नली की सूजन में दिया जाता है। इसके सेवन से वमन (कै) हो जाती है व खांसी में आराम आ जाता है।

62. ईशरमूल—इसे हिन्दी में ईश्वरी व संस्कृत में ईश्वर मूल कहते हैं। यह विशेषकर दक्षिण तथा पूर्वी भारत में उगता है। इसके साथ ही इसका पौधा मैदानी भागों व हिमालय की तलहटी में भी मिलता है। इसकी शाखाएँ व जड़ें दवाइयों के रूप में प्रयुक्त होती हैं। इसका रोजाना सेवन लाभदायी होता है। कम सेवन से पाचन क्रिया बढ़ती है। इसके सेवन से मासिक धर्म भी ठीक रहता है। इससे तैयार की गयी दवा का समुचित मात्रा में इस्तेमाल पौष्टिक और बलवर्द्धक होता है। यद्यपि अधिक मात्रा लेने से यह हानिकर होता है। यह पाचन प्रणाली तथा गुर्दों में तीव्र उत्तेजना करके वेग के साथ मर्तली, वमन, गर्भपात तथा अन्य विकार उत्पन्न करता है। इसका निर्धारित मात्रा में सेवन उद्दीपक व ज्वरनाशक के रूप में अच्छा होता है। इसकी एक जाति काली मिट्टी वाले क्षेत्र में उगती है, जिसे कीड़ामारी कहते हैं। यह कृमि व फोड़े व जख्म हेतु उपयोगी है।

63. इपेकाक—यह भारत का देशज पौधा नहीं है, अपितु ब्राजील से प्रसारित है। इस समय इसकी खेती असम, बंगाल तथा दक्षिण भारत में की जाती है। इसके प्रकंद दवाई के काम आते हैं। यह औषधि अमीबा-पेचिश और भूख कम होने के रोग में लाभदायक है। इसका इस्तेमाल खांसी में भी लाभदायी है। यह स्वेदजनक है यानी इसके सेवन से पसीना आता है। इसकी कृषि विश्व में सर्वाधिक पश्चिमी बंगाल में होती है। इपेकाक की जड़ों के निर्यात किए जाने की संभावना भी है।

64. इलायची—दक्षिण भारत में इलायची का पौधा स्वाभाविक रूप से उगता है। यह विशेषकर तमिलनाडु, कर्नाटक व केरल के पर्वतीय क्षेत्रों के नम वनों में अधिक मिलता है। इसके बीजों को उपयोग में लाया जाता है। यह पाचक होती है। यह रेचक पदार्थों के साथ दी जाती है। इसका प्रयोग खाद्य पदार्थों को सुगंधित

करने के लिए किया जाता है। इसको लौंग, जीरा, अदरक के साथ पीसकर सेवन करने से अपच समाप्त हो जाती है।

65. इन्द्रजौ—इन्द्रजौ को संस्कृत में कुटज कहा जाता है। हिन्दी में इसे कुरची कहा जाता है। इसका वैज्ञानिक नाम एंटीडीसेंटेरिका है, जो इसके दवाइयों वाले गुण की ओर संकेत करता है। यह पौधा 1200 मीटर की ऊँचाई तक सम्पूर्ण भारत में पाया जाता है। मध्य प्रदेश तथा महाराष्ट्र के वनों में ज्यादातर खुले स्थानों में ऊँचे वृक्षों के नीचे हजारों पौधे देखे गये हैं। इसकी छाल में औषधीय गुण होता है। इसको सुखाकर उससे औषधियाँ बनायी जाती हैं। इससे इस पौधे का व्यापारिक महत्व विगत दशकों में बढ़ा है। इसका मुख्य उपयोग अमीबा-पेचिश में है। छाल का क्वाथ बनाकर सेवन किया जाता है। यह ज्वर नाशक भी है। छाल में 'कोनेसीन' नामक एल्केलाइड होता है, जो क्षय रोग के जीवाणुओं की बढ़ोतरी को कम कर देता है। इसके पत्ते भी कुछ औषधियों वाले गुण पाये जाते हैं।

66. इसबगोल—इसबगोल को इसबगोल या इस्पगोल भी कहा जाता है। इसका पौधा उत्तर-पश्चिम भारत के कुछेक स्थानों पर स्वाभाविक रूप से उगता है। इसकी खेती विस्तृत पैमाने पर की जाती है। इसके बीज दवाइयों के काम आते हैं। बीजों में एल्बमेन व म्यूसिलेज बहुत होता है जिसके कारण इसमें औषधीय गुण पाया जाता है। यह पुरानी पेचिश, अमीबा व बेसिलरी पेचिश तथा पुराने अतिसार में बेहद उपयोगी है। कब्ज में भी इसका सेवन किया जाता है। इसबगोल की भूसी का सबसे ज्यादा इस्तेमाल कब्ज रोग में होता है। यह पेट को ठण्डा और साफ रखता है। पेट में अधिक गैसें बनने की अवस्था में भी इसका प्रयोग किया जाता है।

67. इमली—संस्कृत में इमली को अम्लिका कहा गया है। यह सड़कों के किनारे, वनों तथा उद्यानों सहित सम्पूर्ण भारत में पाये जाते हैं। इसका गूदा औषधीय प्रयोग में लाया जाता है। इसमें हल्का रेचक गुण होता है। इसका स्वादिष्ट पेय ज्वर में लाभप्रद होता है। इसके मिश्रण से तेज रेचक पदार्थों का गुण मंद हो जाता है। इसके मिश्रण से तेज रेचक पदार्थों का गुण मंद हो जाता है। इसकी लकड़ी कठोर होती है जो शीघ्र नष्ट नहीं होती है। इसका कोयला पाउडर बनाने के काम आता है। इसके खट्टे गूदे से पीतल तथा चाँदी के बर्तन साफ होते हैं। जैम तथा जेली में भी इसका प्रयोग होता है। पीसे हुए बीज लकड़ी जोड़ने के मसाले व कपड़ा मिलों में उपयोग होने वाले स्टार्च बनाने के काम आते हैं।

68. आँवला—यह भी आम्लिक होता है। यह मैदानी एवं तलहटी प्रदेश में उत्पन्न होता है। मध्य प्रदेश के वनों में स्वतः उगता है। इसका ताजा तथा सुखाया

हुआ फल औषधि के रूप में काम आता है। त्रिफला आँवला, हरड़, बहेड़ा से निर्मित होता है। त्रिफला रेचक होता है। बवासीर में, जिगर बढ़ जाने पर, नेत्र रोगों व उदर विकारों में उपयोगी होता है। इसका फल जिगर के लिए पौष्टिक होता है। कच्चे फल, शीतल एवं मृदुरेचक होते हैं। आँवला के फलों से बना सिरका रक्तक्षीणता, अपच, पीलिया, हृदय रोगों व जुकाम में उपयोगी होता है। आंवला में विटामिन 'सी' की मात्रा अधिक होती है। इसलिए इसके सेवन से खून की कमी दूर होती है। साथ ही त्वचा में निखार, बाल में चमक, दांत में मजबूती और हड्डी में ताकत बढ़ती है। तपेदिक (फेफड़ों के क्षयरोगी) के लिए इसका सेवन लाभदायी होता है। इसका सूखा फल अतिसार तथा पेचिस में उपयोगी है। इसका मुरब्बा दवाई के रूप में प्रयुक्त होता है। इसके जड़, फूल एवं छाल में भी दवाइयों के गुण मिलते हैं। इसके बीज के सेवन से दमा तथा उदर रोग ठीक होते हैं। आँवले का फल रंग, स्याही तथा केश के मसाले बनाने के काम आते हैं। इसके फल तथा टहनियों की छाल में टेनीन होते हैं जो चमड़ा बनाने अथवा रंगने के काम आते हैं। इसकी लकड़ी भी बहुपयोगी है।

69. उतरन—इसे संस्कृत में युगफला कहते हैं। यह पौधा 1000 मीटर की ऊँचाई तक पूरे भारत में पैदा होता है। समूचा पौधा दवाई के रूप में काम आता है। पत्तों का रस जुकाम, सर्दी और अतिसार में दिया जाता है। इसका प्रयोग गठिया में व मासिक धर्म रुकने पर औषधि के रूप में किया जाता है। पत्तों का रस गर्भाशय के लिए कफनिस्सारक, बलकारक तथा वमनकारी है। उतरन में ऐसे उपयोगी तत्त्व होते हैं जिनमें "पिटुइट्रिन" जैसी क्षमता होती है।

70. कुनैन दवाई का नाम क्विनीन शब्द पर आधारित है। क्विनीन ही इस वृक्ष की छाल का मुख्य उपयोगी तत्त्व है। इसका वैज्ञानिक नाम सिनकोना है। भारत में यह स्वाभाविक रूप में नहीं पाया जाता है। यहाँ इसकी अनेक प्रजातियों का रोपण किया जाता है। इसका वृक्ष सिक्किम, नीलगिरि पहाड़ियों, सतपुड़ा पहाड़ियों, असम, बंगाल में लगाया जाता है। भारत में सिनकोना की लेजेरिआना प्रजाति अधिक प्रचलित है। इसकी छाल सुखाकर औषधि के काम आती है। इसमें क्विनीन सबसे प्रमुख उपयोगी तत्त्व है। यह मलेरिया रोगनाशक होता है। यह कुछेक बैक्टीरिया द्वारा पैदा रोगों को भी दूर करता है। इसकी बनी औषधि निमोनिया, अमीबा-पेचिश और नेत्ररोगों के लिए लाभकारी सिद्ध हुई है। कुनैन से बने मरहम, घोल, तेल आदि गठिया के दर्द पर लगाने तथा कुल्ला करने के काम आता है। यह कपड़ों की सुरक्षा, जूँ मारने के लोशन आदि बनाने में भी प्रयुक्त होता है। क्विनीन के बाद बची हुई छाल को टैनीन पदार्थों के लिए इस्तेमाल किया जाता है।

71. कुलिंजन—कुलिंजन को व्यापारिक दृष्टिकोण से गलंगल कहा जाता है। यह इसका वैज्ञानिक नाम है। यह हिमालय की पूर्वी पहाड़ियों व पश्चिमी घाट में स्वतः उगता है। देश के अनेक भागों में इसका रोपण भी किया जाता है। इसका प्रकंद औषधि के रूप में प्रयोग होता है। यह श्वास, गठिया सम्बधी विकार, खाँसी, जुकाम आदि में लाभकारी है। यह पेट के रोगों में फायदेमंद है। इसमें अदरक के समान उद्दीपक सुगंधित तत्व पाया जाता है।

72. केऊ—इसको संस्कृत में 'कुस्थ' कहा जाता है। यह सम्पूर्ण भारत में मिलता है। इसका पौधा ऊसर भूमि, सड़कों, नगरों तथा खेतों के नजदीक रिक्त स्थानों में स्वतः उग जाता है। इसके सुन्दर पुष्पों तथा उपयोगी प्रकंदों हेतु केऊ की कृषि होती है। इसके हरे अथवा सूखे प्रकन्द औषधि के काम आते हैं। प्रकंदों में म्यूसीलेज और किंचित कषाय गुण होता है। केऊ से तैयार की गयी औषधि छोटे-छोटे रोगों में लाभदायक होती है। यह रक्त की कमी को दूर करता है। अपने रेचकीय गुण के कारण कब्जियत होने के बावजूद इसका प्रयोग किया जाता है। जड़ों को शोधक, कृमिनाशक, पौष्टिक तथा कामोद्दीपक गुणों के लिए इस्तेमाल करते हैं। यह ज्वर, सर्दी, खांसी, सर्पदंश, त्वचा रोग तथा अपच आदि में प्रयोग की जाती है। इसके प्रकंदों में प्राप्त क्षारों में मरोड़ तथा हृदय रोग में उपयोगी अंश पाये गये हैं। ये मूत्र-विरेचक भी होते हैं।

73. कड़ाया वृक्ष—हिमालय की निचली पहाड़ियों पर तथा पूर्व मध्य तथा दक्षिण भारत में कड़ाया वृक्ष पाया जाता है। यह शुष्क तथा अद्र्धशुष्क वनों में पाया जाता है। वृक्ष के तने से जो गोंद निकलता है, उसे कड़ाया अथवा करीरागोंद कहते हैं। इसका औषधि के रूप में प्रयोग होता है। गोंद में रेचक गुण होता है। त्वचा पर लगाने के लिए कड़ाया गोंद ट्रैगे कैंथ (Tragacanth) के गोंद से भी अधिक उपयुक्त है। यह त्वचा को ज्यादा सुहाता है। कुष्ठ रोग, नकली दाँत बनाने के मसाले, अनेक प्रकार की मीठी गोलियाँ, चटनी आदि बनाने में ट्रैगे कैथ गोंद के स्थान पर कड़ाया गोंद का इस्तेमाल होता है। बस्तर के अदिवासी इसके वृक्ष की छाल को कूटकर प्रसव के समय स्त्रियों को देते हैं। उनका यह मानना है कि इससे प्रसव आसानी से हो जाता है।

74. कटेरी एक—कँटीला, बहुत ही सख्त पौधा है। यह पौधा सम्पूर्ण भारत में ज्यादातर सड़कों के किनारे खुले स्थानों, शुष्क भागों और नगरों के कूड़े-कचरे के आस-पास स्वतः उगता है। इसकी जड़ों को सुखाकर दवाई के रूप में प्रयोग किया जाता है। यह खांसी, दर्द दमा (छाती) अनेक प्रकार के बुखारों में उपयोगी है। इसका फल

भी अनेक प्रकार के रोगों में प्रयोग होता है। सर्पदंश में भी इसका उपयोग होता है। बस्तरवासी कान दर्द के लिए इसके फलों को कुचलकर उसका रस प्रयोग करते हैं।

75. कूथ पौधा—हिमालय की ऊँची पहाड़ियों पर कश्मीर व उसके आस-पास के क्षेत्रों में 2500 से 4000 मीटर ऊँचाई पर मिलता है। जम्मू कश्मीर व हिमाचल में इसकी कृषि की जाती है। इसकी जड़ों को सुखाकर दवाई के रूप में इस्तेमाल करते हैं। इसमें एंटीसेप्टिक या निसंक्रामक तथा रोगाणुनाशक गुण मिलते हैं। इसे श्वास दमा, नली की सूजन, उदरशूल अफारा तथा हृदय रोगी उपयोग करते हैं। यह मूत्र विरेचक है। कूथ शरीर की अनैच्छिक पेशियों को शांति पहुँचाता है। इसके साथ ही यह दवाई त्वचा रोगों और गठिया में भी लाभदायक है। हिमाचल प्रदेश से लेकर सिक्किम तक का क्षेत्र कूथ के रोपण हेतु उचित समझा जाता है।

76. कुटकी का पौधा—कश्मीर से सिक्किम तक हिमालय क्षेत्र में 3000-4000 मीटर ऊँची पर्वतीय श्रेणियों में मिलता है। इसके पौधे के प्रकंद को सुखाकर दवाई के रूप में प्रयोग करते हैं। यह दवाई कड़वी, पौष्टिक और पर्याय रोधी होती है। इसमें क्षुधावर्धक गुण होते हैं। यह पाचक रसों में स्त्रवण बढ़ाती है। यह जलोदर में लाभप्रद है। कुटकी असली जेंशियन के स्थान पर इस्तेमाल की जा सकती है।

77. कामेला—हिन्दी में सेंदूरी या रोहिनी कहते हैं। यह वृक्ष हिमालय में 1500 मीटर की ऊँचाई तक, दक्षिणी केरल के ऊँचाई वाले भागों में व ऊष्ण क्षेत्रों में पाया जाता है। फलों पर लगा लाल रोम या पाउडर अलग कर लिया जाता है। यही पाउडर औषधि के रूप में प्रयोग किया जाता है। कामेला से बनायी गयी दवा का ज्यादातर इस्तेमाल पेट में जन्म लेने वाले टेपवर्म कृमि को मारने के लिए किया जाता है। अगर एक खुराक में कृमि मर कर नहीं निकल जाता तब दूसरी खुराक दी जाती है। इसमें रेचक गुण होता है। खुजली, दाद व त्वचा रोगों पर इसे लगाया जाता है।

औषधि के अतिरिक्त कामेला कपड़ा एवं सूत रंगने के काम में भी प्रयोग किया जाता है। बीज का तेल रंग-रोगन एवं वार्निश बनाने के लिए उत्तम माना जाता है। यह तेल जल्दी ही सूख जाता है। पेंटिंग के लिए यह बहुत उपयुक्त है और इसकी बहुत माँग है। इसकी लकड़ी से दियासलाई, पत्ते पशुओं को खिलाने के लिए तथा छाल से टैनीन आदि प्राप्त होती है। स्त्रियाँ लाल पाउडर का सिंदूर बनाती है। इस वृक्ष को अनेक भाषाओं में सेंदूर नाम से जाना जाता है।

78. काला-दाना—काला दाना को हिन्दी में नीलकलमी व संस्कृत में कृष्ण बीज कहा जाता है। इस पौधे का वैज्ञानिक नाम 'नील' फूलों के नीले रंग पर

आधारित है। यह पौधा 1800 मीटर की ऊँचाई तक पूरे भारत में मिलता है। यह अपने आप भी उग आता है तथा इसकी खेती भी की जाती है।

इसके बीज को सुखाकर औषधि के रूप में प्रयोग किया जाता है। यह रेचक होता है। ज्यादा सेवन से पेट में जलन होती है। पौधे के ताजे फल का प्रयोग शाक-भाजी में किया जाता है।

79. कालमेध—कालमेघ को संस्कृत में किराता कहा जाता है। इसका पौधा विशेषकर मैदानी भागों में पाया जाता है। इसकी जड़ के अतिरिक्त समस्त पौधा औषधि के रूप में प्रयोग किया जाता है। यह क्षुधावर्धक तथा पौष्टिक होता है। यह कृमि, पेचिश, ज्वर, दुर्बलता व पेट के अफारे में उपयोगी है। बच्चों के जिगर व अपच के रोग में भी यह लाभदायक है। पहले इसका उपयोग सर्प काटने में होता था। इसमें एंटीबायोटिक व एंटीफाइड तत्त्व मौजूद हैं। बस्तर के आदिवासी इसे सरसों के तेल में पीसकर खुजली पर लगाते हैं।

80. किरमानी-अजवाइन—किरमानी अजवाइन पौधे का व्यापरिक नाम सैंटी नीना है। यह बहुवर्षी सुगंधित पौधा है। इसकी शाखाएँ ज्यादा संख्या में विभक्त होती हैं। इसके पौधे उत्तरी भारत के पर्वतीय क्षेत्र में कश्मीर से लेकर कुमाऊँ तक लगभग 2000-3000 मीटर की ऊँचाई वाले पर्वतों पर मिलते हैं। पौधे की नयी पत्तियाँ तथा पुष्प डोडियों को सुखाकर दवाई में प्रयोग करते हैं। पुष्प डोडी पतली स्पाईकों में लगती है। ग्रीष्म ऋतु के प्रारम्भ में अथवा वसन्तऋतु के अन्त में पत्ते व पुष्पडोडियों को एकत्रित कर लेना चाहिए। इस समय इसमें सेंटोनीन की मात्रा ज्यादा होती है। सेंटोनीन पर ही पौधे के दवाइयों वाले गुण निर्भर करते हैं। फूल के विकसित होने पर सेंटोनीन की मात्रा कम हो जाती है। सैंटी नीना से भी कई रोगों की दवाएं बनायी जाती हैं। लेकिन इसका भी सर्वाधिक इस्तेमाल कृमि रोग में ही होता है। इसका उपयोग थ्रेडवर्म तथा राउंडवर्म हेतु बड़ा उपयोगी है। यह दवाई बुखार तथा जलोदर में भी इस्तेमाल की जाती है।

81. खोकली—इसको हिन्दी में कुप्पी व संस्कृत में हरितमंजरी कहा गया है इसका पौधा सम्पूर्ण मैदानी भाग में मिलता है। साधारणतया इसके पौधे उद्यानों, खेतों तथा सड़कों तथा मकानों के नजदीक उगते हुए पाये जाते हैं। इसके पौधे पर जिस समय फूल आते हैं, उखाड़कर सुखा लेते हैं व औषधि के रूप में प्रयोग करते हैं। इसमें इपेकाक जैसा गुण मिलता है। यह श्वासनली की सूजन, दमा, श्वास रोग, निमोनिया तथा गठिया में फायदेमंद है। इसकी जड़ तथा पत्ती रेचक है। पत्तों का रस वमनकारी होता है। ताजे पत्ते को पीसकर फोड़े पर लगाते हैं।

82. खुरसानी-अजवाइन को संस्कृत में 'मदकारिणी' कहा गया है। इसका पौधा पश्चिमी हिमालय, कश्मीर से गढ़वाल तक 1500-3000 मीटर की ऊँचाई तक मिलता है। इस तरह के पौधों का आर्थिक महत्व होने के कारण इनको घरों या बस्तियों के आस-पास उपजाया जाता है। कश्मीर, पंजाब, महाराष्ट्र, उत्तर प्रदेश, नीलगिरी तथा अन्य स्थानों में इसकी खेती होती हैं। पौधे के फूलने के शीघ्र बाद पत्ते एवं फूलों के ऊपर की शाखाएं एकत्रित कर ली जाती है। इस दवाई में भी अंगूर शफा के गुण होते हैं। इसका प्रयोग नींद लाने, मांसपेशियों की ऐंठन दूर करने, हिस्टीरिया के दौरों में ज्ञात तन्तुओं की उत्तेजना को शांत करने हेतु किया जाता है। इसके बीज में भी दवाइयों के गुण हैं। पीड़ा को दूर करने हेतु इसके बीज को पीसकर लगाते हैं।

83. गोखरू पौधा सारे भारत में लगभग 3000 मीटर की ऊँचाई तक मिलता है। इसका फल दवाई के रूप में इस्तेमाल है। इसे मूत्र-सम्बन्धी तथा यौन दुर्बलता के निवारण के लिए प्रयोग करते हैं। यह शीतल होता है। फलों का क्वाथ गठिया और गुर्दे के रोगों में लाभदायक है। यह मूत्र विरेचक होता है।

84. गिलो—गिलो को संस्कृत में अमृत वल्ली कहा जाता है। इसके पौधे ऊष्ण भागों में पाये जाते हैं। इसकी शाखाओं को ग्रीष्म ऋतु में एकत्रित कर सुखा लिया जाता है। इसकी सूखी शाखाएँ ही औषधि के रूप में काम आती हैं। यह पौष्टिक तथा कामोद्दीपक होती है। यह ज्वर में भी उपयोगी है। पौधों के तनों और जड़ों से प्राप्त स्टार्च अतिसार तथा पेचिश में लाभदायक है। यह स्टार्च बलवर्धक है।

85. गंध पूरा—गंध पूरा को अंग्रेजी में "विंटर ग्रीन" कहा जाता है। यह पौधा उत्तरी, पूर्वी तथा भारत के पर्वतीय क्षेत्रों में 1500-2000 मीटर की ऊँचाई वाले जगहों में मिलता है। इसके ताजे पौधे में एक वाष्पशील (वोलेटाइल) नामक तेल निकलता है। यह औषधि के रूप में उपयोग में लाया जाता है। इसका तेल विभिन्न प्रकार के वात रोगों में उपयोगी है। तेल की मालिश की जाती है। जलन के समय भी इसका उपयोग करते हैं। इस प्रकार गंधपूर्ण कई औषधीय तेलों तथा मरहमों में इसका प्रयोग होता है। इस तेल से हुकवर्म कृमि समाप्त हो जाते हैं। यह पाचक एवं उत्तेजक भी है। इसका तेल लेमन, सोडा आदि पेय पदार्थों में, दांत के मंजन, मीठी गोलियों में व पेस्टों आदि में सुगंध पदार्थों के रूप में मिलाया जाता है। मच्छर तथा कीड़े मारने-भगाने वाली कई दवाइयों में भी इस तेल का प्रयोग किया जाता है।

9

भारत की प्रमुख फसलें

भारत एक कृषि प्रधान देश है। यहाँ के अधिकांश व्यक्तियों का प्रमुख व्यवसाय कृषि ही है जिससे अधिकांश परिवारों का जीवन-यापन होता है भारत में कुछ प्रमुख फसलों का उत्पादन वृहत् रूप में किया जाता है, जिनमें कुछ प्रमुख फसलों का वर्णन इस अध्याय में किया गया है, जो निम्नलिखित हैं–

गेहूँ

भौगोलिक परिस्थितियाँ–गेहूँ एक रबी फसल है। इसकी उपज के लिए अधिक गर्मी और वर्षा दोनों हानिकारक है। यह भारत के शुष्क भागों में शीत ऋतु में पैदा किया जाता है और बहुत हद तक सिंचाई पर निर्भर है। अन्य महत्त्वपूर्ण उत्पादक देश जैसे, संयुक्त राज्य अमेरिका, कनाडा, रूस आदि समशीतोष्ण देशों में यह ग्रीष्म काल में उपजाया जाता है, लेकिन हमारे देश में यह जाड़े की फसल है, क्योंकि शीतोष्ण कटिबंध के ग्रीष्म जैसा तापमान भारत में शीतकाल में मिलता है। यह वर्षा ऋतु के समाप्त होते ही अक्टूबर-नबम्बर में बोया जाता है तथा ग्रीष्म की भीषण गर्मी के शुरू होने तक मार्च-अप्रैल में काट लिया जाता है। इस समय तापमान बड़ी तेजी से बढ़ने लगता है और शुष्क हवायें चलती हैं जिनके कारण गेहूँ का दाना ज्यादातर पूर्ण रूप से विकसित हुए बिना शीघ्रता से पक जाता है, और दाना पतला होता है। यहाँ पैदा होने वाला अधिकांश गेहूँ सख्त होता है।

गेहूँ के उत्पादन के लिए विशेष रूप से काली मृदा, दोमट या मटियार मृदा अन्य मृदाओं की तुलना में अधिक उपयुक्त है। लाल, लैटेराइट अथवा आर्द्र मिट्टियों

के क्षेत्र में गेहूँ नहीं उपजाया जा सकता है। गेहूँ के लिए उपयुक्त उपजाऊ मिट्टी की उर्वराशक्ति बनाए रखने के लिए कुछ क्षेत्रों में भारत के उत्तरी भागों को खेतों को ग्रीष्म में परती छोड़ देते हैं अथवा उनमें खाद का प्रयोग किया जाता है।

भारत में गेहूँ के खेती की उपयोगिता एवं महत्त्व—भारतवासियों का एक प्रमुख खाद्यान्न होने के कारण भारत में गेहूँ का विशेष महत्व है। सन् 1999-2000 के आँकड़ानुसार गेहूँ से भारत को करीबन 36 प्रतिशत खाद्यान्न उपलब्ध होता है। भारत की कुल कृषित भूमि के लगभग 17% भाग पर गेहूँ उपजाया जाता है। भारत में गेहूँ के उत्पादन और उपयोग दोनों में गत 50 वर्षों, और विशेष रूप से गत 25 वर्षों में भारी वृद्धि हुई है। भारत संसार में गेहूँ का दूसरा सबसे बड़ा उत्पादक देश है और संसार का 13% गेहूँ यहाँ पैदा होता है। भारत में इसकी खेती लगभग 275 लाख हेक्टेयर भूमि पर की जाती है और इसका वार्षिक उत्पादन लगभग 760 लाख मैट्रिक टन है।

ऊपर दिए गए आँकड़ों के आधार पर यह स्पष्ट है कि गेहूँ की पैदावार में विगत 25 वर्षों में तीन गुना से भी ज्यादा वृद्धि हुई है। गेहूँ भारत की मुख्य रबी फसल है और रबी खाद्यान्नों के क्षेत्र का आधे से अधिक (53%) तथा उत्पादन का लगभग तीन-चौथाई (73%) भाग गेहूँ के अंतर्गत आता है।

उत्पादन क्षेत्र—भारत में करीबन कुल गेहूँ पैदावार क्षेत्र 100 से.मी. से कम वर्षा वाले क्षेत्र में पड़ता है, और लगभग 95 प्रतिशत उत्पादन मुख्यतः छः राज्यों—उत्तर प्रदेश, हरियाणा, पंजाब, राजस्थान, मध्यप्रदेश तथा बिहार में होता है। इन राज्यों के अलावा गुजरात तथा महाराष्ट्र और पश्चिम बंगाल में भी थोड़ा-बहुत गेहूँ का उत्पादन होता है।

गेहूँ के अन्तर्गत भूमि तथा उत्पादन

राज्य	*गेहूँ का उत्पादन (लाख मैट्रिक टन)*		*कुल भारतीय उत्पादन का प्रतिशत*		*गेहूँ के अन्तर्गत भूमि, (लाख हेक्टेयर में)*
	1999-2000	*2000-01*	*1999-2000*	*2000-2001*	
उत्तर प्रदेश	259.8	249.4	34.4%	36.3%	90.0
पंजाब	159.1	155.5	2.1%	22.6%	33.1
हरियाणा	96.4	96.5	12.8%	14.0%	10.0
मध्य प्रदेश	84.6	11.2%	41.9		

बिहार	43.7	5.8%	20.7
राजस्थान	67.3	8.9%	23.2
गुजरात	10.2	1.4%	7.2
महाराष्ट्र	14.4	1.9%	7.7
पश्चिम बंगाल	8.0	1.1%	3.3
कुल	764.0	100%	257.0

सम्पूर्ण भारत का लगभग तीन चौथाई क्षेत्र हरियाणा, मध्यप्रदेश, उत्तर प्रदेश और पंजाब में पाया जाता है तथा इन प्रदेशों से करीबन 80% गेहूँ पैदा होता है। सतलज के मैदान से ज्यों हम पूर्वी गंगा के मैदान में की ओर बढ़ते हैं तो गर्मी, आर्द्रता तथा वर्षा में वृद्धि के कारण, गेहूँ की खेती भी कम होती जाती है। इसलिए पश्चिमी उत्तर प्रदेश में पूर्वी उत्तर प्रदेश की तुलना में गेहूँ उत्पादन हेतु अधिक महत्त्वपूर्ण है। पश्चिमी उत्तर प्रदेश में गंगा-यमुना दोआब तथा गंगा-घाघरा दोआब दोनों में गेहूँ की खेती ज्यादा महत्त्वपूर्ण है। उत्तर प्रदेश, पंजाब और हरियाणा में नहरों और नलकूपों से सिंचाई की उत्तम व्यवस्था है। उपजाऊ जलोढ़ मिट्टी भी गेहूँ की खेती के लिए उपयुक्त है। यहाँ उन्नत किस्म के गेहूँ की खेती होती है। उत्तर प्रदेश और पंजाब-हरियाणा में गेहूँ के तहत भूमि का 86 प्रतिशत से 96 प्रतिशत भाग सींचा जाता है। हरियाण, पंजाब, तथा उत्तर प्रदेश के पश्चिमी भागों में जनवर-फरवरी में जो थोड़ी बहुत वर्षा होती है, उससे गेहूँ की फसल को अत्यधिक लाभ होता है।

भारत के राजस्थान प्रदेश में 84% और विहार राज्य में करीबन 75% गेहूँ सिंचाई की सहायता से पैदा किया जाता है। मध्यप्रदेश तथा प्रायद्वीपीय भारत में काली मिट्टी के क्षेत्र में गेहूँ ज्यादातर बिना सिंचाई के उत्पन्न किया जाता है। भारत के उत्तरी क्षेत्र में भी, सिंचित क्षेत्रों से बाहर गेहूँ एक शुष्क फसल है और मिट्टी में पूर्ववर्ती मानसून से बची हुई आर्द्रता पर मुख्यतः निर्भर करता है। लेकिन ऐसे क्षेत्रों में प्रति हेक्टेयर उत्पादन कम होता है। सम्पूर्ण भारत में गेहूँ के अन्तर्गत जमीन का 86 प्रतिशत क्षेत्र आंशिक तौर पर सिंचाई पर निर्भर है।

उत्पादन और खपत—20वीं शताब्दी के दूसरे दशक तक भारत प्रमुख रूप से कराची के बंदरगाह से गेहूँ का निर्यात करता था परन्तु आबादी विस्फोट और गेहूँ के अत्यधिक खपत होने की वजह से द्वितीय महायुद्ध के पश्चात् भारत गेहूँ का आयात करने लगा। देश के विभाजन के उपरांत स्थिति और भी संकटमय हो गई

जब पश्चिम पंजाब और सिंध का एक बड़ा गेहूँ पैदा करने वाला क्षेत्र पाकिस्तान में चला गया। लगभग 25 वर्ष पहले तक भारत बड़ी मात्रा में गेहूँ का विदेशों से, आयात करता रहा है। 1965 से 1968 के मध्य भारत का मुख्य आयात खाद्यान्न रहा और 1970-71 में भारत ने 29 लाख टन और 1975-76 में 71 लाख टन गेहूँ, विदेशों से आयात किया था। एशिया के दो प्रधान गेहूँ आयातक देश भारत तथा जापान थे। लेकिन, भारत में उत्पादन में वृद्धि के परिणामस्वरूप अब आयात की स्थिति लगभग समाप्त हो गई है। सन् 1979 से भारत गेहूँ निर्यात करने की स्थिति में नहीं है। लेकिन पिछले 25 वर्षों में गेहूँ का उत्पादन तीन गुना से अधिक हो जाने के बावजूद भारत गेहूँ निर्यात करने की स्थिति में नहीं पहुँचा सका है। किसी वर्ष थोड़ा निर्यात होता है, लेकिन सामान्य रूप से लगभग सभी उत्पादन देश की विशाल जनसंख्या के भरण-पोषण में समाप्त हो जाता है।

भारत में हेक्टेयर के आधार पर गेहूँ की पैदावार अन्य राष्ट्रों की अपेक्षा बहुत कम है। जहाँ पश्चिमी यूरोप के देशों में फ्रांस, ब्रिटेन तथा जर्मनी में प्रति हेक्टेयर उत्पादन 6,000 किलोग्राम से अधिक है, मिस्र में 4,000 और संयुक्त राज्य में लगभग 3,000 किलोग्राम है, वहीं भारत में प्रति हेक्टेयर उत्पादन 2,000 से 2500 किलोग्राम है। दूसरे शब्दों में, भारत में प्रति हेक्टेयर उत्पादन पश्चिमी यूरोप का एक-तिहाई और संयुक्त राज्य अमेरिका से काफी कम है। पिछले कुछ वर्षों में भारत में प्रति हेक्टेयर उत्पादन तथा कुल उत्पादन दोनों में बहुत वृद्धि हुई है जो मूल रुप से उत्तम बीजों के प्रयोग, सिंचाई के साधनों में वृद्धि तथा अधिक खाद के उपयोग से संभव हुआ है। इसलिए इसे हरित क्रान्ति की संज्ञा भी दी गई है लेकिन फिर भी सिंचाई के साधानों को बढ़ाने एवं रासायनिक खाद और उत्तम बीजों के अधिक उपयोग से, उत्पादन में वृद्धि की बहुत गुंजाइश है। यह इससे स्पष्ट होता है कि भारत के विभिन्न क्षेत्रों में गेहूँ के प्रति हेक्टेयर उत्पादन में बहुत असमानता है। पंजाब तथा हरियाणा ऐसे राज्यों में जहाँ गेहूँ की कृषि का स्तर ऊँचा है। पंजाब में प्रति हेक्टेयर उत्पादन 4,000 किलोग्राम है, किन्तु उत्तर प्रदेश में 2,500 किलोग्राम, मध्य प्रदेश में 1700 किलोग्राम, बिहार में 2,000 किलोग्राम तथा महाराष्ट्र में 1,500 किलोग्राम से भी कम है।

चावल

भारत का प्रमुख आहार चावल है, जिसे भारत के ही नहीं बल्कि सम्पूर्ण विश्व

के लोग खाते हैं। यहाँ लगभग 42% खाद्यान्न चावल से ही प्राप्त होता है। यहाँ की कुल कृषित भूमि 25 प्रतिशत भाग में धान की खेती होती है। भारत में चावल के तहत लगभग साढ़े 4 करोड़ हेक्टेयर भूमि है और वार्षिक उत्पादन 8 से 9 करोड़ मैट्रिक टन है। 2000-01 में उत्पादन लगभग 8 करोड़ 77 लाख मैट्रिक टन था और 1999-2000 में 9 करोड़ मैट्रिक टन हो गया। संसार के चावल उत्पादन देशों में भारत का स्थान दूसरा है। संसार में चावल के तहत् सबसे अधिक भूमि भारत में ही है लेकिन प्रति हेक्टेयर उपज कम होने के कारण यहाँ उत्पादन कम है। भारत संसार का लगभग 22% चावल पैदा करता है लेकिन यह देश की जरूरत को पूरा करने में ही खर्च हो जाता है।

उपयुक्त भौगोलिक परिस्थितियां—चावल को पैदा करने के लिए समतल जमीन सबसे अनुकूल एवं भारी दोमट (Clay loam) मिट्टी आवश्यक होती है। सतह की मिट्टी के नीचे भारी चिकनी मिट्टी की परत हो तो वह और भी लाभदायक है, क्योंकि चिकनी मिट्टी स्राव द्वारा पानी को अन्दर प्रवेश करने से रोकती है। मिट्टी का समतल होना भी जरूरी है जिसमें खेत में पानी बराबर रूप से जमा हो सके और पौधा पानी के अन्दर अच्छी तरह डूबा रह सके। धान रोपने से लेकर धान कटने से पहले तक पौधों की जड़ में पानी लगा रहना जरूरी होता है। इन कारणों से नदियों के मैदान तथा डेल्टा जहाँ समतल और उपजाऊ जलोढ़ मिट्टी पायी जाती है, इसके लिए विशेष अनुकूल है।

विशेष रुप से धान की पैदावार के लिए गर्म एवं आर्द्र जलवायु उपयुक्त मानी जाती है तथा जहाँ वर्षा गर्मी के महीनों में होती है वह क्षेत्र अत्यधिक उपयुक्त होता है। धान के पौधे को प्रचुर मात्रा में पानी मिलना चाहिए, चाहे वह वर्षा से हो या सिंचाई से। लगभग पाँच महीने कम से कम (29°C) औसत तापमान होना जरूरी है। ग्रीष्म ऋतु में भारत के सभी भागों में तापमान इतना ऊँचा रहता है कि चावल उपजाया जा सकता है। कश्मीर की घाटी में जहाँ शीत ऋतु में बर्फ गिरती है, ग्रीष्म में चावल की खेती की जाती है। परंतु भारत में सभी जगह चावल के लिए वर्षा पर्याप्त नहीं होती। इसलिए भारत में इसका भौगोलिक वितरण मुख्य रूप से वर्षा द्वारा निर्धारित होता है। यह भारत के सभी आर्द्रतर भागों का मुख्य अन्न है। जिन क्षेत्रों में वार्षिक वर्षा (100 से. मी.) से अधिक है वहाँ इसकी खेती प्रमुखता से होती है, और कम वर्षा वाले क्षेत्रों में इसकी खेती नाममात्र की है या पूर्णतया सिंचाई पर निर्भर है। इसके लिए सबसे उपयुक्त परिस्थिति उन क्षेत्रों में पाई जाती है जहाँ उत्पादन काल में औसत तापमान 30°C अथवा अधिक रहता है तथा वर्षा 150-200 सेमी.

अथवा अधिक होती है। 100-150 सेमी. तक वर्षा वाले क्षेत्रों में भी सिंचाई की आवश्यकता पड़ जाती है, और 40 इंच (100 सें०मी०) से कम वर्षा वाले क्षेत्रों में इसकी खेती सिंचाई के बिना अंसभव है। भारत में चावल के तहत् भूमि के 50% से कुछ अधिक भाग में सिंचाई की जाती है। धान की खेती में अधिक सस्ते श्रमिकों की आवश्यकता पड़ती है। इसकी खेती सघन आबादी वाले इलाकों में अधिकता से की जाती है।

आमतौर पर चावल की खेती जून माह में की जाती है तथा नवम्बर से जनवरी के अन्तिम व फरवरी के प्रथम सप्ताह तक इसकी कटाई व मड़ाई कर ली जाती है परन्तु तामिलनाडु में एक साल में धान की दो फसलें पैदा की जाती हैं जबकि पश्चिम बंगाल में तीन। बंगाल में इन चावल की फसलों को औस, अमन और बोरो के नाम से जाना जाता है। औस अप्रैल-मई में बोई जाती है और जुलाई से सितम्बर के बीच काटी जाती है। अमन जून में बोई जाती है और नवम्बर से जनवरी के मध्य काटी जाती है। बोरो नवम्बर-दिसम्बर में बोई जबकि मार्च से मई के मध्य काटी जाती है। बोरो दलदल भूमि या छिछली झीलों या तालाबों में जब उनका पानी सूखने लगता है तो बोया जाता है। इसे घटिया किस्म का चावल नहीं कहा जा सकता इसलिए इसे बड़े पैमाने पर उत्पन्न किया जाता है। मोटे किस्म का चावल अथवा जल्दी तैयार होने वाला चावल छीटकर बोया जाता है। परंतु अधिकांश धान का पौधा पहले क्यारियों में तैयार कर लिया जाता है और फिर उसे उखाड़कर विशेष रूप से तैयार किये गये खेतों में रोपा जाता है। धान कीचड़ में बोया जाता है, और कुछ सप्ताह तक वह पानी से भरे हुए खेतों में ही बढ़ता है। जैसे-जैसे पकने का समय पास आता है, पानी की आवश्यकता भी धीरे-धीरे कम होती है लेकिन अक्टूबर महीने में जब इसमें दाने लग जाते हैं, तो दानों को पुष्ट होने के लिए पानी की पड़ती है। इस प्रकार अक्टूबर महीने में धान के लिए हथिया नक्षत्र की वर्षा का विशेष महत्व है।

चावल की कई प्रकार की प्रजातियाँ पायी जाती हैं परन्तु इन्हें मात्र दो प्रमुख समूहों में वर्गीकृत किया गया है। जैसे–(क) दलदली या मैदानी चावल जो मैदानों या डेल्टाओं में जलमग्न खेतों में उत्पन्न किया है, और (ख) पहाड़ी चावल (Upland or hill rice) जो पहाड़ी ढालों में, जहाँ अत्यधिक वर्षा होती है, चावल के लिए चौरस खेत बनाने के लिए, ढाल को सीढ़ीनुमा काट लेते हैं।

उत्पादन क्षेत्र– चावल की खेती प्रमुख रूप से भारत के उत्तरी क्षेत्र में गंगा एवं ब्रह्मपुत्र नदियों के मैदान और डेल्टा में होती है, और ज्यों-ज्यों हम गंगा के डेल्टा से मैदान में पश्चिम की ओर जाते हैं, वर्षा में कमी के साथ चावल का महत्त्व कम

होता जाता है लेकिन हाल में पंजाब तथा हरियाणा में बहुत चावल उगाया जाने लगा है। भारत के दक्षिणी भाग में खेती मूल रूप से तटीय मैदानों में होती है; यहाँ पश्चिमी तटीय मैदानों में जहाँ वर्षा अधिक होती है, सिंचाई की जरूरत नहीं होती, लेकिन पूर्वी तटीय मैदान में फसल अधिकांशतः सिंचाई पर निर्भर करती है। पूरे भारत में चावल के तहत बोई गयी भूमि का 51% भाग सिंचाई पर निर्भर करता है। हरियाणा, पंजाब, आंध्र प्रदेश, जम्मू-कश्मीर तथा तमिलनाडु में करीबन सभी फसलें वर्षा पर आधारित न होकर सिंचाई पर आश्रित होती हैं।

भारत में प्रमुख चावल उत्पादक देशों में जैसे, बिहार, आंध्रप्रदेश पश्चिम बंगाल, उत्तर प्रदेश, तमिनलनाडु, पंजाब, मध्य प्रदेश, उड़ीसा, आसाम, महाराष्ट्र, कर्नाटक तथा केरल भारत में प्रमुख चावल उत्पादक राज्य हैं। चावल के तहत सबसे अधिक भूमि पश्चिम बंगाल में है, यहाँ उत्पादन भी सर्वाधिक होता है। चावल उत्पादन में दूसरा स्थान उत्तर प्रदेश, तीसरा स्थान आंध्र प्रदेश एवं चौथा स्थान पंजाब का है। ये चार राज्य मिल कर भारत का आधे से अधिक चावल उत्पन्न करते हैं। इनके बाद तमिलनाडु, मध्य प्रदेश, उड़ीसा और बिहार का स्थान आता है। ये आठ राज्य मिलकर भारत का लगभग 78 प्रतिशत चावल उत्पन्न करते हैं। इन राज्यों के बाद असम में ब्रह्मपुत्र नदी का मैदान तथा दक्षिण भारत में पश्चिमी तटीय मैदान चावल के उत्पादन में महत्त्वपूर्ण हैं।

भारत में अत्यधिक व वृहत् रूप में धान की पैदावार महानदी डेल्टा एवं इसकी सहायक नदियों की तलहटी, गंगा नदी के किनारे और मध्यगंगा के क्षेत्र, ब्रह्मपुत्र की घाटी तथा सतलज की घाटी में होती है जहाँ से भारत का 75 प्रतिशत लगभग चावल प्राप्त होता है। पंजाब तथा हरियाणा में उत्पादन लगभग पूर्णतः सिंचाई पर आधारित है। भारत में चावल के तहत कुल भूमि का 67 प्रतिशत भाग पूर्वी क्षेत्र में है जिसमें असम, पश्चिम बंगाल, उड़ीसा, बिहार, झारखण्ड, पूर्वी उत्तर प्रदेश, पूर्वी मध्य प्रदेश तथा छत्तीसगढ़ शामिल हैं। परंतु इस क्षेत्र से भारत के कुल उत्पादन का केवल 53 प्रतिशत चावल ही प्राप्त होता है। उत्तर भारत के पश्चिमी भाग में जहाँ वर्षा चावल के लिए पर्याप्त नहीं है, वहाँ चावल का उत्पादन नहरों से सिंचाई पर आधारित है। पंजाब से भारत का 10% जबकि हरियाणा से मात्र 3% चावल प्राप्त होता है। चावल उत्पादन में वृद्धि के लिए सरकार द्वारा प्रयास किये जा रहे हैं। इसके लिए किसानों को उन्नत बीज, खाद, कीटनाशक आदि उपलब्ध कराये जा रहे हैं जबकि सिंचाई की व्यवस्था भी की जा रही है।

हमारे देश में चावल की खेती के दक्षिणी क्षेत्र के कुछ प्रमुख क्षेत्र महाराष्ट्र,

कर्नाटक तथा केरल स्थित पश्चिमी तटीय मैदान, विशेष रूप से केरल का मालाबार तट है जहाँ पर्याप्त वर्षा होती है। पूर्वी तट पर तमिलनाडु में कावेरी डेल्टा तथा आंध्र प्रदेश में गोदावरी और कृष्णा नदियों के डेल्टा में नहरों से सिंचाई कर चावल उत्पन्न किया जाता है। पश्चिम बंगाल के बाद आंध्र प्रदेश का स्थान आता है। चावल का प्रति हेक्टेयर उत्पादन आंध्र प्रदेश और तमिलनाडु में तथा उत्तर प्रदेश, बिहार तथा मध्य प्रदेश का प्रायः दुगुना होता हे। इसका मुख्य कारण यह है कि पूर्वी तट के डेल्टा क्षेत्र में चावल की अच्छी फसल के लिए नहरों से सिंचाई की पर्याप्त व्यवस्था की गई है।

उत्पादन की प्रवृत्तियाँ—स्वतंत्रता प्राप्ति के समय से लेकर आज तक भारत में चावल उत्पादन में एक क्रान्तिकारी परिवर्तन ही नहीं अपितु चावल के अन्तर्गत जमीन की सम्पूर्ण पैदावार में भी काफी प्रगति आयी है और इसके अलावा उत्पादन क्षेत्रों के भौगोलिक वितरण में भी बहुत परिवर्तन आया है। 1950-51 और 2000-2001 के मध्य उत्पादन लगभग 200 लाख मीट्रिक टन से बढ़कर 800 लाख मीट्रिक टन से अधिक हो गया है। कहने का तात्पर्य यह है कि चार गुने से भी अधिक हो गया है, तब भी पंजाब और हरियाणा जो पहले चावल उत्पन्न नहीं करते थे, अब महत्त्वपूर्ण उत्पादक चावल राज्य बन गए हैं, और विशेष रुप से पंजाब में आश्चर्यजनक वृद्धि हुई है। पंजाब-हरियाणा में चावल पूर्ण रूप से सिंचाई की सहायता से उत्पन्न होता है, और यहाँ प्रति हेक्टेयर उत्पादन भारत के औसत प्रति हेक्टेयर उत्पादन का लगभग दुगुना और मध्यप्रदेश अथवा बिहार के प्रति हेक्टेयर उत्पादन का तकरीबन तीन गुना है।

यद्यपि संपूर्ण चावल क्षेत्र का केवल 1/2 हिस्सा भारत में सिंचाई पर निर्भर है। बाकी क्षेत्र वृष्टि पर निर्भर करता है इसलिए चावल के वार्षिक उत्पादन में चढ़ाव-उतार का सीधा प्रभाव भारत के खाद्यान्न उत्पादन (Foodgrains production) की स्थिति पर पड़ता है। सामान्य रूप से हमारा देश अपनी आवश्यकता के अनुसार चावल खुद उत्पन्न कर लेता है और कभी-कभी चावल का निर्यात भी होता है। लेकिन किसी वर्षा की कमी अथवा बाढ़ के कारण पैदावार कम हो जाती है, और तब थाइलैण्ड, बर्मा इत्यादि देशों से चावल क्रय करने की आवश्यकता हो जाती है।

प्रति हेक्टेयर उपज—भारत में चावल का औसत प्रति हेक्टेयर उत्पादन 1880 किलोग्राम है जो अन्य चावल उत्पादक देशों की अपेक्षा में बहुत कम है। जापान और चीन में प्रति हेक्टेयर उत्पादन 5 से 6 हजार किलोग्राम और मिस्र तथा संयुक्त राज्य

में लगभग 6 हजार किलोग्राम है। अतएव हमारे देश में प्रति हेक्टेयर उत्पादन इन देशों का लगभग एक-तिहाई है। हमारे देश में जिन क्षेत्रों में सिंचाई, खाद, उत्तम बीज तथा अन्य सुविधाएँ उपलब्ध हैं तथा पंजाब या तामिलनाडु में, प्रति हेक्टेयर उपज सबसे अधिक 3500 किलोग्राम है, और आंध्रप्रदेश, कर्नाटक, हरियाणा में लगभग 2500 से 2800 किलोग्राम है। पश्चिमी बंगाल में प्रति हेक्टेयर उपज 2000 किलोग्राम से थोड़ा ऊपर है, लेकिन मध्य प्रदेश, बिहार, उड़ीसा तथा असम में 1200 से 1400 कि० ग्राम के मध्य है, जो सबसे कम है।

भारत की मुख्य नकदी फसलें

गन्ना

भारत में पैदा होने वाले प्रमुख नकदी फसलों में गन्ना का एक महत्त्वपूर्ण स्थान है। विश्व के अन्य राष्ट्रों की अपेक्षा भारत में गन्ने की खेती सबसे अधिक होती है। भारत संसार का लगभग एक-चौथाई गन्ना पैदा करता है। यहाँ अत्यन्त प्राचीन काल से गंगा के मैदान में गन्ने की खेती की जा रही है, और कुछ विद्वानों के विचार में भारत ही गन्ने का मूल स्थान है जहाँ से इसकी खेती संसार के अन्य भागों में फैली है।

भौगोलिक परिस्थितियां– गन्ने की उपज के लिए गर्म तथा आर्द्र जलवायु और उर्वरा मिट्टी उपयुक्त होती है। इसके लिए औसत तापमान लगभग 21° से 27° C होना चाहिए और वर्षा 75 से 150 सेमी.। वर्षा कम होने से सिंचाई की जरुरत होती है, लेकिन अधिक वर्षा होने पर गन्ना कम मीठा होता है। ठंडक और पाला भी गन्ने के लिए हानिकारक है। कटाई के समय शुष्क तथा मृदु तापमान लाभदायक होता है। गन्ना जलोढ़ मिट्टियों, ज्वालामुखीय मिट्टियों या लाल मिट्टी सभी स्थानों पर पैदा हो सकता है, परंतु मिट्टी में आर्द्रता बनाए रखने की पर्याप्त शक्ति होनी चाहिए। इसके लिए सबसे उत्तम जलोढ़ दोमट मिट्टी, कपास वाली काली मिट्टी और गहरी लाल दोमट मिट्टी है। मिट्टी में N_2, Cl और P की मात्रा भी पर्याप्त होनी चाहिए। गन्ना मिट्टी की उर्वरता का बहुत बड़ा भाग अपने अन्दर खींचता है। इसलिए इसमें ज्यादातर भारी मात्रा में खाद और उर्वरक डालने की आवश्यकता पड़ती है। चूँकि गन्ने की खेती में बुवाई, गुड़ाई, निराई, सिंचाई, कटाई और गन्ने को मिलों तक पहुँचाने के लिए अधिक श्रमिकों की आवश्यकता पड़ती है, अतः सस्ता और प्रचुर श्रम का होना जरूरी है। भारत में गन्ना मूल रूप से सिंचाई की सहायता से पैदा किया जाता

है और सभी फसलों में सर्वाधिक सिंचाई गन्ने की होती है। भारत में गन्ने की खेती का 93 प्रतिशत भाग सिंचित है।

उत्पादन में विकास—भारत चीनी व शक्कर का आयात एकदम नहीं करता था परन्तु यूरोप, जावा आदि देशों में चुकन्दर से चीनी तैयार किये जाने से विश्व में चीनी के दाम में अत्यधिक गिरावट दर्ज की गई। इस प्रतिस्पर्धा की वजह से भारत का चीनी व्यवसाय एवं उद्योग एक दयनीय स्थिति में आकर खड़ा हो गया अर्थात् भारत चीनी का एक आयातक राष्ट्र बन गया। सन् 1932 से चीनी उद्योग को भारतीय सरकार द्वारा राजकीय संरक्षण मिलने की वजह से इस स्थिति में बदलाव हो गया है, गन्ने की खेती में बहुत प्रगति हुई है। 1929-30 में भारत में गन्ने के तहत भूमि लगभग 8 लाख हेक्टेयर थी, जो संरक्षण के कारण 1936-37 में बढ़कर लगभग 16 लाख हेक्टेयर हो गयी। तब से कुछ उतार-चढ़ाव के बाद भी देश में चीनी और गुड़ की बढ़ती माँग के कारण पिछले 50 वर्षों में गन्ने के क्षेत्रफल और उत्पादन में निरंतर वृद्धि हुई है जिसे निम्नलिखित सारणी द्वारा दर्शाया जा रहा है।

वर्षा	क्षेत्र (लाख हेक्टेयर)	उत्पादन (लाख मैट्रिक टन में)	प्रति हेक्टेयर उपज (किग्रा)
1950-51	17.07	570.51	33,422
1960-61	24.17	1100.01	45,549
1970-71	26.15	1263.68	48,322
1980-81	26.67	1542.48	57,844
1990-91	36.86	2410.26	65,395
2000-01	43.00	2960.00	70,000

सन् 2000-01 में लगभग 43 लाख हेक्टेयर भूमि पर गन्ने की खेती की जाती थी तथा इसकी कुछ पैदावार 2960 लाख मैट्रिक टन रहा। उत्तम बीजों, वैज्ञानिक तरीकों, खाद और सिंचाई की सुविधा में उत्तरोत्तर वृद्धि के कारण, प्रति हेक्टेयर उपज में भी सदैव वृद्धि हुई है। इस समय प्रति हेक्टेयर गन्ने की उपज लगभग 70,000 किलोग्राम है। इस तरह हम देखते हैं कि पिछले 50 वर्षों में गन्ने के तहत क्षेत्र लगभग ढ़ाई गुना हो गया है, और वार्षिक उत्पादन में पाँच गुना से अधिक वृद्धि हुई है। इस समय भारत में प्रति हेक्टेयर उत्पादन दुगुने से भी ज्यादा पैदा है।

उत्पादन क्षेत्र और वितरण प्रारूप—भारत में गन्ना कश्मीर तथा हिमाचल के पठारी क्षेत्रों के अलावा करीबन सम्पूर्ण क्षेत्रों में पैदा किया जाता है लेकिन ऊपरी तथा मध्य गंगा मैदान और पंजाब, हरियाणा के सिंचित क्षेत्रों में इसकी पैदावार सबसे अधिक होती है। उत्तर प्रदेश, पंजाब, हरियाणा और बिहार मिलकर भारत का आधे से अधिक (53%) गन्ना पैदा करते हैं, और इन चार उत्तरी राज्यों में गन्ने के अन्तर्गत राष्ट्रीय क्षेत्र का 60% से अधिक भाग पाया जाता है। शेष 40% क्षेत्र प्रायद्वीपीय भारत में है जिनमें तमिलनाडु, महाराष्ट्र, आंध्र प्रदेश, कर्नाटक तथा गुजरात प्रमुख हैं। भारत के कुछ प्रमुख राज्यों में गन्ने के क्षेत्रफल और उत्पादन को निम्नलिखित सारणी में स्पष्ट किया गया है—

विभिन्न राज्यों में गन्ने का क्षेत्रफल और उत्पादन

राज्य	*क्षेत्रफल लाख हेक्टर में*	*कुल गन्ना क्षेत्र का प्रतिशत*	*उत्पादन लाख मैट्रिक में*	*भारतीय उत्पादन का प्रतिशत*		
	96-97	*96-97*	*96-97*	*96-97*	*98-99*	*00-01*
उत्तर प्रदेश	20.34	50%	1186	43.8%	39.3%	35.6%
हरियाणा	1.55	3.8%	90	3.3%		2.3%
पंजाब	1.45	3.6%	110	4.1%		2.1%
बिहार	1.24	3.0%	56	2.1%		1.8%
महाराष्ट्र	4.75	11.8%	436	16.2%	15.9%	16.8%
तामिलनाडु	2.56	6.4%	265	9.8%		15.8%
आंध्र प्रदेश	2.07	5.1%	150	5.6%		5.6%
कर्नाटक	2.45	6.1%	219	8.1%	9.6%	14.5%
गुजरात	1.60	4.0%	104	4.0%		4.6%
मध्य प्रदेश	0.84	2.1%	22	0.7%		
राजस्थान	0.26	0.6%	13	0.4%		
असम	0.32	0.8%	15	0.4%		
कुल	40.11	100%	2710	100%		100%

दक्षिण भारत के गन्ना उत्पादक क्षेत्र—अन्य दक्षिणी भारतीय क्षेत्रों की

तुलना में भारत में 1/2 से ज्यादा गन्ने की खेती की जाती है। भारत में गन्ने की कुल खेती एक-तिहाई भूमि पर है। दक्षिण भारत में गन्ने की खेती कपास वाली काली मिट्टी और पूर्वी तटीय डेल्टाओं की जलोढ़ मिट्टी में होती है। दक्षिण भारत की गर्म जलवायु गन्ने के लिए अधिक अनुकूल है। यही कारण है कि इस क्षेत्र में गन्ने की मोटाई अधिक होती है और उसमें रस अधिक निकलता है और प्रति हेक्टेयर पैदावार उत्तर भारत की तुलना में अधिक है। लेकिन कई प्राकृतिक कारणों से दक्षिण भारत में उत्पादन का खर्च बहुत अधिक पड़ता है। यहाँ की मिट्टी गंगा के मैदान की मिट्टी से कम उपजाऊ है जबकि इसमें अधिक खाद देनी पड़ती है। साथ-साथ उत्तर भारत की अपेक्षा यहाँ सिंचाई पर भी अधिक खर्च करना पड़ता है। गोदावरी-कृष्णा डेल्टा में जहाँ मिट्टी उपजाऊ है और नहरों से सिंचाई की सुविधा प्राप्त है, तेज हवाओं एवं आँधियों से बचाव के लिए गन्नों को सहारा देने के लिए लगभग 5,000 बाँसों की आवश्यकता पड़ती है जिसका खर्च खेती के कुल खर्च का तकरीबन आधा होता है।

दक्षिण भारत की उच्च प्राकृतिक सुविधायें, प्रति हेक्टेयर उत्पादन एवं बढ़ती हुई चीनी की माँग के कारण इधर पिछले कुल वर्षों में यहाँ गन्ने की खेती में वृद्धि हुई है अब महाराष्ट्र, तमिलनाडु, आंध्र प्रदेश, तथा कर्नाटक महत्त्वपूर्ण गन्ना उत्पादक हो गये हैं और सामूहिक रूप से भारत का 40% गन्ना उत्पन्न करते हैं। वास्तव में गन्ने की पैदावार में उत्तर प्रदेश के पश्चात् बिहार के स्थान नहीं है, बल्कि महाराष्ट्र, तमिलनाडु, कर्नाटक और आंध्र प्रदेश, का इसी क्रम में स्थान आता है, और उसके बाद हरियाणा तथा पंजाब का। बिहार का स्थान अब इन राज्यों और गुजरात के बाद आता है। गन्ना का दूसरा बड़ा उत्पादक राज्य महाराष्ट्र है। महाराष्ट्र में गन्ने की खेती ऊपरी गोदावरी बेसिन में अहमदनगर-नासिक, औरंगाबाद और सतारा-संगली-कोल्हापुर, पूर्वी-सोलापुर जिलों में होती है। इससे सटे उत्तर गुजरात के बलसाढ़, जूनागढ़, सूरत, राजकोट और अमरेली जिले हैं जहाँ गन्ने की खेती महत्त्वपूर्ण है। **आंध्रप्रदेश** में मुख्य क्षेत्र गोदावरी-कृष्ण डेल्टा तथा तटीय चितूर जिले हैं। **तमिलनाडु** में उत्तरी सभी जिलों में गन्ने की खेती होती है जिनमें विशेष उल्लेखनीय दक्षिण तथा उत्तर आरकट, धर्मपुरी, सेलम, कोयम्बटूर, पेरियार, थानजभूर और त्रिचरापल्ली हैं। कोयम्बटूर में ही गन्ने का राष्ट्रीय शोध केन्द्र स्थापित किया गया है जहाँ गन्ने की उत्तम प्रजाति के बीजों को बनाया जाता है। कर्नाटक में हाल में उत्पादन बढ़ा है और 2000 में वह तीसरा सबसे बड़ा उत्पादक राज्य हो गया था। यहाँ प्रमुख क्षेत्र मान्डया, बेलगाँव, बेल्लारी, मैसूर, बीजापुर आदि जिले हैं। सभी दक्षिणी राज्यों में गन्ने की खेती सिंचित क्षेत्रों में होती है।

गन्ना एक फसलीय खेती है जो लगभग एक वर्ष में तैयार होता है। भारत के अधिकतर राज्यों में इसकी बुआई जनवरी से मार्च में कर दी जाती है तथा दिसम्बर से अप्रैल तक इसकी कटाई भी कर ली जाती है परन्तु महाराष्ट्र प्रदेश में 'अदसाली' रीति प्रचलित है जिसके अनुसार गन्ना अगस्त में बोया जाता है और 16 से 18 महीने बाद काटा जाता है। अदसाली गन्ना उत्तम नस्ल का होता है, इसकी पैदावार अधिक है।

विश्व के अन्य देशों की तुलना में यहाँ गन्ने की प्रति हेक्टेयर पैदावार अत्यधिक कम है। जावा, ऑस्ट्रेलिया, हवाईद्वीप, पेरू, में गन्ने का उत्पादन प्रति हेक्टेयर लगभग 1,000 क्विन्टल अथवा इससे भी अधिक है लेकिन भारत में 700 क्विन्टल है। इसका मुख्य कारण भारत में गन्ने की उपज के लिए आदर्श जलवायु की कमी, पतला गन्ना, अवैज्ञानिक कृषि, छोटे खेत, एवं खाद की कमी है। लेकिन भारत का प्रति हेक्टेयर उत्पादन ब्राजील से बहुत कम नहीं है और क्यूबा के लगभग बराबर है। औसत प्रति हेक्टेयर उत्पादन दक्षिण भारत में उत्तर भारत का लगभग डेढ़ गुना है। 1999-2000 के आँकड़ों के अनुरूप प्रति हेक्टेयर उत्पादन महाराष्ट्र में लगभग 900 क्विन्टल, तमिलनाडु में 1000, कर्नाटक में 900, उत्तर प्रदेश में 600, पंजाब में 700 जबकि बिहार से 450 क्विन्टल है।

गन्ने का उपयोग मुख्यतया गुड़ या राब, खांडसारी और चीनी तैयार करने में होता है। चीनी मिल उद्योग के इतना अधिक विकसित होने पर भी लगभग आधा ही गन्ना चीनी-उत्पादन के काम में लाया जाता है लगभग 40% गन्ना गुड़ और खांडसारी बनाने के उपयोग में लाया जाता है। बाकी 10% चूसने अथवा रस बनाने, पशुओं को खिलाने तथा बीज के कामों में प्रयोग कर लिया जाता है।

उत्तर भारत का मैदान—गन्ने की पैदावार भारत में प्रमुख तौर पर कर्क रेखा के उत्तर, उष्ण कटिबंध के बाहर होती है। इस क्षेत्र की जलवायु इसकी उपज के लिए आदर्श नहीं है। वास्तविक रूप से दक्षिण भारत का वर्ष भर ऊँचा तापमान गन्ने के लिए कहीं अधिक उपयुक्त है। फलस्वरूप उत्तर भारत का गन्ना पतला होता है तथा उससे उतना अधिक रस नहीं निकलता है। साल में तीन-चार महीने तापमान कम रहता है, तथा पंजाब, हरियाणा तथा पश्चिमी उत्तर प्रदेश में पाले की भी सम्भावना बनी रहती है। फिर शुष्क ऋतु भी काफी लम्बी होती है जिससे सिंचाई की आवश्यकता अधिक होती है। गन्ना अधिक समय तक खेत में नहीं रह सकता है। सिंचाई की कमी के कारण इसका प्रति हेक्टेयर उत्पादन कम है और उत्तर भारत में भारत का दो-तिहाई गन्ना क्षेत्र स्थित होने पर भी, कुल उत्पादन का मात्र आधा है।

इन सभी समस्याओं एवं परेशानियों के अलावा भी उत्तरी भारत में गन्ने की बड़े पैमाने पर करने के विभिन्न कारण हैं जिसे निम्न पंक्तियों द्वारा स्पष्ट किया जा सकता है–

(i) उत्तर प्रदेश तथा बिहार में अन्य फसलों से प्रतियोगिता नहीं है और गन्ने की कृषि निरंतर विस्तृत क्षेत्रों में होती है।

(ii) ऊपरी गंगा मैदान और पंजाब-हरियाणा में नहरों तथा नलकूपों सें सिंचाई का उत्तम और सस्ता प्रबन्ध है जबकि मध्य गंगा मैदान में सिंचाई की आवश्यकता तुलनात्मक रूप से कम पड़ती है।

(iii) यहाँ की जलोढ़ मिट्टी मुख्य रूप से दोरस है और इससें जल-संचरण अच्छा है। यह बहुत उपजाऊ है और गन्ने की उपज के लिए उपयुक्त है। इसमें चूना तथा पोटाश पर्याप्त मात्रा में विद्यमान है।

(iv) मुख्य उत्पादन क्षेत्र में उपज बढ़ाने हेतु जो भी अनुसंधान हुए वे पहले गन्ने पर हुए, जबकि दक्षिण भारत के गन्नों पर अनुसंधान बाद में शुरू हुआ।

(v) गंगा का मैदान ही गन्ने की खेती का ऐतिहासिक क्षेत्र रहा है और सन् 1932 के उपरांत सरकारी संरक्षण के परिणामस्वरूप जो गन्ने की खेती में तरक्की हुई उसका लाभ अधिकांशतः इसी क्षेत्र ने पहले उठाया।

भारत के उत्तर प्रदेश में लगभग 40 प्रतिशत गन्ने का उत्पादन किया जाता है। पश्चिमी उत्तर प्रदेश में गन्ने के प्रमुख क्षेत्र ऊपरी गंगा-यमुना दोआब में सहारनपुर, मुजफ्फरनगर, मेरठ, बुलन्दशहर और गाजियाबाद तथा इनसे सटे गंगा के उत्तर बिजनौर, मुरादाबाद, रामपुर, बरेली, बदायूँ, शाहजहाँपुर, पीलीभीत, खेरी, सीतापुर और नैनीताल प्रमुख उत्पादक जिले हैं। उपरोक्त क्षेत्र में उत्तर प्रदेश में गन्ने के तहत भूमि का लगभग तीन-चौथाई भाग पाया जाता है। उत्तर प्रदेश में एक दूसरा क्षेत्र उत्तर-पूर्वी जिलों का है जिसमें बहराइच, गोंडा, बस्ती, फैजाबाद, अम्बेडकर नगर, महराजगंज, आजमगढ़, देवरिया और गोरखपुर जिले शामिल हैं। **बिहार** में मुख्य गन्ना उत्पादक क्षेत्र उत्तर बिहार में पड़ता है। उत्पादन मुख्य रूप से चम्पारन, सीवान, सारण, मुजफ्फरपुर, सीतामढ़ी, मधुबनी, समस्तीपुर तथा बेगूसराय में होता है। दक्षिण बिहार के मैदान में गया और नवादा इस फसल हेतु महत्त्वपूर्ण हैं।

हरियाणा में 90% गन्ने की पैदावार प्रमुख रूप से अम्बाला, कुरुक्षेत्र, रोहतक, करनाल, जिन्द और सोनीपत जिलों में पैदा किया जाता है, और **पंजाब** में प्रमुख उत्पादक जिले गुरुदासपुर, पटियाला, जालंधर, होशियारपुर, रोपड़, संगरूर और लुधियाना हैं।

बागानी फसल

भारत की प्रमुख नकदी फसलों में जैसे रबड़, काजू, सेब, सन्तरा, अंगूर, केला, तम्बाकू, कहवा, मसाले, आदि में चाय का एक प्रमुख स्थान है। भारत के अन्य प्रमुख फसलों की अपेक्षा यह कम क्षेत्रों में उपजाई जाती है, लेकिन फिर भी यह भारत की प्रमुख नकदी फसल है। भारत के निर्यात में चाय का स्थान प्रमुख है। भारत ही संसार में चाय का प्रमुख उत्पादक है, हमारा देश चाय का सबसे बड़ा उपभोक्ता भी है।

सन् 1940 से चाय की व्यावसायिक खेती तब प्रचलन में आयी जब ईस्ट इंडिया कम्पनी ने ऊपरी असम में, चीन से बीज मँगा कर इसकी खेती शुरू की। चीन ही चाय का मौलिक घर माना जाता है यद्यपि असम में भी 1823 में चाय के जंगली पौधे उगते हुए देखे गए थे। ऊपरी असम में चाय की बगानी खेती निचले असम तथा पश्चिम बंगाल के पहाड़ी क्षेत्रों में फैली, तथा बाद में दक्षिण भारत में नीलगिरी पर्वत में भी इसका विकास किया गया। अधिकांश बड़ो कम्पनियाँ हैं जो बागानी के संचालन के अतिरिक्त चाय को मंडी में बेचने के लिए अपनी फैक्ट्रियों में निर्मित करते हैं।

भौगोलिक परिस्थितियां—चाय की खेती के लिए अनुकूल भौगोलिक परिस्थितियों का होना अत्यंत आवश्यक है। यह एक पेय पदार्थ है। चाय विशेष रूप से मानसूनी जलवायु का पौधा एवं वनस्पति है, इसके लिए ऊँचा तापमान और अधिक वर्षा की आवश्यकता पड़ती है। औसत वर्षा कम से कम 150 से 200 सेन्टीमीटर होनी चाहिए, किन्तु पौधों की जड़ों में पानी जमा नहीं होना चाहिए। इस प्रकार ढलान वाली भूमि चाय की खेती के लिए विशेष रूप से अनुकूल है क्योंकि मिट्टी में जल-संचार उत्तम होना अत्यंत आवश्यक है। परंतु मिट्टी गहरी और उपजाऊ होनी चाहिए। गहरी दोमट मिट्टी और ताजी वनीय मिट्टी जिसमें ह्यूमस और लोहे की मात्रा अधिक हो सर्वाधिक उपयुक्त है। ढालू भूमि पर मिट्टी कटाव की समस्या से बचने के लिए ढाल को सीढ़ीनुमा काट लिया जाता है। चाय के लिए लम्बी शुष्क ऋतु तथा पाला दोनों नुकसानदेह हैं। वर्षा ऋतु में भी लम्बे समय तक वर्षा नहीं होने के कारण उत्पादन पर बुरा प्रभाव पड़ता है। औसत उच्चतम तापमान 30°C से अधिक और न्यूनतम तापमान 13°C से कम नहीं होना चाहिए। चाय का पौधा बहुत तेज धूप में नहीं बढ़ता। इसलिए चाय के पौधे के साथ छाया देने वाले वृक्ष भी लगाए जाते हैं। इसकी कृषि में सस्ते और निपुण एवं योग्य मजदूरों की भारी तादाद में आवश्यकता पड़ती है क्योंकि चाय के पत्तियों को चुनने का काम हाथ से किया जाता है।

चाय उत्पादक क्षेत्र--चाय की खेती भारत के बड़े-बड़े बगीचों या बागानों में की जाती है। चाय बगानों का क्षेत्रफल दस हेक्टेयर से चार सौ हेक्टेयर तक होता है। हमारे देश में चाय की खेती भूमि का लगभग 80% भाग असम तथा पश्चिम बंगाल में है, जबकि शेष तमिलनाडु तथा केरल में। बाकी क्षेत्र कर्नाटक, त्रिपुरा, हिमाचल प्रदेश, उत्तर प्रदेश, मणिपुर, झारखण्ड, सिक्किम, नागालैण्ड, उड़ीसा, में स्थित हैं। इस प्रकार सामान्य रूप से भारत में तीन उत्पादन क्षेत्र हैं--(क) उत्तर-पूर्वी भारत, जिसमें मुख्य रुप से असम, पश्चिम बंगाल और त्रिपुरा है। (ख) दक्षिण भारत, जिसमें तमिलनाडु, केरल एवं कर्नाटक राज्यों में स्थित नीलगिरि, अनामलय एवं कार्डेमम के पहाड़ी क्षेत्र और (ग) पश्चिमी हिमालय, जहाँ उत्तराखंड तथा हिमाचल प्रदेश के पहाड़ी।

प्रमुख रूप से पश्चिम बंगाल तथा असम में चाय की खेती वृहत् स्तर पर की जाती है। पूरे भारत में जितनी चाय पैदा होती है उसके आधे से ज्यादा इन दोनों क्षेत्रों में पैदा होती है। इस क्षेत्र में चाय बागानों की संख्या सौ के लगभग है और चाय के तहत भूमि का क्षेत्र लगभग ढाई लाख हेक्टेयर है। यहाँ बगान अन्य क्षेत्रों की तुलना में बड़े हैं। असम में चाय के बागान मूल रूप से ब्रह्मपुत्र की घाटी तथा मणिपुर के पश्चिम कछार जिले में सूरमा नदी घाटी में अपेक्षाकृत ऊँची ढालों पर स्थित हैं। यहाँ की जलोढ़ मिट्टी गहरी और अत्यन्त उपजाऊ है। ऊँचे तापमान और नौ महीने वर्षा के कारण चाय की पत्तियाँ प्रचुर मात्रा में निकलती हैं और नीची जगहों पर दसवें दिन तथा ऊँचाई पर हर पन्द्रहवें दिन इन्हें तोड़ लिया जाता है। इस क्षेत्र में पत्तियाँ तोड़ने का काम कुशल स्त्रियाँ करती हैं जो मूल रूप से छोटा नागपुर क्षेत्र से असम के चाय बागानों में काम करने के लिए गई हैं। कछार से सटे दक्षिण त्रिपुरा भी एक प्रमुख उत्पादक राज्य है जहाँ चाय के उद्योग में लगभग 10 हजार मजदूर लगे हुए हैं।

भारत में पश्चिम बंगाल का चाय पैदावार में दूसरा स्थान माना जाता है। परन्तु चाय की खेती उतनी विस्तृत नहीं है जितनी असम में है। यहाँ दार्जलिंग और जलपाईगुड़ी जिलों एवं कूच बिहार में ही चाय के सभी बगीचे सीमित हैं। यहाँ चाय के बागान तीन से चार हजार फुट की ऊँचाई पर हिमालय की ढालों पर स्थित हैं जहाँ तापमान सामान्य है और लगभग 300 सेमी. वर्षा होती है। भारत की सबसे उत्तम चाय दार्जिलिंग में ही लगभग 7,000 फीट की ऊँचाई पर पैदा होती है। इसका सम्बन्ध यहाँ की अपेक्षाकृत मातदिल जलवायु और यहाँ की मिट्टी से है जिसमें फास्फोरस और पोटाश की अधिकता है। लेकिन ऊँचाई पर प्रति हेक्टेयर उत्पादन

कम होता है। दार्जिलिंग क्षेत्र के नीचे दुआर तथा तराई है। सबसे अधिक चाय के बागान दुआर में पाए जाते हैं जहाँ से पश्चिम बंगाल का लगभग 75 प्रतिशत उत्पादन होता है।

चाय की खेती हिमाचल एवं उत्तराखंड प्रदेश में हिमालय के ढालों पर लघु स्तर पर पायी जाती है। यहाँ अधिकांश बगीचे 3 हेक्टेयर अथवा उससे भी छोटे हैं। लेकिन कुल्लु तथा कांगड़ा घाटियों या दून की घाटी में चाय का उत्पादन होता है।

भारत के दक्षिणी भाग में चाय का उत्पादन नीलगिरि की पहाड़ियों पर तथा मालाबार तट के पहाड़ी भागों में लगभग 4,000 फीट की ऊँचाई पर होता है। यहाँ बागान छोटे हैं, और उनकी संख्या अधिक है। दो महत्त्वपूर्ण उत्पादक राज्य केरल, तथा तमिलनाडु हैं जो भारत के कुल उत्पादन का लगभग 25 प्रतिशत चाय उत्पन्न करते हैं। दक्षिण भारत में प्रति हेक्टेयर उत्पादन उत्तर भारत की तुलना में अधिक है। जहाँ असम और पश्चिम बंगाल में प्रति हेक्टेयर उत्पादन लगभग 2000 किलोग्राम से थोड़ा अधिक है, वहाँ तमिलनाडु तथा कर्नाटक में उत्पादन 2800 किलोग्राम है। केरल का प्रति हेक्टेयर उत्पादन तकरीबन पश्चिम बंगाल के समान है।

चाय का निर्यात—आंरभिक दौर में भारत, विश्व में चाय का अन्य देशों की अपेक्षा सबसे बड़ा निर्यातक देश माना था परन्तु 1990 से चाय निर्यात में भारत का महत्त्व कम होता गया और आज विश्व में इसका चौथा स्थान है। इसका मूल कारण घरेलू माँग में वृद्धि है। 1950-51 में भारत अपने उत्पादन का लगभग 70 प्रतिशत भाग निर्यात करता था, जो कि घट कर 1999 से 22% हो गया है। वार्षिक उत्पादन के तीन-चौथाई से अधिक भाग की खपत देश के अन्दर ही होती है। 1950-51 में भारत लगभग 2 लाख मीट्रिक टन चाय का निर्यात करता था। 1980 के दशक में यह बढ़कर लगभग ढाई लाख टन हो गया था जबकि उसके पश्चात् के वर्षों में यह लगातार कम होता गया है। निर्यात 1994 में डेढ़ लाख टन तक आ गया था, जिसमें 1997 के बाद से थोड़ा सुधार हुआ है और अब फिर 2 लाख टन के तकरीबन है।

इस समय संसार में चाय की माँग में बहुत अधिक वृद्धि हुई है, फलतः भारत में भी उत्पादन बढ़ा है लेकिन उत्पादन में वृद्धि के बाद भी निर्यात के लिए उपलब्ध चाय की मात्रा कम होती गई है, क्योंकि घरेलू खपत वृद्धि की अपेक्षा अधिक तेजी से बढ़ी है। इसका प्रभाव यह हुआ है कि भारत के उत्पादन का जो प्रतिशत निर्यात होता है, वह लगातार घटता गया है। 1975 तक भारत अपने उत्पादन का आधे से अधिक भाग निर्यात किया करता था जो अब घटकर 22 प्रतिशत हो गया है। इसी

प्रकार चाय के अंतर्राष्ट्रीय व्यापार में भी भारत की हिस्सेदारी जो 1980 के आस-पास 40-45 प्रतिशत थी अब घट कर 17% रह गई है। अतः आवश्यकता इस बात की है कि चाय के उत्पादन को और भी तेजी से बढ़ाया जाए जिसमें बढ़ती हुई घरेलू माँग और बढ़ती हुई अंतर्राष्ट्रीय माँग दोनों को पूरा किया जा सके। बढ़ती हुई माँग का लाभ भारतीय चाय बागान नहीं उठा पाए हैं, क्योंकि भारत में चाय के पौधे 65 से 100 वर्ष पुराने हैं और उनकी उत्पादकता कम है, और भूमि की कमी के कारण नई भूमि पर पौधों को लगाना सम्भव नहीं हो सका है।

भारत की चाय के निर्यात में, श्रीलंका और केनिया से प्रतियोगिता बढ़ी है इस प्रतियोगिता में भी भारत के चाय निर्यात को कोई विशेष स्थान प्राप्त नहीं हुआ क्योंकि इन दोनों राष्ट्रों में घरेलू उपयोग अत्यधिक कम मात्रा में किया जाता है। और वे अपने उत्पादन का 90 से 95 प्रतिशत निर्यात करते हैं। इन देशों में, विशेषकर केनिया में चाय के पौधे नए हैं जिनसे अधिक उत्पादन होता है। साथ-साथ वे निम्नकोटि की सस्ती चाय पैदा करते हैं जिनकी संसार में अधिक माँग है। सन् 1990 तक सोवियत, रूस भारतीय चाय का प्रमुख खरीदार था। रूस के विघटन के बाद यह व्यापार अस्त-व्यस्त हो गया। रूस के बाजार का टूटना भारत के लिए बहुत घातक सिद्ध हुआ है और रूस या CIS के अन्य देश केनिया या श्रीलंका से सस्ती चाय खरीदने लगे हैं। भारतीय चाय के अन्य खरीदार ब्रिटेन, जर्मनी तथा यूरोप के अन्य देश और पश्चिमी एशिया के देश हैं। इन सभी देशों में भारतीय चाय को केनिया और श्रीलंका से कड़ी प्रतिस्पर्द्धा का सामना करना पड़ता है। भारत को अपने पुराने बाजारों में पुनर्स्थापित करने के लिए अपनी उत्पादकता और गुणवत्ता दोनों को बढ़ाना होगा और उत्पादन खर्च में कमी लानी होगी।

भारत सरकार के द्वारा चाय आयात पर जो प्रतिबन्ध लगा था उसे समाप्त कर देने के पश्चात् श्रीलंका की सस्ती चाय अब भारत के बाजारों में आने लगी जिससे घरेलू बाजार में भी भारत को श्रीलंका से प्रतिस्पर्द्धा का सामना करना पड़ रहा है, और भारतीय उ़द्योग की समस्याएँ बढ़ी हैं।

जूट

स्वतन्त्रता से पूर्व जूट उत्पादक देशों में भारत का विश्व में एक प्रमुख स्थान था क्योंकि विश्व का 1/2 से भी अधिक भाग जूट बंगाल के डेल्टा में पैदा होता था। परन्तु भारत और पाकिस्तान के विभाजन के परिणामस्वरूप करीब-करीब 3/4 हिस्सा जमीन पूर्वी पाकिस्तान (वर्तमान बांग्लादेश) के अधीन हो गया किन्तु लगभग सभी

जूट की मिलें जो हुगली नदी के किनारे स्थित थीं, भारत में रह गईं। पाकिस्तान और भारत में अच्छा सम्बन्ध नहीं रहने के कारण, भारत को पाकिस्तान से जूट मिलने में बहुत दिक्कत होती थी। इसलिए भारत ने जूट की पैदावार को तेजी से बढ़ाने का प्रयास किया और 15-20 वर्षों के भीतर भारत में जूट के उत्पादन में बहुत वृद्धि हुई। 1964-65 में भारत में जूट-क्षेत्र बढ़कर लगभग 7.6 लाख हेक्टयर हो गया। 1980-81 में भारत में जूट के अन्तर्गत भूमि लगभग 65 लाख बेल था। 1990-91 में उत्पादन बढ़कर लगभग 80 लाख बेल हो गया था और क्षेत्र 8 लाख हेक्टयर। इधर हाल में जूट की मांग में कमी के कारण क्षेत्र और उत्पादन में वृद्धि नहीं हुई है। 2000-01 में जूट के तहत क्षेत्र 9 लाख हेक्टेयर और उत्पादन 80 लाख बेल था। पिछले 20 वर्षों मे जूट के प्रति हेक्टेयर उत्पादन में वृद्धि हुई है। 1980-81 में प्रति हेक्टेयर उत्पादन लगभग 1200 किलोग्राम था जो 1995-96 में बढ़कर तकरीबन 2,000 किलोग्राम हो गया है।

भौगोलिक परिस्थितियां—जूट के लिए उष्ण तथा उपोष्ण जलवायु अधिक उपयुक्त है। इसकी बुआई मार्च से मई के बीच में ही कर ली जाती है तथा इसकी कटाई जुलाई से सितम्बर के बीच में ही कर ली जाती है। इसकी खेती मूल रूप से गंगा नदी के डेल्टा तथा ब्रह्मपुत्र नदी की घाटी में होती है। यहाँ नदियों द्वारा लाई हुई उपजाऊ मिट्टी मिलती है, जो हर साल बाढ़ के कारण नवीन और ताजी रहती है। पश्चिम बंगाल में अप्रैल-मई में पटसन बोया जाता है जो कि अगस्त-सितम्बर तक तैयार हो जाता है लेकिन असम और बिहार में बोने का समय मार्च-अप्रैल है, और उड़ीसा में मई-जून। इस क्षेत्र में वर्षा (163 से 200 सेमी.) तक होती है और अधिकांश वर्षा अप्रैल से सितम्बर के मध्य होती है। यह जूट के उपज का समय होता है। तैयार होने पर जूट के पौधे को काट कर और पानी में सड़ाकर रेशों को अलग किया जाता है। इस क्षेत्र का नदियों, तालाबों तथा गड्ढों में इस काम के लिए पर्याप्त पानी मिल जाता है।

जूट उत्पादक क्षेत्र का वितरण—पश्चिमी बंगाल, बिहार एवं असम में भारत का लगभग 90 प्रतिशत जूट पैदा होता है। मेघालय, उड़ीसा, आंध्र प्रदेश तथा त्रिपुरा शेष 10 प्रतिशत पैदा करते हैं। जूट का प्रमुख उत्पादक पश्चिम बंगाल है जहाँ भारतीय जूट क्षेत्र का लगभग दो-तिहाई भाग पाया जाता है और जहाँ से 70% उत्पादन प्राप्त होता है। यहाँ उष्ण और आर्द्र जलवायु एवं उपजाऊ डेल्टाई मिट्टी के अतिरिक्त सस्ते मजदूर उपलब्ध हैं। लगभग पूरे राज्य में जूट की खेती होती है। मुख्य उत्पादक जिले मुर्शिदाबाद, नादिया, कूचबिहार, चौबीस परगना, पश्चिम दिनाजपुर,

हुगली, मेदनीपुर, माल्दा आदि हैं। बिहार में इसकी खेती मूल रूप से कटिहार, पूर्णिया और सहरसा जिलों में महानन्दा और कोसी नदियों के मैदान में की जाती है। स्वतंत्रता के पश्चात् देश के विभाजन के उपरांत उत्तर प्रदेश तथा बिहार के तराई प्रदेश में जंगलों को साफ कर जूट का उत्पादन बढ़ाया गया है, और यहाँ इसकी खेती मूल रूप से पूर्वी पाकिस्तान से आए शरणार्थियों के हाथ में है। बिहार भारत का लगभग 13 प्रतिशत जूट पैदा करता है। बिहार में प्रति हेक्टेयर उत्पादन बंगाल से कम है। असम में इसकी खेती गोआलपारा, कामरूप, दरांग, नौगांव, और शिवसागर जिलों में ब्रह्मपुत्र और सुरमा की घाटियों में होती है। असम भारत का लगभग 10 प्रतिशत जूट पैदा करता है। पैदावार की वृद्धि होने पर भी भारत बांग्लादेश से उत्तम कोटि का जूट मिलों के लिए क्रय करता है और अभी भी बांग्लादेश के जूट के दो मुख्य खरीदार ब्रिटेन एवं भारत हैं। भारत मूल रूप से जूट की बनी चीजों का निर्यात करता है। जूट के उत्पादन में भारत का विश्व में पहला स्थान है वहीं जूट व्यवसाय में इसका दूसरा स्थान है।

कपास

भारत की नकदी फसलों में कपास का महत्त्वपूर्ण स्थान है। भारत और पाकिस्तान के विभाजन से उत्तम किस्म के कपास क्षेत्र पाकिस्तान में चल गया। इसके अतिरिक्त विश्व में कपास भूमि भारत में सबसे अधिक है परन्तु कपास पैदावार में विश्व में भारत का तीसरा स्थान है। विश्व में कपास के भूमि का 21 प्रतिशत और कपास उत्पादन का 16 प्रतिशत भाग भारत में है। 1999-2000 में भारत में कपास का क्षेत्र लगभग 90 लाख हेक्टेयर था और कुल उत्पादन 19550 किग्रा। 2000-2001 में उत्पादन 16150 किग्रा. है। 1950-51 में उत्पादन केवल 510 किग्रा था। अर्थात् पिछले 50 वर्षों में उत्पादन में तीन से चार गुना वृद्धि हुई है, लेकिन वार्षिक उत्पादन में बहुत उतार-चढ़ाव होता है, क्योंकि केवल एक-तिहाई कपास क्षेत्र को ही सिंचाई की सुविधा प्राप्त है और यह मुख्यतः वर्षा की सामयिकता पर आधारित है।

भौगोलिक परिस्थितियां—यह एक उष्ण कटिबन्धीय वनस्पति है। कपास के लिए पाला अत्यधिक नुकसानदायक होता है। कपास की पैदावार के लिए 21° से 27° सेन्टीग्रेड तापमान की आवश्यकता होती है। प्रस्फुटन काल में दिन और रात के तापमान में काफी अन्तर होता है, इस समय शुष्क जलवायु उपयुक्त होती है। कपास के लिए अधिक वर्षा की जरूरत नहीं होती। भारत में कपास की खेती

प्रधानतः 50 से 100 से.मी. वर्षा वाले क्षेत्रों में होती है। कम-से-कम 50 सेन्टीमीटर वर्षा बहुत जरूरी है, किन्तु अच्छे उत्पादन के लिए वर्षा की मात्रा से कहीं अधिक महत्त्वपूर्ण उसका उपयुक्त सामयिक वितरण है। 50 से.मी. से कम वर्षा वाले क्षेत्रों में सिंचाई जरूरी है। लावा निर्मित काली मिट्टी और लाल दोमट मिट्टी तथा जलोढ़ मिट्टी कपास के लिए उपयुक्त हैं। मिट्टी में जल का जमा होना कपास के पौधे के लिए हानिकारक है, अतः वैसी मिट्टी की आवश्यकता है जिसमें पानी का बहाव समुचित रुप से हो।

कपास के बीच काली मृदा वाले क्षेत्र में डालने या बोने के पूर्व पर्याप्त वृष्टि हो गई हो तो कपास के उपज के समय शायद ही वर्षा की जरूरत होती है। देशी कपास के साथ कई और अन्य मिश्रित फसलें जैसे बाजरा, रागी, दलहन, या मूँगफली तथा रेड़ी उपजाये जाते हैं। महाराष्ट्र-गुजरात के विपरीत, हरियाणा, पंजाब और राजस्थान में जहाँ मिट्टी जलोढ़ है और वर्षा अपर्याप्त है, लगभग सभी कपास सिंचाई की सहायता से पैदा की जाती है। तमिलनाडु में लगभग दो-तिहाई कपास सिंचाई की मदद से उत्पन्न की जाती है। समस्त भारत में तकरीबन 33 प्रतिशत फसल की सिंचाई की जाती है।

उत्तर भारत की भौगोलिक दशाओं के अनुरूप कपास अप्रैल से मई के मध्य बोयी जाती है, और दिसम्बर-जनवरी तक काट ली जाती है। दक्षिण भारत के महाराष्ट्र गुजरात तथा निकटवर्ती क्षेत्रों में बुआई मई से जुलाई के मध्य होती है। तमिलनाडु में बुवाई का समय सितम्बर-अक्टूबर है, और कहीं-कहीं बुवाई दिसम्बर-जनवरी तक होती रहती है। दक्षिण भारत में जाड़े में पाला पड़ने की सम्भावना नहीं होती है। जिस वर्ष महाराष्ट्र, गुजरात में वर्षा कम होती है उस समय पंजाब में वर्षा हो जाती है, जिसका कपास के उत्पादन पर प्रतिकूल प्रभाव पड़ता है। कपास चुनने के समय अधिक श्रमिकों की आवश्यकता पड़ती है।

कपास उत्पादक क्षेत्र का राज्यीय वितरण—कपास भारत में एक कपास एक आर्द्र एवं शुष्क राज्यीय खेती है, और इसका भौगोलिक वितरण मूल रूप से उन्हीं क्षेत्रों तक सीमित है जहाँ वार्षिक वर्षा 100 सेमी. से कम होती है। कपास उत्पादन के प्रमुख रूप से तीन क्षेत्र हैं जिनका क्रमशः विवरण निम्न बिंदुओं द्वारा दर्शाया गया है—

(1) पंजाब, हरियाणा तथा निकटवर्ती राजस्थान—इस क्षेत्र में नदियों के द्वारा लायी हुई उपजाऊ जलोढ़ मृदा पायी जाती है, जहाँ नलकूपों तथा नहरों द्वारा सिंचाई की व्यवस्था है, और मूल रूप से मध्यम तथा छोटे रेशे वाली कपास की खेती

लगभग पूर्णतः सिंचाई द्वारा होती है। सबसे प्रमुख क्षेत्र पंजाब के दक्षिणी भाग में स्थित फरीदकोट, भटिंडा, संगरूर और फिरोजपुर जिलों तथा इनसे सटा राजस्थान का गंगानगर जिला है। इन्हीं जिलों से सटा हरियाणा के सिरसा, हिसार और जिन्द जिले हैं। इस क्षेत्र में प्रति हेक्टेयर उत्पादन सर्वाधिक है तथा ज्यादातर उत्पादन 400 से 500 किलोग्राम प्रति हेक्टेयर के बीच है।

(2) प्रायद्वीपीय भारत का उत्तर-पश्चिमी क्षेत्र—इस क्षेत्र के अन्तर्गत कुछ प्रमुख क्षेत्र जैसे महाराष्ट्र, गुजरात, मध्य प्रदेश, कर्नाटक और आंध्र प्रदेश शामिल है। इस क्षेत्र में उपजाऊ काली मिट्टी पाई जाती है जो कपास की उपज के लिए सर्वोत्तम है। यही भारत का सर्वोपरि कपास उत्पादन क्षेत्र है जहाँ भारत का लगभग 66% कपास पैदा होता है। केवल दो राज्य—महाराष्ट्र और गुजरात सामान्यतः भारत की 33% से 40% कपास उत्पन्न करते हैं। महाराष्ट्र में यवतमाल, अकोला, वर्धा, अमरावती और पालनी जिले विशेष रूप से उल्लेखनीय हैं, और गुजरात में बड़ोदरा, भावनगर, राजकोट और सुरेन्द्र नगर जिले मुख्य उत्पादक हैं। मध्यप्रदेश में मालवा पठार तथा नर्मदा घाटी के काली मिट्टी के क्षेत्र मुख्य उत्पादक हैं। कर्नाटक के उत्तरी जिले रायचूर, धारवाड़, बीजापुर, बेलगाम आदि में काली मिट्टी पर कपास उत्पन्न की जाती है। आंध्र प्रदेश में उत्पादन बहुत बढ़ा है और यह तीसरा बड़ा उत्पादक क्षेत्र है। 2000-01 में उत्पादन में इसका प्रथम अथवा द्वितीय स्थान था। यहाँ मुख्य क्षेत्र कृष्णा नदी की घाटी विशेष रुप से गुंटूर और प्रकाशम जिले हैं।

(3) तमिलनाडु क्षेत्र—इस क्षेत्र के अन्तर्गत काली एवं लाल दोनों प्रकार की मृदाएं पायी जाती हैं, जिसमें उच्चकोटि के कपासों का उत्पादन किया जाता है। मुख्य क्षेत्र पश्चिम में तथा पेरियार जिलों में स्थित है। तमिलनाडु में भी लगभग दो-तिहाई फसल को सिंचाई की सुविधा उपलब्ध है।

विभिन्न राज्यों में कपास का अनुमानित उत्पादन व क्षेत्रफल

राज्य	क्षेत्र 2000-01 (लाख हेक्टेयर में)	कुल कपास क्षेत्र का प्रतिशत	उत्पादन 2000-01 (लाख बेल में) 1 बेल=170 किलोग्राम	
महाराष्ट्र	27.93	34.4%	20.50	14.7%
गुजरात	15.78	19.5%	24.00	17.1%

कर्नाटक	5.38	6.6%	8.00	5.7%
मध्यप्रदेश	5.55	6.8%	17.50	12.5%
तमिलनाडु	2.00	2.5%	5.50	4.0%
आंध्र प्रदेश	8.90	11.0%	25.00	17.9%
पंजाब	4.74	5.8%	9.00	6.5%
हरियाणा	5.55	6.6%	10.00	7.1%
राजस्थान	4.82	5.9%	10.50	7.5%
भारत कुल	81.0	100%	140.00	100%

Source : Cotton Corporation of India Estimates

प्रमुख कपास उत्पादक राज्य जैसे महाराष्ट्र, गुजरात, आंध्र प्रदेश, मध्य प्रदेश, कर्नाटक, तमिलनाडु, पंजाब, हरियाणा एवं राजस्थान हैं, कपास उत्पादन में इन सभी राज्यों का महत्वपूर्ण स्थान है। चूंकि कपास की खेती मूलतः वर्षा पर आधारित है, और सिंचाई की उत्तम सुविधा मात्र हरियाणा, पंजाब एवं राजस्थान में है, इसलिए अनुमानित उत्पादन और वास्तविक उत्पादन के आँकड़ों में बहुत भिन्नता मिलती है। फिर कीड़ों के प्रकोप से भी फसल के नष्ट होने का भय रहता है। काटन कॉरपोरेशन ऑफ इण्डिया के अनुसार कपास के उत्पादन में अभी तीन प्रमुख राज्य गुजरात, आंध्र प्रदेश और महाराष्ट्र हैं जो भारत का लगभग आधा कपास पैदा करते हैं। परन्तु 2000-01 के आंकड़ों के अनुसार प्रमुख रूप से कपास उत्पादक राज्य महाराष्ट्र, हरियाणा और आन्ध्र प्रदेश को स्वीकार किया जा रहा है जहाँ से कपास उत्पादन का लगभग 1/2 हिस्सा प्राप्त हुआ था। गुजरात और महाराष्ट्र में कपास पूर्ण रूप से सामयिक वर्षा पर निर्भर है, इसलिए जब यहाँ वर्षा कम होती है तो कपास का उत्पादन भी कम होता है। पंजाब में सिंचाई की सुविधा रहने के उपरांत जब नवम्बर-दिसम्बर में असामयिक वर्षा हो जाती है तो कपास के उत्पादन पर प्रतिकूल प्रभाव पड़ता है। अतः इन तीन राज्यों में कौन पहला है यह तय नहीं है कभी पंजाब, कभी महाराष्ट्र और कभी गुजरात का स्थान प्रथम रहता है। अनुकूल वर्षा के कारण ऐसा अनुमान था कि 2001-02 में भारत का उत्पादन लगभग 17120 लाख किग्रा होगा, लेकिन 2000-01 में महाराष्ट्र, गुजरात, राजस्थान तथा मध्यप्रदेश में सूखा के कारण तथा पंजाब, हरियाणा और राजस्थान में कीड़ों के प्रकोप के कारण, विस्तृत क्षेत्रों में फसल नष्ट हो गई और भारत का कुल उत्पादन लगभग 16150 था। इस अस्थिरता के बाद भी कुछ बाते है जो निसन्देह रूप से कही जा सकती हैं। (क)

महाराष्ट्र में कपास की सबसे अधिक भूमि है उसके बाद उत्पादन के लिए गुजरात है। महाराष्ट्र में भारत के कपास के कुल भूमि का एक-तिहाई से अधिक भाग पाया जाता है। (ख) पंजाब में प्रति हेक्टेयर उत्पादन सबसे अधिक है और महाराष्ट्र में सबसे कम प्रति हेक्टेयर उत्पादन पाया जाता है।

घरेलू पैदावार में स्थिरता न होने की वजह से भारत अधिकांशतः अफ्रीका, रूस तथा संयुक्त राज्य अमेरिका से कपास को मँगवाता है, और जिस वर्ष उत्पादन कम होता है उस वर्ष आयात अधिक होता है। 1998-99 में आयात 170 लाख किग्रा था, 1999-2000 में 3740 लाख किग्रा. और 2000-01 में 4250 लाख किग्रा था।

कपास की किस्में—रेशे की लम्बाई के आधार पर कपास को तीन किस्मों में विभक्त किया जाता है—

(क) छोटे रेशे वाली कपास,

(ख) मध्यम रेशे वाली कपास,

(ग) लम्ब रेशे वाली कपास।

हमारे देश में रेशे की लम्बाई के आधार पर कपास को पाँच प्रकारों में विभक्त जाता है।

(क) उत्तम लम्बे रेशे वाली कपास

(ख) लम्बे रेशे वाली कपास

(ग) उत्तम मध्यम रेशे वाली कपास

(घ) मध्यम रेशे वाली कपास,

(ङ) छोटे रेशे वाली कपास।

कपास की विशेषता एवं गुणवत्ता रेशे की लम्बाई पर आधारित होती है। रेशे की लम्बाई जितनी अधिक होती है, कपास उतनी ही उत्तम मानी जाती है और उससे उतनी ही अधिक महीन सूत और कपड़ा तैयार होते हैं। इसलिए लम्बे रेशे और मध्यम रेशे वाली कपास के उत्पादन में वृद्धि की जा रही है। जहाँ 1970-71 में भारत में कपास उत्पादन का 26 प्रतिशत भाग लम्बे रेशे वाली कपास का था, वहीं 2000-01 में बढ़कर यह अनुपात लगभग 54 प्रतिशत हो गया है। विशेष रूप से उत्तम लम्बे रेशे वाली कपास के उत्पादन में बहुत वृद्धि हुई है, लेकिन मध्यम और लम्बे रेशे वाली कपास का उत्पादन अभी भी माँग से कम है।

मध्यम तथा लम्बे रेशे वाली कपास को भारत में उत्पन्न करने हेतु काफी बल दिया गया है, और इसमें सबसे अधिक सफलता पंजाब में अमेरिकन कपास से मिली है। तमिलनाडु में भी कम्बोडिया तथा युगांडा किस्म की लम्बे रेशे वाली कपास

उपजती है किंतु बहुत अनुसंधान के बाद भी काली मिट्टी के क्षेत्रों में विदेशी कपास की खेती को बहुत सफलता प्राप्त नहीं हुई है। फलस्वरूप वहाँ देशी किस्मों की ही उन्नति की गई है। महाराष्ट्र तथा गुजरात में मुख्य किस्में धोलेरा, उमरा, सुरती बरोच आदि हैं। पूर्वी महाराष्ट्र तथा कर्नाटक जो काली मिट्टी के क्षेत्र हैं उसमें लम्बे रेशे वाली कपास उत्पन्न की जाती है। हाल में कर्नाटक में भी आईलैण्ड कपास की खेती में सफलता मिली है और इस उत्तम कपास के अन्तर्गत भूमि को बढ़ाने का प्रयास किया जा रहा है। अनुमान है कि भारत में अभी कपास के कुल क्षेत्र का लगभग तीन-चौथाई भाग उन्नत किस्मों के तहत है। उत्तर-पश्चिमी राज्यों में मुख्यतः मध्यम और छोटे रेशे वाली कपास का उत्पादन किया जाता है। भारत में प्रति हेक्टेयर उपज अन्य देशों की अपेक्षा कम है। जहाँ संसार की औसत प्रति 550 किलोग्राम से ऊपर है वहीं भारत की औसत प्रति हेक्टेयर उपज 300 किलोग्राम से कम है। पंजाब और हरियाणा में प्रति हेक्टेयर उपज 400 किलोग्राम से ऊपर है, जबकि महाराष्ट्र में यह केवल 120 किलोग्राम है।

उत्तम किस्म तथा अधिक पैदावार वाली कपास को उत्पन्न करने के लिए भारतीय कपास के उत्पादन मूल्य में कमी लाने हेतु भारत में कपास टेक्नोलॉजी मिशन की स्थापना की गयी है। भारत में कपास की औसत उपज प्रति हेक्टेयर 300 किलोग्राम है। इसकी तुलना में ऑस्ट्रेलिया में प्रति हेक्टेयर उपज 1700 किग्रा. और मिस्र में 1800 किग्रा. है। इस देशों ने नये वैज्ञानिक तरीकों और नये प्रकार के बीजों का विकास किया गया है और उसे वे प्रयोग में ला रहे हैं। इसे Genetically modified Cotton अथवा (Bio Technology Cotton) कहते हैं।

भारत में जो नये बीज अब तक विकसित हुए है उन्हें बड़े पैमाने पर और कम खर्च में किसान उपयोग में लाने में अधिक सफल नहीं हो सके हैं। भारतीय कपास का मूल्य अन्तर्राष्ट्रीय कपास से अधिक है। भारत में कपास के प्रति हेक्टेयर उपज को बढ़ाने के लिए बी० टी० कपास के बीजों को प्रयोग में लाने के प्रयत्न किए जा रहे हैं। अभी ऐसे बीजों की कमी है और कुछ आम तकनीकी कठिनाइयाँ भी हैं, परंतु आशा है कि भारत में भी इस प्रकार के बीजों को प्रयोग में लाना संभव हो सकेगा।

पैदावार में वृद्धि—आज के समय में कपास की मांग दिन-प्रतिदिन बढ़ती जा रही है। जिसका प्रमुख कारण उन्नत सूती वस्त्र उद्योग है। भारत विभाजन के बाद कपास का अत्यधिक उपजाऊ क्षेत्र पाकिस्तान में चले जाने की वजह से भारत में कपास की पैदावार अत्यधिक कम हो गयी थी। इस कमी को पूरा करने के लिए पंचवर्षीय योजनाओं में अधिकाधिक भूमि में कपास लगाने और लम्बे रेशे वाली

कपास की उपज बढ़ाने का प्रयास किया गया है, जिससे दोनों में काफी वृद्धि हुई है। 1950-51 में कपास का उत्पादन 510 किग्रा. था जो 1960-61 में 9520 लाख किग्रा. हो गया। देश में कपास के उत्पादन वृद्धि तथा लम्बे रेशे वाले कपास की खेती में वृद्धि के कारण आयात की मात्रा कम हो गई है, लेकिन इसके साथ-साथ वार्षिक उत्पादन भी बढ़ता घटता रहता है। उदाहरणस्वरूप 1964-65 में उत्पादन 10200 लाख किग्रा. था, किन्तु 1965-66 तथा 1970-71 में 8160 किग्रा. लाख हो गया। 1970 के बाद से उत्पादन में बहुत वृद्धि हुई है, हालाँकि क्षेत्रफल में वृद्धि अपेक्षाकृत कम हुई है। 1980-81 में उत्पादन लगभग 9520 लाख किग्रा और 1998-99 में उत्पादन 20740 लाख किग्रा., 2001-02 में 17170 लाख किग्रा. है। मौसम के अनुरूप वार्षिक उत्पादन में बहुत उतार-चढ़ाव होता है। भारत उत्तम लम्बे और छोटे रेशे वाली कपास का थोड़ा-बहुत निर्यात करता है, लेकिन देश में अभी भी मध्यम और लम्बे रेशे वाली कपास की कमी है। कपासों के उत्पादन को बढ़ाने के लिए 1971-72 में एक योजना लागू की गई थी जिसे Centrally Sponsored Intensive Cotton Development Programme कहते हैं। सातवीं योजना काल से इस प्रयोग को संशोधित कर लम्बे और मध्यम रेशे वाली कपास के उत्पादन पर विशेष जोर दिया जा रहा है।

भारत के कृषि प्रदेश

भारत एक कृषि प्रधान देश है। यहाँ की जलवायु, कृषि योग्य भूमि और मृदा विभिन्न क्षेत्रों में विभिन्न प्रकार की पायी जाती है। इन्हीं विभिन्न आधारों पर भारत में विभिन्न प्रकार की फसलें उगायी जाती हैं। फसलों में खाद्यान्न का स्थान प्रमुख है जो कृषि के अन्तर्गत कुल भूमि के 80 प्रतिशत भाग में उगाए जाते हैं। यहाँ के प्रमुख खाद्यान्न चावल, गेहूँ तथा बाजरा हैं और इनके पश्चात् मक्का तथा दलहनों का स्थान है। अधिकांश क्षेत्रों में गहन निर्वाहन कृषि का प्रचलन है जिसमें किसान मूल रूप से अपने उपयोग के लिए खाद्यान्न पैदा करता है, लेकिन कुछ क्षेत्रों में खाद्यान्नों के अलावा, कुछ माली फसलें यथा गन्ना, कपास, जूट, तिलहन, इत्यादि भी महत्त्वपूर्ण हैं। फिर कुछ ऐसे क्षेत्र हैं जहाँ आधुनिक बागानी कृषि का विकास हुआ है और चाय, कहवा एवं रबर जैसी फसलों की खेती होती है। कुछ पर्वतीय क्षेत्रों में छिट-पुट रूप से अभी भी आदिवासी जातियाँ आदिम विधि से स्थानान्तरी कृषि करती हैं, उनके खेती करने का ढंग बहुत ही प्राचीन और निम्न कोटि का है। इसलिए खाद्यान्नों की प्रादेशिक प्रधानता तथा कृषि के प्रकार के आधार पर भारत को पाँच

कृषि प्रदेशों में विभाजित किया जा सकता है, जिसका संक्षिप्त विवरण निम्नलिखित बिंदुओं के अंतर्गत दर्शाया जा सकता है–

1. चावल प्रदेश–चावल भारत का प्रमुख खाद्यान्न फसल है। यह प्रदेश भारत के उन क्षेत्रों में विस्तृत है जिन क्षेत्रों में वार्षिक वर्षा 100 सेमी. से अधिक है। असम, पश्चिम बंगाल, बिहार, झारखंड, उड़ीसा, पूर्वी उत्तर प्रदेश, पूर्वी मध्य प्रदेश तथा छत्तीसगढ़ इस प्रदेश के अंतर्गत आते हैं। साथ-साथ इस प्रदेश में प्रायद्वीपीय भारत के पश्चिमी और पूर्वी तटीय मैदान भी शामिल हैं, यद्यपि इस प्रदेश में सभी जगह चावल की प्रधानता है, लेकिन अन्य फसलों के उत्पादन में स्थानीय विभिन्नता पाई जाती है। असम की घाटी तथा पश्चिम बंगाल में चावल के साथ-साथ पहाड़ी ढालों पर चाय एवं नीची भूमि पर जूट महत्त्वपूर्ण है। छोटा नागपुर, उड़ीसा और निकटवर्ती आंध्र प्रदेश के पठारी तथा पहाड़ी भागों में चावल के अतिरिक्त बाजरा का स्थान आता है। उत्तर बिहार तथा पूर्वी उत्तर प्रदेश में गन्ना एक महत्त्वपूर्ण नकदी फसल है, पश्चिम बंगाल, उत्तर-पूर्व बिहार तथा उड़ीसा के तटीय मैदान में जूट महत्त्वपूर्ण है। दक्षिण भारत में तमिलनाडु के तटीय मैदान में चावल के अतिरिक्त उत्तरी भाग में मकई और मूँगफली और दक्षिणी भाग में बाजरा तथा कपास मुख्य फसल है। पश्चिमी तटीय मैदान के उत्तरी भाग में चावल के अतिरिक्त मकई तथा बाजरा का स्थान हैं, परंतु केरल में चावल से भी अधिक भूमि नारियल के तहत है और साथ-साथ कई मसाले उपजाए जाते हैं जिनका कृषि में यहाँ महत्त्वपूर्ण स्थान है।

2. बाजरा प्रदेश–दक्षिण भारत में चावल प्रदेश के अतिरिक्त शेष प्रायद्वीपीय पठार का अधिकांश भाग तथा पश्चिमी राजस्थान इस प्रदेश में सम्मिलित हैं। इस प्रदेश के अधिकांश भाग में वार्षिक वर्षा (50 से 100 सेमी.) है और पश्चिमी राजस्थान में 50 सेमी से कम। पठारी भाग में मिट्टी लाल या काली कपास वाली है। इस विस्तृत क्षेत्र में महत्त्वपूर्ण स्थानीय अन्तर पाया जाता है। पश्चिमी राजस्थान में बाजरा के साथ गेहूँ एवं तिलहन महत्त्वपूर्ण है। गुजरात के काठियावाड़ क्षेत्र में माली फसलों में मूँगफली और कपास बहुत महत्त्वपूर्ण है। विशेष रूप से काठियावाड़ में मूँगफली ही प्रधान फसल है। महाराष्ट्र में बाजरा के पश्चात् गेहूँ महत्त्वपूर्ण खाद्यान्न है, लेकिन विस्तृत क्षेत्रों में कपास सबसे महत्त्वपूर्ण माली फसल है, और उत्तर-पूर्वी तथा दक्षिण-पश्चिमी जिलों में मूँगफली का स्थान बाजरा के बाद ही आता है, लेकिन आंध्र प्रदेश के उत्तरी भागों में बाजरा के पश्चात् चावल महत्त्वपूर्ण है। इस पूरे प्रदेश में बाजरा, कपास तथा मूँगफली तीन महत्त्वपूर्ण फ़सलें हैं, और इनके अलावा उत्तरी भागों में गेहूँ महत्वपूर्ण फसलें हैं। आंध्र प्रदेश के गुंटूर क्षेत्र में तम्बाकू महत्त्वपूर्ण है।

3. गेहूँ प्रदेश—गेहूँ एक रबी फसल है। गेहूँ की खेती भारत के पश्चिमोत्तर क्षेत्र में अत्यधिक पायी जाती है। इन क्षेत्रों में वार्षिक वृष्टि 60 सेमी से भी कम होती है तथा गेहूँ के लिए यहाँ मृदा अत्यधिक उपयुक्त है। इसके तहत पश्चिमी उत्तर प्रदेश, हरियाणा, पंजाब, जम्मू कश्मीर, पूर्वी राजस्थान, पश्चिमी मध्य प्रदेश आते हैं। इसके उत्तरी भागों में, विशेषकर हिमालय के पर्वतीय भागों में चावल एक महत्त्वपूर्ण फसल है, और दक्षिणी तथा पश्चिमी भागों में कहीं-कहीं चना तथा पंजाब, पश्चिमी उत्तर प्रदेश तथा हरियाणा में गन्ना एक महत्त्वपूर्ण माली फसल है, पंजाब में गन्ने से भी महत्त्वपूर्ण फसल कपास है। इस प्रदेश में रबी फसलें अधिक महत्त्वपूर्ण हैं। उत्तरी भाग में चावल तथा दक्षिण भाग में माली फसलों में कपास और गन्ना का स्थान महत्त्वपूर्ण है। हिमालय क्षेत्र में फल, विशेष रूप से सेब महत्त्वपूर्ण है।

4. स्थानान्तरी कृषि प्रदेश—अरुणाचल प्रदेश, नागालैण्ड, मणिपुर तथा सिक्किम के पर्वतीय और वनाच्छादित क्षेत्रों, मध्य भारत के वनाच्छादित पहाड़ों में तथा पश्चिमी ढ़ालों पर छिट-पुट रूप से फैली है। मुख्य फसलें मक्का और बाजरा हैं। यहाँ जंगलों को जलाकर जमीन खेती के लिए साफ किया जाता है। भूमि की उर्वराशक्ति कम होने पर पुराने खेत छोड़ दिए जाते हैं और नए क्षेत्रों में जंगल जलाकर खेती की जाती है। इस तरह की आदिम कृषि के अन्तर्गत बहुत ही कम क्षेत्र है, और वह भी उत्तरोत्तर कम होता जा रहा है। ऐसी कृषि को झूम कृषि की संज्ञा दी जाती है।

5. बागानी कृषि प्रदेश— भारत में बागानी खेती का महत्त्वपूर्ण स्थान है। बागानी कृषि प्रदेशों में प्रमुख रूप से दो प्रदेशों का प्रमुख योगदान माना जाता है, जो निम्नलिखित हैं—

(i) असम में ब्रह्मपुत्र घाटी की पहाड़ी ढाल तथा दार्जिलिंग के पास पहाड़ी घाटियाँ तथा पर्वतीय प्रदेश में हैं।

(ii) कर्नाटक तथा तमिलनाडु में पश्चिमी घाट की ढालें और नीलगिरि पहाड़ी के क्षेत्र में, इन क्षेत्रों में कृषि बड़े पैमाने पर बागानों में की जाती है, और वैज्ञानिक तथा अत्याधुनिक तकनीकों प्रयोग किया जाता है। इस प्रकार की खेती मूल रूप से कम्पनियों के अधीन है।

भारत में कृषि की दशा एवं कठिनाइयां

भारतीय अर्थव्यवस्था में कृषि का अत्यंत महत्वपूर्ण स्थान है परंतु फिर भी इसकी स्थित दयनीय ही है। भारत कुल कृषि के लगभग 80 प्रतिशत से भी अधिक

भू-भाग पर अन्न उपजाया जाता है। इसके अतिरिक्त भी खाद्यान्नों या अन्नों का अभाव पाया जा रहा है। यहाँ ऐसी कोई भी फसल नहीं है जो पशुओं के चारे के लिए उपजाई जाती हो, जानवरों का चारा मूल रूप से खाद्यान्नों से प्राप्त भूसा है। जैसे—प्रति हेक्टेयर उत्पादन, खाद एवं उत्तम बीज, सिंचाई का प्रबन्ध, पशु-पालन आदि हमारे देश में अन्य देशों की तुलना में काफी पिछड़ी हुई है। हालांकि कई फसलों के तहत् संसार में भारत का क्षेत्र सर्वाधिक है, परंतु प्रति हेक्टेयर उत्पादन कम होने के कारण, कुल उत्पादन कम है। भारत में प्रत्येक फसल का प्रति हेक्टेयर उत्पादन विश्व औसत से कम है। भारत में चावल का प्रति हेक्टेयर उत्पादन ऑस्ट्रेलिया का एक-तिहाई है जबकि जापान तथा इटली के आधा से कम। गेहूँ का प्रति हेक्टेयर उत्पादन भारत में लगभग 2,000 किलोग्राम है जबकि संयुक्त राज्य अमेरिका और कनाडा में 3,000 किलोग्राम और यूरोप के कई देशों में 4 से 5 हजार किलोग्राम तक है। इसी प्रकार गन्ने की चीनी का प्रति हेक्टेयर उत्पादन हवाईद्वीप एवं इण्डोनेशिया में भारत का 5 से 9 गुना अधिक है जबकि क्यूबा में दो गुना अधिक है। जहाँ रूस में कपास की प्रति हेक्टेयर उपज लगभग 1,000 किलोग्राम है, वहीं मिस्र में लगभग 700 किलोग्राम और संयुक्त राज्य अमेरिका में 500 किलोग्राम है, वहीं हमारे देश में प्रति हेक्टेयर उत्पादन मात्र 300 किलोग्राम है।

भारत को प्रकृति ने उत्तम जलवायु और उपजाऊ मिट्टी प्रदान की है परंतु तब भी प्रति हेक्टेयर उपज इतनी कम है कि किसान गरीब हैं और देश में जरूरतों को पूरा करने के लिए खाद्यान्न, विशेष रूप से दलहन और तिलहन पैदा नहीं होता है। भारत में अन्य देशों की तुलना में प्रति हेक्टेयर पैदावार कम होने के कुछ प्रमुख कारण हैं जिन्हें निम्नलिखित पंक्तियों में स्पष्ट किया जा सकता है।

(1) भारत के अधिकांश क्षेत्रों में उत्तम प्रकार की मृदा पायी जाती है, परन्तु लगातार बिना खाद के कई वर्षों तक फसल उगाने से मृदा की उर्वरता कम हो जाती है। मवेशियों की संख्या इतनी अधिक होने पर भी गोबर खाद के रूप में कम प्रयोग किया जाता है। मैदानी भागों में जलावन की लकड़ी की बहुत कमी है और गोबर मूल रूप से जलावन के काम में लाया जाता है। चीन और जापान में जो मल-मूत्र को खाद के रूप में व्यवहार करने की प्रथा है वह भी भारत में नहीं पाई जाती है। कुछ वर्ष पहले तक देश में पैदा तिलहन विदेशों को निर्यात कर दिया जाता था, और इसलिए खल्ली जो खाद के काम में लाई जाती है। दिन-प्रतिदिन कृत्रिम उर्वरकों का प्रयोग बढ़ रहा है, लेकिन सिंचाई का उचित प्रबन्ध नहीं रहने के कारण तथा उर्वरकों की कमी के कारण इसका उपयोग अभी भी बहुत सीमित है। इस प्रकार हम देखते

हैं कि भारतीय किसान अपने खेतों में कम खाद और उर्वरक का प्रयोग करता है। ऐसी दशा में खेतों में उपज कम होना स्वाभाविक है।

(2) किसी-किसी वर्ष ऐसा भी होता है प्राकृतिक संकट या विभिन्न प्रकार के कीड़े—मकोड़े के प्रकोप से फसले अत्यधिक खराब हो जाती है। फसलों को इनसे बचाने के लिए सरकारी कृषि विभाग सक्रिय है उनको इस कार्य में कुछ सफलता भी प्राप्त हुई है।

(3) अनिश्चित वर्षा कम पैदावार का प्रमुख कारण है। मानसून वर्षा कभी-कभी बहुत देर से आरंभ होती है और कभी समय से पहले ही समाप्त हो जाती है। इस तरह समय पर वर्षा नहीं होने से फसलों को बहुत नुकसान होता है। किसी वर्ष वर्षा की कमी से फसल मारी जाती है तो किसी वर्ष बाढ़ से फसल नष्ट हो जाती है। जिन क्षेत्रों में सिंचाई का उचित प्रबन्ध है वहाँ अनिश्चित वर्षा से कोई खास नुकसान नहीं होता, लेकिन भारत के अधिकांश भागों में अभी सिंचाई का उचित प्रबन्ध नहीं है। जिसके कारण फसल के उत्पादन में काफी गिरावट आती है।

(4) भारत के अधिकांश किसानों के खेत कई टुकड़ों में विभाजित हैं। फलतः इन खेतों में वैयक्तिक रूप से कृषि नहीं की जा सकती है। इस स्थिति के लिए मूल रूप से उत्तराधिकार सम्बन्धी कानून जिम्मेदार है। भूमि के छोटे-छोटे टुकड़ों में बँटने के कारण जमीन मेढ़ बनाने में बर्बाद हो जाती है। फिर छोटे और बिखरे खेतों के लिए कुआं खोदना, या जानवरों से बचाव के लिए उन्हें घेरना अथवा अन्य सुधारों को लागू करना अथवा उचित रखवाली करना असंभव हो जाता है। खेतों के बिखरे रहने से किसानों के आने-जाने में अधिक समय नष्ट होता है, और वह उनकी उचित देखभाल नहीं कर पाता है। फलस्वरूप खेती का स्तर निम्न हो जाता है, और उपज कम होती है। ज्यादातर किसान विभाजित तथा बिखरे हुए खेतों की बुराइयों से अनभिज्ञ हैं, और प्रायः चकबन्दी के लिए जल्द तैयार नहीं होते, यद्यपि कुछ राज्यों में जैसे पंजाब में, सरकारी समितियों द्वारा स्वेच्छापूर्वक चकबन्दी को काफी हद तक सफलता मिली है।

(5) हमारे देश के अधिकांश किसान गरीब तथा अनपढ़ हैं। अधिकांश के पास जमीन कम है, और लगभग आधे किसानों के पास एक हेक्टेयर से भी कम जमीन है। उनके पास इतने पैसे नहीं हैं कि वे अपने खेतों के लिए खाद और उत्तम बीज खरीद सकें, अथवा उन्नत प्रकार के औजार व्यवहार में ला सकें। कृषि विभाग द्वारा किए गए अनुसंधान उनके पास देर से पहुँचते हैं, और कम पूँजी के कारण, किसान उन्हें प्रयोग में लाने से हिचकते हैं। उनकी इस प्रकार की रूढ़िवादिता काफी हद तक उनकी निर्धनता का परिणाम है।

उत्पादन में वृद्धि—संपूर्ण पंचवर्षीय योजनाओं के दौरान इन विभिन्न प्रकार की समस्याओं के अतिरिक्त विभिन्न प्रयासों के फलस्वरूप कृषि उपज में काफी परिवर्तन आया है। सिंचाई के साधनों का विस्तार किया जा रहा है। उन्नत किस्म के बीज किसानों को उपलब्ध कराए जा रहे हैं। रासायनिक खाद का प्रयोग बढ़ रहा है। रोग तथा कीड़ों से फसलों की सुरक्षा हेतु नित नए उपाय किए जा रहे हैं। इन उपायों के परिणामस्वरूप प्रति हेक्टेयर उपज में वृद्धि हुई है और चावल, गेहूँ, गन्ना, मकई, जूट, कपास आदि फसलों का उत्पादन पिछले 50 वर्षों में बहुत बढ़ा है। चावल का प्रति हेक्टेयर उत्पादन 1951-52 में 714 किलोग्राम से बढ़कर 1999-2000 में लगभग 1900 किलोग्राम हो गया है। अर्थात् ढाई गुना से अधिक हो गया है। गेहूँ का प्रति हेक्टेयर उत्पादन इस अवधि में 653 से बढ़कर लगभग 2,755 किलोग्राम अर्थात् चार गुना हो गया है। अभी सबसे बड़ी समस्या बिजली तथा डीजल की कमी है। इसी कमी के कारण किसान सिंचाई की सुविधा रहते हुए भी उनका उचित इस्तेमाल नहीं कर पाते हैं। पंचवर्षीय योजना काल में भारत में विभिन्न फसलों के उत्पादन में वृद्धि तथा रासायनिक खादों खपत में बढ़ोत्तरी हुई।

10

देश के प्रमुख कृषि क्षेत्र

संसार के प्रमुख कृषि प्रधान देशों में भारत का स्थान महत्त्वपूर्ण है। विभिन्न भागों में कई तरह की मिट्टी देखने को मिलती है और यहाँ की जलवायु में भी भौगोलिक असमानता है। इसलिए कृषि के लिए यहाँ समान परिस्थितियाँ विद्यमान नहीं हैं। वर्षा का वितरण तापमान, समुद्रतल से ऊंचाई, अक्षांश, प्राकृतिक वनस्पति, मिट्टी, फसलें, पशु, आदि की किस्में सभी कृषि के स्वरूप एवं कृषि प्रदेशों के निर्धारण में महत्त्वपूर्ण प्रभाव डालते हैं। **डॉ. क्रेसी** (Cressy) का यह विचार है कि "किसी भी देश में इतने अधिक व्यक्ति वर्षा पर निर्भर नहीं करते जितने कि भारत में क्योंकि सामयिक वर्षा में किंचित भी परिवर्तन होने से सम्पूर्ण देश की समृद्धि रुक जाती है।"

कई विद्वानों ने भारत को कृषि प्रदेशों में विभाजित करने का प्रयास किया है। इनमें **डॉ. स्टाम्प, प्रो. सिमकिन्स**, **डॉ. स्पेट** के नाम विशेष रूप से उल्लेखनीय हैं। सभी ने कृषि प्रदेशों को तय करने का आधार भू-प्रकृति, जलवायु और जनसंख्या के घनत्व को माना है।[1] **डॉ. चैन हॉन सैंग** ने भू-आकृति एवं स्थिति, कृषि, जल व्यवस्था, फसलों का प्रारूप, भूमि लगान व्यवस्था एवं सामान्य आर्थिक विकास तत्वों को कृषि प्रदेश के वर्गीकरण में प्रमुख तत्व मानकर सम्पूर्ण देश को 16 प्रमुख भागों में विभाजित किया गया है। **डॉ. थार्नर** ने कृषि आयोजन एवं प्रबन्ध की दृष्टि से देश को कई तरह से कृषि प्रदेशों में विभाजित किया। एक

वर्गीकरण में उन फसलों के प्रदेशों को सम्मिलित किया गया है जो मुख्य फसलों की उत्पादक योजनाओं से सम्बन्धित हैं। दूसरे में कृषि जलवायु प्रदेश के कृषि आयोजन के सभी तथ्यों को दृष्टिगत रखता है। इन विद्वानों ने फसल प्रदेशों को 7 मुख्य फसलों और तीन अन्य फसलों के आधार पर बाँटते समय इन दो बातों का विशेष ध्यान रखा गया है–

1. कुल राष्ट्रीय उत्पादन में एक फसल का कितना प्रतिशत एक जिले से प्राप्त होता है;
2. उस जिले में कुल बोयी गयी भूमि के अनुपात में उस फसल के क्षेत्र का प्रतिशत कितना है? इस प्रकार ये कृषि उप-विभाग तय किये गये हैं : (i) कपास प्रदेश (ii), मूँगफली प्रदेश (iii), गन्ना प्रदेश (iv), मक्का प्रदेश (v), ज्वार प्रदेश (vi), चावल प्रदेश (vii), मोटे अनाज प्रदेश (viii), दाल प्रदेश (ix), और तिलहन प्रदेश। इस प्रकार कुल फसल प्रदेशों की संख्या डॉ. थार्नर के अनुसार 13 है। कृषि जलवायु प्रदेश सीमांकन के अनुसार थॉर्नर ने भारत को 3 वृहत् कृषि प्रदेशों, 10 उप-कृषि प्रदेशों तथा 52 फसल विशेष प्रदेशों में बांटा गया।

कृषि विशेषज्ञ **डॉ. रन्धावा** के विचार में भारत को 5 वृहत् कृषि प्रदेशों के अंतर्गत विभक्त किया जा सकता है। ये निम्न हैं–

1. शीतोष्ण हिमालय प्रदेश,
2. उत्तरी शुष्क प्रदेश,
3. पूर्वी तट अथवा चावल प्रदेश,
4. पश्चिमी तटीय प्रदेश एवं
5. दक्षिणी प्रदेश।

(i) शीतोष्ण हिमालय प्रदेश–इसके अंतर्गत कुमायूँ, गढ़वाल, शिमला की पहाड़ियाँ, जम्मू-कश्मीर एवं हिमालय प्रदेश शामिल हैं। यहाँ की जलवायु मूल रूप से अर्धशुष्क है। उत्तरी भागों में सर्दियों में वर्षा या हिमपात होता है। यहाँ पर नाशपाती, सेब, शफ्तालू, चेरी, अंगूर, बादाम, आदि फलों की खेती विशेष रूप से की जाती है। मक्का, आलू, और चावल अन्य फसलें हैं। भेड़-बकरी पालन यहाँ का मुख्य अथवा सहायक व्यवसाय है। इससे ऊन एवं मांस प्राप्त होता है। शहद प्राप्त होता है। शहद प्राप्ति के लिए मधुमक्खी पालन भी किया जाता है। अब यहाँ विकसित व सिंचित कृषि की जाती है।

(ii) उत्तरी शुष्क अथवा गेहूँ प्रदेश–इसके तहत पंजाब, हरियाणा, दिल्ली,

उत्तरी गुजरात, उत्तर प्रदेश, राजस्थान एवं मध्य प्रदेश आते हैं। यहाँ वर्षा 75 सेण्टीमीटर से कम होती है। मरुस्थलीय भागों में वर्षा 20 सेण्टीमीटर से भी कम होती है। मरुस्थलीय भागों में वर्षा 20 सेण्टीमीटर से भी कम होती है। मिट्टी में बालू तथा कांप विशेष रूप में पाई जाती हैं। सभी स्थानों पर सिंचाई की मदद से गेहूँ और चावल पैदा किया जाता है। यह भारत का मूल गेहूँ प्रदेश है। जौ, कपास, चना, ज्वार-बाजरा, मक्का, अन्य फसलें हैं। ऊँट, घोड़े, भेड़-बकरियाँ एवं गाय-बैल यहाँ के प्रमुख पशु हैं। यहाँ उत्तम नस्ल की बैल, गायें, मुर्रा भैसें, घोड़े एवं भेड़ें पाली जाती हैं। भूसा, हरी-चरी तथा उन्नत पशु आहार दुधारू पशुओं को खिलाया जाता है।

(iii) पूर्वी तट अथवा चावल प्रदेश—इसके तहत असम, मेघालय, त्रिपुरा, मणिपुर, पश्चिम बंगाल, बिहार, उड़ीसा, उत्तराखंड, पूर्वी आन्ध्र प्रदेश, पूर्वी तमिलनाडु, पूर्वी मध्य प्रदेश आते हैं। यहाँ पर वर्षा 150 सेण्टीमीटर या इससे अधिक होती है। इस प्रदेश में कांप मिट्टी अधिक पाई जाती है। यहाँ की मुख्य फसल धान है। अन्य फसलों में जूट, गन्ना एवं चाय स्थानीय रूप से महत्त्वपूर्ण हैं। यहाँ चारे के तहत बहुत ही कम क्षेत्र हैं, इसलिए यहाँ के पशु जैसे—भैंस, आदि निकृष्ट श्रेणी के होते हैं।

(iv) पश्चिमी तर या मालाबार प्रदेश—यह प्रदेश मुम्बई से कन्याकुमारी तक फैला है। कर्नाटक, केरल एवं महाराष्ट्र के तटीय भागों में वर्षा 250 सेण्टीमीटर या उससे अधिक होती है। यहाँ ज्यादातर लैटेराइट मिट्टी पाई जाती है। यहाँ पर बागाती फसलें अधिक उत्पन्न की जाती हैं जिनमें काजू, नारियल, चाय, कहवा, अनन्नास, टेपिओका, गरम मसाले, सुपारी, रबड, आदि मुख्य हैं। चावल यहाँ का मुख्य खाद्यान्न है।

(v) दक्षिणी मध्यम वर्षा या मोटे अनाज वाला प्रदेश—इस प्रदेश के तहत दक्षिण गुजरात, पश्चिमी मध्य प्रदेश, पूर्वी महाराष्ट्र, अधिकांश कर्नाटक शामिल हैं। यहाँ वर्षा 50 सेण्टीमीटर से 75 सेण्टीमीटर होती है। क्योंकि इस प्रदेश का बहुत बड़ा भाग वृष्टि छाया क्षेत्रों में आता है। यहाँ लावा की काली मिट्टी, लैटेराइट एवं कहीं-कहीं कांप मिट्टी पाई जाती है। यहाँ मूल रूप से मूंगफली, कपास, गन्ना, चावल, रागी, रेंडी, ज्वार, बाजरा, दालें, आदि विशेष रूप से पैदा की जाती हैं। इस प्रदेश में भेड़ें अधिक पाई जाती हैं। हालांकि इनसे प्राप्त होने वाली ऊन प्रायः घटिया किस्म की होती है। शहतूत की सहायता से अब रेशम की फार्मिंग को भी बढ़ाया जा रहा है।

इस वर्गीकरण को विशेष मान्यता नहीं मिल सकी है। इस वर्गीकरण में मात्र वर्षा व तापमान और उसका भूमि से रासायनिक सम्बन्ध को ही खास तौर पर ध्यान रखा गया है। जबकि भारत जैसे विशाल देश एवं वृहत् सांस्कृतिक समस्या वाले अतिप्राचीन कृषि प्रधान देश के लिए, इस प्रकार का वर्गीकरण निश्चित रूप से अधूरा एवं अवांछनीय है।

सेनगुप्ता एवं दायुक के द्वारा कृषि प्रदेशों का वर्गीकरण

प्रो. सेनगुप्ता एवं एस. दायुक ने भी कृषि प्रदेशों का वर्गीकरण किया है। इसमें देश को **चार** प्रधान प्रदेशों एवं 25 मध्यम और 60 लघु प्रदेशों में विभक्त किया गया है। मुख्य प्रदेश इस प्रकार हैं–

1. हिमालय खण्ड–हिमालय खण्ड के अंतर्गत जम्मू-कश्मीर, हिमाचल प्रदेश, कुमायूँ, हिमालय एवं पर्वतपदीय खण्ड, पश्चिम बंगाल का दार्जिलिंग, असम, हिमाचल एवं अरुणाचल प्रदेश शामिल हैं। यहाँ वर्षा औसतन 125 से 250 सेण्टीमीटर होती है। कृषि एवं बसाव की दृष्टि से अधिकांश पर्वतीय क्षेत्र बहुत कम महत्त्व के हैं। प्रदेश के 7 प्रतिशत भाग पर कृषि की जाती है। मक्का, गेहूँ, बकह्वीट, आलू, चावल, प्रमुख फसलें हैं। यहाँ रसदार फल विशेष रूप से पैदा किये जाते हैं।

2. पूर्वी एवं आर्द्र तटीय खण्ड–उत्तर-पूर्वी और मध्य प्रायद्वीपीय पठार, मिजोरम, मणिपुर, खासी, जयन्तिया, गारो, उत्तरी कछार, मिकिर पहाड़ियाँ, नागालैण्ड से लेकर मध्यवर्ती मध्य प्रदेश तक इस खण्ड की इकाइयाँ हैं। इसके अंतर्गत गंगा का डेल्टा, असम का मैदानी भाग तथा सम्पूर्ण तटीय भाग भी सम्मिलित हैं। यहाँ औसतन वर्षा 100 से 125 सेण्टीमीटर होती है। फसलों के लिए यहाँ सिंचाई की आवश्यकता नहीं रहती। चावल इस भाग की मुख्य फसल है। जूट, चाय, गेहूँ, गन्ना, चना, तिलहन, गरम मसाले, नारियल, ताड़, रबड़, कटहल, केला, आदि अन्य फसलें हैं।

3. अर्ध-आर्द्र प्रदेश–इस भाग में ऊपरी और मध्य गंगा के मैदान, पश्चिमी बिहार, प्रायद्वीपीय भारत में बुन्देलखण्ड से लगाकर, पूर्वी तटीय प्रदेश, दक्षिण-पूर्वी महाराष्ट्र, मालवा, उत्तरी तथा दक्षिणी तेलंगाना, तमिलनाडु, कर्नाटक, वर्धा नदी का बेसिन, ऊपरी तापी नदी की घाटी, कर्नाटक, मालनाद एवं मैदानी क्षेत्र, आन्ध्र प्रदेश का अधिकांश तट, कृष्णा-गोदावरी का डेल्टा, तमिलनाडु तट, आदि इकाइयाँ आते हैं। यहाँ वर्षा औसतन 75 से 100 सेण्टीमीटर होती है। सिंचाई की सुविधा मिल जाने

पर कृषि क्षेत्र का तेजी से विस्तार होने लगता है। तटीय भागों एवं गंगा के मैदान में 70 प्रतिशत भूमि पर कृषि की जाती है। चावल, गन्ना, जूट, गेहूँ, मक्का, मूंगफली, तिलहन, कपास, एवं तम्बाकू यहाँ की प्रधान फसलें हैं।

4. शुष्क खण्ड—इस भाग के तहत पंजाब और हरियाणा का मैदान, राजस्थान का मरुस्थल, पश्चिमी उत्तर प्रदेश, गुजरात का सौराष्ट्र एवं कच्छ प्रायद्वीप, पश्चिमी घाट का पूर्वी वृष्टिछाया का संकरा प्रदेश आते हैं। यहाँ वर्षा औसतन 75 सेण्टीमीटर से कम होती है। इस खण्ड के ज्यादातर भागों में जल का अभाव रहता है। मात्र सिंचित भागों में ही दो फसलें सम्भव हैं। यहाँ बाजरा, ज्वार, मोटे अनाज, चना, एवं जल मिलने पर गेहूँ, तिलहन, कपास, मक्का, मूंगफली, मसाले, मटर, दालें, मुख्यतः उगाये जाते हैं।

भारत को निम्नलिखित कृषि प्रदेशों में विभाजित किए जा सकता है—

1. चावल प्रधान क्षेत्र—इसमें ब्रह्मपुत्र की घाटी, पश्चिम बंगाल, बिहार, पूर्वी उत्तर प्रदेश, पूर्वी मध्य प्रदेश, उड़ीसा, आन्ध्र प्रदेश तथा समुद्रतटीय भाग आदि शामिल मिट्टी तथा वर्षा की मात्रा में अन्तर के कारण इस क्षेत्र में कई फसलों का संयोग दिखाई पड़ता है। इसलिए इन्हें निम्न उपवर्गों में विभक्त किया जा सकता है—

(i) चावल-तिलहन क्षेत्र—पश्चिमी उड़ीसा, झारखण्ड, तथा पूर्वी मध्य प्रदेश विशेषकर छत्तीसगढ़ के पठार में है, जहाँ वर्षा का औसत 120 सेमी. है। भूमि पठारी एवं अपेक्षाकृत कम उपजाऊ है। सिंचाई के साधनों की कमी है। इसलिए खरीफ में चावल की कृषि मुख्य होती है तथा रबी की फसलों में तिलहन अधिक बोया जाता है। जिन क्षेत्रों में सिंचाई सुविधाएँ सुलभ नहीं हैं तथा भूमि का ढ़ाल अधिक है ज्वार-बाजरा तथा अन्य मोटे अनाज उगाए जाते हैं। झारखण्ड के पठारी भागों में तिलहन, चावल, मक्का तथा मोटे अनाजों का संयोग ज्यादातर देखने को मिलता है। लेकिन चावल-तिलहन की खेती का संयोग इस सम्पूर्ण प्रदेश में पाया जाता है।

(ii) चावल-तम्बाकू क्षेत्र—गोदावरी एवं कृष्णा के डेल्टा तथा आसपास के क्षेत्रों में इसका प्रसार है। चावल मुख्य फसल है परंतु तम्बाकू के उत्पादन में भी इस क्षेत्र की विशेषता है। इसमें गुंटुर, पश्चिमी गोदावरी, पूर्वी गोदावरी जनपद तथा आसपास के क्षेत्र सम्मिलित हैं।

(iii) चावल-कपास क्षेत्र—चावल-कपास क्षेत्र प्रसार पूर्वी समुद्र तट के धुर दक्षिणी भाग में है। यहाँ चावल के साथ कपास का संयोग भूमि की विशेषता के कारण देखने को मिलता है।

(iv) चावल-मसाले क्षेत्र—चावल-मसाले क्षेत्र का प्रसार दक्षिण-पश्चिमी समुद्र तट में है। जिसके तहत केरल का लगभग सम्पूर्ण समुद्र तट शामिल है, यह क्षेत्र नारियल के उत्पादन में अपना विशेष महत्व रखता है। यहाँ चावल मुख्य खाद्यान्न है तथा मसाले भी अधिक पैदा किये जाते हैं।

(v) चावल-ज्वार-बाजरा-तिलहन क्षेत्र—चावल-ज्वार-बाजरा-तिलहन क्षेत्र का प्रसार प्रसार कर्नाटक के पठारी भागों में है। यहाँ जलवृष्टि अधिक होने के कारण चावल की कृषि की प्रधानता है। ज्वार-बाजरा का भी उत्पादन होता है। तिलहन इस क्षेत्र की विशेषता है।

(vi) चावल-रागी क्षेत्र—चावल-रागी क्षेत्र का प्रसार पश्चिमी समुद्रतटीय भागों में उत्तर में दादरा से प्रारम्भ होकर दक्षिण में केरल की सीमा तक चावल की एक संकरी पेटी मिलती है। यहाँ चावल ही मुख्य फसल है। अन्य फसलों में रागी महत्त्वपूर्ण है।

(vii) चावल-कपास-तम्बाकू क्षेत्र—चावल-कपास-तम्बाकू क्षेत्र का प्रसार प्रसार गुजरात में खम्भात की खाड़ी के क्षेत्र में है। वर्षा की प्रचुरता के कारण खरीफ की फसलों में चावल मूल रूप से उगाया जाता है। काली मिट्टी के क्षेत्र में कपास तथा तम्बाकू विशेष रूप से उत्पादित की जाती है। अतः इस क्षेत्र में इन तीनों फसलों का मुख्य संयोग देखने को मिलता है।

2. गेहूँ प्रधान क्षेत्र—गेहूँ प्रधान क्षेत्र के तहत ऊपरी गंगा तथा सतलुज के मैदान, दक्षिण-पश्चिमी उत्तर प्रदेश एवं पूर्वी राजस्थान के क्षेत्र सम्मिलित हैं। अन्य क्षेत्रों की तुलना में इसका विस्तार कम है। भारत में गेहूँ का उत्पादन सिंचाई द्वारा किया जाता है। पंजाब तथा उत्तर प्रदेश में नहरों तथा नलकूपों द्वारा सिंचित क्षेत्र में गेहूँ की कृषि अधिक होती है। पश्चिमी मध्य प्रदेश की भूमि में काली मिट्टी के मिश्रण के कारण नमी बनी रहती है जिससें सिंचाई बिना भी काम चल जाता है। किंतु चम्बल आदि नदी घाटी योजनाओं द्वारा अब सिंचाई के माध्यम से अब सिंचाई के साधनों में वृद्धि हो गई है। योजनाओं द्वारा अब सिंचाई के साधनों में वृद्धि हो गई है लेकिन सम्पूर्ण गेहूँ प्रधान क्षेत्रों की भौगोलिक परिस्थितियाँ समान नहीं है। फलस्वरूप यहाँ निम्नांकित शस्य-संयोजन क्षेत्र मिलते हैं :

(i) धान-जूट क्षेत्र—इस क्षेत्र में पश्चिम बंगाल से उड़ीसा आता है। यहाँ का औसत तापमान 24°C तथा औसत वार्षिक वर्षा 120 सेमी. से अधिक है। इस क्षेत्र में चावल की कृषि की जाती है। चावल की खेती जूट के साथ अदल-बदलकर की जाती है। मूल रूप से डेल्टाई प्रदेशों में जूट की प्रधानता है।

(ii) चावल-जूट-चाय क्षेत्र–यह क्षेत्र ब्रह्मपुत्र की घाटी एवं पश्चिम बंगाल में मिलता है। इस क्षेत्र में चावल एवं जूट की खेती की जाती है, लेकिन निकटवर्ती पर्वतीय ढालों पर चाय के बागान मिलते हैं। इसलिए चावल-जूट-चाय मुख्य शस्य संयोग हैं। त्रिपुरा के पूर्वी पर्वतीय ढालों पर भी इस प्रकार का संयोग मिलता है।

(iii) चावल-मक्का-गेहूँ-गन्ना क्षेत्र--मध्य गंगा के मैदान, उत्तरी बिहार तथा पूर्वी उत्तर प्रदेश में पश्चिम बंगाल की तुलना में कम वर्षा होती है। इसलिए चावल मुख्य खाद्यान्न तो है, साथ ही रबी की खेती भी अच्छी होती है। रबी की फसलों में जौ, खरीफ की फसलों में मक्का और गन्ना अधिक उगाया जाता है इधर कुछ वर्षों से जौ की कृषि कम होने लगी है एवं किसान अधिक उपज प्राप्ति करने के लिए नए गेहूँ की खेती अधिक करने लगे हैं।

(iv) चावल-गेहूँ-चना क्षेत्र–इसका प्रसार उत्तरी बिहार मैदान के दक्षिण के क्षेत्रों में ऊँची तथा पठारी भूमि पर है। इस क्षेत्र में मक्का तथा गन्ना की कृषि कम होती है। खरीफ की फसलों में चावल तथा रबी की फसलों में चना अधिक उगाया जाता है।

(v) गेहूँ-ज्वार-बाजरा-मक्का-चना क्षेत्र–इसका प्रसार यमुना के दक्षिण के उत्तर प्रदेश का पठारी भाग तथा मध्य प्रदेश का उत्तरी पठारी भाग में है, यहाँ सिंचाई की सुविधा बहुत कम है। कुछ विशेष स्थलों पर नदियों की घाटियों में ही सिंचाई की जाती है, जिसमें ज्वार-बाजरा तथा मक्का आदि बोई जाती है। रबी की फसलों में सिंचाई की सुविधा के मुख्य क्षेत्रों में गेहूँ की खेती की जाती है। कुछ क्षेत्रों में चना पैदा किया जाता है जिसके लिए तुलनात्मक रूप से कम सिंचाई की जरूरत होती है।

(vi) गेहूँ-चना-तिलहन-ज्वार-बाजरा क्षेत्र–इसका प्रसार मध्य प्रदेश का पश्चिमी भाग में है, जहाँ की भूमि ऊँची-नीची एवं पहाड़ी है। सिंचाई की सुविधा कुछ विशेष स्थलों पर ही सीमित है। नदियों की घाटी एवं मैदानी भाग में गेहूँ की अच्छी फसल होती है। कुछ स्थानों पर ज्वार-बाजरे की खेती भी की जाती है। तिलहन एवं चने की खेती भी की जाती है।

3. ज्वार-बाजरा क्षेत्र–ज्वार-बाजारा क्षेत्र का विस्तार उत्तर में पंजाब की दक्षिणी सीमा से लेकर तमिलनाडु तक फैला है। इसमें राजस्थान, गुजरात, महाराष्ट्र, कर्नाटक, तमिलनाडु राज्य तथा उनसे संलग्न प्रदेश सम्मिलित हैं, परंतु भूमि तथा वर्षा के विषमता के कारण यहाँ इस प्रकार का संयोग देखने को मिलता है।

(i) गेहूँ-चावल-गन्ना क्षेत्र–इसमें ऊपरी गंगा के मैदान का दोआब क्षेत्र,

रूहेलखण्ड एवं अवध के मैदान सम्मिलित हैं। इस क्षेत्र का औसत तापमान 26°C तथा वार्षिक वर्षा 100 सेमी से कम है, परंतु नहरों और नलकूपों द्वारा सिंचाई का अच्छा प्रबन्ध है, इसलिए गेहूँ मुख्य खाद्यान्नों में से है। सिंचाई और उर्वरक के बल पर साधारण रूप में खरीफ में चावल तथा उन्हीं खेतों में रबी में गेहूँ उत्पन्न किया जाता है। गन्ना मुख्य मुद्रादायिनी फसल है जो कि इस क्षेत्र में हर जगह उगाई जाती है।

(ii) गेहूँ-चना-मक्का-धान-कपास क्षेत्र–गेहूँ-चना-मक्का-धान-कपास क्षेत्र का प्रसार पंजाब के मैदानी भाग में है। सिंचाई की सुविधा के कारण यह देश का एक प्रधान गेहूँ उत्पादक क्षेत्र है। मक्का, चावल, तथा गन्ना भी प्रमुख है। यह भारत का एक प्रमुख कपास उत्पादक क्षेत्र भी है।

(iii). बाजरा-गेहूँ-कपास-मूँगफली क्षेत्र–इस प्रकार काली मिट्टी के क्षेत्र पश्चिमी महाराष्ट्र, उत्तरी कर्नाटक के पठारी भाग में हैं। बाजरा तथा गेहूँ मुख्य खाद्यान्न हैं। मूँगफली एवं कपास नकदी फसलें हैं। इस क्षेत्र में तम्बाकू का भी अधिक उत्पादन किया जाता है।

(iv) ज्वार-बाजरा-गेहूँ-तिलहन-चना क्षेत्र–ज्वार-बाजरा-गेहूँ-तिलहन-चना क्षेत्र देश का सर्वाधिक शुष्क क्षेत्र है। यहाँ 40 सेमी. से भी कम वार्षिक वर्षा होती है एवं बलुई मिट्टी पाई जाती है। परिणामस्वरूप ज्वार-बाजरा यहाँ की मुख्य फसलें हैं। सिंचित क्षेत्र में गेहूँ पैदा किया जाता है। सरसों एवं चना की भी खेती यहाँ की जाती है।

(v) ज्वार-बाजरा-मूँगफली-कपास क्षेत्र–यह क्षेत्र गुजरात के पश्चिमी भाग में फैला है जहाँ वार्षिक वर्षा लगभग 100 सेमी. होती है। भूमि कुछ बलुई है एवं लावा के भग्नावशेष भी मिलते हैं, इसलिए यहाँ का भौगोलिक परिवेश पूर्वी महाराष्ट्र से मिलता-जुलता है। ज्वार-बाजरा, कपास एवं मूँगफली यहाँ की मुख्य फसलें हैं। मूँगफली की कृषि के लिए यह क्षेत्र ज्यादा महत्त्व रखता है।

(vi) ज्वार-बाजरा-मूँगफली-कपास क्षेत्र–इसका प्रसार महाराष्ट्र तथा कर्नाटक के पूर्वी भाग तथा आन्ध्र प्रदेश के पश्चिमी भाग में है। अधिकांश भाग में वर्षा की कमी है जिससे ज्वार मुख्य फसल है। यहाँ बाजरा भी उगाया जाता है। कपास और मूँगफली यहाँ की प्रमुख फसलें हैं। भूमि अपेक्षाकृत कम उपजाऊ होने के कारण कपास की फसल उतनी अच्छी नहीं होती जितनी पश्चिमी पठारी भाग में, लेकिन मूँगफली के लिए उपयुक्त वातावरण रहता है।

(vii) ज्वार-चावल-रोगी-मूँगफली क्षेत्र–इसका प्रसार तमिलनाडु के दक्षिणी

पठारी भागों पर है। यहाँ की भूमि कम उपजाऊ होने तथा वर्षा की अल्पता के कारण ज्वार और रागी मुख्य रूप से उगाये जाते हैं, लेकिन सिंचित क्षेत्रों में चावल की उत्तम कृषि की जाती है। मूँगफली की फसल भी अच्छी होती है।

(viii) कहवा-चाय क्षेत्र—इसका विस्तार कर्नाटक के पश्चिमी भाग में है। यहाँ वर्षा की अधिकता के कारण कहवा एवं चाय के बागान अधिक मिलते हैं।

(ix) चाय-कहवा-रबर-मसाले के क्षेत्र—इसका विस्तार केरल राज्य के पठारी भागों में है। यहाँ चाय एवं कहवा के अलावा यहाँ पर रबर एवं मसालों का भी अच्छा संयोग मिलता है।

(x) चाय क्षेत्र—इसका विस्तार असम के उत्तर-पूर्वी भाग में है। यहाँ चाय के अधिकांश बागान मिलते हैं।

योजना आयोग द्वारा निर्धारित कृषि जलवायु प्रदेश

योजना आयोग एवं कृषि मन्त्रालय ने देश के वैज्ञानिकों, पर्यावरण विशेषज्ञों, मौसमवेत्ताओं एवं कृषि विशेषज्ञों की सिफारिश के आधार पर देश को 15 कृषि जलवायु प्रदेशों में विभाजित किया है। इस कृषि जलवायु क्षेत्रीय योजना का मुख्य उद्देश्य **'सम्पूर्ण सोच'** रखा गया है जिसमें यह ध्यान रखा गया है कि बढ़ती हुई (Food, Feed, Fodder, Fibe और Fuel की जरूरतों की पूर्ति उपलब्ध प्राकृतिक संसाधनों का इस्तेमाल इस प्रकार हो कि पर्यावरण स्तर किसी भी रूप में अधिक दुष्प्रभावित नहीं हो सके। इनका कृषि विकास तथा क्षेत्रवार फसल प्रारूप, तकनीकी विकास, भविष्य में शोध आदि की दृष्टि से निरन्तर महत्त्व कायम रहेगा। यह कृषि जलवायु प्रदेश अथवा राष्ट्रीय विकास के अधार वाले नियोजन प्रदेश निम्नलिखित हैं—

1. पश्चिमी तटीय मैदान एवं पहाड़ियाँ—इसका विस्तार (क) कोंकण, (ख) कर्नाटक, (ग) मालाबार तट, (घ) ऊँचे घाट व पहाड़ियाँ में है।

2. गुजरात का मैदान एवं पहाड़ियाँ—इसका विस्तार (क) कच्छ, काठियावाड़ व सौराष्ट्र, (ख) संकरा तटीय भाग, (ग) पूर्वी नदी घाटियों की निम्न भूमि व घाटियों में है।

3. पश्चिमी शुष्क प्रदेश—इसका विस्तार (क) उत्तरी गुजरात, (ख) थार मरुभूमि, (ग) अरावली एवं पूर्वी अर्द्धशुष्क प्रदेश (घ) हरियाणा व सीमान्त भाग में है।

4. द्वीपीय प्रदेश—इसका विस्तार (क) लक्षद्वीप समूह, (ख) अण्डमान द्वीप समूह, (ग) निकोबार द्वीप समूह में है।

5. ट्रांस गंगा का मैदानी प्रदेश—इसका विस्तार शिवालिक हिमालय व मैदान के मध्य के भाबर व तराई क्षेत्र में है।

6. पूर्वी पठार एवं पहाड़ी प्रदेश—इसका विस्तार सुदूर पूर्व की प्राचीन पहाड़ियाँ, जटिल पठारी भाग, पूर्वी सीमावर्ती पहाड़ियों में है।

7. मध्यवर्ती पठारी एवं पहाड़ी प्रदेश—इसका विस्तार नागपुर का पठार, छत्तीसगढ़, बघेलखण्ड, दण्डकारण्य एवं बस्तर में है।

8. पश्चिमी पठार एवं पहाड़ी प्रदेश—इसका विस्तार लावा का पठार, मालवा, बुन्देलखण्ड, तेलंगाना का पठार, उत्तरी समुद्री पर्वत में है।

9. दक्षिणी पठार एवं पहाड़ी प्रदेश—इसका विस्तार मैसूर (कर्नाटक) का पठार, तमिलनाडु का पठार, पश्चिमी घाट के ऊँचे पहाड़ी भाग में है।

10. पूर्वी तटीय मैदान एवं पहाड़ियाँ—इसका विस्तार (क) कोरोमण्डल तट, (ख) उत्कल, (ग) उत्तर सरकार में है।

11. पश्चिमी हिमालय प्रदेश— इसमें जम्मू-कश्मीर, लद्दाख, हिमाचल प्रदेश एवं गढ़वाल क्षेत्र है।

12. पूर्वी हिमालय प्रदेश—इसका विस्तार सिक्किम, भूटान, अरुणाचल प्रदेश में है।

13. सतलज का मैदान एवं गंगा की ऊपरी घाटी प्रदेश—इसका विस्तार पंजाब, हरियाणा, दिल्ली, पश्चिमी उत्तर प्रदेश में है।

14. गंगा की मध्यवर्ती घाटी एवं मैदानी प्रदेश—इसका विस्तार पूर्वी उत्तर प्रदेश, उत्तरी बिहार में है।

15. गंगा की निचली घाटी एवं डेल्टा प्रदेश—इसका विस्तार दक्षिणी-पूर्वी मैदानी बिहार, पश्चिमी बंगाल एवं गंगासागर व डेल्टा क्षेत्र में है।

भारत के कृषि प्रदेशों को कृषि-पारिस्थितिकी क्षेत्रों की दशाओं के आधार पर 20 वर्गों में बाँटा गया है जिन्हें पुनः 60 उप-क्षेत्रों में विभक्त किया गया है। 20 कृषि-पारिस्थितिकी क्षेत्र निम्नलिखित हैं—

1. पश्चिमी हिमालय, ठण्डे शुष्क पारिस्थितिकी क्षेत्र,

2. पश्चिमी मैदान, कच्छ एवं काठियावाड़ पेनिनसुला गर्म शुष्क क्षेत्र,
3. कर्नाटक पठारी (रायल सीमा सहित) गर्म शुष्क क्षेत्र
4. उत्तरी मैदानी (मध्य ऊँची भूमियाँ भी) अरावली सहित गर्म अर्द्धशुष्क क्षेत्र,
5. मध्य ऊँची भूमियाँ (मालवा) मैदानी, गुजरात एवं काठियावाड़, अर्द्धशुष्क क्षेत्र,
6. दक्षिण पठारी, गर्म अर्द्ध नम क्षेत्र,
7. दक्षिण पठारी (तेलंगाना) एवं पूर्वी घाट, गर्म अर्द्ध नम क्षेत्र,
8. पूर्वी घाट, तमिलनाडु की ऊपरी भूमियाँ एवं दक्षिण (कर्नाटक) पठारी, गर्म अर्द्धशुष्क क्षेत्र,
9. उत्तरी मैदान, गर्म अर्द्ध नम (सूखा) क्षेत्र,
10. मध्य ऊँची भूमियाँ (मालवा एवं बुन्देलखण्ड), गर्म-अर्द्ध नम (शुष्क) क्षेत्र,
11. छत्तीसगढ़-महानदी बेसिन के मध्य ढालू, गर्म नम/शुष्क अर्द्ध नम क्षेत्र,
12. पूर्वी पठारी (छोटा नागपुर) एवं पूर्वी घाट गर्म-अर्द्ध नम क्षेत्र,
13. पूर्वी मैदानी, गर्म नम-अर्द्ध नम क्षेत्र,
14. पश्चिमी हिमालय, अर्द्ध गर्म/अर्द्ध नम क्षेत्र,
15. असम एवं बंगाल मैदानी, गर्म, नम से अर्द्ध नम क्षेत्र,
16. पूर्वी हिमालय, गर्म-नम क्षेत्र,
17. उत्तर-पूर्वी पहाड़ी (पूर्वांचल), अर्द्ध गर्म-नम क्षेत्र,
18. पूर्वी तटीय मैदान, गर्म अर्द्ध नम से अर्द्धशुष्क क्षेत्र,
19. पश्चिमी घाट, तटीय मैदान, गर्म नम से अर्द्ध नम क्षेत्र,
20. अण्डमान-निकोबार द्वीप तथा लक्षद्वीप, गर्म-नम से अर्द्ध नम क्षेत्र।

कृषि की विशेषता

भारत में कृषि की महत्त्वपूर्ण समस्याएँ

भारतीय कृषि वर्तमान समय में अनेक प्रकार की समस्याओं का सामना कर रही है। इसमें इसका कृषि के अत्याधुनिक एवं वैज्ञानिक तौर-तरीकों से दूर रहना

प्रमुख है। यहाँ कृषि प्रधान देश होने के बाद भी यहाँ की कृषि की दशा संतोषजनक नहीं है। यहाँ कृषि-उत्पादन में वृद्धि जनसंख्या वृद्धि दर से कम रही है। इसी कारण 1975 तक देश में खाद्यान्न की जटिल समस्या बनी रही। निम्न स्तर पर सीमित विकास के बावजूद भी वर्तमान में भारतीय कृषि परम्परावादी है। भारतीय किसान खेती व्यवसाय के रूप में नहीं करते अपितु जीविकोपार्जन के लिए करते हैं। कृषि की पुरानी परम्परागत विधियों, पूंजी की कमी, भूमि-सुधार की अपूर्णता, विपणन एवं वित्त सम्बन्धी कठिनाइयों आदि के कारण भारतीय कृषि की उत्पादकता बहुत कम है। अब नई पीढ़ी में शिक्षा एवं कृषि को कमाई का साधन मानने की प्रवृत्ति से कृषि एवं कृषक की आर्थिक दशा में कुछ सुधार आने लगा है। जिन समस्याओं से भारतीय कृषि शताब्दियों से पीड़ित है, वे इस प्रकार हैं–

1. कृषि की आवश्यक न्यून उत्पादकता–अधिकतर भागों में औसत उत्पादन स्तर अधिकांश विकसित तथा कई विकासशील देशों से भी बहुत कम रहा, परंतु हरित क्रान्ति एवं सदैव सरकार द्वारा कृषकों को लाभप्रद मूल्य दिलाने की प्रवृत्ति से किसान कई तरह की नई तकनीक अपनाते रहे हैं। रबी के फसल काल में सरसों तथा खरीफ में सोयाबीन और मूंगफली का बढ़ता उत्पादन सरकार द्वारा ऊँची कीमतें निर्धारित करने से ही सम्भव हो सका है। आज राजस्थान सरसों एवं तिल, गुजरात मूंगफली एवं मध्य प्रदेश सोयाबीन उत्पादक प्रदेश बन गये हैं।

भारत की प्रमुख फसलों का प्रति हेक्टेयर उत्पादन

(किलोग्राम प्रति हेक्टेअर)

फसल	*1960-61*	*1980-81*	*1999-2000*	*2000-01*	*2002-02*	
चावल	1,013	1,336	1,740	1,986	1,961	2,086
गेहूँ	851	1,630	2,281	2,778	2,706	2,770
चना	674	657	712	833	744	865
कपास	125	152	225	190	189	
पटसन	1,183	1,245	1,833	1,836	1,852	1,770
अनन्तिम						

2. जनसख्या वृद्धि का भूमि पर दबाव–हमारे देश में जनसंख्या विस्फोट के कारण भूमि पर जनसंख्या का भार सदैव बढ़ता जा रहा है। जनसंख्या वृद्धि के कारण प्रति व्यक्ति उपलब्ध भूमि का औसत कम होता जा रहा है। 1921 में यह 0.

8 हेक्टेयर था, 1931 में 0.72, 1941 में 0.64, 1951 में 0.75, 1961 में 0.30, 1971 में 0.29, 1981 में 0.18 और सम्प्रति वर्तमान में 0.08 हैक्टेयर हो गया। संसार का यह औसत 4.5 हैक्टेयर प्रति व्यक्ति पीछे है। कनाडा में 2.12 हैक्टेयर, अर्जेण्टाइना में 1.25, रूस में 1.03, संयुक्त राज्य अमरीका में 0.89 तथा ऑस्ट्रेलिया में 3.39 हैक्टेअर है।

हमारे देश में सिंचाई सुविधा प्राप्त खेतों का क्षेत्रफल उपज बढ़ाने के लिए कई संकर किस्मों का अधिकाधिक प्रयोग किया गया है। 1970-71 में नई किस्मों के तहत 154 लाख हेक्टेयर भूमि थी। जो बढ़कर 1998-99 में 784 लाख हेक्टेयर हो गयी है। इस वर्ष कुल कृषिगत क्षेत्रफल की 77.2 प्रतिशत भूमि पर अधिक उपज वाली किस्मों की कृषि पद्धति अपनाई जा चुकी है। यह अपने आप में एक रिकार्ड है।

3. भूमि का असमान वितरण—हमारे देश में एक ओर जनसंख्या का भार भूमि पर बढ़ता जा रहा है। प्रति व्यक्ति खेती योग्य भूमि कम होती जा रही है। दूसरी ओर कृषि भूमि का वितरण असमान है। देश में आज भी 10 प्रतिशत किसानों के पास समस्त कृषि भूमि का 62 प्रतिशत है तथा 90 प्रतिशत किसानों के पास कुल कृषि भूमि का केवल 38 प्रतिशत है। यह असमानता भी कृषि की एक प्रमुख समस्या है।

देश में निम्न कृषि उत्पादकता के बुनियादी कारण

कृषि की पिछड़ी दशा यहाँ इसकी निम्न उत्पादकता का मूल एवं बुनियादी कारण है कई अन्य दूसरे कारक भी इसके लिए जिम्मेवार हैं। इन्हें इस प्रकार देखा समझा जा सकता है।

1. भूमि का असमान सामाजिक वितरण—भारत में 90 प्रतिशत किसानों के पास कुल भूमि का 38 प्रतिशत भाग है। कहने का आशय यह है कि एक किसान के पास औसत में 0.2 हेक्टेअर से भी कम भूमि है। इतना ही नहीं, यह भूमि भी कई टुकड़ों में विभाजित है। इतने छोटे-छोटे भू-खण्डों पर कृषि करना आर्थिक दृष्टि से उपादेय नहीं है। इससे भी कृषि तथा कृषक की दशा हीन रहती है। भूमि के छोटे-छोटे टुकड़ों की समस्या को हल करने के लिए सभी राज्यों में चकबन्दी की योजनाएं चालू हैं। इन योजनाओं को सफल बनाने हेतु पंचायतों एवं सहकारी समितियों का सहयोग प्राप्त करना चाहिए और भूमि के अधिकांश भाग को कृषि के लिए लाभदायक बनाने के लिए प्रयत्न करना चाहिए। इस सम्बन्ध में सहकारी समितियाँ भूमि की क्षतिपूर्ति के लिए ऋण देकर सहयोग प्रदान कर सकती हैं।

2. भूमि की उर्वरा शक्ति का ह्रास—निरंतर लम्बे समय तक प्रयोग में आने के कारण भारतीय कृषि-भूमि की उत्पादकता में कमी आई है। इसलिए भूमि की खोई हुई उर्वराशक्ति को पुनः प्राप्त करने के लिए उसमें कम्पोस्ट अथवा प्राकृतिक (जीवांश) खाद तथा उर्वरक देकर उसकी उर्वरा शक्ति बढ़ाने का प्रयत्न किया जाना चाहिए।

3. कृषि रोग आदि—फसलों की कई बीमारियाँ, बाढ़, ओले, पाला, शीत.लहर, विभित्र कीड़े-मकोड़े, चूहे आदि वन्य जीव भी फसलों को क्षति पहुँचाते रहते हैं जिससे भूमि का वास्तविक उत्पादन बहुत कम रह जाता है। इन तत्वों को वैज्ञानिक उपकरणों की सहायता से ही नियन्त्रित किया जा सकता है।

4. कृषि साख संस्थाओं का अभाव—भारत में कृषि कार्यों के सम्पादन के लिए प्रतिवर्ष करोड़ो रुपयों की साख की आवश्यकता होती है। कुछ दशक पूर्व तक इसकी पूर्ति साहूकार, महाजन एवं देशी बैंकरों द्वारा की जाती थी। लेकिन अब नियोजित अर्थव्यवस्था के तहत कृषि एक प्राथमिकता प्राप्त क्षेत्र घोषित किया जा चुका है। अब देश की बैंकिंग व्यवस्था अपने कुल ऋणों को एक निश्चित प्रतिशत इस क्षेत्र के लिए देने को बाध्य है। इस समय बैंकों द्वारा दिए जाने वाले ऋणों का लगभग 33 प्रतिशत प्राथमिकता प्राप्त क्षेत्र को दिया जा रहा है। इसमें कृषि को 11.6 प्रतिशत भाग दिया जाता है।

5. किसानों की परंपरावादी मनोवृत्ति—भारतीय किसान भाग्यवादी हैं। कृषि उत्पादन सम्बन्धी उसे पर्याप्त अनुभव है। लेकिन शीत लहर, पाला तथा अनेक बार ओले अथवा सर्दी फसल को नष्ट कर देते हैं और उसे अपने श्रम का उचित प्रतिफल प्राप्त नहीं हो पाता। अतएव वह कृषि को एक व्यवसाय के रूप में नहीं बल्कि, जीवनयापन की प्रणाली के रूप में अपना लेते हैं। इस कारण वे वह वांछनीय मात्रा में उत्पादन नहीं कर सकता। किसान की इस भाग्यवादी प्रवृत्ति में बदलाव करने की एक रीति यह कि उसे अधिकाधिक शिक्षित करने का प्रयास किया जाए। इसके बदलाव प्राकृतिक संकटों का सामना करने के लिए वैज्ञानिक साधनों का प्रयोग करने की चेष्टा करनी चाहिए।

6. बाजार एवं विपणन व्यवस्था की कमी—भारतीय किसान को अपना माल मण्डियों में बेचना पड़ता है। ये मण्डियां या तो बहुत दूर है जहाँ तक पहुँचने के लिए यातायात के साधन पर्याप्त नहीं हैं या इनके विक्रय की व्यवस्था ठीक नहीं है। अतः किसान को अपने माल के उचित मूल्य प्राप्त करने में कठिनाई होती है। इस कठिनाई के कारण वह कभी-कभी तो अपना माल ग्राम के साहूकार को ही बेच देते हैं जिससे

उन्हें और भी कम मूल्य प्राप्त होता है। यह एक प्रमुख समस्या है जिसने कृषि की उत्पादकता को निम्न कर दिया है।

7. सिंचाई के साधनों का सीमित विकास—भारतीय कृषि मूल रूप से मानसून पर आश्रित है क्योंकि आज भी कुल कृषि योग्य भूमि के लगभग 38 प्रतिशत भाग में सिंचाई होती है। मानसून पर इतनी अधिक निर्भरता का परिणाम यह होता है कि देश के अधिकांश भाग की कृषि प्रकृति की दशा पर निर्भर है। दूसरी महत्वपूर्ण बात यह है कि जब तक सिंचाई की व्यवस्था नहीं होती तब तक भूमि में खाद देना भी सम्भव नहीं है, क्योंकि खाद का यथोचित प्रयोग करने के लिए बहुत अधिक जल चाहिए। अन्यथा सामान्य खेती के भी सूखने का डर रहता है। सिंचाई की यह कमी कम वर्षा वाले पठारी भागों तथा सारे उत्तर-पश्चिमी भारत में विशेष तौर महसूस की जाती है क्योंकि यहाँ औसत वर्षा 100 सेण्टीमीटर से भी कम तथा वर्षा की अनिश्चितता 35 प्रतिशत से भी अधिक रहती है।

8. खाद का दुरुपयोग—भारत में पशु अधिकांश संख्या में हैं और उनके गोबर तथा मूत्र से प्रति वर्ष 1.65 करोड़ टन खाद प्राप्त की जा सकती है। इसके अलावा कम्पोस्ट तथा अन्य बेकार वस्तुओं से लगभग 87 लाख टन खाद उपलब्ध हो सकती है। दुर्भाग्य से गोबर का अधिकांश भाग ईंधन के रूप में जला दिया जाता है क्योंकि ग्रामीण क्षेत्रों में अन्य वैकल्पिक सस्ते ईंधन की कमी है। परिणामस्वरूप खेतों को पर्याप्त मात्रा में खाद नहीं मिल पाती जिससे उत्पादन की स्थिति बेहतर नहीं है।

9. पशुओं की हीन अवस्था—भारतीय कृषि में पशुओं का बहुत अधिक उपभोग किया गया। पशुओं की स्थिति अच्छी नहीं है। इसी कारण ग्रामीण क्षेत्रों में अब तेजी से किराये के हल, कुएं पर मोटर पम्प, पावर टिलर्स अथवा ट्यूबवेल एवं गहाई के लिए थ्रेसर जैसी गैर पशु आधारित प्रणालियों का उपयोग प्रमुखता से बढ़ता जा रहा है।

इस प्रकार यह स्पष्ट है कि भारतीय कृषि की उत्पादकता कम होने के कई कारण हैं। इन सभी कारणों से प्रति हेक्टेअर कृषि उत्पादन कम होता है। इसलिए इन सभी समस्याओं का समाधान आवश्यक है। प्रति हेक्टेयर न्यून उत्पादन कम-से-कम इस बात का सूचक है कि हम भविष्य में कृषि उत्पादन में कई गुना वृद्धि कर सकते हैं। अतः आवश्यकता इस बात की है कि कृषि विकास के लिए निश्चित राष्ट्रीय कृषि नीति निर्धारित की जाए।

यद्यपि भारत सरकार ने जुलाई, 2000 में राष्ट्रीय कृषि नीति की घोषणा की, परंतु उसमें भी काफी कमियां हैं। कृषकों को प्रौढ़ शिक्षा केन्द्रों पर एवं ग्रामीण

पाठशालाओं में कृषि के सभी पक्षों की विशिष्ट शिक्षा दी जाए ताकि कृषि के विकास के लिए यहाँ एक समन्वित नीति की आवश्यकता है जिसमें एक साथ वैज्ञानिक शैक्षिक कार्यक्रमों के साथ आधारभूत सुविधाओं की उपलब्धता को कायम रखने के रणनीति एवं कृषि क्षेत्र को अर्थ व्यवस्था में अधिक-से-अधिक गतिशील बनाने के कार्यक्रम खेती बाड़ी की दशा को देश में बेहतर बनाने में सहायक रहेंगे। कृषि उत्पादन में वृद्धि के लिए बहुत अधिक पूंजी की आवश्यकता तो नहीं है, परंतु उसके लिए अधिक प्रयास तथा उद्यम का सहारा लेने से निश्चित ही कृषि का कायाकल्प किया जा सकता है।

10. बीज—किसानों के लिए गुणवत्ता वाले बीजों की अधिकांश कमी बनी रहती है। परिणामस्वरूप उसे बाजार से सस्ता और घटिया किस्म का बीज ही उपलब्ध हो पाता है, इससे भी किसानों की आय में कमी आ जाती है। इसके लिए सरकारी मशीनरी की कार्यप्रणाली तथा लालफीताशाही समान रूप से दोषी है। अच्छे तथा सुधरी हुई किस्म के बीजों का प्रचार सामुदायिक विकास केन्द्रों के द्वारा किया जाना चाहिए एवं पंचायतों और सहकारी समितियों के द्वारा बढ़िया बीजों की वितरण-व्यवस्था को विश्वसनीय एवं सुनिश्चित करना जरूरी है।

खाद्य समस्या

प्रथम पंचवर्षीय योजना काल में कृषि का विकास—देश के प्रथम राष्ट्रपति डॉ. राजेन्द्र प्रसाद का भी मानना था कि देश के विकास के लिए कृषि का विकास आवश्यक है। इसलिए पंचवर्षीय योजना में कृषि का विशेष महत्त्व दिया गया था। इसकी मूल बात यह थी की देश-विभाजन के कारण अच्छी कपास तथा जूट उत्पन्न करने वाले क्षेत्र पाकिस्तान में चले गए। इस प्रकार के दो प्रमुख उद्योगों—सूती वस्त्र उद्योग तथा जूट उद्योग के समक्ष बहुत बड़ा संकट आ गया था। पूर्वी बंगाल के चावल उत्पादक क्षेत्र तथा पश्चिमी पंजाब व सिन्ध के गेहूँ उत्पादक क्षेत्र भी पाकिस्तान के हिस्से में आए थे। देश के समक्ष खाद्य संकट पहले से ही चला आ रहा था। देश विभाजन के कारण इस संकट ने भीषण रूप ग्रहण किया। इसलिए खाद्यान्न में आत्मनिर्भरता के लिए प्रथम पंचवर्षीय योजना का प्रमुख लक्ष्य निर्धारित किया गया।

प्रथम योजना पर वास्तविक व्यय 1,913 करोड़ रुपए था जिसमें। कृषि, सामुदायिक विकास, सिंचाई एवं शक्ति पर कुल व्यय 601 करोड़ रुपये का व्यय हुआ यह व्यय कुल वास्तविक व्यय का 31 प्रतिशत था। इस तरह योजनाकाल में कुल व्यय का लगभग एक-तिहाई भाग कृषि सम्बन्धी कार्यक्रमों पर व्यय किया गया।

प्रथम पंचवर्षीय योजना में विभिन्न फसलों का उत्पादन

मद	इकाई	1950-51 (वास्तविक उत्पादन)	1955-56
खाद्यान्न	दस लाख टन	62.6	66.9
तिलहन	दस लाख टन	5.6	5.7
गन्ना (गुड़)	दस लाख टन	6.4	6.1
कपास	दस लाख गांठें	4.1	4.9
जूट	दस लाख गांठें	5.4	4.2

प्रथम पंचवर्षीय योजना के अंतर्गत कृषि उत्पादन में 18 प्रतिशत वृद्धि हुई। खाद्यान्नों का उत्पादन 52 मिलियन टन से बढ़कर 66 मिलियन टन हो गया। वाणिज्यिक फसलों में तिलहन एवं कपास के उत्पादन में सराहनीय वृद्धि हुई तथा इन दोनों का उत्पादन निर्धारित लक्ष्य से भी अधिक रहा। जूट और गन्ने के उत्पादन के लक्ष्यों की पूर्ति नहीं की जा सकीं। योजनाकाल में खाद्य तथा उर्वरक की खपत में वृद्धि हुई। 1950-51 में अमोनियम सल्फेट की खपत 2.75 लाख टन तथा फास्फोरिक खादों की खपत 43 हजार टन थी। 1955-56 में इनकी खपत बढ़कर क्रमशः 6 लाख टन तथा 78 हजार टन हो गयी। खेती के उन्नतशील तरीकों का उपयोग किया गया। जापानी ढंग पर धान की खेती पर बल दिया गया। सिंचाई की सुविधाओं का विस्तार किया गया तथा सहकारिता के विकास के लिए प्रयास किए गए। अक्टूबर 1952 में सामुदायिक विकास योजनाएँ शुरू की गयीं।

द्वितीय पंचवर्षीय योजना तथा कृषि—इस योजना के अन्तर्गत प्रमुख रूप से उद्योग को प्रधानता दी गयी थी। इसमें घरेलू व लघु उद्योगों को विशेष महत्व दिया गया था। इसमें सार्वजनिक क्षेत्र में 4,672 करोड़ रुपये खर्च किए गए जिनमें से कृषि, सामुदायिक विकास, बिजली और शक्ति पर 30.6 प्रतिशत राशि खर्च की गयी। कृषि कार्यक्रमों को भी महत्ता दी जाती रही। इसलिए 1960-61 तक कृषि उत्पादन में आशातीत वृद्धि भी हुई।

द्वितीय पंचवर्षीय योजना और कृषि विकास

मद (1960-61)	इकाई	लक्ष्य	उत्पादन
खाद्यान्न	दस लाख टन	81.8	82.0
तिलहन	दस लाख टन	7.7	7.0
गन्ना (गुड़)	दस लाख टन	7.9	11.0
कपास	दस लाख गांठें	6.5	5.3
जूट	दस लाख गांठें	5.5	4.1

उपर्युक्त सारणी से स्पष्ट हो जाता है कि द्वितीय पंचवर्षीय योजना में खाद्यान्न, गन्ना तथा तिलहन उत्पादन के अलावा, कृषि-उत्पादन के लक्ष्य की पूर्ति नहीं हुई। ज्यादातर लक्ष्यों की पूर्ति न होने का प्रमुख कारण यह था कि उनकी पूर्ति के लिए सुनियोजित कार्यक्रम ही बनाया गया। इस योजनाकाल में भूमि-सुधार की दिशा में भी प्रयास किये गए तथा सहकारी कृषि के प्रचार तथा सामुदायिक विकास पर विशेष बल दिया गया।

तृतीय पंचवर्षीय योजना तथा कृषि—तृतीय पंचवर्षीय योजना में पुनः कृषि को महत्त्व दिया गया तथा द्वितीय पंचवर्षीय योजना की भूलों को सुधारने का प्रयास किया गया। तृतीय पंचवर्षीय योजना के पांच प्रमुख लक्ष्यों में से एक था—**खाद्यान्न में आत्मनिर्भरता प्राप्त करना एवं उद्योगों तथा निर्यात की मांग को पूरा करना।** तृतीय पंचवर्षीय योजना में कुल सार्वजनिक क्षेत्र में 8,573 करोड़ रुपये खर्च किये गए, जिसमें से कृषि तथा सामुदायिक विकास के लिए 1,754 करोड़ रुपये की व्यवस्था की गई जो कुल प्रस्तावित खर्च की 23 प्रतिशत थी। इसके अलावा बड़ी तथा मध्यम सिंचाई योजनाओं पर 22 प्रतिशत रकम खर्च की गई।

तृतीय पंचवर्षीय योजना और कृषि विकास

मद	इकाई	(लक्ष्य) 1965-66	(उत्पादन) 1965-66
खाद्यान्न	दस लाख टन	100.00	72.0
तिलहन	दस लाख टन	10.0	6.4

गन्ना (गुड़)	दस लाख टन	10.2	12.2
कपास	दस लाख गांठें	7.0	4.08
जूट	दस लाख गांठें	6.2	4.5

स्पष्ट है कि तृतीय योजना में खाद्यान्न-उत्पादन का लक्ष्य 10.0 करोड़ टन निर्धारित किया गया था, परंतु 1965-626 में खाद्यान्नों का उत्पादन 7.2 करोड़ टन ही हुआ। तृतीय योजना के अन्तिम वर्ष (1965-66) में मानसून के असफल रहने से देश के कई भागों में सूखे का सामना करना पड़ा। लगभग पूरा उत्तरी भारत विशेषकर पूर्वी उत्तर प्रदेश, बिहार तथा बंगाल अनावृष्टि से पीड़ित था। फलस्वरूप 1965-66 में कृषि उत्पादन बहुत कम हुआ।

परिणामस्वरूप यह स्पष्ट हो जाता है कि इस योजना के समयावधि में खाद्यान्न की पैदावार क्षेत्र में सफलता नहीं प्राप्त कर सकी। इस असफलता में प्रकृति का महत्वपूर्ण हाथ था। साथ ही साथ कृषि उत्पादन के लक्ष्यों की पूर्ति के लिए जिस मात्रा में धन व प्रयास की आवश्यकता थी उसकी व्यवस्था नहीं की जा सकी।

वार्षिक योजनाओं में कृषि का विकास—वार्षिक योजनाओं में कृषि को प्रधानता दी गयी। कुल मिलाकर तीन वार्षिक योजनाओं में कृषि विकास सम्बन्धित कार्यक्रमों पर कुल 1,578 करोड़ रुपये खर्च किए गए जो कि कुल योजना व्यय का 24 प्रतिशत है। इनमें कृषि तथा सामुदायिक विकास पर 1,167 करोड़ रुपये तथा सिंचाई पर 457 करोड़ रुपये खर्च किए गए। इन योजनाओं में लघु सिंचाई को प्राथमिकता दी गयी। तीन वार्षिक योजनाओं में रासायनिक उर्वरक एवं उन्नत बीजों का उपयोग किया गया। पर्याप्त वर्षा होने तथा उत्पादन में नवीन तकनीकी लागू किए जाने के परिणामस्वरूप 1968-69 में खाद्यान्नों का उत्पादन 9.4 करोड़ टन हुआ।

चौथी पंचवर्षीय योजना और कृषि—इस योजना के अंतर्गत कृषि विकास को तीसरा स्थान दिया गया। कृषि के सभी मदों पर कुल 3,814 करोड़ रुपये खर्च किया गया। यह योजना के अंतर्गत विकास की सबसे बड़ी मद थी। चौथी योजना में कृषि तथा सम्बन्धित क्षेत्रों के विकास पर होने वाले वास्तविक खर्च 3,498 करोड़ रुपये का हुआ। कृषि क्षेत्र में चौथी योजना के लिये प्रमुखता से दो उद्देश्य निश्चित किये गये थे। पहला, कृषि क्षेत्र में चौथी योजना का मुख्य उद्देश्य ऐसी स्थितियाँ उत्पन्न करना था जिनसे कि अगले दशक तक प्रतिवर्ष लगभग 5 प्रतिशत वृद्धि जारी रहे

और दूसरा लघु कृषकों, सूखे क्षेत्रों में किसान एवं कृषि श्रमिकों सहित, जहाँ तक सम्भव हो सके, अधिक से अधिक ग्रामवासियों को विकास क्रिया में भाग लेने के लिए प्रोत्साहित करना।

चौथी पंचवर्षीय योजना में कृषि विकास

मद	इकाई	1968-69 का स्तर	चतुर्थ योजना का लक्ष्य (1973-74)	वास्तविक (1973-74)
खाद्यान्न	(लाख टन)	980	1,290	1,046
तिलहन	(लाख टन)	85	105	88
गन्ना (गुड़)	(लाख टन)	120	150	144
रुई	(लाख गांठें)	60	80	63
पटसन	(लाख गांठें)	62	74	62
नाइट्रोजन खाद्य उपभोग	(लाख टन)	–	32	18.3
फास्फोरस खाद उपभोग	(लाख टन)	–	14	6.5

चौथी पंचवर्षीय योजना में उद्देश्यों को पूरा करने के लिए कई प्रमुख पहलुओ पर ध्यान दिया गया था जो निम्न प्रकार हैं–

1. खेती की उपज बढ़ाने के लिए अधिक उपाजाऊ किस्म के बीजों और बहुफसल कार्यक्रम तय किए गए।
2. सघन खेती कार्यक्रम पर बल दिया गया।
3. योजनाकाल के दौरान 390 लाख एकड़ भूमि खाद्यान्नों की अधिक उपजाऊ किस्म के बीजों के अधीन और 250 लाख एकड़ भूमि बहुफसल प्रोग्राम के अन्तर्गत लाने का लक्ष्य रखा गया।
4. खाद्यान्नों के मामले में आत्मनिर्भरता प्राप्त करने के लिए नवीन तकनीकी तथा शोध विकसित किए गए।
5. रासायनिक खाद, कृषि यन्त्र तथा ऋण सुविधाओं का विस्तार किया गया।
6. सिंचाई सुविधाओं का विस्तार किया गया।
7. भूमि सुधार योजना को पूर्ण प्रभावशाली ढंग से क्रियान्वित करने पर पर्याप्त जोर दिया गया।

उपरोक्त पहलुओं पर आवश्यक ध्यान देने के बाद भी चौथी पंचवर्षीय योजना द्वारा कृषि के सम्बन्ध में निर्धारित कोई भी लक्ष्य पूरा नहीं किया जा सका। मात्र गेहूँ का उत्पादन लक्ष्य पूरा किया जा सका था जिसकी वजह यह थी कि इस समय भारत में मैक्सिकन किस्म के बीज से गेहूँ के उत्पादन में वृद्धि आरंभ हो गई थी।

इस योजना के दौरान कृषि विकास की दर लगभग 2.8 प्रतिशत रही। इस योजना के अंतर्गत कृषि में विफलता के कई कारण रहे हैं जो निम्न प्रकार हैं–

1. जल प्रबन्ध की समस्याएँ एवं सिंचाई लक्ष्यों का पूरा न होना,
2. विभिन्न सरकारी विभागों में समन्वय का अभाव,
3. उर्वरकों का अभाव,
4. कीटाणुओं और फसल के रोगों पर नियन्त्रण का अभाव, एवं (vii) भूमि सुधार कार्यक्रमों की कमियां, आदि।
5. समय पर पर्याप्त मात्रा में उपजाऊ किस्म के बीजों का न मिलना,
6. अच्छे किस्म के बीजों के प्रयोग में कठिनाइयाँ।

पांचवीं पंचवर्षीय योजना में कृषि–पांचवीं पंचवर्षीय योजना के समय अर्थव्यवस्था मुद्रा स्फीति के भारी दवाब में था। इस योजना के लिये भी प्रमुखता से दो उद्देश्य निश्चित किये गये थे। पहला स्वावलम्बन प्राप्त करना तथा दूसरा निर्धनता का उन्मूलन करना। इन दोनों उद्देश्यों के अतिरिक्त मूल्य वृद्धि को रोकने के उपाय करना तथा आर्थिक दशाओं में स्थायित्व लाना भी इसके उद्देश्य थे। योजना 1974-75 में शुरू हुई और चार वर्ष बाद 1977-78 में ही समाप्त मान ली गयी तथा यह निर्णय किया गया कि आने वाले दो वर्षों (1978-79 एवं 1979-80) में दो वार्षिक योजनाओं (Annual Plans) के आधार पर तैयारी की जाए।

पांचवीं पंचवर्षीय योजना और कृषि विकास

उपज	1973-74	1977-78	1978-79	1979-80
कुल खाद्यान्न	1,046.0	1,264.10	1,390.00	1,097.00
दालें	83.0	77.30	82.30	52.20
तिलहन	88.0	96.60	101.00	87.40
गन्ना	1,440.0	1,769.709	1,516.60	1,288.30
कपास (लाख गांठें)	63.0	72.40	79.60	76.50
पटसन (लाख गांठें)	6.20	71.50	83.30	79.00

इस प्रकार यह स्पष्ट होता है कि सूखे के कारण 1979-80 में खाद्यान्नों तथा दालों के उत्पादन में बहुत कमी हो गई। साथ ही अन्य फसलों के उत्पादन में भी कमी आई।

छठी पंचवर्षीय योजना में कृषि—इस योजना के तहत कई प्रमुख उद्देश्य निर्धारित किये गये थे जैसे—भूमि सुधार के ठोस उपाय, कृषि **आदाओं** (inputs) के समुचित उपयोग द्वारा कृषि को मजबूत आधार देना। रासायनिक खादों, उन्नत बीजों एवं भूमिगत जल का अधिक उपयोग, विपणन, संग्रहण एवं प्रक्रियन सुविधाओं का विस्तार एवं सुधार, छोटे, सीमान्त एवं प्रक्रियन सुविधाओं का विस्तार एवं सुधार, छोटे, सीमान्त एवं भूमिहीन कृषिकों एवं जनजाति परिवारों की उन्नति पर विशेष बल देना। कृषि-विकास पर कुल 24,699 करोड़ रुपये खर्च किए जाने का प्रावधान था, जिसमें कृषि विकास पर 5,695 करोड़ रुपये, ग्रामीण विकास पर 5,364 करोड़ रुपये, विशेष क्षेत्रीय कार्यक्रमों पर 1,480 करोड़ रुपये एवं सिंचाई और बाढ़-नियन्त्रण पर 12,160 करोड़ रुपये खर्च होने थे। योजना के पांच वर्षों में वास्तविक खर्च इससे अधिक ही हुआ जो 24,929 करोड़ रुपये था। यह कुल योजना-खर्च का 23.7 प्रतिशत था। इस योजना के दौरान कृषि विकास की स्थिति को निम्न तालिका में स्पष्ट किया गया है।

छठी पंचवर्षीय योजना और कृषि विकास

उपज	*योजना में निर्धारित लक्ष्य लाख टन में*	*वास्तविक उत्पादक*
खाद्यान्न	1,490 से	1,462.0
दालें	145	122.0
तिलहन	110	131.0
गन्ना	2000 से	1,735.7
कपास (लाख गांठें)	92	84.6
पटसन (लाख गांठें)	91	79.8

उपरोक्त तालिका में यह स्पष्ट है कि कपास, पटसन एवं दालों के उत्पादन में पर्याप्त वृद्धि नहीं की जा सकी यद्यपि खाद्यान्नों, गन्ना तथा तिहलन के उत्पादन

में आशातीत वृद्धि हुई। खाद्यान्नों में योजना के अन्तिम वर्ष में चावल का उत्पादन 586 लाख टन, गेहूँ का 442 लाख टन, ज्वार का 112 लाख टन, मक्का का 84 लाख टन, बाजरा का 62 लाख टन तथा अन्य मोटे अनाजों का 54 टन था। इसी प्रकार दालों में चने की उपज 76.50 लाख टन थी। वास्तविक रूप में इन्हीं उपलब्धियों के कारण कृषि के क्षेत्र में देश की आत्मनिर्भरता तेजी से बढ़ी।

सातवीं पंचवषीय योजना में कृषि—इस योजना के तहत कृषि उत्पादन में वृद्धि की वार्षिक दर अधिक व्यावहारिक तथा वास्तविक रखी गई। सातवीं पंचवर्षीय योजना में 100 लाख हेक्टेयर भूमि के लिये सिंचाई की सुविधा प्रदान करने का प्रावधान रखा गया था। रासायनिक उर्वरकों का प्रयोग 84 लाख टन से बढ़कर योजना के अन्त में 135 लाख टन होने की आशा थी। लेकिन वास्तविक उत्पादन 86 लाख टन ही रहा। इसी कारण 1989-90 में सर्वाधिक 31.2 लाख टन रासायनिक उर्वरकों (NPK) का आयात करना आवश्यक हो गया। इस पंचवर्षीय योजना के अन्तर्गत कृषि से सम्बन्द्ध कई कार्यक्रमों पर जोर दिया गया था जैसे—पूर्वी क्षेत्रों में चावल उत्पादन में वृद्धि का विशेष प्रयास, राष्ट्रीय तिहलन विकास प्रोजेक्ट, अन्य भागों में वर्षा पर आधारित कृषि के लिए राष्ट्रीय वाटर शेड विकास कार्यक्रम डार्क जोन का निर्धारण एवं वहाँ की जल संग्रहण क्षमता का विकास करना छोटे एवं सीमान्त किसानों का विकास तथा सामाजिक वानिकी का विकास। साथ ही जल प्रबन्ध, कृषि अनुसन्धान तथा प्रसार, साख संस्थाओं का विकास, कृषि मूल्य नीति तथा विकेन्द्रीकृत नियोजन एवं सहकारी संस्थाओं के आधार पर विकास कार्यक्रमों में किसानों का सक्रिय सहयोग लिए जाने पर विशेष जोर दिया जाएगा। इसलिए तब आशा की गयी कि सभी फसलों की प्रति हेक्टेअर उपज में 1990 तक वृद्धि होगी। उपज में यह वृद्धि चावल तथा गेहूँ में आशानुरूप रही। कपास एवं गन्ना में उपज में सीमित वृद्धि ही हो सकी। दालों, पटसन, एवं मसालों का उत्पादन भी कम रहा। इसलिए दालों तिलहन, गन्ना, कपास, जूट, पेय पदार्थ एवं मसालों की उत्पादन वृद्धि के लिए आठवीं योजना में अधिक व्यावहारिक, शोध पर आधारित एवं कृषकों के लिए फायदेमंद मूल्य जैसी नीति की ओर विशेष ध्यान देने का लक्ष्य निश्चि किया गया। सन् 1990 से 1992 के मध्य दो वार्षिक योजनाओं का भी क्रियान्वयन हुआ।

इस पंचवर्षीय योजना के दौरान कृषि के विकास पर 39,771.18 करोड रुपए खर्च हुए। यह योजना-खर्च का 22 प्रतिशत है। इसमें कृषि पर 10,573. 62 करोड़, ग्रामीण विकास पर 9,074.92 करोड़, विशेष क्षेत्रीय कार्यक्रमों पर

3,144.69 करोड़ तथा सिंचाई एवं बाढ़ नियन्त्रण पर 16,978.65 करोड़ रुपये खर्च किए गए।

इस प्रकार मार्च, 1990 तक दलहन फसलों के अलाव लगभग सभी फसलों के उत्पादन में सन्तोष जनक वृद्धि हुई। इसी कारण 1989-90 में कुल खाद्यान्न उत्पादन 1,710 लाख टन रहा। यही नहीं 1990-91 में मानसून के देश के ज्यादातर भागों में अनुकूल रहने से ही प्रायः सभी फसलों के उत्पादन में आशानुरूप वृद्धि हुई । 1990-91 की वार्षिक योजना में कुल खाद्यान्न उत्पादन 1,764 लाख टन तक ऊंचा रहा एवं तिलहन का रिकार्ड उत्पादन 186 लाख टन रहा एवं गन्ने का भी रेकार्ड उत्पादन 2,410 लाख जा पहुँचा। यह वर्ष भारत के लिए गौरवपूर्ण था क्योंकि इसी वर्ष विश्व में भारत सर्वाधिक शक्कर का उत्पादक भी बना रहा। सातवीं योजना काल में एवं उपर्युक्त दो वार्षिक योजना काल में कृषि, कृषक, पशुपालक, डेयरी एवं ग्रामीण अंचल विकास के लिए विभिन्न कार्यक्रमों को राज्यवार एवं केन्द्रीय अनुदान द्वारा विशेष गति दी जाती रही। जिनमें—समेकित ग्रामीण विकास कार्यक्रम, नेहरू युवा रोजगार केन्द्र, अपना गाँव अपना काम, ट्राइसेम, पर्वतीय, मरुस्थलीय एवं डार्क जोन क्षेत्रों में विशेष वन एवं जल संरक्षण के विशिष्ट कार्यक्रम, राष्ट्रीय ग्रामीण रोजगार गारण्टी कार्यक्रम। आदि प्रमुख कार्यक्रम थे।

1990-91 और 1991-92 का वार्षिक योजना में कृषि विकास की उपलब्धि

फसल	सातवीं योजना का लक्ष्य	वार्षिक योजना वास्तविक उत्पादन		
		1989-90	1990-91	1991-92
चावल	730-750 (लाख टन)	730	743	747
गेहूँ	560-570 (लाख टन)	498	551	557
अन्य मोटे नाज	340-350 (लाख टन)	348	327	260
दालें	150-160 (लाख टन)	128	143	120
कुल खाद्यान्न	1,780-1,830 (लाख टन)	1,710	1,764	1,684
तिलहन	180 (लाख टन)	169	186	186
गन्ना	2,170 (लाख टन)	2,256	2,410	2,540
कपास	95 लाख गांठें	114	96	97
जूट व पटसन	95 लाख गांठें	83	92	103

आठवीं पंचवर्षीय योजना में कृषि—कुछ विशेष कारणों की वजह से इस पंचवर्षीय योजना का प्रारम्भ निश्चित समय से एक साल बाद 1992-93 में आरंभ हुआ। इस योजना में होने वाले कृषि विकास को निम्न तालिका द्वारा समझा जा सकता है।

आठवीं पंचवर्षीय योजना एवं कृषि विकास

फसल	1996-97 के लिए आठवीं योजना के लक्ष्य	1996-97 में वास्तविक उत्पादन
चावल	880	817
गेहूं	660	694
मोटे अनाज	390	341
दालें	170	142
कुल खाद्यान्न	2,100	1,994
तिलहन	230	244
गन्ना	2,759	2,776
कपास (लाख गांठें)	140	142
जूट व पटसन (लाख गांठें)	95	112

इस पंचवर्षीय योजना के अंतर्गत कृषि विकास के साथ-साथ ग्रामीण विकास के विभिन्न कार्यक्रमों के क्रियान्वयन पर खास तौर पर जोर दिया गया। फलस्वरूप आठवीं योजना काल के 1993-94 तथा 1994-95 कृषि उत्पादन में आशातीत सफलता मिली और देश ने खाद्यान्नों का निर्यात भी किया। आठवीं पंचवर्षीय योजना के दौरान कई प्रमुख कार्यक्रम चलाये गये। जैसे— समेकित ग्रामीण विकास कार्यक्रम (IRDP), ट्राइसेम राष्ट्रीय ग्रामीण रोजगार कार्यक्रम (NREP), ग्रामीण भूमिहीन रोजगार गारण्टी प्रोग्राम (RLEGP), सूखा ग्रसित क्षेत्र प्रोग्राम (Drought Prone Area Programme), समेकित ग्रामीण ऊर्जा नियोजन प्रोग्राम (Integrated Rural Energy Planning Programme), जवाहर रोजगार योजना (JRY) आदि।

नौवीं पंचवर्षीय योजना में कृषि—इस पंचवर्षीय योजना की शुरुआत सन् 1997 में हुई थी। नौवीं पंचवर्षीय योजना के दौरान सम्बद्ध कार्यकलाप पर 42,462 करोड़ रु. खर्च किए गए जो कुल योजना राशि (8,59,200 करोड़ रु.) का 4.9% था। इस योजना में सिंचाई और बाढ़ नियंत्रण पर कुल 55,420 करोड़ रु. खर्च किए

गए जो कुल योजना व्यय का 6.5% रहा। इस योजना काल में कृषि क्षेत्र में औसत वार्षिक वृद्धि दर लगभग 2.06% रही।

नौवीं पंचवर्षीय योजना एवं कृषि विकास

फसल	*1998-99*	*1999-2000*	*2000-01*	*2001-02*	*2002-03*
चावल	861	897	697	931	769
गेहूं	713	764	697	718	703
मोटे अनाज	313	303	311	339	251
दालें	149	134	111	140	118
खाद्यान्न	2,036	2,098	1,968	2,120	1,841
खरीफ	1,029	1,055	,1047	1,115	–
रबी	1,007	1,043	948	1,005	–

नौंवी पंचवर्षीय योजना के दौरान तिलहनी फसलों के अलावा अन्य लगभग सभी फसलों के उत्पादन काफी वृद्धि हुई।

कृषि विकास की कुछ संक्षिप्त झलक

भारत में पंचवर्षीय योजनाओं की शुरुआत होने के बाद से लेकर आज तक कृषि के क्षेत्र में व्यापक विकास हुआ है, जिसका संक्षिप्त विवरण इस प्रकार है–

1. कृषि उत्पादन में वृद्धि–इन योजनाओं से कृषि के उत्पादन में व्यापक वृद्धि हुई है। उदाहरणार्थ– 1950-51 में खाद्यान्नों का उत्पादन 551 लाख टन था जो कि 2001-2002 में बढ़कर 2,120 लाख टन हो गया। इसी प्रकार की वृद्धि लगभग सभी कृषि उत्पादनों में हुई है।

2. हरित क्रान्ति एवं उच्च तकनीक–हरित क्रांति एवं उच्च तकनीक के प्रयोग से उत्पादन के नए कीर्तिमान स्थापित किए जा सके हैं। अब कीटनाशक एवं रासायनिक उर्वरकों की बढ़ती हानियों एवं प्रदूषण के खतरों को देखते हुए इनका उपयोग सीमित रखकर इनके स्थान पर अधिक क्षमता के उपचारित बीज एवं जैव तकनीक व्यवस्था का वृहत् पैमाने पर उपयोग 1990-91 से किया जा रहा है। इस प्रकार उच्च तकनीक प्रयोग ने कृषि को एक नई दिशा प्रदान की है।

3. रासायनिक उर्वरकों का उपयोग—पंचवर्षीय योजनाओं के बाद रसायनिक उर्वरकों के उपयोग में वृद्धि हुई। 1950-51 में रासायनिक उर्वरकों का उपयोग नहीं के बराबर था, परंतु आज यह 90 किलोग्राम (NPK) प्रति हेक्टेयर से भी अधिक है।

4. सिंचाई सुविधाओं में वृद्धि—पंचवर्षीय योजनाओं से सिंचाई सुविधाओं में विकास हुआ। जैसे—1950-51 में कुल 226 लाख हेक्टेयर भूमि को ही सिंचाई सुविधाएँ प्राप्त थीं परंतु वर्तमान समय में 954 लाख हेक्टेयर भूमि को सिंचाई सुविधाएँ प्राप्त हैं।

5. वाणिज्यिक फसलों का उत्पादन—हरित क्रान्ति के क्रम में भारतीय कृषि में वाणिज्यिक फसलों के उत्पादन पर ज्यादा ध्यान दिया गया जिससे भारतीय कृषि निर्यात के ऊँचे स्तर पर पहुँच गई।

6. उन्नत बीज—इन योजनाओं के दौरान कई तरह के उन्नत बीजों की खोज हुई है जिसके फलस्वरूप वर्तमान में 784 लाख हेक्टेयर भूमि पर उन्नत बीजों को बोया गया जबकि नियोजन से पूर्व ऐसा नहीं था।

7. बहु-फसली कृषि—पहले सामान्यतः एक ही फसल की खेती की जाती है। परंतु आज एक से अधिक फसलों की खेती की जाती हैं। 1967-68 में केवल 36 लाख हेक्टयर भूमि में बहुफसलें उगायी गईं जिनका क्षेत्र वर्तमान में 780 लाख हेक्टेअर हो गया। बागाती कृषि के विकास में भी तेजी आई है।

8. बागवानी फसलें—भारत में कृषि योग्य जल परिस्थितियाँ कई तरह की बागवानी फसलों के लिए उपर्युक्त है, जैसे—सब्जियों, फलों, आलू, फलों, कन्दमूल, फूलों, औषधि एवं सुगन्धित पौधों, मशरूम, मसालों, आदि की व्यापक प्रजाति नारियल, काजू, कोको, आदि। सरकार द्वारा दिये गये निर्देशों के तहत इस क्षेत्र को उच्च्व प्राथमिकता प्राप्त हुई है। इस समय हमारा देश नारियल, सुपारी, काजू, हल्दी, काली-मिर्च उत्पादन में भारत का विश्व में पहला है जबकि फलों और सब्जियों के उत्पादन में दूसरा स्थान रखता है।